刘海潮　著

張伯行

第三卷　康熙拔擢

河南人民出版社

目 录

（第三卷 康熙拔擢）

第六章

第五章

一

初到江宁

（一）主仆三人轻车简从，不事张扬，悄然走进江宁城

江南果然与北方不同。只见得烟柳画桥，云树绕堤；小桥流水，诗情画意。耳旁传来的是车喧鸟鸣，软声侬语；明眸皓腕，让人心醉。

大黑一路东瞧西望，觉得什么都新鲜，什么都好看，看什么都看不够，恨不得再长出一双眼，一路乐呵得合不上嘴。大仪一脸愁容，心中暗暗替老爷叫苦。老爷清廉奉公，按常例，上任的新官要给上司送一笔数目可观的银子当见面礼，以求长官关照，可老爷竟然一点也不着急。若不送这银子，老爷以后的日子可咋过呀！

说话间，江宁府近在眼前。好一个"钟山抱金陵，霸气昔腾发"的江宁城。这江宁府可不同一般，古称建康，又称金陵，乃东晋、吴、宋、齐、梁、陈六朝古都，明朝旧都。六朝繁华城，十朝京畿地。秦淮河从城中流过，风景如画，繁华无比，杜牧有诗："烟笼寒水月笼沙，夜泊秦淮近酒家。"

得知张伯行要到江宁，按察司衙门的知事、司狱、经历、照磨，所辖各道的道台，以及江苏省、江宁府相关官员早早来到码头恭候。众官员边等边聊。

一位年龄稍长的大人慢条斯理地说道："久闻张大人有大才，治河、建书院均有一套。"

一位刘大人接话道："不见得，刑名却与治河风马牛不相及。"

"刘大人怎么见得？"

"二者好有一比。"

"怎么比？"

"好似一个为江水，一个为井水。"

"怎讲?"

"虽都是水,一个能行船,一个只能吃。"

"哈哈!"众人一阵大笑。

"李大人,以后你们按察司里仁兄们的日子就不好过了。"

李大人掏出鼻烟壶,这鼻烟壶乃玻璃所制,内画顶雪怒放的蜡梅,精致绝伦,一看就知出自名家之手。刚想往鼻子边凑,旁边王大人说:"李大人,你这鼻烟壶可是好东西哩。"

李大人来了兴致,说道:"王大人过奖!过奖!"

"据小弟所知,李大人的这一套应有四个,乃京中名家所绘。一套就得二十两银子哩。"

"王大人好眼力,这套的确四个,分别绘着兰、荷、菊、梅,寓意春夏秋冬四季。嘿嘿!我一个季节用一个花卉。听说藩台大人有一套十二生肖,人家能一月一换。我可比不了呀。"

李大人闻过鼻烟,打个响亮的喷嚏才接了话:"听说,这位张大人清廉无比。治河多肥的差事,他愣不贪一文,可把下属苦坏了。不但不贪,大灾之年还拿自家的钱粮放粮施舍,借给穷人的钱还不需还账。"

"竟有这等事?"一位年轻些的小吏满脸惊讶。

李大人摇头叹气,接着说道:"唉!以后要过苦日子喽!我还有一大家子等着养呢,没有闲钱买鼻烟壶了。"

"不见得吧!岂有不吃腥的猫?"

"怎不见得,他任济宁道时就把河库的支销银全部废除。"

"乖乖,那一年可是数万两银子的进项呀。"

"江苏岂不是来了位阎罗包老?"

"看着吧,他这一来,不知有多少人要遭殃喽!"

聊天时众官员已表情各异,心态不同。有的人皱着眉头,有的人幸灾乐祸,有的人一脸淡然,却直觉后背发凉。

众官员正你一言、我一语聊得带劲,那边有人说道,咱们别在这儿瞎等了,张伯行张大人已经到按察使衙门了。

原来,张伯行主仆三人已走下官船。他们自带行囊,轻车简从,不事张扬,不迎来送往,不鸣锣开道,不回避肃静,悄然走进江宁城。

　　大黑与大仪远远看见，江宁城墙高达数丈，城楼雄伟气派，高大的城池蜿蜒至天际，气象万千。苍穹之下，但见城边有山，山边有河，河边有湖。虽为初冬，却不失江南秀美，真不愧虎踞龙盘之地。但见道路两侧店铺林立，村舍繁多，田地广袤，树木参差，男女老少皆安居乐业，贩夫走卒俱闲逸祥和，好一派繁华热闹、欣欣向荣之气象。

　　大黑与大仪两人看得眼花缭乱。大黑啧啧称赞，嘴里一直喃喃自语："果然与北方不同。"

　　一路打听，三人终于来到按察使府衙。

　　大仪上前，早有一府吏拦住。大仪将文书递上，并说此乃新任江苏按察使张伯行大人。

　　那府吏闻听，急忙跪倒，高声说道："见过大人！"

　　张伯行说道："快快请起！"

　　那府吏道："小人钟逵，大人快快请进。"

　　钟逵又问道："大人的车马是不是还在后面，为何只有三人？"

　　张伯行道："并无车马，就我们三人。"

　　钟逵听过之后，心内诧异，心想："我在按察使府衙多年，每一任按察使到来皆是前呼后拥，从来没如这位张大人一般，只带两人前来上任。"

　　钟逵虽心内惊异，但脸色依旧如初，带着张伯行与大黑、大仪几人走入府衙。

　　钟逵一路之上一边行走一边介绍，这里乃平日里办理公务之地，那里乃会客厅堂。后院里从书房到休息之地，钟逵都介绍得极为仔细。

　　除此之外，钟逵又将按察使府衙各种行事要求，以及各个部门的行事职责，细细讲与张伯行听。

　　张伯行暗暗惊奇，觉得这名府吏竟是与众不同：不仅口若悬河，且说话条理清晰，还对按察使府衙各种公事都了若指掌。

　　更让张伯行感动的是，钟逵将各种事宜都安排得极为妥当，甚至张伯行当天晚上的用餐都已经安排停当。

　　钟逵跑前跑后，终于，一切琐事全部完毕。

　　钟逵来到张伯行面前躬身施礼道："张大人，您看还有什么事需要小的去做，尽管言语就行，小的定会竭尽全力为大人效劳。"

张伯行看着钟逵，钟逵眉头之上挂满汗珠。

张伯行笑道："钟逵，今日有劳你了。张伯行初来乍到，各种事务全不知道，你安排得极为妥帖。"

钟逵忙施礼道："张大人，这都是小的分内之事，大人千万不要客气。您若客气，小的就不知道该如何是好了！"

张伯行道："钟逵啊，今日已晚，你也已劳累半天，自去休息就行。明日早点过来，我还有事要问。"

钟逵道："张大人，那小的就先行告退。您若有事，可以随时喊我。"

张伯行点头。

钟逵离去之后，张伯行对大黑与大仪道："这个钟逵非一般小吏可比，言谈行事皆稳重妥帖。"

大仪也道："老爷所言，大仪也看得出来。钟逵不是一般的府中小吏，以后各种事情恐还要他帮忙。"

几人又闲谈几句，而后各自回房休息。

（二）按照往例，晋见督抚，至少需要银子四千两

第二天一大早，大黑就在老爷屋门口廊下候着。他异常兴奋，这辈子能到总督、巡抚衙署里逛逛，之前他连想都不敢想。昨天他一夜都没怎么睡，烙大饼似的在床上翻来覆去。躺在床上，为验证真实，他至少咬过自己的胳膊两次。哦！有点疼，是真的，不是梦。在牙齿陷入胳膊上的横肉时，之所以没听见嗷嗷吼叫，是因为牙齿是自己的，胳膊也是自己的。他分明记得，在济宁道台府，当听说要跟着老爷进京见皇上时，大仪兴奋地嗷嗷大叫。他鄙夷地看着大仪，心想，看你这点出息。他觉得自己咬时并没用力，竟也能流出血，不可思议。可能是自己太兴奋吧。管他呢，反正目的达到了。他满眼放光，笑让满脸横肉更加绽放。

昨晚他能感觉到隔壁屋的大仪也没睡好。唉！读书人就是心事重，看要去总督府兴奋得，不像他沾枕头就睡。只是昨晚谁也没理谁，谁也没心思去妨碍谁，各想各的事，各失各的眠。一个没心没肺地偷着乐，一个替老爷担忧。

一切准备就绪，张伯行换上朝服，官袍履带，一乘官轿，几个随从，直奔两

江总督衙门,准备拜见噶礼。

正要出门时,只见门吏钟递上前。

张伯行道:"昨日辛苦你搬运行李,还跑东跑西安排吃住。今日无事,退下歇息吧!"

钟递再请安道:"大人,这是要去总督府吧?"

张伯行点点头。钟递又上前一步低声说道:"小的有要事禀报。"

说着话,钟递目视随从及轿夫。

张伯行不知钟递到底何事,但看他的意思不想让别人听到。昨日钟递的举动深得张伯行之心,于是就屏退左右,引钟递来到内堂。

两人进入内堂,张伯行坐定,问道:"钟递,你有何事,不妨直言!"

钟递道:"小的敢问大人之前可曾拜见过总督大人?"

张伯行道:"昨日方才到达江宁,如何能够与总督大人相见? 我是想着总督大人是顶头上司,故要先行拜访一下。"

钟递又道:"既然大人是初次拜访总督大人,不知大人今日去总督府带些什么见面礼?"

张伯行打量一眼钟递,奇道:"你是何意? 为何初次拜见总督大人就要带些见面礼呢?"

钟递躬身道:"不是小的多事儿。小的在此已有几年,多少知道些官场中的人情世故。按照往例,晋见督抚,各种礼品至少需要银子四千两。"

张伯行大吃一惊,站起来问钟递道:"历任按察使拜访总督大人都要如此吗?"

钟递躬身回道:"大人,不止是按察使大人,上至巡抚,下至各县知县,凡初次上任拜见总督大人,按照品级皆要给总督大人送礼。大人,您这按察使属于正三品,按照江南惯例,初次拜访总督大人,需要给总督大人备好至少四千两的礼品。"

张伯行在内堂来回踱步,没有言语。

钟递看着张伯行,说道:"我见老爷出门,很是仓促,并不曾准备礼品,所以大胆提醒,还请老爷恕罪。"

张伯行复又坐下问道:"钟递,我且问你,如果没有这四千两见面礼,又当如何?"

钟逵道："老爷是江苏按察使，晋见总督，即使没有什么礼品，表面上也是没事。可是老爷以后在此地做官，日子还长，总有遇见事情的时候。您如果得罪上司，同僚们谁还会帮忙办事呢？所以，凡是晋见总督大人，也都走这个人情，以后诸事才会顺遂。"

张伯行笑道："依你说这礼我是该送？"

钟逵道："依小人之见，自是送了方好。不然，以后大人你做事会处处掣肘，甚至遭人算计。"

张伯行不假思索地说道："既如此，将从咱老家所带的茧绸扇帕等物，再拿些咱自家地里种的花生、大枣等物，各备上两份送与制台、抚台二位大人。"

钟逵道："老爷，制台、抚台不比其他哩。不要说第一次相见，就是平日登门送这些土特产，恐怕也不行吧！"

张伯行冷笑一声，站起来说道："钟逵，我且问你，你可知道我这按察使，朝廷正三品官员，每年俸禄是多少？"

钟逵道："小人当然知道，大人您每年俸禄二百余两纹银。"

张伯行又道："既然我每年俸禄只有纹银二百两，那我初次拜见总督大人就要花去我这二十年俸禄。钟逵，我哪里去弄那么多银子啊？"

钟逵道："大人，您是真不懂还是装作不懂？"

张伯行笑道："真个不懂啊！"

钟逵道："大人，您现在花去四千两纹银，以后但凡有事，总督大人都会照顾您，这样大人自然就可以在这按察使府衙安稳端坐。日后城中那些富商乡绅免不了要找您帮忙，您但凡点点头、闭闭眼，那些富商乡绅自会把大把银两送到府上。莫要说四千两纹银，即使四万两纹银，也是手到擒来。"

"历览前贤国与家，成由勤俭败由奢。"张伯行起身，勃然变色道，"若是人人为官皆为钱财，那么天下可还有公理？若没有公理，百姓遇到不平之事，又有谁能与他们做主？若无人与百姓做主，天下百姓岂不寒心？民为邦本，若本不稳，邦又岂能长久？"

钟逵看张伯行发怒，连忙劝道："大人，话虽如此，可官场之内，皆是这样。大人若不循旧例，恐日后于大人不利。"

张伯行冷笑道："为父母官者，须为百姓请命，主持公道。若是让我蝇营狗苟，莫如回家读书耕田来得心安。'不矜细行，终累大德。'我一不贪赃，二不枉法,也定不会有人送我纹银。那么我只有这每年俸禄纹银二百两,拜访总督大人就要花去四千两,二十年俸禄,殊不知我还能否活二十年?"

钟逵见张伯行铁了心不打算送礼,又上前一步:"还要请大人三思。钟逵所言,并无他意,只为大人考虑。"

张伯行对钟逵摆了摆手,说道:"钟逵,我知道你是好意,但送礼收礼之事,张伯行断不会做。至于总督大人想要为难我张伯行,也自由他去。我只要在这个位置上,就不会去做那些苟且之事。"

钟逵闻听,心内暗自钦佩,但脸色之间,亦有忧虑之情。

钟逵道:"大人既然不愿意给总督大人送礼,那就当小人今日之言不曾讲过。"

"穷乡僻壤的百姓一年也攒不下几枚铜钱,不要说银子,有的一辈子也不知道银子长啥样。与制台、抚台见一面就要四千两白花花的银子,看来吏治是要好好整整了!"张伯行低声自语,又对钟逵说道:"你且随我一同前去督府。"

(三)噶礼拒收张伯行带的仪封土特产

陈鹏年在与张伯行的书信往来中也谈及噶礼为人,让其小心在意。殊不知张伯行也是刚正之士,听到要四千两见面礼,心中早就横下心,打定不送礼的主意。

却说两江总督噶礼在康熙帝亲征噶尔丹时随驾有功,又是重臣之后,深得皇上喜爱,故被康熙帝委以两江总督重任,江苏、安徽、江西三省军民政务皆由他管,乃当朝九位最高的封疆大臣之一,从一品大员。

但噶礼为人,虽然勤勉,却又贪婪成性,刚硬果决。自升任两江总督后,来到江南富庶之地,越加放纵。

这两江总督府更不一般,乃前明汉王府邸。来到辕门外,大黑但见东辕门、西辕门等一溜数个高大的牌坊,好不气派。进入辕门便见五间高大的歇山式建筑,宽敞的朱漆大门,大个的金钉排列于上。门口一对石狮威武狰狞,把门的差役个个昂首挺胸。

钟逵来到大门前,恭恭敬敬地问一位衙役:"敢问差官,哪位大人当值。"

差役带理不理地向一旁努努嘴,不耐烦地"嗯"了一声。大仪顺势望去,一位中年差官大模大样地坐在椅子上。

钟逵向差役点头致谢,忙来到中年差官的面前,先施一礼,满脸堆笑道:"烦劳差官大人进去通禀一声,新任江苏按察使张伯行求见大帅。"

并将拜帖双手呈到他的面前。

差官并未接帖,只是稍稍欠欠身说:"江苏新任臬台呀,早听说啦。"

钟逵常在市面走动,知道他的意思,趁张伯行不注意,自己掏些碎银笑着递向他说:"初次见面,不成敬意,请大人买碗茶吃。"

那人忙起身笑道:"这是干什么,太外气了不是?"

钟逵见差官揣起银子时,眉头微微一皱,接过拜帖,并无通报的意思。

钟逵忙又掏出二两多碎银,赔着笑说:"烦劳大人,我家老爷还在轿中候着哩!"

差官这才哈哈一笑,说道:"看看,看看,咱们自家兄弟嘛,搞得多不好意思。请臬台稍等,我进府报与大帅。"

说罢便进入院中,穿廊过院,东拐西转来到上房廊下,但听屋内传出"黑头,咬!咬!白牙,好!好!好!"

不用问,大人肯定是在斗蛐蛐呢!差官知道制台的脾气,暴躁得很,这个档口切不可搅他老人家兴头。骂还倒没什么,打两巴掌、踩上一脚也是轻的,弄不好混上一顿板子可不好受。倘若大帅黑着脸,大发脾气让往死里打,即便兄弟们手下留着情,也会屁股开花,为个臬台混上一顿打不值当。

要说这位臬台的跟班也真叫抠,磨磨唧唧掏两回,一共才掏出五两多银子,一点没三品大员的做派。等吧!反正大帅也不把小官放在眼里,对抚台、藩台还呼来喝去,何况臬台?他若急着见,咱是没办法,谁让大帅正忙着呢!

一盏茶的工夫之后,差官听见"好!白牙,好样的。哈哈!哈哈!"老半天再无动静。又稍停片刻,差官觉得是时候了,上前两步走到门口,声音不大不小地说:"禀大帅。"

"什么事?"

差官忙进入房中回道:"江苏新任臬台张伯行大人求见。"

"叫他过来。"

"喳!"

等了快一炷香工夫,钟逸正在着急,见差官出来,忙赔着笑上前。

还没等钟逸开口,差官便说:"臬台运气好,大帅今天心情愉快,请臬台速速进去呢。"

"我家大人第一次进府,还得烦劳差官大人引路。"钟逸说着,赔着笑又掏出一点碎银。

"这好办。自家兄弟嘛,当效犬马之劳。老兄快快去请臬台吧!"差官一边说一边笑呵呵地往怀里揣银子。

大黑等人抬着礼品随着张伯行一同进府,走到二进院门前,被差役拦住。差官见状,示意单请张伯行一人随他往里走,其他人在此等候。

张伯行徐徐而入,坐定之后,府中仆从给他上茶。

张伯行正欲端起茶杯,忽听后面传出一声哈哈的笑声。随着笑声,从里面出来一人,短髭短髯,蒜鼻深目,中等身材,正是噶礼。

噶礼笑道:"早就听同僚说起过张大人,一直无缘得见。今日相会,实乃有幸。"

张伯行站起身来就要行官礼,噶礼疾步上前用手拉住张伯行,说道:"张大人无须客气,请坐,请坐。"

张伯行坐下道:"下官昨日来任,本欲前来拜见总督大人,只是天色已晚,唯恐搅扰大人,故今日特来给总督大人请安。"

"好!好!一路还顺利?"

"走的水路,挺顺利。"

噶礼说道:"江宁这个地方就是水多,四面八方水路便利。兄弟在此也不是一日半日,虽没什么能力,承蒙圣上厚爱,将三省交兄弟看管,整日里忙得很,心有余而力不足,早生隐退之意,但又恐违圣上厚爱之心。"

张伯行说道:"大人跟随圣上征战噶尔丹,战功赫赫,让人尊敬。"

噶礼说道:"听人说张大人山东救灾时,自己从家中拉去二百石粮食,救济灾民。皇上在朝堂上不止一次说起此事,数次夸赞,实为我等同僚之楷模。皇上南巡时,又赞张大人治河之有功,真是让人羡慕啊!"

张伯行道:"下官自蒙河督张大人举荐,皇上圣断垂青,我虽驽钝,只愿为朝廷、黎民尽心竭力罢了。承蒙总督大人谬赞,实不敢当。"

噶礼笑道:"张大人不必过谦。以后张大人要久居江南,大家都是同僚,也无须客套。"

张伯行道："总督大人，张伯行来得匆忙，故只给大人略备薄礼，尚请总督大人笑纳。"

噶礼闻听，脸色之间顿显出笑容，说道："张大人这就不妥。你从河南而来，路途遥远，奔波辛苦，怎么还想着给我带什么东西？受之有愧啊！"

噶礼说完之后，对身旁的仆从吩咐道："为何给张大人上的是这等粗鄙之茶，快将我珍藏的龙井泡上，让张大人品尝一下。"

仆从急忙退出换上新的茶水。

张伯行道："多谢总督大人理解，张伯行也没带什么好的礼品，微物不成敬意，还请大人收下。"

噶礼道："张大人，快尝尝我这明前的龙井，来，喝茶，喝茶。"

张伯行示意门口随从，让大仪他们把礼物搬进来，放在堂前。噶礼瞟一眼，见两个大盒子甚重，轻轻摇头道："张大人太客气了。"

张伯行道："总督大人，请您过目。"

说着话，张伯行命大仪打开一个盒子介绍道："总督大人，这是我专门给您带的老家特产'花生糕'。这是仪封黄河滩里种植的上好花生，剥皮之后，辅以白糖，经过缚糖、搅拌、垫花生面、切片等工序制成，口味酥脆，香甜利口，入口自化，令人回味无穷。"

张伯行低头说半天，却听不到噶礼任何言语。抬头偷眼一看，却见噶礼脸色已极为不悦。

张伯行假装不知，继续令大仪将另一个盒子打开，说道："总督大人，这是仪封名吃'豆腐乳'。说起'豆腐乳'，也是大有来头。卑职内人的祖上王廷相，乃前朝都察院左都御史。一日随皇帝出京巡游，来到汴梁，顺便到仪封老家带回崔福兴酱菜园制作的豆腐乳，皇帝食后大加称赞，曰'臣孝于孤，迎风十里香'。从此，仪封豆腐乳扬名全国。"

张伯行接着说道："总督大人，此二物当年皆为御品，张伯行特意千里迢迢拿来给大人尝鲜。"

噶礼脸色已经变得铁青，强压不满听张伯行介绍完毕，心想：好你个张伯行，只听人说你不通人情世故，适才你说略备薄礼，以为那些话语只是传闻，没有想到你这般不识抬举。既然如此，也莫怪我不客气。

想到此处,噶礼脸色陡然一变,厉声喝道:"张大人,当今圣上崇尚清廉,三令五申不许对上司送礼请客。我听说你在山东时尚以清正自居,老百姓倒也认可,怎么今日还带礼上门? 这不是无视朝廷法度吗? 此等礼品,恕我不能收下。"

张伯行看了半日,听噶礼如此言语,知道自己的礼品不能入噶礼的眼,故借题发挥,假装清廉。

张伯行心想:既然你这样说,那我就顺水推舟吧!

于是忙躬身道:"下官甚是惶恐,总督大人教训得极是。本想着些许土特产,聊表晋见之谊,没承想是我考虑不周,还请大人恕罪。"

噶礼心想,到这一步只能往下说。于是仍疾言厉色说道:"我为官一向清廉自守,从不拿百姓一文钱。尤其是同僚之间,更是多避嫌猜。今日张大人初到,不了解我的为人,还望张大人下不为例。"

张伯行唯唯称是,随即让大仪把礼盒搬出去:"卑职不是这个意思。久闻大帅清廉,卑职想着初次拜见总不好空手而来,便备些薄礼以表寸心。请大帅息怒,卑职拿回便是。"

噶礼道:"江苏是富庶之乡,在此地为官,会多有诱惑。张大人以后一定要小心从事,勤勤勉勉为朝廷解忧、为百姓办事,万不可引起非议。"

噶礼把张伯行教训一通后,心中好受许多。张伯行听着噶礼的违心之言,也只能连连称是。

制台说着拿起茶盏。

门口差役见制台拿起茶盏,便知是要送客,就在门外大声喊道:"送客。"

张伯行还想再说两句,见此情景,只得告退。

大黑纳闷,抬进制台府的东西怎么又让抬出来? 看老爷黑着脸,不好多问。就逛了总督衙门一进院,不过只是见些皮毛,还指望趁抬东西的机会,往里边多逛逛。这下没戏了,只好跟老爷快快回府。

(四)于准见全是些豆腐乳、芝麻酱之类的物件,顿生不悦

离开督府,张伯行反倒有点坦然,"道不同不足以为谋",觉得无非就是这样,公事公办而已。大不了不做这个按察使,回仪封老家继续办请见书院。

所以,当钟逢建议还要到苏州拜见江苏巡抚于准时,张伯行就有点犹豫。如果自取其辱,更是没有必要。

但禁不住钟逢、大仪反复劝说,张伯行一行人坐上船,直奔苏州。

说起来清朝地方行政管理格局并不复杂,数省或一省置总督,下辖每省置巡抚、布政使各一名。但江苏却有必要多说几句,因为江苏的管理体制一直在变,驻所也各有不同。

顺治二年(1645 年),设江南省。江南省地域过大,设三个巡抚。面积最大的是凤阳巡抚,管着江南省的长江以北诸府。江宁巡抚管苏南五府,即江宁、镇江、常州、苏州、松江,江宁巡抚驻在苏州,俗称苏州巡抚。另外还有一个安庐巡抚,驻地在安庆,管辖皖南地区。

顺治十八年(1661 年),江南省划分为两个布政使司:江南右布政使司(江苏)、江南左布政使司(安徽)。江宁巡抚治下没有布政使,巡抚直接管辖五府不太方便,朝廷让江南右布政使司驻地迁到苏州。江南左布政使司驻地就留在江宁,管理安徽地面。

康熙五年(1666 年),区划调整,原只管苏南五府的江宁巡抚,地盘已包括现在的江苏省。凤阳巡抚和安庐巡抚合二为一,成为安徽巡抚治下地盘。江南右布政使司更名江苏,取江宁府、苏州府首字。江南左布政使司更名安徽,取安庆府、徽州府首字。

也就是说,江苏巡抚衙门和布政使衙门驻地在苏州,不在江宁,管辖包括江宁在内的江苏全境;安徽巡抚衙门和布政使衙门在江宁,不在安徽,管辖不包括江宁在内的安徽全境;两江总督衙门驻在江宁,管辖江苏、安徽、江西。江苏学政驻扎在江阴;漕运总督驻扎在淮安;江南河道总督驻扎在清江浦;两淮盐运使驻扎在扬州。

一直到乾隆二十五年(1760 年),安徽布政使衙门迁到安庆。江苏省实际上有两个省会——苏州、江宁。驻扎苏州的江苏布政使,管辖苏州、松江(上海)、常州、镇江四府和太仓州;另设一个江宁布政使,驻地在江宁,管辖江宁、扬州、淮安、徐州四府,海州、通州两个直隶州以及海门厅。

直到现在,苏南更多的认同苏州,苏北更多是认同南京,这种情况或多或少依然存在。

江苏巡抚衙门,历时明清两代,将近五百年。巡抚衙门旧址原为南宋学者魏了翁兴建的鹤山书院所在地，明代开始专设巡抚，为行省最高长官，南京建都，苏州设巡抚。永乐年间改书院为巡抚行馆。自明宣德设应天巡抚开始，直至清末，四百八十余年间皆为巡抚衙门，曾有不少名臣治事其中，诸如周忱、海瑞、汤斌、张伯行、林则徐等，其中林则徐在任长达五年。清末最后一任巡抚程德全宣布起义，结束了这里江苏巡抚衙门的历史。

此为后话，暂且不提。

张伯行等人来到苏州的江苏巡抚衙门前，第一感觉是巡抚衙门的门楼虽也气派，但与总督衙门相比还是稍稍逊色。门前有宽阔的石阶，门楼居高临下，气势庄严。

还是由钟逯先去找门前差官联系。差官听说是臬台来访，笑脸相迎，钟逯送上碎银子，差官假意推脱一番收下后，拿着张伯行的拜帖进府找抚台。

来到后院，守门差官先到签押房，问当值差官抚台是否在上房。当值差官黑着脸说："不知为何，中丞对刚出去的常州府知府大发脾气，这会儿正在房中闷坐，老兄回话时要格外小心。"

差官心想，这位抚台乃名臣于成龙的长孙，虽说平日有些刻板，人却也不错，对衙役也体贴，还算好脾气，从没打过谁的板子。但若发起火来可不得了，他能对着人不重样地教训大半个时辰。虽咱能左耳朵进、右耳朵出，单说跪在地上这么长时间，也是吃不消。今天还是小心伺候着吧，再有禀报、回话的事能推给别人，就推给别人。

差官来到上房廊下小心翼翼地说道："禀中丞。"

"进来。"

差官忙入内，头也不敢抬，双手托着拜帖说道："新任臬台张伯行大人求见。"

"让他进来。"

"喳！"差官见抚台没有接帖子的意思，忙将它放在八仙桌上，转身赶忙离去。到门外长出一口气，仿佛满天乌云散去。

　　史载：于准，字子绳，号莱公，山西省永宁人，于成龙长孙，于廷翼之子。官至临清州知州、刑部员外郎、江南驿盐道、浙江按察使、四川布政使、贵州巡抚。康熙四十五年（1706 年）正月四日，调为江苏巡抚。康熙四十八年(1709 年)十二月十六日,因噶礼参宜思恭事而被解任。辑有《于清端公政书》等。

原来,常州盐商沿运河建亭台楼阁,侵占河道,影响运河交通。年初,制台去常州时,瞧着沿河一家挨一家的违章建筑,大发脾气,当时就让常州府知府张文鑨开始拆迁治理。可这将近年尾,愣是没拆两三家。往京城运送的物资在常州一堵就是几天,引得皇上震怒。传闻皇上明年开春要下江南,到时丢人事小,一旦皇上怪罪可担待不起。故把常州知府张文鑨大骂一通,限他腊月之前一定要拆迁完毕,整治到位。

骂走扬州知府张文鑨,于准的气消大半,这会儿正在屋中把玩一件羊脂白玉雕的莲蓬。报张伯行来见,于准心中大悦。听闻张伯行为官清廉,治河、赈灾、办书院都很干练,有祖父于成龙那股劲头。这样的人物当左膀右臂,想必会少操心思。

走进府衙大门,张伯行见衙内一进四堂,衙旁落院,建筑以殿为主,逐院升高,古朴高大,雄伟森森。抚衙大堂五开间石梁式木结构屋架,单檐歇山顶,屋面筒瓦覆盖背部,筒瓦镶砌高大,两端起翘,有各种鸟兽图案。门窗梁柱,雕刻精美,彩绘设色丰富。府衙既吸收了北方传统的建筑特色,又具有浓郁的南方风格。

张伯行来到上房,抚台起身相迎。

"张大人来江苏一路劳累,还马不停蹄地专程来苏州看望,实不敢当。"抚台客气地说道。

"中丞乃一省父母,心忧黎民,卑职之楷模,理当第一时间来拜见。"

"自本抚来省之后,江苏刑案虽谈不上无一积案,还是谈得上清明。以后这方面全仰仗臬台辛苦。"

两人一番客气,张伯行觉得所待时间不短,就起身告辞,便掏出礼单,呈给抚台道:"卑职初次见中丞大人,也没备啥礼物,全是些家乡土特产,还请中丞笑纳。"便将礼单放在于准面前。

于准斜眼望去,见全是些豆腐乳、芝麻酱之类的物件,顿生不悦。心想,久闻他犟劲,没想迂腐到这种地步,真是朽木不可雕也。看来以后是指望不上他。他能拿得出,咱也做得出。于是说道:"臬台太小看于准。本人幼承家训,从不收人财物。失节事小,丢失祖上脸面事大,以后如何有脸去见先人?快快拿走,省得兄弟翻脸。"

张伯行起身拿回礼单。抚台端茶送客。

大黑纳闷,两次所送之物都原封不动地搬回,江南真不愧鱼米之乡,个个富裕,不动贪心。钟逵和大仪却暗暗叫苦,等着吧,日后有老爷的"好日子"过了。

回到按察使府衙,张伯行让大黑把从仪封带来的土特产都分给衙中的府吏。

钟逵见状,神色极是忧虑。等张伯行房内无人之时,又悄悄过来拜见。

张伯行道:"钟逵,我带些许家乡特产拜见总督大人和抚台大人,却不料被拒绝,故我已将这些特产分于府中衙役。大家俱在江南生活,不曾见过北方特产。你为何不去领取啊?"

钟逵神色凝重,忧心忡忡地问道:"大人,您真的不担心吗?"

张伯行奇道:"我有何担心啊?"

钟逵道:"您不担心总督大人和抚台大人,以后会刁难于您吗?"

张伯行道:"我行得正、坐得端,又何必怕他们刁难?"

钟逵道:"大人,看来您实在不懂官场的潜规则啊! 不是您行得正、坐得端就不受刁难的。"

张伯行笑道:"钟逵,我知道你是替我担忧,我极为感谢。但我自幼读的是圣人之书,做的是清白之事。'靡不有初,鲜克有终。'只要我问心无愧,即使被刁难又能如何,大不了我辞官回乡就是。"

钟逵闻言,内心又生钦佩之意。

看着张伯行一脸正气,钟逵只好说道:"不管如何,以后大人做事都要小心一些。俗话说得好,明枪易躲,暗箭难防。小心总督大人和抚台大人背后给大人使绊子。"

张伯行又安慰钟逵几句。

钟逵走出房门,神色依旧忧虑。

（五）察言观色、看人下菜、上推下卸、揽功推过，都是这些人的拿手好戏

令张伯行没有想到的是，钟逵所说的"绊子"很快就到。

自那日噶礼将张伯行逐出府门之后，心内就恨恨不已。心想这张伯行真乃不通人情，让自己也极为难堪。若不给他一点颜色看看，料他也不知该怎样做官。

噶礼暗暗传令各级府衙，但凡遇到按察使的事情，俱要通报于他。若没有他的指令，皆不可办理。

各级府衙皆是人精，久居江湖，各色人等都已熟稔。一般之人是一点都透，他们却是不点都透。察言观色、看人下菜、上推下卸、揽功推过，都是这些人的拿手好戏。不用人教都游刃有余，更何况总督大人亲自有令，做起来更是有过之而无不及。

张伯行将诸事安排完毕之后，着手办理按察使各种事宜。但不管按察使府衙办什么事，大黑与大仪都铁青着脸无功而返。

张伯行有些奇怪，将二人唤来，问他们为何这般境况。

大黑与大仪告诉张伯行，他们二人到各府衙问事，竟吃了无数闭门羹。不管大小事情，一例无人管理，都是处处受阻、事事磕绊，没一件事能办得顺畅的。

大黑与大仪说完，张伯行大为头疼，日日烦闷忧愁，不知如何是好。

这一日，按察院因为搜集采取江苏各县大小官员祖籍信息，县官们都不配合，进展缓慢。张伯行在院府独坐，身边的圣人之书也无心读下去。

大仪走上前来，见张伯行如此，随即说道："老爷连日忧闷，这样下去也不是个长久之计。何不向冉太史去信，请他指点一二。"

张伯行道："前段时间收到家信，得知冉太史抱恙多日，哪还能再去扰他养病呢？"

大仪道："各县官不予配合，定是噶礼从中作梗。要不然，小小县官没有这么大胆子。"

大仪接着说道："这次问询记录各县知县祖籍信息，他们个个推诿。这样

下去,莫说半个月,就是我们跑断腿,半年之中也难以记录完毕啊!"

张伯行低头沉思。

大仪略略踌躇一下,说道:"老爷,要不要考虑再去拜访一次噶礼?"

张伯行道:"如何拜访,难道让我备下厚礼去向噶礼低头认错不成?"

大仪道:"可是……"

张伯行挥手道:"大仪,此事休要再提。你跟随我多年,难道还不知道我的秉性?若是让我跟那些人同流合污,莫如现在我们就回老家种地去。"

大仪只好不再吭声。

张伯行又道:"即使丢掉这三品之官,张伯行也不会向噶礼低头。做人堂堂正正,做官清清白白。"

大仪道:"老爷,不然给皇上奏本,说明情况,如何?"

张伯行道:"不妥啊,那噶礼在我面前表现得义正辞严,我又能如何参他?"

两人谈论良久,也是毫无头绪。大仪仍去县衙催督办事,张伯行一个人回书房略坐。

回到书房,张伯行端坐书案之前,内心思绪万千。

回想自己在山东为官之时,似乎没有遇到这么大的麻烦。

在山东救灾之时,也会有官员之间的推诿,但是最终所有的问题都会得到解决,百姓的生计也最终得以保障。

本以为来到江苏,自己升了职位,各种事情更容易办理,可为何一点小小的事情却停滞不前,不能完成?难道真的是自己错了吗?可是,自己又错在哪里呢?难道没有给上司送礼就错了吗?难道自己做一个清官的初衷也错了吗?

窗外,一阵疾风吹过,树叶凋零于地面。

张伯行信步走出房间,捡起地面上那片树叶,仔细端详起来。

叶子表面尚有绿色。张伯行暗想,自己是否也会如这片树叶一般,壮志未酬就先飘落凋零呢?

如果钟逵所说的官场规则自己必须遵守的话,那还真的不如回老家打理书院来的干净!

就这样,张伯行的思绪忽而山东,忽而家乡,忽而官场,忽而书院……

张伯行辞官归隐的心渐渐明确。可是,就这样辞官回家吗?张伯行隐隐觉得不妥。自己离开济宁时,看到送别的人群,听到孟惠民先生的言语时,不是下定决心要做一个为民请命的好官吗?现在呢,尚未有机会为民请命却要打退堂鼓,岂不让人耻笑?

张伯行思虑半日,内心了无头绪。回到书房,依旧看着窗外,窗外飘来一朵白云,而后,那朵白云在风中又渐渐消散。张伯行拿起纸笔,挥毫写下《云》:

> 灵山藏云根,郁郁生岩窦。
>
> 直上九天表,须臾弥宇宙。
>
> 乘时作霖雨,遂使嘉禾秀。
>
> 膏泽遍苍生,普世登仁寿。
>
> 不自居其功,飘然复归岫。

(六)张鹏翮劝张伯行做人做事既要光明正大,也要圆转变通

张伯行放下纸笔,又思索片刻,心内终于有了计较。遂铺开眼前的纸张,奋笔疾书。

原来张伯行思量半天,感觉自己无人可以倾诉,恍然之间想到推荐自己为官的张鹏翮。于是决定将自己内心的苦闷向张鹏翮一叙,或者能从张鹏翮那里找到这为官的答案。

张伯行展开笔墨,刷刷点点,给张鹏翮写了一封长信。

信中道及来到江苏与噶礼是如何闹僵的,以及自己是如何苦闷忧思,希望恩公能够指条明路。

信去之后,张伯行心中稍安。一边按部就班办理公务,不急不躁即可,一边等待着张鹏翮的回信。

两三日之后,收到张鹏翮的回信。张伯行展信读来,字字肺腑之言,句句为自己着想,心中大为宽慰。

张鹏翮回信的大意是,与噶礼的见面没有不妥之处。"见贤思齐,见不贤而内自省也。"为官当以国事为重,私人恩怨放置一旁;为人当以宽怀为本,清正廉明自守节操。信中,张鹏翮还劝张伯行,做人做事既要光明正大,也要圆

转变通;既要刚正不阿,有时也不可一意孤行。"事不凝滞,理贵变通",字里行间充满着对张伯行的殷殷嘱托与满心期望,让张伯行读来又敬又佩,重新燃起一心一意为国为民操劳的信心。

张鹏翮的书信让张伯行内心略略安静下来。

也许自己尚不能做到如张鹏翮信中所说那样,不仅要清正,还要学会圆转。但张鹏翮传达出的信息,依旧是给予自己明确的支持。

张鹏翮在信中也谈到皇上对张伯行的信任,相信张伯行一定能够在江苏有一番作为。这些鼓励的话语让张伯行的内心逐渐坚定,之前归隐的那丝情绪也如空中的云朵一般,飘散不见。

张伯行将大黑与大仪唤来,再次追问各种公务的进程。

大黑与大仪依旧面露难色,说并无进展。

"'秉纲而目自张,执本而末自从。'"张伯行道,"既然如此,今日你们二人带我过去,我亲自办理此事,看那些官吏是如何推诿搪塞的。"

一旁的钟逵闻听,惊诧道:"大人,这等登记官吏信息之事,也要您亲自出马,那以后您岂不会被府中公务压垮?"

张伯行道:"'事必有法,然后可成'。今日我且做个表率,日后希望府中各位当差衙役,莫管你们是新来的还是当差许久的,凡事都要尽心尽责,不敢有丝毫大意。倘若有刻意推诿搪塞者,定责不饶。"

众人闻听,齐声回道:"谨遵大人之命!"

于是,张伯行带着大黑、大仪、钟逵等人前往附近上元县查问。

张伯行来到上元县,门口当值的衙役看到有人来,急忙上前拦阻。

大黑上前一步道:"你去通禀你们知县大人,就说江苏按察使张大人前来查问。"

那衙役一听,唬得慌作一团,急忙进去通禀。

不一会儿,上元县知县唐开陶从里面走出。那唐知县看到张伯行,急忙上前行礼,说道:"不知按察使大人驾到,下官有失远迎,恕罪,恕罪!"

史载:唐开陶,字晋公,号和庵,四川遂宁人,岁贡生,上元知县,曾重修《上元县志》。

张伯行看他一眼,说道:"不知者不怪,本官今日前来,有些公务要问,还请唐知县配合!"

那唐开陶闻听,满脸敬意,说道:"下官定当知无不言,言无不尽。张大人,且先请到县衙一叙。"

说着话,唐开陶在前面带路,张伯行等人后面跟随进入县衙。

几人来到县衙,唐开陶请张伯行上座,自己在一旁侍立。容等张伯行坐稳后,唐开陶拱手道:"不知张大人今日前来,有何公务要问?"

张伯行道:"承蒙皇恩,令张伯行接任江苏按察使一职。按照惯例,须当将各县带有品级的官吏祖籍信息登记在册。今日前来即为此事。"

唐开陶闻听,脸上显出笑容,说道:"哎呀,张大人,此等小事,如何劳烦张大人亲自前来?您只须派一小吏前来登记即可啊!"

张伯行哼了一声,说道:"无须多言,今日,本臬台就是要给按察使府衙当值人员做好表率,凡事务必尽心。若有不尽心或者推诿搪塞者,驱逐不用。"

唐开陶暗吃一惊,赶紧说道:"张大人亲力亲为,实为下属之表率。下官佩服!"

张伯行又道:"莫再啰嗦,你只须将相关人员信息呈上即可。"

唐开陶闻听,急忙对旁边师爷说道:"李师爷,快快将县衙之中人员表册拿出。"

不一会儿,那师爷拿出一卷册呈上。

张伯行打开,仔细翻阅一下,说道:"主簿马德良为何信息全无?"

唐开陶道:"只因马德良去年有病告假未归,故信息不曾登记在册。"

张伯行道:"唐知县,着你两日之内,将县衙在册人员所有信息登记完毕。凡如马德良这般的,如若不能前来,革职不用。若有异议,去府衙找我。"

唐开陶闻听,连声答应。

张伯行带领大黑、大仪、钟逵等人当即离开上元县。

不消三五日,各县在册人员信息俱已登记完毕。

钟逵内心暗暗钦佩。心想,这位张大人果然与众不同。

而让钟逵更为钦佩的却是另一件事。

自从来任职,张伯行从不接受下属任何人的礼品,更是拒绝城内乡绅的馈赠。

这日，钟遴对张伯行道："大人，您上次所给府中生活费用的银两已经用尽，下个月的吃穿用度，该当如何？"

张伯行道："朝廷俸禄几时发放？"

钟遴道："尚有十日左右。"

张伯行笑道："那无妨，我来之时，已经命我家中之人备好各种吃穿物品，如今恐怕已到江宁。"

话音未落，门外大黑喊道："老爷，张安已到。"

张伯行看着钟遴笑道："说曹操曹操到啊！"

张伯行命人将张安拉来的各种用品全部搬到府衙。

钟遴一看，各种北方特产以及生活用品一应俱全。心想，我这么大年龄，第一次看到有高官，从自己家中带吃穿用品的。

出府衙之后，钟遴逢人就讲张伯行这些事情。江宁百姓见新任按察使吃穿用度都是从自己老家运来的，从不枉自花费公家一分钱，更别说收取百姓一毫一厘，皆曰是青天来到江南大地，甚为叹服！

（七）常州知府张文鏣和安徽巡抚刘光美求见

"江南佳丽地，金陵帝王州。"

江宁真不愧是江南首屈一指的大都会，商贾云集，街市繁荣，人来人往，熙熙攘攘。不只是商业街区热闹非凡，就连寻常巷陌中，商铺、饭店、茶馆也不少见。尤其茶馆正是人们闲来无事、聊天聚会之处，这里汇聚着三教九流之人，传播着南来北往之事。

与按察司衙门隔一道街，就有一家不大的茶馆。屋内七八张桌，能坐一二十个人，桌上摆有桂花糕、青团、花生、红枣。若只喝茶，不吃糕点、干果，无需付钱。门口垒有一个大大的火灶，灶上两个大铁壶热气袅绕。真可谓是来的都是客，全凭水和茶。这些天，茶馆内谈论最多的话题便是新任臬台张伯行。

"听说没有，昨天又查办个县官。"

"这才上任一个多月，关到大牢已好几人。"

"都说新官上任三把火，这火烧得真大快人心。"

"不但是关了几个，还放出不少呢。听说张大人坐堂第一天就审结好几起积案，当堂就放出几位受冤之人。"

"这张大人都赶上包青天了。"

"听说张大人不但自己清廉，还不许仆人、衙役收门子钱。他刚上任就交代按察司的人，从今以后谁拿人钱财谁走人。"

"张臬台何许人也，大灾之年拿出家里的粮施粥赈济灾民的主儿。"

"世上还有这等人？不往家捞就不错了，还往外撒银子。"

"张大人是个好官。"

"张臬台这般弄法，吓得那些贪官人人自危、个个胆战！"

"咱们江苏的造化呀！"

茶馆中，你一言我一语说得正热烈，可高兴坏了在此吃茶的大黑。大黑见城中茶馆众多，早想找一间坐坐，体验江宁城老百姓的日常生活。虽说这么多年跟着老爷除了例钱，一个大子的外快也没捞过，但几文茶钱还是有的。今天府中无事，他拉大仪来茶馆喝茶，吃桂花糕。他特意跑到很远，到江宁城做桂花糕最出名的铺子买上几个。听司里衙役说，八月桂花香，今年新桂花酱如今才腌制好，正是吃桂花糕的时候。可大仪死活不肯，说要读书。唉！书呆子，除了看书就是看书。大黑心想。

"金杯，银杯，不如老百姓的口碑！"大黑觉得跟着这样的老爷高兴，比一口气吃两盒烧饼夹牛肉还美呢！

张伯行才上任一个多月，就把江苏大大小小的贪官污吏搞得惶恐不安。他们都极为害怕，说不定早晨一起来，按察司的衙役就会突然出现在门口。

两江总督噶礼表面上不以为然，心中却很有意见。

"新官上任三把火。你不用紧张，他新来一个地方，不过是想立立威。烧就让他烧呗，我就不信能反天不成？闹腾几天他就没劲儿了。怕什么，他还敢治你不成！"噶礼一边观赏着常州府知府张文鏼给他送的苏东坡行书卷轴，一边慢条斯理地说。

噶礼是赳赳武夫，对书法没什么研究。但他知道，苏东坡不但是大文豪，名列唐宋八大家之一，而且书法同样非凡，乃"宋四家"苏黄米蔡之首。

常州府知府张文鏼是制台门人，收下一位乡绅不少银子，愣是把白的办成黑的。听说臬台盯上这个案子，他心里没底。又闻近日臬台趁去苏州之际,以拜谒宋代理学大儒杨时祠之由绕道常州,把他吓得魂飞魄散。倘若臬台问起此事如何是好,想来想去特来拜见制台求以庇护。

噶礼嘴上虽这样说,心里却恨得痒痒的。本来,第一次相见对张伯行就没好印象。他一上任就把好端端的江苏官场搞得鸡犬不宁,因此对他更有看法。听说江苏抚台、藩台也都对他敬而远之,一个多月来,除去公事,两人从不与他私下往来。上次宴请过境江宁的两广总督,我连在苏州的江苏抚台、藩台都叫来了,没发帖子让他来作陪,就是想提醒他一下。他竟然一点都没领悟,更不要说幡然悔悟。江苏官员让他闹得人心惶惶。唉,遇上这样的下属真不让人省心呀!

噶礼正信马由缰地想着,差官来报,安徽巡抚刘光美求见。

史载:刘光美,汉军正红旗,康熙四十二年五月至四十八年九月任安徽巡抚兼都察院右副御史,从二品。因隐匿安庆府、太平府水旱灾害不报,被连降五级调用。

制台说:"让他进来。"常州府知府张文镔赶忙告退。

制台抬头看着张文镔的背影,他从未这般目送过任何属下。常州府知府一脚门里、一脚门外,正要出去,让他心里有一丝不祥之感。是呀,好与坏不正如这一脚门里、一脚门外的区别吗?听京中传来可靠消息,圣上马上就南巡。若再由张伯行这样闹下去,倘若出什么茬子,如何是好?自己隔着级又不好直接调教他,想必,此刻江苏抚台的心比自己还闹腾。姓于的老谋深算还真沉着住气,不知想冒什么坏水,多加留心为是。圣上南巡两江,一定不能让张伯行接驾面君。他若在圣上面前胡乱说些什么,搞不好还会将自己牵扯进去,那还了得?

安徽巡抚刘光美与两江总督噶礼是老相识,往来密切。刘光美为人大大咧咧,还是个急脾气。他直接让两个衙役抬进来一座西洋自鸣钟。

此钟出自西洋荷兰国,钟通体鎏金,半人多高,两尺多宽。最上端有两只一高一低、形态互动的鸽子,钟两边各有一位长衫落地、体态婀娜的西洋少女。钟底配有紫檀木的座,每隔半个时辰,表盘上方打开一扇小门,出来一位会旋转的西洋小人,随之自鸣一次。钟鸣后继以奏一段西洋乐曲,每次乐曲不尽相同,十二首为一轮回,响声在庭院中清晰可闻。

噶礼一见很是喜欢,他想起康熙帝的一首《咏自鸣钟》的诗:

> 法自西洋始,巧心授受知。
>
> 轮行随刻转,表指按分移。
>
> 绛帻休催晓,金钟预报时。
>
> 清晨勤政务,数问奏章迟。

安徽巡抚刘光美开门见山地说:"制台大人,卑职听闻圣上近期要察看淮河治理,估计要来江南。"

"嗯,你的消息挺灵通的呀。"噶礼边摆弄着自鸣钟边说。

"卑职还知道,为显圣恩,这次圣上南巡还会提拔一批官员。"

"哦,有此事吗? 本督倒没听说。"噶礼停住手,把头扭向安徽抚台。

"并且还要听取地方上的意见,官员由地方举荐。"

"只是有消息说圣上要南巡。是真是假,何时来,目前都不能确定。"

噶礼说得轻描淡写,心里却暗自思量:没想到他的消息这么灵通,提拔官员之事我倒听说了,可举荐之事我却一点不知,看来他这两年没少在朝中活动。听说他刚给康熙帝进呈一锭贡墨,牛舌形,通体漱金,墨面正背布满卧蝉纹,正面楷书"太平有象",深得皇上欢心。他远道而来,未必只是告诉我圣上南巡吧! 且听他说出想法,再做打算。

刘光美看着噶礼,心想,挺会装呀老狐狸,看来你不见兔子不撒鹰。遂开口说道:"无风不起浪,消息挺可靠。安徽按察使在这个位置上干了好几年,勤勤恳恳,任劳任怨,制台大人安排的事情从未打过马虎眼。而且他还时常想着大人,这不特意托卑职来孝敬孝敬制台。"说着拿出一张银票。

噶礼偷偷瞟了一眼,数目极具诱惑力,心中暗喜,瞬间明白他的来意。

"你这是干什么?"噶礼瞪着眼睛喝道。

"卑职没什么别的意思,这都是我们安徽按察使的一点心意。他只是想托卑职捎句话,大人有什么事多想着他,他保证干得漂漂亮亮。"

噶礼看看自鸣钟,又看看银票,笑着说:"八字还没一撇呢,急什么。"

"到有一撇时不是怕晚吗?"刘光美满脸堆笑,一副讨好的样子。

"哈哈,哈哈,你们呀!"噶礼大笑道,"我只记得安徽布政使叫施世纶,是名将施琅仲子,康熙四十三年从湖南布政使移至安徽布政使,却记不清安徽按察使叫什么名字了。"

"叫杨宗义,奉天人,汉军镶白旗,监生,康熙四十五年升任江南安徽按察使。"刘光美见噶礼心情不错,就半开玩笑地说道,"这个人别的不敢说,就一个字:听话!"

"那是两个字,好不好啊?"噶礼点点头,说道,"听话就好。现在,正碰见个不听话的按察使,叫我头疼不已。"

"大人所言不差,是该给张伯行念念紧箍咒。不然,他不定折腾出啥事情呢!"刘光美顺着噶礼的话说道,"不过,我敢打保票,我的按察使和江苏按察使绝对是两道劲儿。"

"算了,说点高兴事吧!"噶礼听见从安徽抚台身上传出蛐蛐叫声,顿时兴致盎然,"哦,带蛐蛐来了,快快拿出,与本帅的白牙一斗!"

二
因言获罪

（一）张伯行率领众人正急匆匆地沿着鼓楼街向按察使臬台府衙赶去

江宁地控长江,扼守京杭大运河,素有"东南门户,南北咽喉"之称。城东钟山龙蟠,城西石城虎踞;秦淮河、金川河蜿蜒城中,玄武湖、莫愁湖静若处子。这些风景名胜,最为脍炙人口的,莫过于春游"牛首烟岚",夏赏"钟阜晴云",秋登"栖霞胜境",冬观"石城霁雪"。其间既有高山大河的雄浑大气,又兼江南水乡的烟雨迷蒙;既有故都城垣的残墙旧础,又有禅林道场的暮鼓晨钟。

秋冬之间,江宁的阴雨天气已有些寒气逼人。这几日,墨色浓云挤压着天空,沉沉的仿佛要坠下来,整个世界都压抑得静悄悄。淡漠的风凌厉地穿梭,将人的惊呼抛在身后。柔弱的小花、小草早已战栗地折服于地,街边的小树被吹弯了腰。店门前的招牌在空中随风飘荡,连街角都变得模糊不清。空中飘着的不只是乌云,还有几分忧伤与惆怅。

张伯行率领众人正急匆匆地沿着鼓楼街向按察使臬台府衙赶去。就任江苏按察使以来,他给自己定下每十日巡查社情民意的规矩。张伯行时常念到苏轼在《晁错论》中的一句话:"天下之患,最不可为者,名为治平无事,而其实有不测之忧。"故每日他亲力亲为,恐有不测之忧。

今天因天气忽变,众人穿着单薄,只好提前回府。他仔细观察街面两旁奔忙的人群,又不时地仰头看看满天乌云。暗想,刚刚从仪封老家运来的米面还没有来得及晾晒,如果连续几天的阴雨天气,会不会发霉变质?想到此,忧虑的情绪顿时弥漫心头。

拐过街角,就看见位于江宁城鼓楼街按察使司衙署门口的两只石狮子。提刑按察使司为按察使之衙署,这是掌管"一省刑名按劾之事,以振风纪而澄吏治"的省级行政与司法机构。按察使除掌管省内刑名和驿传之外,"大计"考察外官充当考察官,乡试充当监试官,秋审充任主稿官,并与布政使一样,参与省内一切政务的处理。按察使司衙门一般都设有经历司、照磨所和司狱司等下属行政机构。

就在大家加快脚步向前赶路时,拥挤的人群中突然出现一声长叹。只见一个衣衫褴褛的老人,牵着一个八九岁的男孩,在紧张地四处张望,看样子是要寻找一个躲避风雨的场所。但祖孙俩每每走进一个屋檐下、店门口,都会被态度恶劣的店主人驱赶。落寞无助的老人不禁仰头哀叹:"老天爷呀,救救我可怜的孙子吧!"

张伯行敏锐地看到这祖孙两人,立即停下脚步,快步走到老人跟前,脱下自己外套,披在瑟瑟发抖的孩子身上,微笑着转过头说:"老人家,马上就要下雨。您怎么站在这里? 快快领着孩子回家吧!"

听到问话,老人紧张地看着张伯行,答道:"好心人啊,小民姓张,我们祖孙俩是从乡下来江宁投奔亲戚,却找不到亲戚家的地址。眼看就要下雨了,又饥又饿无钱买吃的。我们想先找一个躲避风雨的地方,却被店主驱赶。唉⋯⋯"

张伯行听到此,温和地说道:"老人家,不要急! 现在先跟我回府衙歇息歇息,待会儿我派人帮您寻找亲戚。您看中不中啊?"

老人听罢,禁不住点头称是,赶紧拽着孙子跪在地上磕头致谢。张伯行连忙扶起老人,让大黑扯着孩子,自己搀扶老人,向按察使臬台府衙走去⋯⋯

街角处发生的这感人一幕,被一个读书人模样的年轻人看到。这位面容憔悴的落魄秀才,在熙熙攘攘的人群中禁不住感叹道:苍天有眼! 我们江苏百姓终于遇到一位亲民爱民的清官,我的冤情终于有地方说理了。

(二)落魄秀才大呼:"冤枉啊! 小人冤枉啊⋯⋯"

三日后,天空放晴,气温回升。阳光温暖着江宁城的大街小巷,温暖着蛰伏在家的人们。坐落在鼓楼街西头按察使臬台衙署门前的石狮子,沐浴几日风雨之后,愈发显得威武。

张伯行安排大黑带领着几日前遇到的祖孙俩去寻找亲戚。然后,穿戴便装,带大仪等随从,沿着鼓楼街向西,去坊间码头巡查民情。

一行人穿行在繁华街市。初升的朝阳霞光灿烂,普洒在红砖绿瓦、楼阁飞檐之上,给眼前这片繁盛的江宁城增添几分朦胧和诗意。鼓楼街两旁,店肆林立,茶楼酒馆、当铺作坊、脚店肉铺、庙宇公廨鳞次栉比。

街道向东西两边延伸,一直到城外偏僻的郊区。大街上行人不断,挑担赶路的,驾车送货的,赶着毛驴串亲戚的,来来往往,络绎不绝。

秦淮河从北向南穿城而过,虹桥飞跨,彩旗飘扬。桥前桥后,人头攒动,感觉密不透风。细细一瞧,各色人等,排列有序。

大桥西侧,摊贩和游客相互交织,你中有我,我中有你。货摊上,篦子木梳、刀子剪子、花椒茴香、针头线脑,琳琅满目,不一而足。吹糖人的、卖茶水的、说评书的、看麻衣相的,你挨着我,我挨着你。游客悠闲自得,踱着方步,不时地凭栏眺望,或指指点点,或交头接耳,或观看水中游动的鱼儿,或眺望远处往来的船只。

虹桥中间的人行道上,是一条熙熙攘攘的人流。有坐轿的,有骑马的,有挑担的,有赶毛驴运货的,有推独轮车回娘家的……

大仪等人兴趣益然,对着一个个店铺和街景"品头论足"。什么绫罗绸缎、珠宝香料、香火纸马,什么医药门诊、挖耳剃头、修面整容,很是稀奇。当路过大的店铺时,还要对那些门首扎的"彩楼欢门",或者悬挂着的招旗"品头论足"……

最让大家向往的地方还是鼓楼附近。那里美食众多,味美鲜香,令人垂涎三尺。最为著名的是有"金陵鸭馔甲天下"美誉的金陵盐水鸭,据说开封的桶子鸡就是从盐水鸭演变而成。

明朝建都金陵后,先出现"金陵烤鸭",紧接着又出现"金陵盐水鸭"。该鸭是用当年中秋时期的"桂花鸭"为原料,用热盐、清卤水复腌后,取出挂在阴凉处风干而成。此鸭煮后,鲜嫩味美,风味独特,因而在明代就闻名中外,与明末出现的"南京板鸭"一样畅销大江南北。现如今作为宫廷贡品,仅限皇宫作为御膳,怎么不让人嘴馋!

江宁的传统小吃还有如意回卤干,属金陵菜。将豆腐放入鸡汤汤锅,配以少量的黄豆芽与调料同煮,煮至豆腐软绵出锅。因在烧制中时常加入豆芽,而其形很像古代的玉如意,故被称为如意回卤干。

江宁回卤干有个传说。朱元璋称帝后,吃腻了宫中的山珍海味,倍感无趣,便微服出宫,探寻民间美食。一日,在街头看到一家小吃店炸油豆腐,香味四溢,色泽金黄,不禁食欲大增,于是让店主盛出一碗。店主见他气质不凡,心知不是凡人,立即将豆腐放入鸡汤汤锅,配以少量黄豆芽与调料同煮,煮至豆腐软绵入味送上,朱元璋吃后连连称赞。从此,江宁如意回卤干风靡一时。

张伯行和众人边走边看,不知不觉间巡行到玄武门城门。城门口,只见守城兵丁正在驱赶一个书生模样的年轻人。但见那书生衣衫褴褛,蓬头垢面,神情慌乱,口中念念有词,大声吟诵北宋理学家邵雍的一首诗文:"君子喻于义,小人喻于利……"

张伯行听到此,停下脚步,上前阻止守城兵丁。然后,让大仪把那落魄秀才叫到跟前,问道:"你这年轻人,姓甚名谁,为甚在城门处大声喧闹?听你吟诵诗文像是有不平之事,能否说来一听?"

那落魄秀才扭过头来,见是前几天在街角处看到的按察使臬台大人,不由分说,倒头跪地就向张伯行磕头,大呼:"冤枉啊!小人冤枉啊……"张伯行看着这个落魄秀才像是确有冤情,恐怕围观民众议论和起哄,就说道:"年轻人,如果真的有冤情禀报,就跟我们一起回府衙,详细述说。"

说完,安排大仪等人带着落魄秀才,向按察使臬台府衙走去。

(三)终于在诗集《往事集》里找到所谓的敏感字眼

进到按察使臬台府衙大堂,那位落魄秀才双膝跪地,磕头不止,直呼小人有冤情申诉。

张伯行见状,示意大仪扶起落魄秀才就座,然后吩咐大仪准备记录。

那落魄秀才惊魂甫定,欲语泪先流,慌乱之中,却不知如何说起。在张伯行反复劝慰之下,才断断续续叙述起事情由来。

落魄秀才名叫贾书桢,家住扬州贾家村。为了鸣冤叫屈,贾书桢从扬州流浪到江宁。

原来,贾书桢有一位堂兄名叫贾书声,是村里有名的文人秀才。

贾家村里有个名叫贾三丁的泼皮无赖,贾书桢、贾书声与贾三丁是已出五服的同族兄弟。

贾三丁平日吃喝玩乐,不务正业,经常偷鸡摸狗,欺男霸女,无恶不作。贾书声看不惯贾三丁的做法,经常对其进行劝说、批评,最后将之告上县衙。从此,贾三丁与贾书声之间结下梁子。

贾三丁为报一箭之仇,就挖空心思,抓贾书声的小辫子。无奈贾书声平日为人公道,乐善好施,无论是公德还是私德,都没什么毛病。

说来也巧,在这事闹掰之前,贾三丁曾在贾书声的书桌上看过一本诗集——《往事集》。这本书不写康熙年号,而用干支纪年。贾三丁简单翻看几页,认为里面会有把柄,便将书塞入怀里,偷偷带回。

自从与贾书声结下仇恨,贾三丁想,如能在贾书声写的《往事集》中查出反诗,就像是宋江浔阳楼题诗一样:心在山东身在吴,飘蓬江海谩嗟吁。他时若遂凌云志,敢笑黄巢不丈夫。必然会让贾书声吃不了兜着走。

也亏得贾三丁读过几天书,识得几个字。他把那本《往事集》找出来,翻来覆去地看,终于找到他所想要的敏感字眼。

书中辑录的有杜甫的《咏怀古迹(其三)》"千载琵琶作胡语,分明怨恨曲中论"之句;有夏完淳的《别云间》:"三年羁旅客,今日又南冠。无限山河泪,谁言天地宽? 已知泉路近,欲别故乡难。毅魄归来日,灵旗空际看。"

尤其是书中还有明末学者傅山的《八满诗》:"满洲衣冠满洲头,满面春风满面羞。满眼河山满眼泪,满腹心事满腹愁。"这首诗描写的是清初统治者试图通过改变中原百姓的发型和衣着服饰,来提升满族文化在汉人中的影响。当时一道"剃头令",充斥着血腥和残忍,不知令天下多少头颅落地。历史上臭名昭著的"嘉定三屠",就是江南百姓为反抗清初统治者"剃头令"而出现的人间悲剧。

贾三丁找到这些内容,激动万分。一纸诉状,连同物证《往事集》递交到扬州知府左必蕃的大堂上,控告贾书声褒扬前朝、针砭时政。

史载:左必蕃,字界园,广州顺德人。康熙二十年(1681 年)举人,官至副都御史,由监察御史出知扬州府。康熙四十四年(1705 年),皇帝南巡,嘉其清节,特擢太常寺少卿,以难其代,仍命知府事。康熙五十年(1711年),充江南乡试正考官。康熙五十二年(1713年),因科考舞弊案被革职。

扬州知府左必蕃看过状纸和物证,顿感这是一件大案、要案,不敢怠慢。他立刻带人驰赴贾书声家搜查,并令捕快衙皂将贾书声提审。

贾书声供称,《往事集》其实是同乡五位秀才所编汇,自己只是将之整理出来,并署上"书声参订"字样。另外,傅山的《八满诗》根本就没有收录,那是他人后加上的,是有意陷害啊……

扬州知府左必蕃认为作书者不应该是五位秀才,判定就是贾书声伙同五位秀才共同所作。

左必蕃由此执意要将案情做大,好向总督、巡抚邀功。屈打之后,判决如下:

> 秀才贾书江、贾书湖、贾书河、贾书海、贾书渊,生长本朝,食毛践土,已历数年,却不思报恩,反而丧心病狂,种种狂悖,实属罪大恶极。应照大逆律判斩立决,以彰国法,以快人心。贾书声读书不专,律应连坐,又将逆书留存,按照大逆知情隐藏者斩律,拟秋后问斩。贾书桢系逆犯五服之兄,革去功名,永不叙用。

听了贾书桢述说,张伯行顿感案情重大,对贾书桢说道:"你所讲述案情需要慎重考虑,调查取证。你暂先住在府衙内,我自有安排!"

说完,吩咐大仪把贾书桢安排在按察司客房住下,自己回到书房,仔细思索这一离奇的案件……

夕阳西下,天色渐暗,有一种"烟波澹荡摇空碧,楼殿参差倚夕阳"的感觉。

张伯行依窗而立,面色沉重,思绪万千。案情看似简单,其实棘手复杂。落魄秀才贾书桢句句哭诉兄弟冤枉,必有蹊跷。于是,暗下决心要把此案彻底调查清楚。

张伯行正在思索,忽听大黑大声嚷嚷着走进来:"老爷,老爷,真不容易啊! 今天辛辛苦苦寻找一整天,也没找到那位张老汉的亲戚,只好又把祖孙俩领回府衙。老爷您看如何是好?"

张伯行对张老汉说道:"张老汉,您祖孙俩暂时在府中安住,待日后慢慢寻找。您看中不中啊!"

张老汉祖孙两人顿时泣不成声,直呼:"谢谢青天大老爷,谢谢青天大老爷!"

祖孙俩一步三回头地跟着大黑走出书房。

(四)张伯行着一身道士服装到扬州微服私访

掌灯时分,大仪送来张伯行爱吃的青菜炒豆腐,另外还有一碗疙瘩汤和一个高粱杂面馍。

白天,落魄秀才贾书桢的鸣冤,让张伯行深感事情蹊跷,绝非像贾秀才说的那么简单。看着平时自己喜爱的饭菜,此刻也没有胃口,就随便地吃几口青菜豆腐,疙瘩汤也是勉强喝完。张伯行坐在书案旁,思考如何才能查清楚贾秀才讲述的六秀才案……

翌日,张伯行看完大仪整理的案卷以后,既不行香拜客,也不升堂问案,却找来门吏钟逵,问道:"钟逵,你是本地人吗?"

门吏钟逵答道:"是,我是本地人,老爷。"

"那你对扬州府是否熟悉?"

"熟悉,老爷,我有一远房亲戚在扬州府衙当差。"

张伯行听后对钟逵道:"你跟着我到扬州走走串串,要装哑巴,不准说话。记住了吗?"

钟逵不解何意,只好点头:"好的,老爷。"

钟逵原是江宁乡下一位家道中落的落第秀才,曾经参加过几次府试都名落孙山,对科举考试丧失信心,自己努力,找个工作,在按察使府衙内担任门吏。钟逵性情正直,敢讲真话,深得上一任按察使高必宏的信任。

几日后,张伯行、大黑和钟逵三人扮成道士模样。大黑手持一个白布幡,上面写着"有钱难买早知道"七个大字。按察使司衙门的差役觉得好笑:这个新臬台大人近来不审案,却去下乡串户,不知玩的是什么名堂。

有人暗中问钟逵:"你们随臬台大人去干什么?"

钟逵笑道:"大人吩咐,天机不可泄露,哈!"

按察使司衙门的差役们听后,也不解这是怎么回事。只有那吃官饭多年的老役暗想:这是乔装私访。这位大人如何了得,今后我们的"外快"来得恐怕不会像以前那么容易了。

三人搭乘帆船,沿江东下,不几日便到扬州瓜洲渡口。

这瓜洲古渡在运河与长江交汇之处,水陆码头,咽喉之地,是进出扬州的必经之路。唐代鉴真和尚东渡日本从这里出发,诗人杜牧"腰缠十万贯,骑鹤下扬州"在这里落地,名媛杜十娘怒沉百宝箱后在这里投水,拗宰相王安石"京口瓜洲一水间"在这里回望。而最让张伯行动心动情的,还是那首与"汴水流,泗水流,流到瓜洲古渡头"异曲同工的豫东小调:

> 黄河流,汴河流,河水向东没有头;黑哥哥,你再回首,小闺女儿跟你手拉手。
>
> 黄河流,汴河流,河水向东没回头;黑哥哥,你再回首,小闺女儿等你在家门口。

而今,张伯行从汴水出发,到泗水治河,现在又来到瓜洲古渡头明察暗访。也许,命中注定,这首从小到大一直萦绕耳边的豫东小调,冥冥之中划出自己的人生轨迹。

三人在瓜洲古渡没做停留,付过船资,告别船家。

大黑心疼老爷走路受累,准备租轿子或者车马代步。张伯行劝阻道:"在江上乘船,现在正好步行,活动一下身体。再说我们都是道士装扮,岂能乘轿骑马?"

大黑只好作罢,手里擎着写有"有钱难买早知道"的白布幡,和门吏钟逵跟在后面,径直向扬州城走去。

扬州地处江苏中部,长江下游北岸,京杭大运河和长江的交汇地域,为南北交通要冲的东南大都会,两淮盐运漕运中心,万商云集,物产丰富,"街垂千步柳,霞映两重城"。这里是商贾如云、漕运鹜集、富甲天下的"淮左名都",这里是钟灵毓秀、珠翠填咽、风景秀丽的"竹西佳处"。巍巍蜀冈,记载着古城千年的沧桑与繁盛;滔滔运河,叙说着内涵深厚的文化与精神。唐朝诗人杜牧有诗云:"青山隐隐水迢迢,秋尽江南草未凋。二十四桥明月夜,玉人何处教吹箫?"

大运河到此名曰邗沟,相传为春秋时期吴王夫差开凿。河两岸堤长草秀,楼台疏处,野趣甚饶。

时值深秋,微霜已降,秋水方清,堤岸边的柳树叶子也已逐渐由绿变黄。片片树叶随风飘落,好像在演奏一首秋天的乐曲。微风中,长长的柳条轻轻拨动平静的河水,在水面上画出一条条优美的曲线。

"红板桥头,酒旗摇曳花村里;绿杨如荠,两岸疏篱缀。"秋天的扬州,不急不躁,不温不火,不疾不徐,色彩斑斓,安静恬淡。

张伯行和大黑都是初次来到扬州。虽然他们都曾领略过开封府、济宁州、江宁城的繁荣景象,但扬州的美景仍然让他们目不暇接。三人都是道士穿戴,路人对这三位"道士"投以好奇的目光,尤其是大黑手里的白布幡更是引人注目。

走在扬州道上,张伯行脑子里却思索着几天前在江宁城里遇到的一些事情。

原来,张伯行到江宁之后,立即向制台噶礼大人报到禀见。制台噶礼因张伯行礼品只是仪封土特产,很是不满,遂把特产退回。虽然表面客气,不失情面,但已心存芥蒂,只是敷衍了事。

张伯行禀见后,请示欲赴扬州调查社情民意。两江总督噶礼不置可否,含糊其辞,用一种不耐其烦的表情和口气打发着张伯行。"扬州治下素称鱼米之乡,钱粮充足,府库殷实。张大人初任按察使枭台,此番前往好自为之,不要太过劳累"等云云,全是空泛之词,丝毫不着边际。

张伯行本意是赴扬州调查落魄秀才贾书桢述说的六秀才案情,也不再理会制台噶礼的恶劣态度,安排好按察使司衙门的事务后,便一身道袍来到扬州。

当时,扬州人士流寓江宁的不少,张伯行在省城也同他们有过接触。这些人中,有些是读书士子,有些是普通商民,对于扬州的利弊所在,看法却与官场上大不相同。

人们都说:"张大人公正廉明,政声卓著,今番初任江苏按察使,真是万民万幸。"

当张伯行问到扬州景况时,他们说道:"我们扬州民风朴实,崇尚勤俭,本是极好的地方。坏就坏在极少数豪绅鱼肉乡民,历任官吏一味姑息,王法纵然俱在,而庶民之冤无由得伸。这是扬州利弊的关键所在。"

当张伯行问扬州当地绅士特别是张家、何家的情况时,他们则不肯多讲,仅仅说道:"大人明察,到时自会明白,下官们无据,不敢妄言。"

张伯行心里清楚,也就不再往下问,却预感到扬州局面比较复杂。他的脾性不喜招摇,于是就带着大黑、门吏钟逵二人,化装成道士,前往扬州调查暗访六秀才案的来龙去脉。

这时,张伯行走在扬州道上,一路回味着在省城里的所见所闻,反复沉吟之间,已然赶到扬州。

扬州城本是个水陆码头,特别城关一带,乃是往来商贾必经之地,熙熙攘攘,十分热闹。

三人慢步前行,转眼来到十字路口。

钟逵走在前面,看见三五个老翁立在路口闲谈,便上前施礼问讯,打听一下附近有没有用饭歇脚的地方。

一位老者答礼道:"前面不远,有一家'悦来香'李家老店,烧得一手好菜,煨得一手好汤,酒饭收拾得干净,客官歇脚最是合适。"

旁边有一位老者插话:"莫要去李家老店。李老大的姑娘昨天吊死了,今天出丧,'悦来香'八成不会开市。"

另一位老人摆摆手说:"老哥有所不知,李家今天埋女儿,这事不假。李老大的'悦来香'确实不曾开市,可是李老二的'悦来客'却是照常开门。方才我亲眼见的,不会有错。"

说到这里,几位老人一同叹息道:"一位如花似玉的姑娘,刚满十八岁,就这么白白糟蹋死了!咳,这叫什么世道啊!"

钟逵听几位老人话中有话,正想问个清楚,就听得一阵喝道之声由远而近地传来。随着马蹄响处,十来匹马从城里奔驰而出。只见一些身穿官服之人,带着旗罗伞扇,全副执事,像是参加什么重大庆典的样子。

离着老远,几位老者就把张伯行等三人拉到墙根底下,闪开道路,让那队人马过去。

一位老者说:"这是接官的执事。听说制台大人府上的管家张令涛回乡省亲,这些人想必是去迎接他。"

另一位说:"但不知新任臬台大人为官如何? 会不会斗一斗咱们扬州的这只老虎,给老百姓出口气。"

又有一位讲:"咳,算了吧! 换了几任臬台大人啦,老虎还是老虎,这年头有什么可说的!"

张伯行刚问了句:"老虎是谁?"

几位老人都拱拱手说:"这事,我们全是本地人,谁也不敢讲。客官是外路人,知道这些也无益。时间不早,还是请找地方歇脚用饭去吧!"

张伯行不便再问,只好同老人们告辞,带着大黑、钟逵向前走去。

走了不远,果然找到"悦来香"。这家饭店坐落在一个路口的拐角上,门面拾掇得挺清爽,只是大门紧闭。旁边的"悦来客"倒是开门营业,店里也收拾得窗明几净。摆着十几套桌凳,此刻用饭的人却不多,一大半都空闲着。三人进得门来,拣一张桌子,张伯行居中,大黑、钟逵打横坐定。跑堂小二献上茶来,赔着笑脸道:"三位客官今日来的不巧,碰上小店有事,伙计们都办事去了,剩下我一人支应,酒菜虽然现成,却是难以求全。还望包涵一二。"

大黑微笑着说道:"既然店里有事,人手不齐,现有什么我们就吃什么,只管拿来就是。"

跑堂小二赔笑道:"如此最好。"说罢,就自去整治饭菜。

少时,跑堂小二端来饭菜,但见两菜香味扑鼻:一盘扬州狮子头,一盘藕夹。

张伯行和大黑都是第一次吃扬州菜,感觉与开封菜、济宁菜迥异。钟逵见旁边无人,低声说道,这两道菜都是扬州名吃。狮子头用猪肉为原料,以大而圆、嫩且鲜著称,红烧清蒸,口感松软,肥而不腻,营养丰富,脍炙人口。"藕夹"又叫"藕合",寓意吉祥如意的"偶合"。一只藕夹由两片组成,将拌好的肉馅填塞进去,再蘸满面糊煎炸。出锅的藕夹色泽金黄,酥脆可口,藕香浓郁。逢年过节,扬州人家都要做上一些,藕夹成为一道颇受欢迎的传统特色菜。

大黑说道:"我只听说过扬州炒饭,这两道菜还是第一次见到。"

张伯行说道:"扬州乃淮扬菜的发源之地,久负盛名。一个普普通通的临街小店,居然把菜烧得这么老道,可见扬州菜系的功夫之深。南宋诗人杨万里有诗云：'却将一脔配两螯，世间真有扬州鹅。'今日一见，果然名不虚传。"

张伯行话音未落，那边上来一盘扬州炒饭，只见粒粒松散、软硬有度、光泽饱满、鲜嫩滑爽。还没等钟逵吭声，忽听隔壁隐隐有哭泣之声。张伯行猛地想起刚才几位老人的话，看看店内客座上已无其他人用饭，便叫来小二问道："哪里来的哭声？"

跑堂小二哭丧着脸说道："隔壁是我家大掌柜，只因我家小姐好端端地死去，掌柜刚刚从坟上回来，想必是又在伤心哭泣。"

"既是你家掌柜的女儿，年纪必然尚轻。你说是好端端地死去，却教我十分不解：一个年轻人怎能好端端地死去呢？"大黑疑惑地问道。

跑堂小二自知说走了嘴，急忙解释道："这个，与三位客官无关，不问也罢！"

张伯行说道："我们是外乡人，在扬州无亲无故，不会随便乱说的。眼下并无外人，讲讲又有何妨？"

跑堂小二深深叹口气，道："唉，我晓得三位是外路人，不会走漏言语。只是我们店里的事说也无益，只能让您耻笑。"

"岂有此理！四海之内，皆兄弟也，焉能耻笑？小二你讲的虽是自家事，我们这些在江湖上行走的人听听也长个见识。"大黑劝慰道。

跑堂小二本不想多说，但禁不住张伯行等三人一再追问，无奈说道："请问客官，可晓得我们扬州的两户大绅？"

张伯行说："确实不知。"

小二压低声音道："我们扬州有两大绅士：一家是张家，另一家是何家。这两家控制着扬州城里最大的粮栈商号——宝成号，几乎垄断扬州城的粮栈经营。这两家世世代代亲上加亲，张家的大掌柜张元隆是江浙地区有名的大富商，张家的二掌柜张令涛据说当上了两江总督噶礼的管家，何家的公子何枕就是张家的外甥。"

小二接着道："这张、何两家，要钱有钱，要势有势，平素为所欲为，扬州城里的百姓谁也不敢道个'不'字。我们扬州流传的四句诗，就是形容这两家的势派：扬州百姓一条命，难抵何家牲口钱；大户张家呵口气，乌云遮住半边天。实不相瞒，我家小姐就死在这何家公子何枕的手上。

"李姓是扬州客户，世代人丁单薄，守着一个'悦来香'老字号，专卖茶食汤圆。到我家大掌柜一代，兄弟二人，由于生意较好，就在隔壁增设一家'悦来客'酒饭铺，开张也有二十余年。兄弟俩买卖公道，在扬州闯出名声，生意一向不错。

"多年来，老兄弟俩虽然分居，有一墙之隔，仍和一家人差不多。大掌柜膝前无子，只有一个女儿，小姐今年刚满十八岁，长得十分俏丽，一条街上的人们都管她叫'活西施'。小姐的人品最是端庄，平日在家习学女红，从不走街串巷，却不知怎的被那个何枕看上了。

"这个无赖亲自出面找大掌柜，要讨小姐做小老婆。掌柜两口跟前只有这个女儿，听说要去何家当小，誓死也不答应。何枕往返多次，不得结果，就恶狠狠地说道：'既然不识抬举，我就不让她过干净日子，有福不愿享，我就让她受罪。'

"于是，何枕指使手下恶奴在三天前夜晚，把小姐抢走，五六个人轮番糟蹋一夜，昨日抬回家已是奄奄一息。小姐羞愤难当，当天就寻短自尽。

"今天一早，大掌柜两口请两家店铺的伙计帮忙，把女儿埋葬。老两口刚从坟上回来，正在伤心恸哭，却被客官您三人听见。"

店小二说到最后已是眼含泪珠，哭腔明显。

张伯行听过店小二的一番倾诉，不由问道："生命关天，为何不向衙门申控？"

谁知那店小二连连摇头，说道："这种事，扬州城里不知出过多少，可谁也不肯申控。不告状还好，谁要告状，保准落个家破人亡，多少年来都是如此。"

张伯行疑惑地问道："听说扬州新任知府甚是清廉，何不在知府面前告上一状？"

店小二摇头叹息道："不管新旧知府，都是一样的，官官相护，告状无用啊，到头来还是百姓倒霉！"不等张伯行接话，店小二话锋一转，很神秘地压低声音对张伯行说道："不过，据说，江苏新任按察使是一位清廉之人，我家小姐的表兄前天已去江宁打探虚实，不知道结果怎样。"

张伯行立即答道："据贫道所知，这位新任江苏按察使是一位为民做主的好官，看来你家小姐的冤情将得以洗雪。"说罢，让大黑付过酒饭钱，告别店小二，走出"悦来客"，直奔知府衙门。

（五）说话间，两人已到翠月楼下

三人行至半路。张伯行突然停下。

大黑忙问："老爷因何停下？"

张伯行道："我们此去，没有人证、物证，是否有些鲁莽？"

大黑道："老爷又有何想法？"

张伯行道："古人云：欲速则不达。我们且在此小住，看能否找到更多证据？"

大黑道："就依老爷。"

其时刚过午时，阳光正好，整座城市被一片和煦笼罩。

张伯行说："大黑，可知这扬州城内，哪里景色最美？"

大黑道："老爷，大黑虽读书不多，见识不广，但这扬州城的保障河，那是天下闻名。若论这扬州景色，非保障河莫属！"

张伯行微微一笑道："既如此，趁天色未晚，我们何不去这天下闻名的保障河一游，也不枉来一趟？"

大黑不解，张伯行为何突然有这样的雅兴，但也不便多问。

于是，三人改道往保障河而去。

扬州城虽经历"扬州十日"，经济遭到一定破坏，但因其得天独厚的地理位置，故经历数十年的发展，又繁华如旧。大街之上，人来人往，川流不息。尤其是保障河四周，更是热闹非常。扬州城内一些市井人群，三五成堆，或一杯闲茶，或两盏淡酒，各色人等便山南海北地谈天说地，不亦乐乎。

张伯行信步其间，一边留心听着众人谈论，一边浏览这扬州美景。

这保障河，其实就是后人所说的瘦西湖，当时唤作保障河。因后人汪沆一首"垂杨不断接残芜，雁齿红桥俨画图。也是销金一锅子，故应唤做瘦西湖"，故后人更名为瘦西湖。虽不及杭州西湖的大气壮丽，但却有另一种精致妩媚之处。

三人行至一座小亭子旁边，见有几人围着一个小石桌聊天。张伯行对大黑说道："我们且在此休息片刻。"

忽听那几人中有一人说道："几位，为何近日不见贾三丁那厮过来聊天？"

其中一人道："李兄难道不知？"

姓李之人问道："知道什么？前几日生病，我一直在家歇息。快快说与我听听，那贾三丁如何？"

"李兄，前几日那贾三丁不知从哪里得来一笔横财，整日在我等面前吹嘘，最近极少来此聊天。据说，那厮有钱之后搭上翠月楼的小红，现在恐怕正在那翠月楼内依红偎翠，哪有时间与我等闲聊！"

张伯行只听见"贾三丁"三个字便开始留意，当听到那人说完，心内不禁大喜。心想：踏破铁鞋无觅处，得来全不费工夫。

张伯行忙凑上前问道："敢问这位兄台，您所说贾三丁，可是贾家村的贾三丁？"

那人忽听有人这样问，心内一惊。

抬眼一看，只见一道士模样的人站在自己面前。

于是问道："你是何人，难道认得这贾三丁？"

张伯行忙道："若是那贾家村的贾三丁，在下当然认得。两年之前，贾三丁从我这里借走纹银一两，因我四处江湖游走，故一直未曾有机会找他要回。只因刚才听到兄台说贾三丁突得一笔横财，故前来一问。"

那人道："原来如此。若他真的欠钱于你，最好趁此时机赶紧要回。那厮也是个狗窝里不留剩馍的主，近日迷恋上翠月楼的小红，每日花销极大。若不赶紧去要，只怕夜长梦多。"

张伯行道："这位兄台说的极是，我这便前去找他。"

张伯行冲着几位一拱手说道："多谢这位兄台指点。几位在这聊着，我等先行一步。"

张伯行带领大黑、钟逵两人便无暇浏览这保障河美景，匆忙离去。

离开保障河，张伯行回头问钟逵道："钟逵，你可知这翠月楼所在何处？"

钟逵道："大人，这翠月楼在扬州颇为有名，小的自是知道。"

张伯行道："那好，我们兵分两路。我现在就去知府衙门，找那左必蕃，要他重审此案。你和大黑两人，现在速去翠月楼等候贾三丁，务必想办法从他嘴里套出实情。"

大黑脸有难色，说道："大人，我俩与那贾三丁素不相识，如何从他嘴里套出实情？"

张伯行道:"附耳过来,你俩到翠月楼……如此这般,定会从贾三丁嘴里套出实情!"

大黑、钟逵齐挑大指,说道:"大人厉害。"

张伯行独自一人前往知府衙门,暂且不说。只说大黑、钟逵两人一路匆忙,前往那翠月楼。

翠月楼正在扬州城内繁华地带。

两人来到翠月楼附近,只见整条街上热闹非凡,店铺林立,有各种美食糕点、各色手工制品。只看得大黑眼花缭乱,目不暇接。

钟逵道:"大黑兄长,跟着张大人平日应该见多识广,为何如此关注扬州这些小玩意?"

大黑道:"钟兄不知,我家张大人平日里一心忙于公务,跟着他,也只是关注民生,或者各种冤情。如何有时间了解这些事情!"

钟逵听得大黑介绍,不禁对张伯行更增添几分钦佩。于是对大黑说道:"张大人一心为公,今到江宁,实乃江宁百姓之福。"

说话间,两人已经来到翠月楼下。

两人抬头看时,只见一阁楼挂红披彩。楣上一匾,上有"翠月楼"三个龙飞凤舞的鎏金大字。门前两个妖娆女子,正花枝乱颤地招呼客人,正是:骑马倚斜桥,满楼红袖招。

来时路上,两人已经换掉道士服装,只着普通服饰。两人抬腿步入楼内,只见一女子迎接上来,一脸笑容,对两人道:"两位爷,可有相熟的姑娘。若是没有,给两位爷介绍两个。我们这里的姑娘,一应的姿色过人,包两位爷满意。若是两位爷想要雅致一些的,我们这也有几位姑娘,能弹会画,绝不比秦淮八艳逊色。"

大黑道:"你们这里,可有一位叫小红的?若是有的,只唤她陪我俩即可。"

那女人道:"呦,小红啊,有啊。来人哪,喊小红下来陪客!"

不一会儿,只见一姑娘从楼上飘飘而来。看年龄二十岁上下,红唇轻启处,一股香气款款而出;眼波流转时,万种风情让人沉醉。红色的外袍包裹着洁白细腻的肌肤,每走一步,都要露出细白水嫩的小腿,脚上的银铃也随着步伐轻轻发出零零碎碎的声音。

两人虽明知对方是一妓女,也不禁暗暗喝彩:这女子风情果然非同一般,怨不得贾三丁那厮被她迷住。

小红来到两人面前,张嘴笑道:"两位爷,可定有包间?"

大黑忙道:"姑娘,只拣你们这里上好的房间,定下即可。我们有事请教姑娘。"

小红说道:"两位爷,那就去环彩阁吧。"

三人来到房间,要了一些茶果糕点。小红凑到大黑怀中,娇笑道:"两位爷,可要歌舞?"

大黑忙把小红推开。小红却又凑上,说道:"这位爷,莫不是嫌弃小红丑陋?若是觉得小红丑陋,小红唤其他姐妹过来也行。"

大黑说道:"小红,我等前来,有要事要办,你且坐下。"

小红笑道:"这位爷,来我们这里,依红偎翠就是要弄事。这位爷一脸严肃,让小红很不适应啊?"

大黑无奈,从包裹中拿出一块银子,对小红道:"姑娘只帮在下一个小忙,这块银子便归姑娘所有。"

小红一眼看去,那纹银足有五两左右,就满脸堆笑,伸手就要接过那块银子。大黑忙回手,说道:"姑娘,可愿意帮忙?"

小红道:"莫说一件,便是十件八件,只要小红做得,但凭两位爷吩咐。"

大黑说道:"我问你一事,你可认识贾三丁?"

小红神色一顿,但瞬间平静,说道:"两位爷说的可是贾家村的贾三丁?"

大黑道:"正是。"

小红道:"那位贾爷,是小红最近方结识的。这几日常来捧我的场,出手也算大方。不知两位爷,找那位贾爷有何事情?"

大黑道:"小红,你莫问太多。我只让你帮我一件事,银子归你,而且,日后还有重谢。"

小红道:"两位爷只管吩咐。"

大黑道:"据在下所知,那贾三丁是突然得到一笔横财。若是今晚那位贾三丁再来,烦请姑娘将其灌醉,而后从他嘴里套出那笔横财的来龙去脉。"

正是婊子无情,戏子无义。那小红眼见得白花花的纹银,一脸如花的笑容,满口答应。

大黑道:"我俩今晚一直在对面酒楼等待姑娘信息。"

说毕,大黑携钟逮开门离去。

且说大黑、钟逮两人离开翠月楼。出门看时,天已漆黑。一轮明月升起,月色笼罩,华灯初起。

两人到对面酒楼,要了一斤烧酒、半斤牛肉并几碟凉菜,静静等候。

过去大约一个时辰,两人酒已喝尽,菜也吃光,依旧没有等到小红的消息。

钟逮道:"大黑兄长,那小红怕不会放我们鸽子吧?"

大黑道:"且不要着急,我们再等候片刻。或许,今晚那贾三丁不曾来这里也未可知?"

钟逮道:"好吧,我们再等一会儿。"

大黑吩咐小二,再添半斤烧酒、几样小菜。两人边喝边聊。

两人正聊得兴起,突然,从外面来一女人,走到两人桌前,对两人道:"两位爷,可是对面翠月楼小红姑娘的相好?"

大黑道:"正是,可是对面小红姑娘要你来的?"

那人娇笑道:"小红姐姐最近可是红得很,那位贾爷刚走,这边竟还有两位爷等候着。"

说完这句话,那姑娘道:"两位爷,走吧。小红姑娘在环彩阁等候两位爷。"

大黑、钟逮听完之后大喜,急忙喊来小二,结过酒钱,跟着那姑娘来到翠月楼里。

大黑、钟逮来到环彩阁内时,小红已经等候。

两人看那小红,脸已经笑成一朵花,便知事情大约成功八九分。

小红对两人道:"遵照两位爷的吩咐。今晚贾三丁来到就想弄事,被我灌醉后,初始不肯说什么。亏得奴家功夫了得,最后套出一些话语,不知对两位爷可有帮助?"

大黑忙问:"那贾三丁都说了什么?"

小红娇笑道:"爷莫急嘛!爷不是说,若问出实情,尚有重谢?"

大黑忙从包裹里又拿出一块碎银递给小红。小红接过银子,笑得身子乱颤,只说:"多谢两位爷。"

小红接着说道:"那位贾爷被我灌醉后,在我不断追问之下,断续说出这样一些话语。"

"前几日,一位姓钱的老爷找到他,要他想办法网罗一些贾书声的证据,将他告到官衙。那贾爷本与贾书声有怨,所以一口答应。后从贾书声家偷得诗集一本,交于钱老爷。那钱老爷拿走诗集后略加改动,又交与贾三丁。后贾三丁状告贾书声。最后不知安做什么罪名,那贾书声竟被判斩刑。后那位钱老爷给贾三丁纹银百两,让他切勿走漏风声。却不想,奴家是什么功夫,什么人没有见过啊,什么话都能被奴家套出。"

大黑闻听此言,大喜过望,对小红道:"多谢姑娘,姑娘立大功一件!"

小红闻听,一脸惊愕与不解。

大黑带钟逵离开翠月楼。

此时,夜已很深。大黑对钟逵道:"我们且在附近找一家店房歇息,明天一早再去报告张大人。"

(六)张伯行重审秀才写诗谋反案

且说张伯行与大黑、钟逵两人分手后,直奔知府衙门。

府衙门口两个石狮子在阳光照耀之下熠熠生辉。大门右侧,一面大鼓高高耸立。府衙正门上方一黑色牌匾,上书"扬州府衙"四个大字。大门两旁抱柱之上有一副对联:侧身天地更怀君,独立苍茫自忧民。

张伯行看过,暗暗冷笑,心想:"左必蕃倒是把自己标榜得很高,老杜诗句也是引用得很溜。"

张伯行看到两旁有当差衙役,走上前去,轻施一礼,说道:"两位辛苦,麻烦二位通禀一声。"

那两位衙役看到一道士模样的人站在面前,还要自己去里面通禀一声,不禁大怒,呵斥道:"你是何人,敢这样跟老子说话?"

另一个道:"这府衙重地也是你这道士说进就进的?还不快滚。若迟慢一步,小心棍棒伺候。"

张伯行心想:"看奴知主。这二人如此霸道,可想这知府左必蕃平时又是如何鱼肉百姓。"

张伯行不慌不忙,走上前去,对两位差役说道:"麻烦二位,通禀一下左大人,只说江苏按察使张伯行来访!"

两个衙役听到对面这一普通道士竟是江苏按察使,只吓得面如土色,体似筛糠,急忙匍匐于地,大声喊道:"小的有眼不识泰山,不知大人驾到,大人恕罪。"

张伯行笑道:"不知者不为罪,你二人速去通报即可。"

两人急忙一溜小跑,跑进府衙。

不到片刻,只见从里面走出一人。但见此人,中等身材,略微有些发福。脸庞白净,一缕山羊胡。头戴青金石定冠,身着蓝色八蟒五爪袍。

这人看到张伯行,紧走几步,躬身施礼,说道:"下官扬州知府左必蕃,不知按察使大人驾到,有失远迎,罪该万死。"

张伯行拱手道:"左大人言重,不知者不怪。"

左必蕃道:"张大人何时到我扬州,也不事先通告一声,好让下官为大人接风!"

张伯行道:"左大人无需多礼。只因有一人到臬台府衙喊冤,经过询问,方知所牵涉案件发生在扬州境内,特地赶来向大人请教一二。"

那左必蕃听过之后,心内一惊,但却不动声色,连忙问道:"什么案件,能劳烦张大人亲自跑到扬州过问? 只要派一下人通知下官,下官定当为大人效劳。"

张伯行道:"左大人,不用客气。我们且到府衙,让张某详细说与大人一听。"

左必蕃忙道:"失礼,失礼! 快请,快请!"

两人来到府衙之内。

左必蕃让张伯行上座,而后问道:"敢问张大人,刚才所说是何案件?"

张伯行于是从怀中将贾书桢的诉状拿出,递与左必蕃。

左必蕃接过诉状,看过之后说道:"张大人所说原来是贾书声等人意图谋反一案。张大人,此案人证、物证俱全,已经判决。"

张伯行道:"张某也知道,左大人办案雷厉风行,干净利落。不过,张某既然接到这纸诉状,定是要查上一查。并且,我看那贾书桢面貌忠厚,话语淳朴,又着人查他身世,知道他在当地一向朴实,绝无说谎之理。所以,张某来到扬州,希望左大人能够重审此案,不知可否?"

左必蕃道:"张大人既这样说,下官不敢不从。"

左必蕃令手下人把贾书声案件所有案宗取出,交于张伯行。

张伯行打开案卷,仔细查看。尤其将那本诗集,从头至尾,一字不漏,认真读过,竟看不出丝毫破绽。

左必蕃见张伯行看不出任何破绽,心内不免有些得意。

张伯行道:"左大人,天色已晚,我今日暂在府衙内住下。这些案卷,我会仔细查看。明日一早,我们重审此案,你看意下如何?"

左必蕃道:"这样也好。张大人,我已命人在'富春茶社'摆下宴席,为大人接风。"

张伯行道:"多谢左大人好意,张某心领了。茶社暂且不去,劳烦左大人只在府衙内为张某找一安歇之处即可。"

左必蕃无奈,只能如此。

当天晚上,张伯行一夜未眠,又将此案案卷一一查看,却依旧一无所获。

第二天一早,张伯行令左必蕃升堂,并将贾书声等人从死囚牢内提出。

大堂之上,只见贾书声等几名秀才披枷带锁,衣衫褴褛,身上血迹斑斑。张伯行看那贾书声,虽是一脸委顿之色,但却依旧不能掩盖其良善之情。

张伯行道:"下跪者可是贾书声?"

贾书声道:"草民贾书声跪拜大人!"

张伯行道:"贾书声,我且问你,这本诗集可是你编订?"

贾书声道:"大人,这本诗集确是草民编订。"

张伯行一拍书案,大声呵斥道:"贾书声,你也是读书之人,忠孝仁义,本应知晓,却为何在诗集当中公然挑衅朝廷,对我大清图谋不轨?"

贾书声语声战栗,说道:"大人,这诗集确是草民编订,但其间所辑录几首所谓反诗,草民实实不知啊!在草民编订之时,确未见这几首反诗。至于为何突然之间出现在这本诗集之中,草民的确不知。"

张伯行道:"贾书声,那是否可以找到证据,或者是否可以找到证人,为你作证?"

贾书声道:"草民编订此书时,无人为草民帮忙,都是草民亲力亲为,草民也实在找不到证人。"

张伯行道:"贾书声,你再仔细想想。倘使无人为你作证,那只能判你谋逆之罪,本官也无能为力!"

贾书声无语。

一旁的左必蕃,不动声色,内心却得意洋洋。

大堂之上竟然鸦雀无声,陷入尴尬境地。

正在此时,一衙役来到公堂之上,跪地喊道:"大人,门外有两人求见,说是张大人随从。"

张伯行大喜说道:"传两人上堂。"

大黑与钟逵一前一后来到公堂之上。

大黑来到张伯行身边,附在他耳边小声说了几句话。

张伯行回头看了一眼左必蕃,说道:"左大人,我手下人查到贾三丁有诬告之嫌,劳烦左大人派人责令贾三丁到堂上一问。"

左必蕃无奈,只得派人去找贾三丁。

那贾三丁被衙役押解公堂。

张伯行看贾三丁五短身材,面皮焦黄,一双鼠眼,黑眼珠多、白眼珠少,滴溜溜乱转,一看就知不是良善之辈。

张伯行一拍书案,厉声问道:"贾三丁,你为何状告贾书声?"

那贾三丁又将之前编好的过程诉说一遍。贾三丁巧舌如簧,口若悬河,整个过程说得详实确凿,让人挑不出半点毛病。

张伯行冷冷一笑,说道:"贾三丁,若有半点隐瞒,本官绝不轻饶于你!"

贾三丁道:"大人,草民所说,句句属实。那贾书声与几位秀才,因为科举落第,故平时就喜欢对我大清王朝吹毛求疵,屡屡不满时政。"

张伯行道:"贾三丁,我看你伶牙俐齿,真是不见棺材不掉泪,不到黄河不死心啊!"

张伯行回头对大黑说道:"传我命令,速去将钱师爷带到公堂。"

贾三丁听得张伯行嘴里说出"钱师爷"三个字,不禁大惊,脸上也显出慌乱之色。

大黑、钟逵正要下堂时,突然门口又一衙役跑上,手里拿张拜帖,跪在公堂之上,高声喊道:"两位大人,门口有一位张大人请求拜见。"

张伯行令人拿过拜帖,见上面一行小字:两江总督噶大人总管张令涛敬拜!

张伯行不禁一愣,心内想到:"几个书生的案件,为何连制台噶礼都能知道?"

张伯行对那衙役说道:"有请张大人!"

不一会儿,张令涛来到公堂,一并上来还有三五跟随。

只见这张令涛中等身材,面皮白净,五官倒是极为端正,端正的五官当中却透出一股阴森森的气息。一对剑眉之下,眼睛迥然有神。鼻梁高挺,嘴角略略有些上扬。衣着极为华丽。头戴一顶黄色瓜皮帽,帽上绣各色图案,一颗红色宝石分外夺目。上身绸缎紫色马褂,束湖色长腰带,腰带之上也密布着各色精美图案。脚蹬一双黑色长筒靴。人虽不怒,却自带一份嚣张气焰。

这张令涛来到公堂之上,面对张伯行和左必蕃躬身施礼道:"见过两位大人!"

张伯行起身。

左必蕃则从座位上下来,跑张令涛跟前回礼道:"张大管家,什么风把您吹来啦?快上座,快上座!"

张令涛回道:"两位大人在此,张某焉敢造次。"

左必蕃道:"张大管家,亲自来此,不知有何事,左某可以效劳。"

张令涛道:"奉制台大人命,贾书声等人一案,制台欲另派专人审理,特为此而来。"

张伯行闻听,高声对张令涛道:"张管家,下官张伯行收到贾书桢诉状,诉说贾书声等人实属冤枉。下官手下大黑等人也查到相关线索,可以证明贾书声等人事出有因。不知道噶大人却为何要插手此案?"

张令涛回道:"张大人有所不知,因为此案关系重大,其间几人所写诗句有图谋不轨之心。噶大人唯恐造成不好影响,惊动朝廷,故特派在下来此告诉诸位,噶大人将会派专人审理此案。张大人对噶大人的命令有所质疑不成?"

张伯行道:"下官自是不敢违背制台大人的命令。"

张令涛道:"既然如此,张大人,不好意思,在下要将此案案卷带回交于制台大人。"

张伯行高声喝道:"敢问张大管家,你可是朝廷命官?可有皇上封赐?"

张令涛无语。

张伯行继续说道:"既没有受到皇上封赐,更不是朝廷命官,敢问张大管家,你有什么资格传达制台命令? 你可知道,假传制台之命,该当何罪吗?"

一时之间,公堂之上一片寂静,寂静当中透出一丝尴尬的气氛。

此时,左必蕃一看大家僵持不下,赶紧上前打圆场,满脸堆笑对张伯行说道:"张大人,令涛张大管家确是制台大人家的管家,这点毋庸置疑,他传达命令想来也不会假。张大人,您看这样行不,此案暂时放下,容下官派人前去省城打探实情,再继续审理此案可好?"

张伯行略一思忖,暗道:也好,趁此时机,设法找到更有力的证据。

张伯行对左必蕃道:"左大人所说,也有道理。那今日审理到此为止,退堂。"

张伯行带领大黑、钟逵离去。

张令涛看着张伯行的背影,恨声说道:"且容你嚣张几日,君子报仇,十年不晚!"

三
故人相见

(一)张伯行决定放长线钓大鱼

张伯行带着大黑、钟逵在驿馆住下,思忖若在此查案,人手不够。于是命大黑骑快马连夜回到江宁,把大仪找回。

大黑、大仪两人赶到扬州后,张伯行令二人暂且休息,养足精神,然后再继续查找线索。

张伯行道:“此案关键处还在于钱师爷,大黑、大仪、钟逵,你们三人想着该从何入手?”

钟逵道:“大人,我有一想法,不知当讲与否?”

张伯行道:“但说无妨!”

钟逵道:“小人有这样一个计划。先把贾三丁从牢中放出,我们派人跟紧那厮。贾三丁从牢中出去,必找那钱师爷询问对策,我们再一并抓获。大人意下如何?”

张伯行等三人一起击掌,称赞不已。张伯行道:“钟逵向来讷于言语,但却没想到心思如此缜密,此计甚好。”

吃过午饭,张伯行令大黑、大仪两人拿着令牌到大牢之中。

看守的几位狱卒刚要拦阻,大黑拿出按察使令牌。狱卒诺诺连声,急忙让进。

贾三丁自来到牢房之后,心内一直忐忑不已,宛若十五只吊桶打水——七上八下。心内想着,难道自己这次要栽到这位按察使手中不成。想着前天还在和翠月楼小红推杯换盏,今日竟然被关押到大牢之中,真是像做梦一样。

正在贾三丁胡思乱想之时,忽听有人喊道:“贾三丁,出来,有人问话。”

贾三丁被狱卒带到大黑、大仪面前。

大黑厉声道:"贾三丁,你为何加害同族贾书声,且从实招来。"

贾三丁连忙跪倒,大声喊道:"大人,小的冤枉啊。小人一心忠于朝廷,我与那贾书声本是同族,往日无冤近日无仇,缘何要加害于他?只因贾书声几人确是屡屡有言语冒犯朝廷,小人偶然之间又看到他家有本《往事集》,随便翻阅时,发现其间藏有冒犯朝廷的诗句。故拿出那本诗集,交于官府。大人明察啊。"

大仪对大黑道:"大哥,我看贾三丁面貌良善,不像说谎之人。且我来之前听人说过,那贾书声的确常有过激言语。大人来之前也交代,倘使问不出什么,就暂且放出,免得冤枉好人。"

大黑道:"兄弟之言,确有道理。"

然后,大黑回头对那贾三丁道:"若不是我家大人心慈,定不会放过你。贾三丁,今日暂且放你出去,若是以后查到你是诬陷好人,定不饶你。"

贾三丁磕头如捣蒜,连声说道:"多谢大人,多谢大人。"

大黑回头对几位狱卒说道:"来时奉按察使大人之命,若问不出事情,暂且先放贾三丁出去。左大人那里,按察使张大人自会去交代。"

那贾三丁走出牢狱,到大街之上,心内百感交集,又忐忑不已,不知道这按察使大人为何将自己放出。

为今之计,又该如何?

贾三丁想起自己所做之事,惊恐不已。心内暗想:"如果被按察使查出,恐怕罪不会轻。我贾三丁年近三十,媳妇都不曾娶得,以后若在牢中度过……"

贾三丁越想越怕。

突然之间,贾三丁想到钱师爷。贾三丁暗想,钱师爷神通广大,为今之计,还是速速找到钱师爷,让他想一万全之策。

贾三丁匆匆忙忙直往钱师爷家而去。

穿过几条街巷,又拐弯抹角,贾三丁来到钱师爷家。贾三丁敲打门环,里面一老者的声音传出,问道:"谁啊?"贾三丁忙回道:"钱老爷故友,贾三丁。"

大门"吱扭"打开,贾三丁忙拱手道:"老伯,钱爷可在家?"

那老头道:"何老爷喊他议事去了,不曾在家。你若有事,等他回来,我转告与他就是。"

贾三丁暗暗叫苦,却又无可奈何。因他知道,那何老爷门户森严,自己定不能前去。

无奈之下,贾三丁心想且在他家附近等候吧。想起自己在牢中几乎水米未进,就在附近找一家酒馆,让小二给自己端上几样小菜,边吃边等。

天色将晚时分,看到钱师爷从东面走来,贾三丁大喜,急忙从酒馆里出来,喊道:"钱爷,且留步。"

那钱师爷看到贾三丁,大吃一惊,问道:"贾三丁,你不是在牢狱之中吗?何时出来? 他们为何又把你放出?"

贾三丁说道:"钱爷,就凭官府里那些酒囊饭袋,我贾三丁对付他们还不是小菜一碟。"

钱师爷道:"贾三丁,莫要再吹大话,快些讲来,你是如何被放出?"

贾三丁就叙述了一遍。

那贾三丁刚刚说完,钱师爷大惊道:"贾三丁,你来我家时,可注意到是否有人跟你?"

贾三丁奇道:"好端端地放我出来,如何有人跟我?"

钱师爷脸色已变,四处查看一番,见无可疑之人,从怀里掏出一把散碎银子递与贾三丁说道:"你速速离开这里,休要再来找我。若是再有人问起,你只说与我不曾相识。不然,你休想活命。"

贾三丁大惊道:"钱爷,如何这样说话。我此番前来,就是要问钱爷一番对策。"

那钱师爷说:"我刚才对你所说,就是你要的对策。赶紧离开,你我还可以活命。不然,我俩俱被你害死。"

贾三丁道:"钱爷是不是小题大做了,我在里面不曾招认什么,他们放我出来,就是因为没有抓住我等把柄。"

话音未落,只听得旁边墙头之上有人喝道:"贾三丁,钱师爷,不要走,你看我们是谁?"

说着话,从墙上跳下两人,正是大黑与大仪。

贾三丁与钱师爷正要逃走,被大黑与大仪二人上前双双擒住。

（二）张令涛既是噶礼的管家，又是张元隆的兄弟

且说大黑与大仪两人离去后，张伯行对钟逢道："我们二人也不要闲着。那张令涛为何如此飞扬跋扈，公堂之上，连本官都不曾放眼里？一个小小管家，为何能够如此？还记得那天在'悦来香'发生的事情吗？我们再细细查问一番，也许可以找出一些端倪。"

钟逢道："谨遵大人之命。"

两人又乔装打扮一番，离了驿馆，直奔"悦来香"酒馆。

一路无话。两人来到"悦来香"酒馆，只见大门紧闭，依旧不曾营业。

钟逢走到门口，敲打门环，半天无人应声。继续用力敲打，许久，终于有人应声。那人四十岁左右，看到钟逢道："客官，门口写得清楚，本店暂不营业。"说着就要关门。

钟逢连忙拦住，说道："大哥，且慢关门。我们不是吃饭客官，我家主人能断生死、知来生。他告诉我说此店主人必有重大冤情，所以让我来敲门一问。"

那人听得奇怪，说道："既如此，你们且请进来。"

张伯行来到酒馆里边。

只见这酒馆虽然不大，收拾得还算干净。几张桌子整齐摆放，柜台前写着一行字：来的就是客，饭菜随您挑。这店主人虽然精神委顿不堪，但衣着打扮却也齐整，面貌之间透着忠厚。

张伯行道："我看店家大门紧闭，但店里店外透着一股怨气。所以，贫道断言，店家必有大冤。"

这店主人听得张伯行一言，眼中不禁流出两行热泪，说道："道长真是神仙下界，果如道长所言。"

张伯行道："店家可愿意说与贫道一听？"

店家声泪俱下，将事情原委诉说一遍，只气得张伯行和钟逢火冒三丈，不能忍受。

原来扬州当地恶霸何枕乃一好色之徒，门内纳妾几房，却仍不满足。一日到"悦来香"吃饭，偶遇他们大掌柜家小姐，见李小姐长得花容月貌，只看得

馋涎欲滴,不愿离去。第二天就托人来说亲。

但李小姐幼时就与贾家村的远房表哥贾书声许下婚约,两家商定明年开春就准备结婚。

李老大当然没有同意何枕提亲,只告诉提亲者,说小姐已经许有婚约。人家不信,无奈之下,李老大只好讲出男方贾书声的情况,以示自己并未说谎。

来人听得李老大言之确凿,不曾说谎,只好回去禀报何枕。却不承想,李老大这些言语给贾书声带来杀身之祸。中间隔三五日,何枕差人告诉李老大,说那贾书声犯谋逆之罪,现已押监入狱,来年开春,就要问斩,故又来提亲。

李老大一听,如五雷轰顶,心如刀绞。没想到自己一番话,竟然给未来女婿招来杀身之祸。当时李老大一腔怒火全部撒向提亲之人,把对方痛骂一顿,又着伙计把人轰出门外。

李老大此举虽然解一时之恨,却没有想到让那何枕恼羞成怒。第二天,竟然来一群人直接把李小姐抢走,然后……

说到此处,李老大已经泣不成声。

这一番话只听得张伯行怒不可遏,大喊一声:"朗朗乾坤,这世道竟有如此目无王法之人。且问大掌柜,你为何不去状告那何枕?"

李老大道:"道长,想来你不知道,这何枕乃扬州一霸。而且,他的舅舅张令涛是两江总督噶礼家的大管家,在扬州一带手眼通天。我就是告,又有何用啊?"

张伯行道:"大掌柜,你且悲声,听我一言。我今日与你写下一纸诉状,你只去江宁府找现任江苏按察使张伯行,他必与你做主!"

李老大道:"从来都是官官相卫,我去找那张大人,真的有用吗?"

张伯行道:"看贫道招牌没有,断人生死,知人来世。你只管取纸笔与我。"

张伯行拿起纸笔,刷刷点点,一气呵成。写好之后,交与李老大。而后,与钟逵两人离开"悦来香",回到馆驿。

刚回到馆驿不到半个时辰,就见大黑与大仪带着贾三丁和钱师爷来到大厅之中。

大黑过来附在张伯行耳边,低声耳语一阵。张伯行点头,对大黑、大仪说:"暂且看管起来。"

此时,天色已晚,几人在驿馆边吃边商量下一步该如何办。

张令涛在扬州手眼通天,而左必蕃也不想重审此案。最后,张伯行决定带贾三丁与钱师爷回江宁审理。

天刚拂晓,张伯行前去知府衙门与左必蕃告别。只说回去禀过督抚大人再行定夺,但那贾三丁则要带回江宁再审。

左必蕃无奈,只好同意。于是,张伯行几人匆匆离开扬州,直奔江宁而去。

到江宁,贾三丁与钱师爷被带到公堂。惊堂木一响,张伯行威喝一声说道:"贾三丁,钱师爷,速将你们如何陷害贾书声、李小姐之事招来,免去刑罚之苦。如若不然,我这按察使府衙断不是扬州府衙可比。"

但那贾三丁本是一泼皮无赖,平日里就是伶牙俐齿,此时事关生死,连声喊冤,又将之前自己所讲重复一遍。

而那钱师爷更是一老奸巨猾之辈。说到李老大之女的事情,只说是那李老大贪慕何家钱财,因为彩礼发生纠纷,才导致悲剧发生。

张伯行大怒道:"不给你等一点颜色,量你们也不会讲出实情。左右,大刑伺候!"

正在此时,门口有人高声喊冤。张伯行让左右把喊冤之人带上公堂。

当此人来到公堂之上,钱师爷脸色突变,来的正是"悦来香"的大掌柜李老大。

那日,李老大得到张伯行一纸诉状,马上就收拾行囊离开家乡,赶到江宁就来告状。真的是无巧不成书,正碰上张伯行审钱师爷与贾三丁两人。那钱师爷前后去了李老大家两趟,李老大自是认识。

李老大看到钱师爷,想到女儿死时惨状,胸中一股怒火喷涌而出,直扑过去,喊道:"还我女儿命来!"

两旁衙役忙过去拦住,高声喝道:"公堂之上,不得造次。有何冤情,说与大人!"

李老大无奈,回过头来向张伯行跪倒,将何枕如何提亲、自己如何不允、何枕如何抢亲杀死自己女儿的过程一五一十地讲出。说到痛处,声泪俱下。

然后,指着钱师爷说,正是此人前后两次来到"悦来香"提亲。

钱师爷眼见无法抵赖,只能高声喊道:"大人,不关小人事啊!"

张伯行道:"从实招来,可从轻发落。"

钱师爷只能将何枕如何看中李小姐,又如何暗害贾书声的过程一一讲出。最后高声喊道:"大人,真不关小的事啊!"

张伯行看过钱师爷供词,又问道:"我且问你,那贾书声编订的《往事集》,是谁人篡改?"

钱师爷道:"这个小人着实不知。那何老爷曾让小人去做,但小人不知该如何添加,又怕添加过后,漏出破绽。所以,就搪塞过去。"

张伯行道:"后来那何枕又是如何改的那本诗集?"

钱师爷道:"小人不知啊。"

张伯行对两旁衙役说:"左右,棍棒伺候!"

那钱师爷只吓得体如筛糠,连声说道:"大人,且慢啊。小人实在不曾去做此事。后来我听说,是何老爷找到他的舅舅张令涛张老爷,是张老爷找人做的。至于找谁,这个小人的的确确不知道啊!"

张伯行令钱师爷画押,让左右将两人押下。然后对李老大说:"你且抬头,仔细看看,我是哪个?"

李老板抬头仔细一看,连忙再次跪倒道:"原来大人就是那天的道士啊,青天大老爷,你可要为草民做主啊!"

张伯行道:"大掌柜,且放宽心。这些恶霸作恶多端,不惩戒不足以平民愤。我张伯行定会尽力还大掌柜一个公道。"

张伯行退堂之后,与大黑等人商议下一步该当如何。

大黑对张伯行道:"老爷,大黑有一事不明。那张令涛只是制台家里一管家,却为何有如此的权势,竟能让制台下令暂停此案的审理?"

张伯行道:"我也为此而不解啊。"

正在此时,有人通报,说初到江宁时救下的那个张老汉前来辞行。

原来经过多日寻找,张老汉已经找到那家亲戚。张老汉来到张伯行面前千恩万谢,只说自己活这么大,从未见过这样亲民爱民的官员。

张老汉辞谢之后说道:"张大人,日后若是用得着小人的地方,大人只管吩咐。小人老家在扬州,在这住几日后,还要回扬州去!"

张伯行道:"你也是扬州人,那你是否也听说过何枕、张令涛两人名字?"

张老汉道:"何老爷和张老爷都是扬州大户,无人不知。而且,我有一远亲也在张老爷家中效力。"

张伯行一听大喜道："那你可知这张令涛与两江总督噶礼大人是何关系？"

张老汉道："之前听得那位亲戚说过，张令涛既是两江总督噶老爷家的管家，又是两江富商张元隆的兄弟。这官商一家，从来如此啊！"

张伯行一听，恍然大悟，拊掌笑道："多谢张老汉，张某明白矣！"

（三）张令涛与何枕商议，决定暗杀张伯行

且说张令涛那日从扬州知府衙门回到自己府中，心中恨恨不已，暗道："这张伯行竟然不给自己面子，有朝一日，定让他吃一次苦头。好在左必蕃还算识相，却不知张伯行会不会就此罢休。"

第二日天还没有亮，只听门口有人喊道："舅舅，大事不好了！"

张令涛出门一看，正是自己的外甥何枕。虽是清晨，但那何枕竟然脸上冒汗。

张令涛道："何枕，什么事情，让你这么惊慌？"

何枕到屋里，喝口水，稳稳心神，告诉张令涛，自己府中的钱师爷昨天一夜没有回家，四处追查，竟不见踪影。

张令涛闻听，也不禁暗自吃惊，说道："可曾报官？"

何枕道："尚未报官，先来舅舅这里询问。"

张令涛道："且不要慌乱。我这就去找左必蕃，打听一下张伯行行踪。只要不是被张伯行的人拿去，就不会有事。"

何枕道："那舅舅就赶紧去吧，可别让张伯行那老小子抓住我们把柄。"

张令涛急忙让人备些礼品，去找左必蕃知府。

半个时辰过去，那张令涛依旧毫无踪影。只把何枕急得宛若热锅上的蚂蚁，一会儿坐下，一会儿出去。

又大约过了半个时辰，张令涛和自己的随从回到府中。

何枕见张令涛眉头紧锁，便知事情不妙。

张令涛回到屋中，狠狠瞪了何枕一眼道："都是你做的好事。你说你府中已经有那么多女人，为何又要看中那李老板的女儿。而且，还拖我下水？"

何枕道："舅舅，事情已经出来，埋怨也没有用。赶紧告诉我怎么回

事啊！"

张令涛道："张伯行已经离开扬州。左必蕃知府说，连同牢狱里的贾三丁一并押解回去，说是回江宁再审。那张伯行虽没说到钱师爷，但据我推测，你府中的钱师爷定是被那张伯行押解到江宁。"

何枕道："舅舅，且请放心，量那一个小小的张伯行不能翻天。这么多年，我们什么风浪没有见过，肯定不会有事。"

张令涛道："你懂什么，张伯行绝非寻常之辈。据我所知，此人软硬不吃，水米不进。若按我们平时套路出牌，恐不能奏效。"

何枕道："舅舅，干脆一不做，二不休，我找人把他……"

何枕说着话，做了一个砍头动作。

张令涛道："我也有此想法。只是这事要做的干净利落，我身边没有合适人选。"

何枕道："舅舅，这等小事包在我身上就行。我认识一人，此人在江湖上有个绰号，唤作'无影刺'，不仅武功高强，而且心狠手辣。"

张令涛道："既如此，这件事就交于你。切记，第一速战速决，第二切莫暴露我等身份。"

何枕离开后，张令涛暗想："这张伯行人送绰号'张一把儿'，第一不给人送礼，送礼只送一把扇面；第二也从不喜接受别人的礼物。前几天，还听制台大人说起，此人太不通人情世故。倘若暗杀失败，那岂不是弄巧成拙，更激起这'张一把儿'的查案决心？我必须双管齐下，做两手准备。"

想到此，张令涛令手下人，即刻备车，前往江宁，回总督府见噶礼大人。

从扬州到江宁，一路上风光如画。但张令涛哪有心思观赏风景，内心忐忑不安，一直催促车夫快马加鞭。

来到江宁，回到总督府。

府中家人向张令涛请安，张令涛也不搭理，只问噶大人是否在府中。

管事说："张管家，可巧，噶大人正和巡抚大人喝茶。"

张令涛道："哦，好的，我去厅中拜见一下两位大人。"

来到会客大厅，张令涛掸掸衣袖，躬身施礼，高声道："张令涛拜见督抚大人，拜见巡抚大人。"

两江总督噶礼一见张令涛，问道："令涛，你这几日去扬州，事情办得如何？"

张令涛回道："托制台大人的福，您让办的事情，一切都已妥当。不过……"张令涛说着话，语气顿了顿。

噶礼道："令涛，有什么事情，但说无妨，巡抚大人也不是外人。"

张令涛道："大人，小人在扬州拜访扬州左大人的时候，碰见按察使张伯行大人。"

"张伯行赴扬州调查社情民意，事先已报，我亦知晓。"噶礼说道，"那张伯行在扬州都干了些什么？"

张令涛将张伯行去扬州查案的事情略略讲述一遍，然后继续说道："我知道此事后，给左大人建议，这种牵涉谋逆的案件，是否应该禀明总督和巡抚大人？"

噶礼与江苏巡抚于准道："令涛说的有道理。皇上对这种事极其重视。令涛，那后来如何？"

张令涛神色一变，说道："我说了，两位大人可不要生气。"

噶礼怒道："令涛，你平时也是极爽利之人，今日为何如此吞吞吐吐？"

张令涛道："那张伯行不听则已，一听令涛之言，竟然对两位大人口出不逊。他说，张伯行行得端，坐得正，别说江苏巡抚于准，就是两江总督噶礼来了，也不会让他改变彻查此案的决心。他张伯行只对天下负责，只对皇上负责，绝不会与两江各省官员同流合污。"

话未说完，那噶礼大喝道："那张伯行是个什么东西，竟敢对本督口出狂言。于大人，你怎么看那张伯行？"

于准道："总督大人，且不要发怒。那张伯行虽然来到江宁时间不长，但两江各级官吏谁不知道张伯行是个什么样人物？下官也听说，总督大人已经见识过此人。"

噶礼恨声道："莫提此事。这张伯行如此嚣张，我看非于大人出马不行。"

于准对噶礼道："总督大人，放心。下官一定不让那张伯行对我等不利。"

（四）于准命张伯行把秀才写诗谋反案移交给陈鹏年

夕阳抹去最后的金黄，江宁城渐渐被夜色笼罩。

秦淮河两岸，华灯初上，热闹非凡。三教九流，各色人等，或在酒馆喝酒行令，或在勾栏场所欣赏歌舞。秦淮河上，大小船只在水中来回穿梭，流连忘返。

这江宁乃是六朝名都，自古繁华，引得无数文人墨客来此驻足。王安石有诗云："画船南北水遥通，日暮幅巾篁竹中。行到月台逢翠碧，背人飞过子城东。"

张伯行在自己的院中来回踱步。院落不是太大，却也别致。院子正中有一石磨，一头黑色毛驴静静站在石磨旁边。

张伯行有一习惯，不管到何地为官，都是自己磨面碾米。倘若院落大一些，也会种一些家常的蔬菜，以备平时吃用。

本来秀才一案已豁然开朗。只需顺藤摸瓜，按照钱师爷和贾三丁所供，把那何枕和张令涛缉拿归案，定会水落石出。既可以让秀才贾书声平冤昭雪，也可以还李小姐一个公道。但今日突然接到巡抚于准的命令，要求此案转归苏州知府陈鹏年审理。

虽然已经到晚饭时间，家人催促几次，但张伯行却无心茶饭。只让他们先吃，自己在这院子里理一下头绪。

思来想去，张伯行知道此事定和总督有关。

那天在扬州知府公堂之上，张令涛就假传总督大人之命，阻止我张伯行审理此案。

那张令涛是此案中的关键人物，而他与总督噶礼又有着千丝万缕联系，此人必不会善罢甘休。想必定是他找到总督噶礼，让我就此罢手。

若将此案转于苏州知府陈鹏年，原也无妨，倒可以落得个清净。

以自己对陈鹏年的了解，他肯定想秉公处理。可陈鹏年年纪轻轻，是否能够顶得住噶礼的压力呢？即使陈鹏年能够顶住压力，可这不是把陈鹏年推上风口浪尖吗？

张伯行越想越觉得不能就此罢休。倘若此案弄得虎头蛇尾，那如何对得起被冤枉的贾书声？又如何让惨遭凌辱而自尽的李小姐冤魂安息？而且，自己的良知更是不会得到安宁！

想到此，张伯行来到书房，开始起草呈给巡抚大人的文书。从此案的审查到自己的职责，字字真心，处处至诚，表达自己将此案彻查到底的决心。

写完之后,张伯行喊来大黑与大仪,将此文书给两人看过。然后,问两人可有什么想法。

两人面面相觑,半天未语。

张伯行道:"喊你们来,是要你们说出自己看法,却为何个个哑口无言?"

大黑看看大仪,大仪瞅瞅大黑,最后大黑说道:"老爷,这个文书如果呈给巡抚大人,恐怕会引起巡抚怒火,也肯定会给老爷带来不利啊!"

张伯行道:"我张伯行既然在此位置,就必须为百姓做主,绝不会与那些贪官污吏同流合污。若是能够为百姓做事,为冤者伸冤,纵使不要这身官服,又能如何?"

大黑与大仪站起身来肃容道:"老爷高行,我等钦佩。既如此,老爷只管前往巡抚处申述,我等二人紧跟老爷,愿赴汤蹈火,在所不辞。"

张伯行道:"大黑、大仪,你们二人跟着我也是受不少苦,我张伯行万分感谢!"

大黑、大仪道:"老爷言重,这些都是小人分内之事。"

张伯行带好文书,令人备轿,直奔巡抚衙门而去。

要说江苏巡抚衙门在苏州,于准应该在苏州办公。可因为两江总督府衙和安徽巡抚府衙均在江宁,方便起见,江苏巡抚也在江宁有一临时办公场所。

来到巡抚衙门,大仪让门卫禀报,说张伯行来访。

不一会儿,江苏巡抚于准出门迎接。

于准身高不足八尺,年龄四十左右。眉毛有些纤细,眼睛不大,眼珠滴溜溜乱转。鼻梁有点塌陷,一撮山羊胡。这于准乃大清一代廉吏于成龙的长孙,于廷翼之子,却没有继承祖上和父辈的品格操行,常依附权贵,饱食终日。

于准见到张伯行哈哈大笑道:"什么事这么重要,张大人只需派一下人,我于某人定会全力以赴。"

张伯行道:"于大人开玩笑,折煞下官。"

两人并行,步入大厅,而后分宾主落座。

张伯行呈上文书,说道:"巡抚大人昨日命下官暂时将六秀才案交于旁人,下官回到府中,思量再三,感觉不妥。故写下此文书,望大人体谅下官心情。"

于准接过文书,仔细观看,内心也不禁有些叹服。这张伯行虽不通为官之道,但才华确是有的。文书写得干净利落,各种情怀表达斩钉截铁。于准叹过之后又心生怒气,心想这张伯行实在"轴人"一个,一点不知道变通,这样下去如何在这官场上待得长久。

于准回过头来对张伯行说道:"张大人,总督噶大人的意思很明确,此案绝非一般民间百姓纠纷。凡牵涉到谋逆之事,必当由总督大人派专人审理。既然你认为扬州知府左必蕃有冒进贪功之嫌,故总督大人特命苏州知府陈鹏年审理此案。若结果实属谋逆,恐还要禀明当今圣上。张大人,莫不是有其他想法?"

这于准一番话,说得软中带硬,有理有据。张伯行心想,不亏人称"于一嘴",果然口才了得。

张伯行道:"于大人,下官在文书中讲得清楚。本官是受皇封任这按察使,职责就是为冤者伸冤,为弱者撑腰,以彰皇上圣明。况且此案,下官已查得水落石出,只需再稍加深入,即可大白于天下。而在此关键之时,总督大人却要将此案转交与他人,难道是有所畏惧吗?"

几句话说得于准大怒。于准一掸衣衫,"啪"地站起,厉声说道:"张伯行,难道你在怀疑本抚与总督大人与此案有染不成?"

张伯行站起说道:"下官不敢!"

于准道:"哪有你张伯行不敢做不敢为的事情? 总督大人之所以这样,完全是为皇上分忧,为天下担责。而你张伯行,分明有私怨掺杂其间。总督命令已下,此案交由苏州知府陈鹏年,请张大人收回你的文书。"

于准说完,将文书扔到张伯行身边,说道:"本抚尚有要务在身,恕不奉陪。"

(五)济宁一别,张伯行和陈鹏年他乡遇故知

张伯行回到自己府中。内心突然有些孤单,也有些沮丧。暗想,我一心为百姓,从未想过个人私利,却为何举步维艰,处处有人与我为难? 难道秉公执法,为百姓伸冤也有错不成?

且不表张伯行,只说江苏巡抚于准。

于准离去后,直奔总督府。那噶礼只见于准一脸怒色,忙问于准事情

如何。

于准脸上依旧恨恨不已,躬身施礼道:"见过总督大人。那张伯行果真太不识相,话里话外竟然怀疑总督大人与此案有染,所以才另派他人审理。总督大人,您说可恼不可恼?"

噶礼却不动声色,问于准:"于大人,且不和那张伯行一般见识。不管他张伯行如何倔强,我们只按照计划行事。凡谋逆案,必须经我们二人决定专人审理,量那张伯行也无可奈何。"

于准回道:"大人说的是,我也是这样回的那张伯行。为今之计,需总督下一道命令,只令苏州知府陈鹏年速来江宁,并让张伯行将六秀才案卷转交与陈鹏年即可。"

噶礼道:"那这件事就交给于大人去办吧。"

于准道:"下官马上就去处理此事。"

陈鹏年接到于准的命令后,口中虽没说什么,但内心却似翻江倒海一般,不知该如何是好。

此案陈鹏年也略有耳闻。自己接过此案,若秉公处理,必然会得罪于准与噶礼;稍有不慎,不要说自己的官职,甚至身家性命都有可能丢掉。若完全按照噶礼与于准的意思办案,自可保得自己这一身官服,还可能步步升迁;但定要违背自己为官准则,甚至毁掉自己这半生在江南博得的清名正声。那陈鹏年为官向来极清廉,在江苏百姓中口碑也是极佳。

"罢罢罢,人生自古谁无死,留取丹心照汗青。"陈鹏年思来想去,最后自言自语道,"济宁一别,和孝先只有书信往来,再无一面。这次又在江苏同时为官,定当如济宁一样,同心协力,报国安民。"

以陈鹏年对张伯行的了解,知道张伯行一颗公心只为百姓,而且又倔强得很,这件事定会一查到底。

遂决定先去江宁拜访张伯行,与张伯行一起商议对策。

三日之后,陈鹏年来到江宁,天色已晚。陈鹏年吩咐手下,直奔按察使府衙拜访张伯行。

这几日张伯行一直闷闷不乐。大黑、大仪等人见他如此,也不敢多问。

张伯行正在书房读书,突然有人敲门,也不回头,只说:"今天晚上不用膳,你们且先休息去吧!"

门口那人呵呵一笑:"何事让张大人这般无趣,连晚饭都无心食用?"

张伯行听得声音有点熟悉,扭头一看,只见一人身着便装,个子不是很高,但身板显得极其硬朗,眉宇之间一股正气隐隐透出。

张伯行激动得顾不得礼仪,向前一下子抱住来人,大声叫道:"沧州,想死我也!"

陈鹏年也按捺不住内心的兴奋之情,说道:"孝先兄,终于又见面了!"

张伯行遂吩咐下人,速速备好酒饭。

陈鹏年一笑说道:"孝先兄方才不是说无心用饭,为何又要备饭?"

张伯行哈哈大笑说:"沧州深夜至此,若不备饭,日后必说我张某人小气。"

两人相视,同时哈哈大笑。

张伯行和陈鹏年边吃边聊,聊起汶上拼死一搏开仓放粮,聊起南旺玉秀大婚济阳书院,聊起济宁太白楼挥斥方遒把酒临风,从市井趣闻聊到国家大事,一直聊得天昏地暗。很快,两人就聊到张伯行正在审理的六秀才一案。

提到此案,张伯行须发皆张,直说何枕、张令涛等人草菅人命,无法无天。总督噶礼则官商一体,因奴护短。那于准身为江苏巡抚,名门之后,却官官相护,不敢伸张正义,有辱先人。

张伯行介绍完此案过程后问陈鹏年:"听巡抚大人说,此案欲转交沧州,不知沧州作何打算?"

陈鹏年道:"孝先兄,我深夜至此,正为此事啊!"

陈鹏年也没有隐瞒,把自己内心为难之处倾倒而出。最后道:"孝先兄,我陈鹏年此来已经做好罢官的准备。如果孝先兄感觉困难,急流勇退,我定当一往无前。如果孝先兄继续办理此案,明日我们共同拜见巡抚大人之时,我明确表态,对此案不甚了解,绝不接此案,此案仍由张大人来审理。"

张伯行不禁感慨道:"实不相瞒啊沧州,这几日我张伯行深感孤独,且有力不从心之感,甚至有退隐故里之念。今日见到沧州,又让我信心百倍,重燃斗志,我们真是同道中人啊!既有沧州鼎力相助,我誓将此案彻查到底!"

两人越谈越投机,不知不觉已经三更时分。陈鹏年道:"孝先兄,今日甚是尽兴,我来时已经令人安排好驿馆。今日已晚,就此告辞。"

张伯行也略有醉意,说道:"沧州,今日哪也不去,你我就像在济宁赈灾一样,同床共寝。用我们仪封老家的话说,搭老通。"

次日一早,那陈鹏年先行一步,来到巡抚府拜见于准。

于准听闻陈鹏年来到,竟亲自出来迎接。

陈鹏年赶紧躬身施礼道:"下官陈鹏年拜见巡抚大人!"

于准哈哈大笑说道:"陈大人,你我之间,无需多礼,快快请进。"

这于准假意亲切至极,一把拉过陈鹏年,两人走进待客大厅,分宾主落座。于准令人看茶。

茶过三味,陈鹏年问于准:"巡抚大人,不知把下官匆匆喊来,有何差遣?"

于准就把六秀才案陈述一遍,最后说:"总督大人的意思,凡牵涉到谋逆之罪,由他指定专人审理。总督大人听闻陈大人在苏州口碑极佳,又擅长审案,故令下官把陈大人喊来。此案,就有劳陈大人!"

陈鹏年道:"既然此案先由按察使张大人审理,是否请张大人一起过来,大家商议过之后再做定夺。不然,让下官直接接过此案,恐张大人面子上不好看啊?"

于准道:"稍等片刻,那张伯行马上过来。"

话音未落,门口有人上来禀报,说张伯行请求拜见。

于准哈哈大笑,面向陈鹏年道:"说曹操,曹操就到啊!"

三人相见,大家相互客套一番,再次分宾主落座。

寒暄一番后,于准切入正题,对张伯行说:"张大人,前几日已经跟你说过,总督大人令此案交由陈大人审理,张大人准备得如何?"

张伯行闻听,脸色顿了顿,拱手施礼,又将前几日文书中所言慷慨陈词一番。

于准脸色不悦,说道:"陈大人从苏州赶来,已经做好接过此案的准备,张大人总不能让陈大人空跑一趟? 陈大人,是也不是?"

但令于准没有想到的是,陈鹏年离座,向于准躬身施礼,正色道:"巡抚大人,刚才下官听得张大人所说,甚是有理。此案审理本是按察使大人分内之事,倘使下官接得此案,恐于理不通。况且,此案张大人已经审理得快要水落石出,听闻扬州百姓议论,都说张大人极是公道。若下官此时再接手此案,于情不合啊! 下官斗胆,请巡抚大人收回成命。若非要下官审理此案,下官愿做张大人下手,帮助张大人审理此案。巡抚大人,意下如何?"

陈鹏年一番话,让于准不禁怒从心来,大声喝道:"陈鹏年,你也胆敢违背总督大人之命?"

陈鹏年忙道:"下官不敢。但下官为总督大人着想,也为巡抚大人着想。若此案经张大人审理,能够赢得江南百姓口碑,下官以为,这也是总督大人与巡抚大人的无上功德啊!"

陈鹏年一番话说得不卑不亢,有理有据。于准虽有"于一嘴"之誉,竟被陈鹏年说得一时之间不能应答。

"看来,陈大人是不愿接受此案了。那于某这就禀过总督大人,到时还请陈大人给总督大人一个交代。"于准愣了一下,脸色突变,说道:"久闻张大人和陈大人在济宁一同赈灾,合作甚佳,今日一见,果然传言不虚。"

说完此话,于准对身边的人说:"送两位大人!"

四
水落石出

（一）杀手劫持大黑的弟弟小黑作为人质

张伯行与陈鹏年一同离开巡抚府，回到按察使府衙。想起刚才的情景，张伯行问陈鹏年："今日在巡抚府的行为必定得罪噶礼与于准，日后你有什么打算？"

陈鹏年淡然一笑，对张伯行说："古人云：为国不可以生事，亦不可以畏事。我已做好最坏打算，孝先兄不必担心。陈鹏年回苏州后，务必请孝先兄尽快让此案有个了结。一旦被噶礼抓住把柄，一切都将前功尽弃，我等做出的牺牲也白白费掉。"

张伯行拱手道："沧州，我突然有一种'风萧萧兮易水寒'的感觉。此一去，你也务必多加小心。六秀才一案，我一定查个水落石出。"

两人拱手分别，陈鹏年回苏州，暂且不提。

只说张伯行在府中，静静思考这些天发生的事情。心想，这江宁官场表面看着风平浪静，实则却是风起云涌。而自己每走一步，都倍觉艰辛。再想到眼下这件棘手的案件，当务之急是必须要尽快找出谁篡改的《往事集》。倘若找到此人，一切都会真相大白。

张伯行想到此处，对着门口高声喊道："大黑、大仪何在？"

大仪来到张伯行面前，问道："老爷，有何吩咐？"

张伯行奇道："怎么只有你一人，大黑何在？"

大仪道："小人不知，我去问问当差的衙役。"

张伯行内心有些生气，心道：正当关键之时，这大黑一声不吭就离开府衙，不知所为何事？

不一会儿,大仪过来,对张伯行说:"老爷,大黑哥哥……"

说着话,这大仪竟然顿了顿,没往下讲。张伯行急声道:"你倒是给我说啊,大黑去干什么了?"

大仪道:"门口衙役说,今天早上有人喊大黑出去,说是到'秦淮人家'酒楼饮酒,一直未回。"

张伯行怒道:"这大黑是怎么回事?难道不想跟着本官干了不成?这紧要关头,竟然出去喝酒?大仪,速速将他找回。"

大黑到底去了何处,又发生什么事呢?

原来,张伯行与陈鹏年前往巡抚府时,大黑与大仪在按察府衙守候。

大黑正在门口巡查,突然,一个二十岁上下的年轻人走到大黑面前,问道:"这位可是按察使府衙的大黑?"

大黑有些奇怪,心想:"这是何人,我从未见过,却为何知道我的名字,喊我干甚?"

那人道:"我受人之托,有人请大哥喝酒。"

大黑笑道:"我与你素昧平生,为何信你的话?这个时刻,我在当差,哪里有空去跟你喝酒。你告诉你朋友,我没空。"

那人并未离去,只从衣袖中拿出一物件,递与大黑说道:"那人也说得清楚,若大哥不去,只给大哥看这个物件即可。"

大黑接过,仔细一看,脸色突变,对那人道:"稍等片刻,我即刻前往。"

大黑远远看见一衙役,就匆匆赶过去告诉他,自己旧友来访,去秦淮河"秦淮人家"酒楼。若大人问起,如实相告。

这大黑交代完毕后,跟着那年轻人,急匆匆前往秦淮河。

两人来到秦淮河畔的"秦淮人家"酒楼,大黑看到房间里有三人在等候。中间一人年纪三十上下,身高八尺开外,一脸络腮胡子,眼中射出一股凶光。

大黑一个箭步跳了过去,喝道:"我兄弟小黑现在何处?"

原来,大黑在仪封老家有个兄弟,唤作小黑,比大黑小五岁。那年轻人递给大黑的物件,正是小黑贴身的一个配饰。大黑熟稔得很,一眼认出。

那人嘿嘿一笑,对大黑道:"久仰大黑兄弟的威名,今日一见,果然身手不同凡响。大黑兄弟,不要着急,你弟弟小黑安然无恙,请大黑兄弟入席。"

大黑无奈,只能坐到桌前。

那人端起酒杯，说道："大黑兄弟，在下杜顺根，江湖上人送绰号'赛大虫'，今日受人之托，请大黑兄弟帮一个小忙。若大黑兄弟能够给个面子，那你弟弟小黑定会没事，而且，我们也不会亏大黑兄弟。若大黑兄弟不识时务，嘿嘿，那也休怪兄弟们不讲江湖情义。"

大黑沉声道："你且说一下，到底何事。"

原来，此人是何枕请来的打手。

何枕知道，大黑与大仪乃张伯行的左膀右臂，且二人功夫了得。尤其是大黑的"子路八卦拳"，徒手擒拿格斗，三五个人不是对手，更不用说他的"春秋刀"用得游刃有余。想着先断其一臂，阻止张伯行破六秀才一案。

大黑有些踌躇。若不答应对方，自己弟弟小黑肯定在对方手中；若是答应对方，又如何对得起张大人？

大黑思忖片刻，对那人说道："张伯行大人为官清正，刚正不阿，想百姓之所想，急百姓之所急。我大黑能够跟得大人，实实三生有幸。今日里，若让我背叛大人，是比登天还难。"

那杜顺根听得此言，勃然大怒，对大黑道："你是敬酒不吃吃罚酒，不见棺材不掉泪啊！"

说着话，对身旁两个随从一挥手。那两人出去，不到片刻，便押着小黑来到房间。

大黑喝道："放过我兄弟！"

说话的一瞬间，大黑一个箭步跳过去，顺手从小腿绷带里抽出双刃尖刀，就要刺向杜顺根。但那两个手下用匕首顶住小黑脖颈，厉声道："大黑，你动一动，就要你兄弟性命。"

大黑眼中喷火，却一动也不敢动。

正在大黑不知如何是好的时候，一道寒光突然射出，手拿匕首之人一声惨叫倒于地上。大黑见状，顺势一个旋蹦脚跳了过去，拉过小黑的臂膀退出房间。

原来是大仪带人赶到。

杜顺根一见不妙，急忙对另外几人道："风紧，扯呼。"

大黑与大仪也没有追赶，赶紧把小黑绑绳松开。

大黑将情况大略给大仪讲了一番。大仪恨声道："定是那何枕与张令涛所为。我们且赶紧回去禀报老爷,老爷方才还在询问哥哥呢!"

大黑道:"事情来得突然,实在没有时间告诉老爷,我们赶紧回去。"

三人回到府衙,见张伯行脸上尚有怒色。大仪过去,将事情经过讲述一遍。

张伯行一听,方才知道自己误会大黑,赶紧拉住大黑臂膀,问道:"大黑,没有受伤吧? 小黑如何?"

大黑忙道:"无事,无事,幸亏大仪到得及时。不然,我真不知后果会如何!"

正在此时,门口忽有人禀报:"大人,京城张鹏翮来访。"

(二)只见火星四溅,大黑已与黑衣人杀在一处

张伯行闻听恩公张鹏翮到来,心中大喜,忙说:"快请,快请!"

说着话,张伯行赶紧出门迎接,快步向前,躬身施礼道:"恩公到此,也不提前告知,好让张伯行做好准备!"

张鹏翮哈哈一笑,拉过张伯行衣袖说:"孝先,你我之间还需那么多礼节吗? 此次,奉皇上之命,前往福建巡视民情,路过江宁,特来看看孝先。"

两人携手步入庭院。

张鹏翮看了看庭院摆设,一条小径,一畦菜田,一架石磨,一头毛驴,不禁赞叹道:"孝先依旧保持着在仪封老家的生活习惯。"

"俭则约,约则百善俱兴;侈则肆,肆则百恶俱纵。"张伯行回道,"恩公,我张伯行得蒙恩公提携推荐,时刻不敢忘记自己曾经立下的誓愿:一丝一粒,我之名节;一毫一厘,民之脂膏。谁不愿自己潇洒快乐,只是由俭入奢易、由奢入俭难。"

张鹏翮不禁暗暗叹息,心想,我大清王朝,倘若人人都如张伯行这般为官,何愁国不富、民不强!

来到房间,张伯行令人备好饭菜。不一会儿,桌子上摆好一碟青菜、一碟花生、一碟豆腐干、一碟炒咸菜,又有两碗小米粥并两个馒头。

张伯行笑着说:"恩公,我这里实在摆不出大桌宴席,委屈恩公了。"

张鹏翮哈哈一笑说:"孝先,若你摆上满汉全席,我张鹏翮绝不给你

面子!"

两人入席,边吃边聊,聊得极是投机。

张伯行说着话,就聊到自己正在审理的案件。张伯行将贾秀才案简单向张鹏翮讲述一遍。而后,张伯行问道:"恩公啊,实不相瞒啊,我这几天一直有些灰心。一心想着报效朝廷,为民请命,却为何这么难啊?难道这个世道就不能好好为官吗?"

张鹏翮则微微一笑。

张伯行说:"恩公笑什么,我张伯行愚钝,还请恩公指点,为我拨开云雾。"

张鹏翮说:"孝先,你的驴脾气什么时候能改改啊?"

张伯行一愣,问道:"恩公以为,我张伯行的做法欠妥吗?"

张鹏翮说:"孝先为百姓请命,为朝廷尽忠,自是没有错的。但是,孝先,这为官之道,不是只靠你的驴脾气就能做好。"

张伯行问道:"依恩公之见?"

张鹏翮说:"孝先,你说《论语》中有一句话'君子和而不同',该当如何理解?"

张伯行回道:"君子坦荡荡,小人长戚戚。为官者,当如这君子之道。道不同者,不相与谋。"

张鹏翮说:"孝先说的当然对。但这句话在官场之上,应该从后向前理解。你先要学会与周围环境和谐相处,不管对方是君子,还是小人,你都要懂得跟对方相处。然后,我们还要拥有一颗君子之心啊!"

张鹏翮停顿一下,接着说:"孝先,你可要理解我的良苦用心。"

张伯行道:"恩公的意思是指?"

张鹏翮接着说:"孝先,噶礼乃两江总督,与圣上关系密切,且在征讨噶尔丹时立有大功。孝先,在噶礼地盘上做官,须先和噶礼处好关系。如今,你所说六秀才一案,分明已经惹得噶礼不满,以后你又如何能做好按察使一职?而且,六秀才一案,你并没有足够证据证明其冤情。若因为六人与噶礼水火不容,孝先,别说我张鹏翮,就是比我位高权重之人,也保不了你!"

张伯行听完,离座深施一礼,说道:"多谢恩公提醒。我知道恩公所说一切都为我张伯行考虑。但是,恩公想过没有,若一事退让,以后就会事事退让;若小事退缩,以后大事也必苟且。何况人命关天之事,也绝非小事。我听古人说过,为官之道有'六正'之说。高瞻远瞩,防患未然,此为'圣';虚心尽意,扶善锄恶,此为'良';夙兴夜寐,进贤不懈,此为'忠';明察成败,转祸为福,此为'智';恪尽职守,廉洁奉公,此为'贞';刚正不阿,敢争敢谏,此为'直'。张伯行虽未能做到这六正,但一直以此为准。恩公所说,虽为张伯行考虑,但张伯行实实不能从命,也不会因为张某前途,视百姓之事为儿戏。"

张鹏翮听完,肃容道:"孝先之言,着实让人感动。也罢,孝先只管按照自己的原则做事。以后若有事情,我定会为孝先在皇上面前美言。"

张伯行再次施礼说:"多谢恩公!"

两人继续吃饭,聊至天色渐晚,张鹏翮起身告辞。临行之时,再三叮嘱张伯行事事小心。

张鹏翮离去不提。

张伯行回到房间,闭目沉思。天色已晚,张伯行却没有丝毫睡意,内心不断思考明日怎么办,遂信步离开房间,在院子里来回踱步。

其时,夜已渐深。一轮明月悬挂半空,庭院之中,竹影在月色之下来回飘摇。风吹过,发出籁籁之声。突然之间,房梁之上有人影晃动。张伯行正沉浸在自己思绪之中,丝毫未觉。

房上黑影看到张伯行毫无觉察,轻轻从背后抽出一把尖刀,从房上跳下,一刀刺向张伯行。

眼见张伯行避无可避,就在这千钧一发之际,只听得"当啷"一声,火花一闪,大黑已与那黑衣之人杀在一处。

张伯行大喊一声:"有刺客!"

一时之间,张伯行府内一阵大乱。

大仪率领众衙役赶到,将那黑衣人困在当中。一阵混战过后,终将那人擒获。

张伯行看那人,身穿黑色夜行衣,头上包着黑头巾,脸上遮着黑面罩。大黑过去一把把那人面罩撤下,只见此人面目黝黑,须发皆张,俨然是三国张飞在世。

张伯行喝道:"你是何人,受谁指使来行刺本府。如实招来,可免你一死。"

那人喝道:"受人之托,成人之事。今日未成,你便是将老子杀死,老子也不会说出什么,有种的就尽快动手。"

张伯行一看,知道此人乃江湖硬汉,不再多问,命大黑、大仪先将此人关押在牢内。

(三)终于查清诗集《往事集》的来龙去脉

次日一早,张伯行起床用完早饭后,马上把大黑与大仪喊来。

张伯行对两人道:"对手势力强大,拖得越久,越会有更多人牵连其中。先是大黑之弟被抓为人质,昨晚又有人行刺本府,必须速战速决。"

张伯行命令大黑与大仪兵分两路。大黑带人去查《往事集》由何人动手更改,大仪带人去查昨晚行刺自己的到底是谁。

两人领命而去。

且说大黑带人来到狱中,再次把钱师爷提出审问。但不管大黑如何用招,那钱师爷也没有提供任何线索。

大黑郁闷不已。

突然手下一人对大黑道:"黑爷,此事必是扬州城内书法高手所为,我们何不去问问贾书桢?贾书桢乃扬州人,也读过书,他也许会给我们提供一些线索。"

大黑拍拍那人肩膀,哈哈笑道:"兄弟提醒极是,我为何没有想到这一层,咱们马上去找那贾书桢。"

几人找到贾书桢,说明来意。那贾书桢自从知晓张伯行决意彻查此案以后,就感激涕零,一直在想着能为张伯行效劳。

大黑几人说完,贾书桢想了半天,说道:"黑爷,我突然想起,扬州城内有一人,极善于模仿他人笔迹,人称以假乱真圣手书生。因那人也姓贾,故人送绰号叫作'贾不假',此人真名叫贾衡。黑爷不妨去访访此人。"

话说大黑带着贾书桢直奔扬州而去。

这贾书桢对扬州城倒是非常熟悉,转大街,走小巷,不到半天,就来到贾衡家中。大黑叩打门环,一女子声音传出:"谁在敲门?"

大黑回道:"江苏按察使府衙大黑来找贾公子问点事情。"

打开大门,大黑见一女子站在门下,生得极是俊美。白皙的皮肤宛若霜雪,瓜子脸,柳叶眉,唇红齿白,一双大眼睛若秋水清澈。未曾开言,先闻笑语,直让人想到《诗经》中的描写:美目盼兮,巧笑倩兮!

那女子笑语连声,说道:"我家官人正在书房看书,几位衙门里的爷且稍等片刻。"

大黑不由得惊奇。心想,这位女子非同一般,我已经报出名号,竟然如此镇定自若,丝毫不乱,竟是见过大世面之人。

没过一会儿,一位公子从里面走出。

大黑也不禁暗声喝彩,方才见那女子,已经不是一般的人物,这位公子同样让人侧目。

但见这位公子年龄不到三十,国字脸,鼻直口方,脸上也是白净,却不见白面书生的文弱,眉宇之间竟然有丝丝英气。

公子拱手道:"听我家娘子讲,几位是按察使府衙的官人,敢问有何贵干?"

大黑从怀中掏出那本《往事集》,说道:"贾公子,可认识这本诗集?"

贾衡接过来,仔细翻看,脸色之中显出一丝犹豫。虽只是一瞬,但大黑经验何等丰富,决定先不动声色。

贾衡看上半天说:"几位官爷,这个我不曾见到过。"

大黑嘿嘿一笑,说道:"贾公子,既然你不曾见过,也不妨事。不过,我等一路赶来,口渴得紧,能不能讨一杯水喝?"

贾衡无奈,只好把大黑等人让到客厅,给大家端上茶水。

那大黑一不着急,二不慌忙,端起茶水,边喝边跟贾衡聊天。

闲话当中,大黑知晓,贾衡妻子本是大家闺秀,两人结婚八年,夫妻膝下一儿一女,生活极是安稳幸福。

大黑心想:看这贾衡,绝非为非作歹之人,却为何做出这等事情?

聊着聊着,大黑忽道:"贾公子,刚才你看的那本诗集,已经先后有六位书生因此而在牢中,更有一位小姐因此而命丧黄泉。若是贾公子真个不晓得,那我大黑这就告辞。不过,若是以后有一天水落石出,贾公子跟这件案子有染,只恐怕公子现在的悠闲生活就无从谈起!"

说着话,大黑对众人道:"茶水已经喝好,公子,我等告辞。"

说完之后,大黑等人起身就走。

大黑几人刚到门口,贾衡在后面突然高声喊道:"几位官爷,且慢!"

大黑暗喜,心想:有门,看来今天不会白跑一趟。

原来,贾衡听闻大黑几句话,知道这件事情极其严重,唯恐牵累家人,所以喊住大黑等人。

大黑几人转身回到客厅,道:"公子,是否想到什么?"

贾衡道:"事到如今,我也只能和盘托出,是这么回事……"

原来,贾衡有一好友在张令涛手下当差。

忽一日,那人来找贾衡,说自己借别人一本诗集,结果不小心被孩子撕掉一页,故找到贾衡,让贾衡帮忙抄写。贾衡一听,这本不是大事,所以就爽快答应了。但抄写时候,贾衡有些嘀咕,因为那抄写内容过于敏感,有一首诗显然是在表达对当朝不满。

贾衡当时就问那人,为何有这样诗句。

那人却道:"自己好友,本是有着魏晋风骨的一位高人,从不屑于时政。"

临走之时,那人对贾衡千叮咛万嘱咐,说千万不要说出此事,不然会残害义士。贾衡信以为真,大黑问的时候才故作不知。

大黑一听,对贾衡说:"公子上当了啊,是这么回事……"

大黑把六秀才案大略给贾衡说了一遍,贾衡懊悔不已。没有想到,自己一念之差,竟然祸害这么多人。

大黑说:"公子也不用太自责。因为你本不知道背后阴谋,不过,现在需要你的证词。"

贾衡满口答应。

大黑回到扬州,将事情经过禀报给张伯行。

张伯行大喜,令衙门文书即刻将贾三丁、钱师爷供词,贾衡证词,并《往事集》和贾衡所抄录的几首诗词,整理完备。他准备前往巡抚府,拜见巡抚于准,请求于准下令抓捕何枕、张令涛二人。

(四)于准命张伯行停止审理诗集谋反案

话说张伯行将此案人证、物证俱已准备齐全,立即备轿前往巡抚府衙。

一路上,张伯行暗暗思量:如今证据确凿,不知那于准大人又会如何处理。希望能够尽快将此案了结,还六秀才一个公道,更让那黄泉下李小姐能够安息。

张伯行正思考之间,已经来到巡抚府。令人通禀,未至片刻,里面传话,请张伯行进见。

张伯行来到府衙,见于准躬身施礼。

于准看到张伯行,内心就暗暗生气,强压自己的怒气,问张伯行有何贵干。

张伯行将自己所准备的各种证据文书、口供证词全部呈上,说:"巡抚大人,这是下官查得此案所有证据,请大人过目。所有证据俱已证明,那六秀才确是冤枉。因为此案总督大人和巡抚大人一直关注,且案件牵涉到总督大人的管家,故特来请示巡抚大人,请您定夺!"

于准接过案卷,随便翻看两眼,回身对张伯行说道:"张伯行,本抚已经给你讲过,此案事关重大,理应交由专人审理。倘有必要,还要上报朝廷。而你,却从未将本抚所说话语放在心头,未经本抚同意,就私下审查此案。张伯行,你眼里可有本抚?你眼里可有总督大人?"

张伯行忙道:"于大人,张伯行愚钝。上次您说要将此案交由江苏知府陈大人审理,可是,我们三人会面时候,陈大人也说,他审理此案不太方便,最后还是暂定由下官审理。敢问于大人,下官哪里有藐视总督和大人之处呢?"

张伯行抬头紧盯于准,见于准脸上越发难看,眉眼之间已经怒火不止。张伯行依旧视若不见,继续说道:"如今,下官已经将此案查得明白。何枕强抢民女,草菅人命,诬陷良家百姓,实在是十恶不赦;张令涛身为总督管家,非但不阻止自己外甥行凶作恶,反而助纣为虐,设计陷害良善。倘若不将这二人抓捕问法,对下,一定会使百姓心寒;对上,则辜负朝廷厚恩。于大人,您说是不是这个理呢?"

于准大怒,脸色已经铁青,对张伯行道:"张大人,我受总督噶大人所托,命你暂停此案审理。此案事关谋逆,不可等闲视之。我等也是为你着想,不想你却一意孤行,一条暗道走到黑。这明明是与总督大人为难。既然如此,总督大人问责起来,那到时本官也爱莫能助。"

张伯行道:"我听闻圣人孟子说:'忧民之忧者,民亦忧其忧;乐民之乐者,民亦乐其乐。'下官以为,为官者,是民之官,而非上之官也。于大人方才所说,是不是在告诉下官,我们为官是为上级为官,而不是为百姓着想呢?"

于准勃然大怒道:"张伯行,你不要敬酒不吃吃罚酒。我话已至此,总督大人意思也很明确。若你非要如此,我也没有办法,随你去吧!"

说着话,拂袖而去。

张伯行心中愤懑,走出府衙。大黑等人一看张伯行脸色不好,就忙走上前问是何情况。

张伯行把巡抚于准的意思给大黑等人叙述一遍。大黑问道:"那老爷,我们该当如何?"

张伯行说道:"那于准离去时说,随我处置,那我便装聋作哑,按照此案的来龙去脉去处理。我们只须还江苏百姓一个公道就行。"

然后,张伯行和众人一起离去。

(五)刺客在狱中被人暗杀

回到府衙之后,张伯行坐在案前,闭目沉思。

突然,一人匆匆而来,边走边喊:"老爷,大喜!"

张伯行抬头一看,却是大仪急跑过来,忙问:"大仪,有何喜事,让你如此匆忙?"

大仪来到张伯行身边,如此这般禀报一番。

原来,在大黑去扬州取证的几天内,大仪也通过江湖上的朋友了解到那天晚上的刺客身份。此人姓赵名立功,江湖上绰号唤作"无影刺"。此人被擒之后守口如瓶,始终没有透露受何人所托刺杀张伯行。

但大仪打听出来,这赵立功是大孝子,自小父亲早丧,母亲把他一手养大。所以,他对母亲百依百顺。

大黑对张伯行道:"那'无影刺'赵立功,我也是听说过,是个非常讲义气的人,对自己的母亲非常孝顺。如果让他母亲出面,事情或有转机。"

大仪道:"我也是这个意思。"

张伯行对大黑与大仪道:"此事就辛苦你们二人,速速去找赵立功的母亲。"

第二天,大黑就把赵母带到张伯行面前。

赵母来时已知张伯行找她,见到张伯行后,马上磕头。张伯行赶紧把老太太扶起来。

老太太对张伯行说:"张大人,百姓都喊大人是青天,今日一见,果真如此。"

张伯行将老太太让进客厅,把赵立功行刺自己的前后经过,详细向老太太讲述一遍。老太太听完之后,勃然大怒,连忙向张伯行跪下,只喊:"逆子该死!"

张伯行赶紧搀起老太太。

老太太当即同意前往狱中劝说赵立功。张伯行令大黑、大仪跟随。

来到牢房,老太太见儿子正闭目坐在牢房之中。

大黑命人打开牢门,对赵立功喊道:"刺客,你看这是谁?"

赵立功正在胡思乱想,突然听到有人喊,见一白发苍苍的老太太来到牢房门口,大叫一声:"母亲,您老人家怎么来了?"然后侧身面向大黑:"那汉子,可有威吓我母亲?若我母亲有闪失,定要你的狗命!"

老太太一听,气得浑身打战,大喊道:"功儿,不得无礼,此乃张大人手下。"

赵立功道:"就是天王老子,若是对您不敬,我必不饶他。"

老太太拉住赵立功说道:"功儿啊,你好糊涂啊!那张大人自来到江苏,一心为民,江苏百姓人人皆知张大人乃包青天重生啊。你为何行刺张大人?"

赵立功一见母亲生气,连忙跪倒:"母亲,儿子乃江湖中人,人在江湖,身不由己。我是受人之托、成人之事。"

老太太举起拐杖就打了下去,大黑等人连忙拉住,说:"老人家息怒,老人家息怒,赵兄说的也有道理。在江湖行走,个中内情,确非三言两语所能说清。这样,老人家也好久没有看到儿子了,你们在这慢慢聊着,我们且先出去。"

大黑与大仪走出牢门,命人上些茶点,两人就在外面静静等待。

大约过了半个时辰,老太太从牢房走出。大黑与大仪连忙迎上去,问道:"大娘,赵兄可曾说出实情?"

老太太对二人道:"功儿已经告诉我,此事是受何枕所托。交谈中,也听那何枕说出张令涛等人名字。至于为何要刺杀张大人,功儿说他也不知。他只是受人之托、成人之事,从来不问个中缘由。他说这是他们规矩,我也不懂。"

大黑与大仪大喜,对老太太说:"伯母立了大功,我们速去见张大人。"

几人来到府衙,拜见张伯行,大黑与大仪将老太太与赵立功所说禀过张伯行。张伯行道:"我自然可以猜出,此举跟张令涛、何枕等人脱不了干系。这何枕、张令涛真是胆大妄为,我张伯行乃朝廷命官,他们竟也要派人刺杀,真是吃了熊心豹胆。"

张伯行又对老太太说:"老人家,明日开堂审理赵立功,还望老人家能够助下官一臂之力,让赵立功说出背后主使之人,这样下官就会即刻捉拿何枕、张令涛,好为民除害。"

老太太自是满口应承。

当天晚上,张伯行很久不能入睡,内心深处总是有些不安,但却又说不出什么原因。

第二天一早,张伯行起床,头脑略略有些昏沉。洗漱完毕,稍微清醒一点。张伯行无心用早餐,命令大黑等人准备去府衙升堂问案。

正在张伯行换官服之时,但听得门口一阵骚乱。一人匆匆来到院内,边跑边喊:"老爷,大事不好了,赵立功自杀了。"

张伯行大惊,急忙走出房间,只见大仪正往这边来。张伯行跑步上前问道:"大仪,方才你说什么,再说一遍。"

大仪顾不上施礼,对张伯行道:"老爷,今天一早,我去牢房准备将赵立功提出。谁料想,还未曾赶到牢房,看守牢房的薛超就来禀告,说赵立功服毒自杀。"

张伯行直惊得半天说不出话来,心内暗暗自责,晚上我一直觉得哪里不对劲儿,原来如此。

张伯行赶紧带着大黑等人来到牢房。

牢房之内,大家议论纷纷。张伯行分开众人,来到赵立功尸体旁。只见赵立功直挺挺地躺在地上,嘴角一缕黑色血迹,眼睛竟依旧瞪得溜圆。张伯行观察半天,令仵作将尸体抬走验尸。

而后,张伯行带大黑等人继续留在牢房查看。突然,大黑喊道:"老爷,快看这里。"

原来在牢房一角,竟然有一些字迹。仔细辨认一下,前面两个字乃"张令",第三个字却已经看不清楚。

张伯行吩咐大黑:"看好现场,任何人不得进入牢房。"

回到府衙,只见赵立功的母亲已经在府衙等候。张伯行快步上前,深施一礼,说:"老夫人,下官给您请罪!"

赵母惊得赶紧闪避,说:"张大人,折煞老身。张大人为何向我谢罪?"

张伯行也没有隐瞒,把赵立功服毒身亡的事情一五一十地告诉老太太。

老太太听完,放声大哭,哭得张伯行内心也是阵阵酸楚。

等到老太太情绪渐渐平静,张伯行告诉老太太:"老人家,您儿子临死之前,留下字迹。现在基本可以确定,是张令涛派人杀死您儿子,下官负有看守牢房不严之罪。"

老太太终于不再哭泣,然后跪倒于地说:"只请张大人抓住凶手,为我儿子报仇。"

张伯行说:"老人家,放心,我张伯行就是顶戴花翎不要,也要将此案查到底!"

张伯行令人将老太太送往家中,又从自己俸银中取出十两纹银,送给老太太。

约半个时辰后,仵作将验尸报告送到,上面写得清楚,赵立功脖子上有一勒痕,毒药也并未全部进入腹内。显然是有人潜入牢房,先是勒死赵立功,而后又灌入毒药。而赵立功在临死之前,用手指在地上写下字迹。

张伯行大怒,立即升堂下令,命大黑、大仪等人速速将那张令涛抓捕归案。

大黑与大仪带人去抓捕张令涛与何枕。张伯行在府衙静静等待,一直等到午饭已过,两人依旧没有回来。

张伯行等得心焦,午饭也无心食用。

下人一直劝说:"大人,您早饭也没来得及吃,这午饭好歹吃一点。"

"好吧。"

刚刚要准备午饭,门口一阵脚步声。张伯行道:"可是大黑与大仪?"

大黑与大仪来到堂上,躬身施礼:"见过大人。"

张伯行道:"那张令涛可曾抓回?"

大黑道:"小人前往张令涛家中,家人说张令涛一早出去。小人又去总督府询问,总督府的人说因那张令涛在总督府屡犯错误,噶礼大人已经将他逐出总督府,现已不知在何处。"

张伯行心想,定是噶礼害怕张令涛之事给自己带来麻烦,却又不能甩掉张令涛,就使出金蝉脱壳之计,把张令涛假意逐出。

张伯行命大黑与大仪带人在江宁搜查,定要找到张令涛的行迹。

话说那张令涛,自从知道行刺失败,并且"无影刺"赵立功被抓之后,把何枕喊过来一阵痛骂。那何枕无可奈何,只能唯唯诺诺,连连磕头。

张令涛痛责何枕之后,对那何枕说:"为今之计,只能一不做二不休,再派一高手潜入狱中,把那赵立功杀死。不然刺杀朝廷命官的罪名,只怕连督抚大人都要受到牵连。倘若被督抚大人知道我们做下这事,恐我等性命都难以保住。"

那何枕又花重金找一江湖高手,潜入狱中,杀死赵立功。

张令涛找到噶礼谢罪。

噶礼将张令涛重责之后,对张令涛说:"如今,你必须暂避一下风头。张伯行现如今全城搜捕你和何枕,本督尚不能与张伯行撕破面皮。你暂时躲避在右布政使牟钦元府中,量那张伯行也不能奈何右布政使牟钦元。"

张令涛千恩万谢,带着噶礼书信前往牟钦元府中。

那大黑与大仪遂将江宁城搜查一遍,又如何能查得右布政使的府中。

五
高手过招

（一）张伯行初次交手牟钦元

张令涛被张伯行满城缉拿。情急之下，噶礼找到牟钦元。牟钦元自出任江苏右布政使以来，与噶礼交往甚密。噶礼向牟钦元提出这一请求后，牟钦元自是满口应承。

> 史载：牟钦元，字东山，奉天汉军正白旗，监生。历巡按御史、兖州道、按案使等职，累官到江苏、湖北、河南布政使，编有《唐诗排律》七卷。

且说大黑与大仪在江宁城四处寻找张令涛而不得。忽一日，有人禀报说，江苏右布政使牟钦元府中有一人颇似张令涛。大黑与大仪大喜，连忙找到张伯行，将此消息禀于张伯行。

张伯行一听，不禁纳罕道：张令涛为何藏于右布政使府衙，莫非牟钦元与噶礼勾搭连环，故噶礼将张令涛藏于牟钦元府中。

张伯行虽心生疑问，却不能确认，遂与大黑、大仪等人商议，该如何处理这件事。

大黑道："小人以为，定是那噶礼害怕牵连自身，故将张令涛藏于牟钦元府中。由此可以断定，那牟钦元和噶礼也是一条绳上的蚂蚱。我听闻江宁百姓说这牟钦元表面虽是极为和善，背地却和噶礼一样，甚是贪婪。不如我和大仪带人，前往牟钦元府中看看？"

张伯行道："不妥。那右布政使和本官级别一样，大家只是各负其责，你如何可以带人前往？不如先由我前往牟府拜访，探听虚实。倘若牟钦元与噶礼没有关系,我自可见机行事,探问张令涛之事,并向他讲明张令涛所犯罪行。或许牟钦元知道事情真相后,能交出张令涛,那就案结事了。"

大黑与大仪并无异议。

于是,第二天一早,张伯行带领大黑、大仪等人前往右布政使府拜访牟钦元。

牟钦元正和张令涛在大厅中喝茶。忽然,有人禀报说张伯行来访。张令涛有些慌乱,说:"牟大人,这张伯行定是为我而来。大人若是害怕受到牵连,不如将小的交给那张伯行。"

牟钦元不悦道:"张总管此言差矣。噶总督对我牟钦元不薄,他的人就是我的人,他的事也是我的事,张总管也太看不起在下。"

牟钦元接着说:"张总管且去后堂休息,我看那张伯行此来意欲何为。"

张令涛去后堂不提。

牟钦元对下人说:"速速回报张大人,说我有请。"

张伯行来到大厅,牟钦元连忙离座,走上前去,拱手道:"哎呀,什么风把张大人吹到我这里来了。听闻张大人自来到江宁,两袖清风,连总督大人那里都极少拜访,却到寒舍,实在荣幸之至啊!"

张伯行听到这牟钦元夹枪带棒的几句话,也并不理会,拱手道:"牟大人,张伯行拜访来迟,还望大人海涵。"

说着话,两人分宾主落座。

张伯行打量一番牟钦元:牟钦元五十岁上下的年龄,身材微胖,脸庞生得端正,鼻直口方,三绺胡须挂在颔下,举止从容,神态优雅。张伯行心想:听说这牟钦元也是博览群书,极有学问,看这气势,传言却也不虚。

牟钦元令人将残茶撤下,又换上新茶,两人边喝边聊。

客套几句后,牟钦元问道:"张大人肯定是无事不登三宝殿。不知今日前来,所为何事?"

张伯行道:"近日,按察使府衙有一案件比较棘手。经我手下人细查之后,最终证实,此案背后主使乃总督噶大人家总管张令涛。"

说到此,张伯行稍微一顿。

牟钦元道:"哦,既然如此,张大人应该前往总督府去追查这张令涛,却为何来到在下府中呢?"

张伯行一听,心内暗想:看来这牟钦元是不愿意交出张令涛。

张伯行道:"牟大人有所不知,噶大人府里说,因那张令涛屡屡犯禁,已经被驱出总督府。我手下人在江宁搜查几天,都不见那张令涛踪影。牟兄在江苏时间已久,故今日特来向牟兄请教。若是牟兄也听说过张令涛,看能否帮着提供一些线索。"

牟钦元呵呵一笑说道:"张大人太抬举在下。我与那张令涛素无往来,又如何知道他的行踪?"

张伯行道:"只因有人禀报,说张令涛曾在右布政使府附近出现。那张令涛心肠歹毒,前不久还派人刺杀本官,故本官特来告知牟大人。若是那张令涛在大人的府衙周围,恐对大人不利。"

牟钦元脸色略略一变,对张伯行道:"张大人此言,是怀疑下官私藏犯人吗?我牟钦元读的是圣贤之书,拿的是朝廷俸禄,自会秉公守法,忠于朝廷,怎会窝藏罪犯?还望张大人口中留德。"

张伯行淡淡一笑,说道:"牟大人,莫要着急。我张伯行并没有说张令涛在大人府中,只是说张令涛在大人府周围出现,提醒大人,张令涛穷凶极恶,唯恐于大人不利。我是为大人着想啊,大人又急什么呢?"

牟钦元干笑道:"那多谢张大人好意。在下实在不知道这张令涛在哪里,故帮不上大人的忙。我这边尚有公干,大人,您若没有其他事情,恕不奉陪。"

张伯行拱手道:"多谢牟大人招待,就此别过。牟大人如果有张令涛的信息,还请牟大人告知。"

牟钦元道:"自当如此。"然后送张伯行离开。

张伯行回到自己府中,心想,那牟钦元听闻张令涛几个字,神态之间,极为异常,甚至突然发火,定是心内有鬼。由此看来,他与噶礼的关系非同寻常。

张伯行对大黑道:"虽不能完全判断张令涛是不是在牟钦元府中,但可以断定他与噶礼一定有染。"

大黑道:"那如今,我们该当如何?"

张伯行道:"多派人手,盯紧牟府所有可以出入的门户。如果看到张令涛,不用通报,立刻拿下。"

大黑与大仪领命而去。

（二）牟钦元偷梁换柱，将张伯行羞辱一番

大黑与大仪离去。

张伯行刚坐下，忽有人报："大人，那贾书桢在门口，说要见大人。"

张伯行道："请他进来。"

贾书桢来到堂前，看到张伯行，马上跪倒："草民贾书桢见过大人。"

张伯行道："免礼。贾书桢，何事来见本官？"

贾书桢道："大人，草民有一请求，不知当讲不当讲？"

张伯行道："只管说来。"

原来，贾书桢见此案越拖越久，心内甚是着急。听闻大黑等人介绍，自己堂弟贾书声确是被冤枉，但现因主犯尚未抓捕，所以一直不曾继续审理。贾书桢唯恐夜长梦多，特来向张伯行请求，能否先将此案审理。若是证据确凿，堂弟无罪，能否即刻释放，也好让家人团聚，让众人安心。

张伯行听得贾书桢说的有理，就道："这样也好。明日开堂，本官亲自审理此案。"

贾书桢闻听，千恩万谢而去。

次日，张伯行开堂审理。先带上六秀才上堂，几人申诉完毕，当堂画押。

又唤来李老大。那李老大将何枕如何派人提亲，后如何强抢自己女儿并迫害致死的过程诉说一遍。张伯行虽已经不止一次听说，依旧唏嘘不已。

然后，张伯行将贾三丁与钱师爷带到公堂，两人对自己所犯罪行也供认不讳。但钱师爷直喊冤枉，说自己只是听人所命，并非主谋。张伯行令两人画押。

张伯行当堂宣布："六秀才所犯谋逆之罪，现已查明，实属被人陷害，故当堂释放回家；那贾三丁因一己之怨，陷害乡邻，实属大恶，押入大牢；钱师爷助主行凶，十恶不赦，同样关入大牢；主犯何枕与张令涛，现已在逃，全城缉捕。"

宣判完毕，堂外听审百姓高呼："张大人是包公再世，海瑞重生。张大人清明！"

喊声震天动地。

原来，贾书桢从张伯行府离开后，立刻将此信息通知乡邻。一传十，十传

百,堂外竟围观数以千计的百姓。

张伯行听着堂外百姓呼喊,也不禁激动。

此案虽已暂时了结,但是主犯在逃,张伯行心内依旧不安。

六秀才等人释放以后,大黑与大仪带人继续监视右布政使府邸。这天上午,忽然有人喊道:"黑爷,方才看到一人颇似张令涛,已经进到府内。"

大黑忙道:"且看守好四门,我这就去禀报张大人。"

张伯行正在房间内思考事情,闻听张令涛进到右布政使府邸,连忙命人备轿,匆忙来到牟钦元府邸。

下了官轿,张伯行命大仪带人严守四门,自己带大黑并两个官差前去敲门。

不一会儿,牟钦元出门迎接,看到张伯行一阵大笑,说道:"不知张大人最近闲得很,还是我这府邸有张大人牵挂之人,屡次三番前来拜访,让我牟钦元不胜惶恐。"

张伯行走到近前,一拱手道:"牟大人,方才听闻下人说,罪犯张令涛来到贵府,特来一看究竟。"

牟钦元闻听,怫然不悦道:"上次已经给张大人讲得明白,本府上下从未见到过张令涛,不知张大人此言从何而来?难道张大人派人监视我右布政使府邸不成?"

张伯行道:"岂敢,岂敢。只是公务在身,不得已而为之,万望牟大人海涵。既然下人有这等言语,想来也不是无根无据,还望大人给张某一个面子。"

牟钦元怒道:"张大人意思,是我牟钦元窝藏罪犯?难道今日要搜查这府邸不成?"

张伯行施礼道:"牟大人,只是为了公务,方才已经说明,还望牟大人海涵。"

牟钦元冷笑道:"张伯行,今日你若搜到逃犯,我牟钦元愿意承担这包庇之罪。若是搜不出来逃犯,别怪我牟钦元不客气。"

说着话,牟钦元闪在一旁。

张伯行看那牟钦元说得斩钉截铁,也不禁有些犹豫。但一想到六秀才所受冤屈,一想起李老大欲哭无泪的脸庞,张伯行心一横,带领大黑等人就走进客厅。

只见客厅之内，端坐一人。此人不到五十岁，但保养得极好，面皮白净，五官倒是极为端正，脸上透着一股狠劲。远远一看，颇似那张令涛。

张伯行一愣，忙回身问牟钦元："牟大人，这位是？"

牟钦元翻了翻白眼，哼声说道："这是我们江浙巨商张元隆。张老板主要经营粮食生意，可是为我两江作出不少贡献。"

> 史载：张元隆，松江府上海县人。科举不中，遂下海经商，声名甚著，家拥厚资。东西两洋，南北各省，倾财结纳，党援甚众。立意要造洋船百艘，以百家姓为号，往来东西二洋及关东等处，富可敌国。

张伯行内心略略有些吃惊。早听人说过这张元隆，乃江浙第一富商，掌控着江浙闽水陆粮食买卖，今日却为何来到牟钦元府上？那张元隆本是张令涛的哥哥，我手下衙役定是将此人误当作张令涛。

张伯行想到此处，内心有些懊悔，暗想：今日所为，有些鲁莽，恐怕会被牟钦元抓住把柄。但事已至此，也只能硬着头皮上了。

张伯行听完牟钦元的介绍，连忙拱手道："久仰张老板大名，幸会，幸会！"

张元隆看到张伯行，恨得牙根只痒，心中暗暗恼恨：正是此人，将我兄弟追得上天无路、入地无门。

但张元隆表面上依旧谈笑风生，忙拱手道："久仰张大人大名。江苏百姓都喊张大人为包青天，今日一见，果然非比寻常。我张某人三生有幸！"

牟钦元过来说道："还请张大人继续带人搜查本府吧！"

张伯行自知不能搜查出张令涛，只能拱手施礼道："牟大人，方才下人误将这位张老板看成张令涛，张伯行在此给牟大人谢罪。"

说完这句话，张伯行回身狠狠责备大黑等人几句，而后从牟钦元府中退出。

路上，张伯行又将大黑等人责骂一通。大黑等人也只能唯唯诺诺，问道："大人，这右布政使府邸，是否继续留人看守？"

张伯行思考一下，说道："先把人撤回。若是噶礼与牟钦元联合起来，再加上那张元隆，想要抓获张令涛，比登天还难。"

且说牟钦元和张元隆，看着张伯行无奈离去，不禁拊掌大笑。

牟钦元道："还是噶大人这偷梁换柱之策用得好，今日也灭一下张伯行的威风。"

张元隆施礼说："多谢牟大人，不然我弟弟张令涛定被那张伯行抓入大牢。救命之恩，日后必会厚谢！"

牟钦元命人查看张伯行手下是否全部撤离。下人回禀，按察使府的衙役俱已离去。

牟钦元于是从后堂喊出张令涛，对张元隆说道："张老板，令弟已经完好无损交付予你，我牟钦元幸不辱噶大人之命。"

张令涛坐着张元隆的车马安然离去。

（三）石可破也，而不可夺其坚；丹可磨也，而不可夺其赤

张伯行带人离开，一路上懊悔不已。虽说是大黑等人看得不仔细，但主要还是责怪自己抓捕张令涛太心切，才有如此鲁莽行为。以后，若再想抓张令涛，恐怕更难。而且，从今天之事看那牟钦元，也不会善罢甘休。

回到府中，大黑并大仪等人前来请罪。

张伯行却对大黑与大仪说："这事不怪你们。秀才案件暂时结案，大家这一段都很辛苦，今日又遭牟钦元羞辱，你二人支取几两纹银发给大家，作为这一段时间辛苦之费用。"

第二天早上，张伯行洗漱完毕，刚到府衙，当差衙役就过来禀报张伯行，说总督府的衙役已经等候多时。

张伯行心想："不出所料，牟钦元已经将昨日之事禀报给噶礼。"

张伯行道："请进来。"

那衙役来到堂上，插手施礼道："见过张大人，总督大人有事，请张大人去一趟。"

"你且先行离开，张伯行随后就到。"

张伯行不敢停歇，急忙赶到总督府。

噶礼，姓董鄂氏，满洲正红旗人。噶礼曾随康熙帝征战噶尔丹，立有战功，做事极为干练，故不断升迁。

张伯行见到噶礼,忙躬身施礼道:"下官张伯行见过总督大人。"

噶礼脸色阴沉,对张伯行说:"张大人,你近日可风光得很啊!"

张伯行道:"总督大人,下官自到江宁,恪尽职守,为民请命,不敢稍有疏忽。若有不到之处,还请总督大人降罪。"

噶礼道:"前些时日,本督命你将那六秀才案转交他人审理,你一意孤行,暂且罢了。而昨日,你竟以捉拿逃犯为由,兵困右布政使牟大人府邸,致使牟大人不能正常处理公务。张伯行,你身为江苏按察使,可知这样做带来什么样的恶果吗?你眼里可有两江同僚,你眼里可有我噶礼,你眼里可有我大清王朝的法令律例?"

张伯行道:"本官带人前去右布政使大人府邸,确是为了捉拿逃犯,从不敢有藐视同僚之心,更没有半点个人恩怨掺杂其中。还望大人明察。"

噶礼冷笑道:"那我且问你,你可搜到要找的逃犯了?"

张伯行略一沉吟,回道:"不曾抓到。"

噶礼大怒说道:"张伯行,你还狡辩什么?自打你来到江宁,这里就被你搞得鸡飞狗跳,各路同僚纷纷到本督这里说你各种不妥。你不小心谨慎也还罢了,竟然变本加厉,搜查起牟大人的府邸。实话告诉你,若你张伯行不懂得收敛,本督也绝不再纵容你。望你好自为之,退下吧!"

张伯行被噶礼劈头盖脸一顿责骂,却又不能申辩。只好沉默不语,退出总督府衙。

张伯行回到府中,闷闷不乐,命人关上大门,自己来到磨面的石磨旁边,拿起鞭子,抽打着拉磨的小毛驴,开始磨面。

这是张伯行排遣郁闷的一贯手法。

张伯行一边磨面,一边心想:"我张伯行自来到江宁,做任何事都以百姓为出发点,从未有半点私心。我不为个人功名,也不为个人私利,却为何处处碰壁?难道是我张伯行真的错了吗?难道这个世道就不能容许清官存在吗?我是不是应该随波逐流啊?"

张伯行突然想到先贤屈原屈老夫子,内心产生出像屈原那样的孤独,"举世皆浊我独清,众人皆醉我独醒"。若是屈原在世,我张伯行定会与他对饮几杯。不过,屈原虽然落寞孤单,可始终未曾放弃自己的追求啊,"路漫漫其修远兮,吾将上下而求索"。我张伯行是不是也应该追寻前人脚步,继续奋然前行呢?

就在张伯行胡思乱想之时,突然一人来到张伯行的身边。那人对张伯行深施一礼道:"张大人!"

张伯行从纷乱的思绪中猛然惊醒,回头一看,原来是门吏钟逯。

张伯行说:"原来是钟逯,你可有事?"

钟逯说:"大人,小的看您一直心神不定,是否有心事?"

张伯行心内有些奇怪。一般下人都是只做好自己的事情即可,很少有人敢问主人心情。这钟逯有些与众不同!

张伯行说道:"你既然问起,那我们二人且坐下聊上几句,也听听钟逯有何看法。"

两人就在石磨旁边坐下。

张伯行说:"钟逯,六秀才一案,你一直参与其中,我自不必细说。昨日之事,你也知晓。今天早上,在总督大人府上,我张伯行被总督噶礼一顿责骂。我在想,是不是我张伯行做官做得不好。我扪心自问,从未有半点私心,却为何来到江宁处处碰壁?"

钟逯抬头仰望着张伯行,若有所思地说道:"大人,小人有些话语,不知当讲不当讲?"

张伯行道:"钟逯,你但说无妨!"

"大人,小的也读过一些书,也记得一些圣人话语。"钟逯道,"小得听闻,'为官必明势也。上心易变,下意莫执。上好之勿驳,上言之勿信。官者忌孤,智者忌名,忠者忌直。察微而趋之,无患焉;知大而顺之,无凶焉'。"

张伯行一愣,看了一眼钟逯,心想:上次为抓钱师爷,这钟逯曾用欲擒故纵之计,我已感觉此人非比寻常,今日言论更是让人惊奇。

原来,钟逯所说的几句话,乃大唐名相狄仁杰所言。这几句话大概意思就是,做官要透彻地判明形势,做下属的一定要懂得揣摩上司的意思,懂得顺应上司的意图。做官忌讳孤单无友,关键时刻一定要有人帮忙说话;忌讳名声太响,所谓功高震主是也;忌讳直来直去地发表见解。

"我觉得,大人要想在这江宁站稳脚跟,首先要保护好自身,并且要知道如何与噶礼相处;要想保护好自身,一定不要过于强硬。大人的优点是刚直清正,但这也是做官的缺点。"钟逯接着说,"小的也读过老庄的书。老聃说

'刚者易折',大人！我知道大人一心为百姓,从未有过私心。但是,如果大人过于清正,到最后无法在江宁立足,甚至自身难保,大人又如何能够再为百姓造福呢？到那时候,不仅是大人的损失,更是我江宁百姓的损失与灾难啊！"

"石可破也,而不可夺其坚；丹可磨也,而不可夺其赤。"张伯行听完,看看钟逮,仰天长叹说:"钟逮,你所说这些道理,我张伯行当然都知道。若让我张伯行随波逐流,甚至同流合污,是绝做不到。小事苟且,大事必退让。钟逮,我看你也是博览群书,定也听过:物之不齐,物之情也。若是像你所说,那本官日后恐怕会成为千古罪人。故本官头可断,官可丢,而做人气节时刻都不可放弃。"

一番话说得钟逮俯身跪倒说:"张大人,真乃千古第一清官,钟逮冒昧唐突,还望张大人恕罪。"

张伯行挽起钟逮说道:"钟逮,本官也知道,你所说一切,皆是为本官着想。只是道不同不相为谋,本官绝不会和那些贪官污吏同流合污！"

钟逮拜服。

（四）张伯行感叹道:应方书法,确如其人啊

钟逮离去后,张伯行回到厅堂,左看右看,甚是无趣。来到书房,看书案之上竟落了一层灰尘。张伯行心道:"近日忙于六秀才案,竟多日未曾看书写字,这书房也已久违。"

张伯行拿起毛笔,将墨研好,铺开纸张,顺手写下两行大字:穷则独善其身,达则兼济天下。

仔细端详一番,他自言自语道:"多日不写,竟有些生疏。"

张伯行找出颜真卿的《严氏告身》,看着前人墨迹,笔力刚劲,直透纸背,心道:"应方书法,确如其人啊！"

遂开始屏气凝神地临帖写字。

临上约有半个时辰,张伯行拿起所写,感觉满意许多。

眼前一笔一画,让张伯行不禁想起颜真卿。这颜真卿晚年书法已至化境,点滴之间透出他生命中的血泪斑驳,起落之中灌注着他自身的一腔豪情,鳞次栉比的排列投射出他的人格光辉,整齐错落的布局更展示着他的一腔

忠诚。

张伯行越看越觉喜爱,这颜真卿的字和人都甚合心意!

玩味叹息半天,张伯行又拿出另一本字帖临写,是王羲之的《兰亭集序》:"永和九年,岁在癸丑,暮春之初,会于会稽山阴之兰亭,修禊事也……"张伯行开始一字一句临写。

当临到"虽无丝竹管弦之盛,一觞一咏,亦足以畅叙幽情"之时,不禁叹息道:别是一番幽情。如此雅趣,真是人生难得之胜景啊!想我张伯行何时能够携三五好友游山玩水,畅谈人生呢?

张伯行在书房练了半天字,也叹息惆怅半天。忽而豪情万丈,忽而幽怨低沉;忽而如长江之水逸兴豪发,忽而如山间小溪缓缓流淌。

正在张伯行沉浸在各种思绪之时,大仪禀报说,"悦来香"的大掌柜李老大请求拜见。

张伯行终于从自己的思绪中走出,回到现实。说:"有请。"就从书房走出,来到客厅。

不一会儿,李老大走近,看到张伯行连忙跪倒:"小人参见张大人。"

张伯行道:"此地并非公堂,大掌柜莫要多礼,快起,快起。"

李老大站起对张伯行道:"张大人,我今日来此,一是向大人致谢。我本以为整个江苏无人能够接我的状纸,因那何枕、张令涛权势滔天。没想到,张大人竟亲自为我写好状纸,为官如此者,张大人乃我所见第一人。二是要向大人辞行。我这几日一直逗留江宁,本想等着抓到何枕、张令涛,我能够亲眼看着此二人被正法,我再替女儿烧一些纸钱,我女儿死也瞑目。奈何听闻黑爷说,张大人因为抓捕张令涛,先后得罪右布政使大人和总督大人。草民想着,也许我这个心愿定要落空。今天到此和大人说一声,明日一早,我就坐船回扬州了。"

张伯行听完,心内百感交集,说道:"大掌柜,惭愧啊,虽为你的女儿申了冤,却不能抓住凶手,为小姐报仇,实乃我张伯行之耻辱。"

李老大千恩万谢而去。

李老大离开后,张伯行的思绪再次被拉到六秀才案件上,他的话语让张伯行内心受到极大冲击。

此案虽已结案,主犯却仍然逍遥法外,而自己却又无可奈何。

这按察使名为江苏最高司法长官,但该抓的人不能抓,该判的人判不了。

张伯行越来越觉得自己面对现实是如此无能为力。既然如此,那做这按察使又有何意义呢?

想到此,张伯行拿起纸笔,开始写起辞呈,决定明天进京,向康熙帝辞去这江苏按察使之职。

吃过早饭,张伯行正想着何时去京。突然钟逵来报,说从京城传来消息,康熙帝准备南巡。

张伯行大喜,心道:皇上南巡,必在江宁停留,到时我可面见皇上,将此案详情报与皇上,皇上必会主持公道。那时,我再决定是否递交这辞呈也不迟。

钟逵看一下张伯行的脸色由阴转晴,知道张伯行心情变好,便道:"大人,皇上南巡,大人到时可向皇上陈述心迹,相信皇上也定会支持大人。"

张伯行道:"但愿如此。吾当'立天下之正位,行天下之大道',不负苍生,不负皇恩。"

钟逵又对张伯行说道:"昨日张大人一番话,让小人心内赞佩不已。大人高风亮节,令人高山仰止。但小人昨日思忖一宿,还是想让张大人能够在进退之间、曲直之间做好平衡。小人这么说,并无半点私人之利。第一,小人只是钦佩大人怀瑾握瑜之德,故希望大人能够保全自己,方能让这种德行长存;第二,倘若说小人有私人之愿的话,那我只想让江苏百姓能够长久拥有大人这位清官啊!"

"我张伯行自幼读圣贤之书,懂得'民为邦本,本固邦宁'的道理。"张伯行微微一笑,说道,"钟逵,你的苦心,我张伯行心领。昨日已经说得清楚,既然皇上给我这个官职,那么我就应该做到'官无大小,在得民心'。"

张伯行又道:"钟逵,皇上在江宁停留,张伯行若有机会,定会向皇上陈明心迹,或者将噶礼等人作为禀于皇上。届时,若皇上信我,我当可保全;若皇上信噶礼等人,想来我张伯行仕途也就到此为止。钟逵,我张伯行虽不赞同你的做官之道,但我可以看出,你见解非凡,在我这里,恐有误你的前程。如果有其他出路,你可另谋高就。"

"张大人,我钟逵一心只为大人着想。"钟逵跪倒说道,"若大人执意辞我,我当离去。他日若大人有用得上小人的地方,但有一语,小人自会赴汤蹈火,在所不辞。"

张伯行搀起钟逵,挥手说道:"去吧,寻找一更好的前程!"

钟逵泪别。

(五)曹寅点化张伯行要从长计议

秦淮河,古名龙藏浦,汉代起称淮水。相传秦始皇东巡会稽过秣陵,以此地有"王气",下令在今南京市区东南的方山、石砬山一带,凿晰连岗,导龙藏浦北入长江以破之。到唐代,根据这一传说,此地改称秦淮。唐杜牧《泊秦淮》诗行世后,秦淮河之名始盛于天下。李白《留别金陵诸公》诗中,也有"六代更霸王,遗迹见都城。至今秦淮间,礼乐秀群英"的诗句。

每当夜幕降临,秦淮两岸分外热闹。灯光辉映在河中,形成斑斓色彩。河内,各色华丽船舫来回穿梭。船舱之内,那些贵族公子、富商子弟点下酒菜,边喝边聊,边说边唱,间或传出琴语歌声。船的四周,大红灯笼高高挂起,灯光将船只倒映在秦淮河中,仿佛碧波之上遨游的蛟龙一般。碎碎点点的灯光与河水的波光交相辉映,宛若走进一个神仙世界。

张伯行走在秦淮河南岸,来到"秦淮人家"。

酒楼内,一位五十岁上下的男子看到张伯行,快步迎上去说道:"孝先,如何姗姗来迟啊?"

张伯行笑道:"曹大人啊,我这按察使哪里有你这江南织造做得轻松,更没有曹大人这份闲情逸致。所以来迟一步,望曹大人见谅。"

张伯行眼前之人正是江南织造曹寅。这曹寅虽年近五十,但依旧气质优雅,风度翩翩。他身着一蓝色绸缎棉袍,袍内露出银色镂空木槿花的镶边,袍子上绣着雅致竹叶花纹的雪白滚边。外面又罩着一紫色棉马褂,脚蹬一双平底靴。两道剑眉略略有些秀气,一双大眼略有些浑浊,却依旧有神。鼻梁高挺,嘴角略略上扬。未说话时先有一种笑意荡漾,虽是笑脸相迎,眉眼之中却又透着另一种威严。

这曹寅虽只是江南织造,论品级只有三品,但他与康熙帝从小交好,深受康熙帝信任。曹寅因其孙子曹雪芹与《红楼梦》而广为世人所知。此为后话。

史载:曹寅,字子清,号荔轩,又号楝亭,顺治十五年(1658年)九月七日生,满洲正白旗内务府包衣。善骑射,能诗文,工词曲。官至通政使司通政使、管理江宁织造,康熙四十三年、四十五年、四十七年、四十九年任巡视两淮盐漕监察御史。刊刻《全唐诗》《佩文韵府》。

曹寅上前拉过张伯行分宾主落座,端起酒壶给张伯行倒了一杯,说道:"孝先,这莲花白酒可是我从京城带到此地的,乃皇上御赐。平时从未拿出饮用,今日专为孝先拿出,你可要多饮几杯。"

张伯行端过酒杯,哈哈一笑说道:"曹大人实在是太抬举张伯行了。我张伯行于酒,并无太多研究。曹大人拿这御赐好酒给张伯行喝,实在有些暴殄天物啊!"

曹寅一笑,说道:"孝先,休要这般客气。你我自康熙二十四年京城一聚,至今已有二十载未见。虽鸿雁传书,却匆匆擦肩而过,终为憾事。来,今日酒逢知己千杯少,我们一边欣赏这秦淮美景,一边开怀畅饮。"

两人端起酒杯,一饮而尽。

二人就这样边喝边聊。这曹寅极健谈,且学识广博,令张伯行极为钦佩。

酒过三巡,张伯行道:"曹大人,今日喊我张伯行,断不是只为饮用这莲花白酒吧,有什么事需要张伯行效劳,曹大人尽管吩咐。"

曹寅一笑,说道:"确无具体事情。只是听说孝先近日情绪不佳,今日请你喝酒,一是请你叙旧怀古,二是为你排忧解难。"

张伯行顿时暗自叹服,说道:"曹大人真个是手眼通天,这等小事也不能瞒过曹大人。"

"想当初我们与王原祁、纳兰性德、陈维崧在京师'皇茶苑'把酒临风,意气风发,是何等的酣畅淋漓、情投意合啊!"曹寅道,"今日相聚,我们只论兄弟,莫论职位,孝先不要总是这般客气。"

张伯行道:"那张伯行就不客气了。曹兄,近日的确比较烦忧。"于是,就把近日六秀才案前前后后给曹寅细说一遍。

曹寅听完,微微一笑说道:"孝先,噶礼乃满人,且跟随圣上征战噶尔丹,立有战功。孝先若要扳倒噶礼,谈何容易?但孝先若因此而有弃官归隐的想法,实实在在是不妥。"

曹寅说着,打开窗户。原来这个房间乃是二楼,开窗以后,秦淮美景尽收眼底。

曹寅一指窗外,说道:"看我大清河山,如此多娇。倘若这般江山,最后尽被小人控制,孝先不觉得遗憾吗?再美的河山,都要有人用心守护,方能让天下百姓时刻生活在这美景之中。不然,徒留美景,尽闻百姓哭声,孝先,你又于心何忍啊!"

曹寅虽未明说,但张伯行俱已明了。

张伯行道:"多谢曹兄点化,张伯行何德何能,劳曹兄如此看重?"

曹寅拉过张伯行道:"孝先,不要谦虚,也不要客气。圣上不日即将驾临江宁,到时,曹寅若有机会,定会替孝先向皇上诉说苦衷。"

张伯行听完,深深一拜,说道:"多谢曹兄。我张伯行若得皇上信任,定会竭尽全力,为朝廷效劳。"

两人把酒言欢,甚是投机。

不知不觉已至夜半,张伯行已经略有醉意,拱手与曹寅告别说:"曹兄,张伯行不胜酒力,今日就到此为止吧!"

曹寅也没有挽留,派人把张伯行送回至按察使府中。

张伯行回到房间,依旧不能入睡。于是起身来到书房。顺手拿起一本书,却是《孟子》。随手一翻,里面竟掉出一封书信。

张伯行捡起书信,仔细一看,原来是张鹏翮上次离去后,留给张伯行的一封书信,遂借灯光读了一遍。

张鹏翮在信中回顾自己从初出茅庐到如今身为朝廷重臣的历程。忽而写自己青年时期的凌云壮志,忽而感慨自己的无奈疲惫。自己年轻的时候,意气风发,什么都不曾畏惧,"若使当年身怕死,世间何处有男儿"。但真的身居高位的时候,却又有更多的顾虑、更多的畏惧、更多的感慨,"谁在遂州高处望? 碧天无际月痕斜"。

张伯行玩味再三,不甚明了。

回到卧室,张伯行躺在床上,听闻这外面阵阵风声敲打窗棂。再回顾自己年轻时读书的心情,又想到如今在这江宁举步维艰,忽而明白张鹏翮的感慨,也有些理解张鹏翮对自己的良苦用心!

六
高人指点

小桥，流水；兰舟，画舫。冬日的暖阳斜照在水墨一般的姑苏城内，显得恬淡从容。

一切如此安静，又如此淡然。

苏州自古为江南重镇，历朝历代，引无数文人墨客到此驻足。白居易曾有诗写尽这姑苏胜景：

> 阊门四望郁苍苍，始知州雄土俗强。
> 十万夫家供课税，五千子弟守封疆。
> 阊闾城碧铺秋草，乌鹊桥红带夕阳。
> 处处楼前飘管吹，家家门外泊舟航。
> 云埋虎寺山藏色，月耀娃宫水放光。
> 曾赏钱唐嫌茂苑，今来未敢苦夸张。

如今，苏州知府乃著名清官陈鹏年。他兢兢业业，踏踏实实，秉承一颗公心，将苏州治理得分外兴盛。

古树下，两位白发苍苍的老者饮一杯白茶，下一盘围棋，悠然古朴。

小桥边，一叶扁舟之上，两位公子吟诗作赋，不亦乐乎！

张伯行走在苏州城内，看到此情此景，心内不禁暗暗赞叹：这沧州果然了得，苏州城在他治理之下，井井有条，民风淳朴，百姓安居乐业。

古人云：一苏二杭三汴州！

看到苏州,张伯行不禁想起万里之外的故乡,想起州桥明月、铁塔行云,想起汴河之上小闺女王凤仪唱着那首豫东小调,眼睛禁不住湿润起来!

　　黄河流,汴河流,河水向东没有头;黑哥哥,你再回首,小闺女儿跟你手拉手。

　　黄河流,汴河流,河水向东没回头;黑哥哥,你再回首,小闺女儿等你在家门口。

张伯行如何来到苏州呢?

原来,陈鹏年接一案件,牵涉到江宁城一富商,十分棘手。张伯行闻此,就带大黑、大仪离开江宁,来到苏州。一来查看案件进展,二来想和陈鹏年沟通交流。

张伯行觉得,陈鹏年虽小于自己几岁,然为人正派,刚直不阿,且能力超群,操守甚好。陈鹏年骨子里有一股文人情结,显得卓尔不凡,鹤立鸡群。济宁开仓放粮,得到陈鹏年鼎力相助;汶上救女,可见陈鹏年悲悯之心;六秀才一案,尽显陈鹏年文人情怀。方如此,觉得他是道中之人,值得交往。

几人一路边走边看。

大黑对张伯行说:"大人,这苏州城真个是名不虚传,江南水乡,煞是好看。"

张伯行道:"风景如画,民风朴实,陈鹏年果然治理有方。"

几人来到苏州府衙,陈鹏年将案件前后过程详细报与张伯行。张伯行令人记下,之后对陈鹏年说:"沧州,今天来到这苏州城,沿途之上,百姓生活安宁,沧州功莫大焉!"

陈鹏年道:"分内之事,自当尽力,孝先兄过奖了。"

"交得其道,千里同好;固于胶漆,坚于金石。"当天晚上,张伯行与陈鹏年促膝长谈,无话不说。酒逢知己,长亭短亭;人生得意,金樽对月;苦闷彷徨,天涯此时。

夜深人静,偶尔传来几声打更的声音。

张伯行想起张继的《枫桥夜泊》,不禁又生感慨。"月落乌啼霜满天,江枫渔火对愁眠。姑苏城外寒山寺,夜半钟声到客船。"人生变幻莫测,世事难料。

得失荣辱,非人力所为。张继因科举落第,屡试不中,流落于此,写下传世之作,历久弥新,成为千古佳话。而自己如今诸事不顺,不知会不会也有所得呢?

张伯行等人辞别陈鹏年,路过常州城,突然想到有一人与常州有着密切联系,这常州城内应有此人祠堂。

这人乃宋代著名理学家杨时。

　　史载:杨时,幼颖悟异常,能属文,熙宁九年中进士第。调官不赴,学于程颢;颢死,又学于程颐;与游酢、吕大临、谢良佐并称"程门四大弟子",深受程颢所重,被推崇为"程氏正宗""闽儒鼻祖"。杨时南渡后,常州学者周孚先、周恭先兄弟力邀杨时来常。故杨时讲学,常州是其长居之处,后其在常州讲学的书屋名为"道南书院"。

这杨时乃儒学名师,今日经过此地,焉有不拜之理?

张伯行对大黑几人道:"今日途经圣人之地,必要瞻仰一番,我们且去龟山杨先生祠堂一趟。"

大黑道:"大人,这龟山是个什么山?"

张伯行哈哈大笑道:"大黑,这龟山不是什么山,乃宋代大儒杨时之号。杨先生字中立,号龟山,在江南讲学十八年,影响甚大,被称为'闽儒鼻祖'。"

大黑也不禁哈哈大笑起来。

几人来到杨时祠堂,只见一条石板小路蜿蜒曲伸,两旁松树郁郁苍苍,只是前面牌坊已经倒掉。

张伯行来到庭院之内,见杂草丛生。一座石碑立于其间,字迹斑驳陆离,勉强可以辨认,上面镌刻乃杨时生前所写文章。"诚无不动者,修身则身正,治事则事理",下面文字则很难辨认。

张伯行抚摸着石碑,感慨万端,心想:杨时生前何等功业,没想到祠堂如此荒凉。若有机缘,我定将祠堂整饬一番,给先生撰书作文,将先生著述发扬光大。

张伯行走进祠堂,一座杨时讲学的雕像立于堂中。虽有些残破,但先生风采依旧可见,手捻胡须遥望着远方,似乎在向远方诉说胸中豪情。

张伯行唏嘘不已,回身对大黑等人道:"杨时幼年尊师好学。据说有一次与游酢去拜见程颐,见老师正在厅堂上坐禅,不忍惊动,便静静地站在门外等候。这时,大雪纷纷扬扬,待程颐醒来,门外积雪已经一尺多厚。"

大黑道:"这龟山先生也是,为何不在屋内等候?"

张伯行脸色一沉道:"大黑,不可唐突圣人。"

大黑吓得赶紧闭上嘴巴,不再言语。

"先生在江南影响甚大。自先生官萧山,道日盛,学日彰。时从游千余人,讲论不辍,四方之士,尊重先生也至矣!"

张伯行参拜一番后,继续说道:"先生不仅一儒学大家,而且在政治方面也极有作为。他在担任地方官吏时,所到之处皆有惠政,民思不忘。在虔州任司法时,秉公办案,刚正不阿,乃吾辈之楷模。"

说完,张伯行又情不自禁地吟诵起来:

> 行己慎所之,戒哉畏迷方。
> 舜跖善利间,所差亦毫芒。
> 富贵如浮云,苟得非所臧。
> 贫贱岂吾羞,逐物乃自戕。

大黑道:"大人吟诵的是什么?"

张伯行道:"此乃杨先生所作《读书含云寺示学者》中的几句。大意是告诫其弟子,要谨言慎行,一念之贪,往往会坠入深渊。富贵如浮云,不是自己的,且不要强求。若是为一己之私,做出贪赃枉法之事,实乃是人生之大辱!"

几人又感叹一番。

离开杨先生祠堂,张伯行本来想去无锡东林书院看看,可想起常州一起积案,遂决定去见见常州府知府张文鏶。

(二)可就因为卷宗太完美、太流畅,张伯行才感到案件可疑

上任江苏按察使后,张伯行就着手清理历史积案。他将很多积压多年的案件逐一理清,该判决的判决,该调解的调解,该退回的退回;涉案人员该羁押的羁押,该发配的发配,该释放的释放;一些冤假错案该纠正的纠正,该平

反的平反,该清零的清零。一时间,江苏上下震动极大,反响不一。

一日,张伯行在查阅卷宗时发现,常州一房屋买卖的案件一直悬而未决,当事人一而再再而三地拦路喊冤,击鼓告状。几任按察使反复审理,都无疾而终,不了了之。

案卷没有任何瑕疵,笔录口供一应俱全,证人证言全部到位,证据链完整无缺,每一个环节都严丝合缝。可就因为卷宗太完美、太流畅,才让人感到案件可疑。

张伯行仔仔细细查看地契,慢慢发现其中端倪。

这份契约所用纸张为棉纱纸,表层并不光滑,比较薄却很有韧性。契约内文均以毛笔书写,行文具有固定模式,长约一尺八寸,宽约一尺二寸,分为正文和契尾两部分,正文及契尾重要文字间,都清晰地盖有常州府大印。

张伯行知道,地契、房契分为白契和红契两种。买卖双方未经官府验证而订立的契据叫做草契或白契;立契后,经过官府验证并纳税,由官府为其办理过户过税手续后,在白契上粘贴由官方排版统一印刷的契尾,加盖官方大印,红色赫然,便成官契,也叫红契。

只见这份房契中,有卖房人和卖地人的姓名、原因、所卖房屋的地理位置和编号、土地面积,以及买卖价格等,落款有知见人、中人、临证人、代字人和年月日等相关条款,叙述得十分详尽。

> 立杜卖住房文契人唐徐氏携子效封,今将祖遗承分住房壹所,坐落篦箕巷。第一路大门店面两间,柜台阁板地平全,厦屋两间,横门一道,房门两扇。第二路堂屋四间,隔扇屏门全。其房前通官街,后抵李姓横墙,左右以本宅墙为界,四至明白。合立契杜卖与刘名下,永远执业居住。当日三面言定,时值房价曹平宝纹银玖拾肆两整,比即银契两交,毫无不白。恐后无凭,立此杜卖住房文契存据。
>
> 立杜卖住房文契人唐徐氏(画押)
>
> 子效封(画押)
>
> 康熙四十二年十二月十六日凭证

契约上有见证人十位、笔录人二位、买主李占六等分别签字画押;文书半部分"契尾",与前半部分连接处盖有方形印章一枚。正文、落款、契尾主文中间,亦盖有方形印章。除时间、姓名、价银数额和编号是随文填写外,其余都是印制。契约官方编号为"存字肆佰陆拾号"。

张伯行从房契内容看,卖房人唐徐氏夫家应是一个比较殷实的经商人家。因为他们家房子坐落在常州箅其巷,那可是常州最为繁华之地,紧邻江南第二大驿站毗陵驿,商业中心,人气极旺。契约中提到,有"大门店面两间",且"柜台阁板地平全",说明门面面积大,装潢好,设施全;"横门一道",指的是门店大门东西两边的门,这也说明门面比较宽敞,好做生意。第二路就是生活区,后面就是住房,既能经商,又可生活,典型的"前堂后宅"。

这份契约中,算起来正房有六间,厦屋二间,且门窗天平地板一应俱全。这样宽敞的房子,不仅便于做生意,且适合人口多的大户人家居住,更兼有"前通官街,后抵横墙"。可以看出,这所房子应是价值不菲。

可偌大家产进行买卖,在古代应是由当家男主人出面,但契约中卖主居然是一个妇人带着孩子,"唐徐氏携子",这是为什么呢?张伯行苦苦思索,而不得其解。

遂把大黑、大仪喊来,几人一同商议,想一探究竟。

大黑说,妇人出面处理卖房这么大的事情,必为情形所迫。估计是丈夫去世,迫不得已自己来处理这事。

大仪说,可能家里经商,丈夫正好外出做买卖,急需赎金而被迫卖房。

"要是这两种情况还好办一些,怕就怕是恶人欺负孤儿寡母,强买强卖。"张伯行若有所思地说道,"依据'携子'二字,估计孩子比较年幼,这位唐徐氏或许很年轻。在本朝,妇人不能独自处理这些事情,所以她必须'携子'一起签约。由此可以得出,这是一份孤儿寡母的卖房契约。"

"从房价来看,契约中这么一处好房产,总共才值白银九十四两,这个价格真是太便宜,也不正常。"大仪把契约又细细看了一遍,说道,"曹平宝纹银是足纹银饼,也就是纯度很高的白银,每枚重一两,绝对的硬通货,一般人家拿不出来。"

"交税贰两捌钱贰分,还算公道。"大黑说道。

张伯行暗自思忖,康熙四十二年自己刚去山东,适逢水旱大灾,民不聊生,饥馑遍野,江浙也深受其害。可皇上以江、浙等地旱灾,免征江南、浙江通省丁银697700余两；免安徽、江苏受灾州府地银2975200余两、粮392000余石；免常州、太仓等州府被灾额赋有差。

"从契约见证人来看，唐家人丁并不兴旺，一共十位见证人，仅两位唐家人，其中有一人唐效宗与唐徐氏儿子唐效封同一辈分。"大仪又说道，"男人不在，宗族势力弱小，保护不了他们，说不定哪天房产就会被强人所占。年轻的唐徐氏带着孩子万般无奈下，忍痛割爱把祖传房产变卖，投亲靠友另谋出路，或者另嫁他人。"

"天视自我民视，天听自我民听。"张伯行道，"一定要亲去常州，探个究竟，方不负这顶戴花翎。"

（三）面对题有毗陵驿的康熙御笔深施一礼，随后走上文亨桥顶

常州府衙之内，看似一团和气，其实暗含杀机。

见张伯行开门见山直接点出唐徐氏卖房一案，常州知府张文鏻便命人抱来全部卷宗，并叫来办案师爷当面汇报，滴水不漏，严丝合缝。

"既如此，我等且去实地考察一番，也领略一下常州之美景。"张伯行对张文鏻说道，"你事务繁多，无需陪同，只派一衙役领路即可。"

张文鏻也不强求，让本府衙役李六陪同张伯行前往唐徐氏老宅，自己起身快马疾驰前往江宁拜见两江总督噶礼。

却说张伯行等人出来常州府衙，沿运河河岸行走，过城隍庙左拐，即到篦箕巷。

"扬州胭脂苏州花，常州梳篦第一家"。篦箕巷原名花市街，古时巷内鳞次栉比的梳篦店兼售宫花。一到晚上家家店里挂着宫灯，个个工场悬着照灯，常常彻夜不灭。晶莹闪闪的彩灯映在运河水里，与岸边船上灯火交相辉映，远远看去，宛如金色游龙，一片锦绣迷人景象，被称为常州八景之一的"篦梁灯火"。

篦箕巷口有一个高大牌坊，上书康熙御笔"大码头"，朱红色的大字在阳光下熠熠生辉。从明朝正德十四年（1519年）起，即于此巷设立毗陵驿，专供传递公文的差役和官员途经本地时停船休息、换马住宿。

康熙四十二年，皇上南巡，从大码头走下龙舟，就和大学士陈廷敬微服私

访。他们来到花市街,抬眼望去全都是梳篦店,各式各样的"宫梳名篦"琳琅满目,感觉甚为有趣,随口说道,此街如此热闹,有这么多篦箕店,叫花市街太俗,不如叫作篦箕巷吧!

张伯行走到篦箕巷的皇华亭,面对题有"毗陵驿"的康熙御笔,整衣扶冠,深施一礼,随后走上文亨桥顶。

文亨桥始建于明嘉靖二十七年(1548年),这里舟船穿越,轮蹄交错,为交通要道。每当皓月当空,清风徐来,宝镜高悬,月辉四溢,俯视桥下,微波荡漾,河水湍行,水中的月亮像要穿桥而去,"文亨穿月"就成为常州八景之一。

只是张伯行没想到,几十年后,好友曹寅的孙子曹雪芹写的《红楼梦》中,贾宝玉与贾政最后一别,便是在毗陵驿处的文亨桥顶。

穿过文亨桥右拐三二十步,李六即在一座院落之前停下,漠然地望着张伯行,一言不发。

张伯行仔细一看,与契约上叙述一模一样,大门店面两间,厦屋两间,横门一道,房门两扇,只是感觉更气派更张扬。

门店之上,高悬一鎏金匾额,上书"宝成粮栈"四个大字。笔力虽然一般,字体却格外霸道。张伯行细细一看落款,顿时大吃一惊,只见"两江总督噶礼之印"八个篆字在阳光之下血一般猩红。

张伯行无奈地苦笑一下,自言自语道,不是冤家不聚头!刚因为六秀才案让制台大怒,难道又牵涉他吗?

可开弓没有回头箭。事已至此,只能是一探明白。不然,这个事会一直在心头缠绕,成个心病。

张伯行等人走进店门,见老板正在柜台前拨拉算盘,六下一去五进一,七上二去五进一,八去二进一,九去一进一,算盘珠子在他手中如魔术一般上增下减,左滑右动。旁边,三两个伙计在不停地忙碌。

大约半炷香工夫,掌柜把算盘珠子往上一拨,在本子上记下,才抬起头,不慌不忙地问道:"官家,到小店可曾买卖?"

大仪说道:"这是江苏按察使张伯行张大人,我们到此想了解一些事情。"

掌柜既没有让座,也没有让茶,不软不硬地说道:"给张大人请安。有什么事情,请大人吩咐。"

张伯行一看,知道对方不是善茬,就不急不躁地问道:"掌柜的,打扰了。

我且问你,粮栈开张多长时间?"

"康熙四十三年二月初二开张,至今三年有余。"

"我看粮栈规模不小,生意尚可。请问店主是你吗?"

"谢大人鼓励,我只是跑堂记账的。"

"那请问店的主人是谁,房主姓甚名谁,家住哪里,粮栈之前做何买卖,所售粮油从何处而购,每年营业额大致多少。请掌柜一一道来。"张伯行依然不疾不徐地说道。

掌柜用余光看了看李六,有稍许犹豫。

这一细微动作没能逃过张伯行的眼睛。他觉得这店肯定有问题,且与官府关系甚密。

正常情况下,衙门李六作为本地人,应该和掌柜十分熟悉,进门都要寒暄招呼。可二人却装作不认识,本身就很不正常。

掌柜这才走出柜台,伸手一礼,说道:"大人,里面用茶。"

张伯行也没多言,几个人穿过门店,走进后院,果然豁然开朗。

东西宅墙分列十个粮囤,每个粮囤三尺见方,高有丈余。周围竹席环绕,层层递进。锥形圆顶,稻秆覆盖,既可透气,又能防雨。

院落中间,有一防火之用的大瓮。里面清水满满,瓮底几枚康熙铜钱,清晰可见。

二进客厅,低调奢华。条几、八仙桌、太师椅,黑漆罩面,隐隐透出一丝红晕。家具看似平常,却一应是红酸枝做成,绝非一般人家所有。

张伯行在太师椅坐下,撒眼一看,大黑、大仪已在东西厢房细细查看,就继续问道:"掌柜,我刚所问,请据实说来。"

"大人有所不知,小的仅是照应门店,迎来送往,其余一概不知。"掌柜皮笑肉不笑地说道,"我们老板去闽浙进货,不在常州。等他回来,我即一一禀报,让他把各种资料全部备齐,再做答复。大人您看如何啊?"

"你既一概不知,却如何说老板去闽浙进货?老板姓甚名谁,家住何方,何时出发,何时返回,还请掌柜现在答复,省得我们空跑一趟。"张伯行仍不温不火地说道。

"大人,天色已晚,人困马乏,不如我们就此回府。我家大人已在篦箕巷皇华阁备好酒菜,请大人一醉。"一直没有吭声的李六突然说道。

"李兄,酒菜不急,正事办完。"查看完东西厢房的大黑、大仪走了过来,说道,"掌柜的,要是到江宁按察府再问,那时候我们彼此都会被动,你说是也不是?"

正当双方你来我往僵持之际,常州知府张文鏴推门而进。

(四)张伯行一看张元隆拿出的是"仪封醇",不禁愕然

原来,张伯行等人一出常州知府衙门,张文鏴就快马加鞭直奔江宁而去。到总督府见到噶礼,把来龙去脉一一禀报。噶礼到底是老谋深算,让张文鏴立即返回,如此这般即可。

那张文鏴不敢怠慢,饭没吃,水未进,一路疾驰,回到常州,没进衙门,就直奔笸箕巷的"宝成粮栈"。

张伯行见张文鏴满头大汗,甚是诧异,不禁惊讶道:"府台如何这般模样?"

"大人请勿责怪!常州府东到苏州府常熟县,西抵镇江府丹阳县,南达湖州府长兴县,北连扬州府泰兴县。本朝立国之后,将常州所辖之县进行重新拆分:武进拆为武进、阳湖两县,无锡拆为无锡、金匮两县,宜兴拆为宜兴、荆溪两县,江阴、靖江没有动。常州自此因辖八县而被称为'八邑名都'。这么大的面积,这么多的人口,人吃马喂,都要我操心才是!"张文鏴气喘吁吁地说,"这不,上午你们刚走,武进县就出一宗人命案,我当即赶到武进,处理好又赶过来见你。走吧,张大人,我在皇华阁设宴给大人接风洗尘,请大人务必赏光!"

张伯行看看天色逐渐暗淡下来,再这样僵持下去,也未必有好的结果。不如让常州府衙办理此事,或有转机。

想至此,就起身走出"宝成粮栈"。

此时,夜色笼罩,常州运河再现盛景繁华,各种声音渐次响起。有做买卖的叫喊声,有酒楼里的划拳声,有勾栏瓦肆内的欢笑声,夹杂着戏楼里吱吱呀呀的胡琴声,余音袅袅,不绝于耳。走在运河岸上,石板青青,杨柳依依,定会别有一番滋味在心头。

张文鏴陪着张伯行沿运河行走,不一会儿就到皇华阁。

这皇华阁在篦箕巷巷尾,阁内设有魁星像。当年进京赶考的船只到此必停,学子都要上阁朝拜。阁内不仅可以品饮各种香茗,更可欣赏娓娓动听的苏州评弹和常州滩簧,还可吃到各种名点小吃,隔窗可见枕河古屋和往来船帆。

张文镟命店家把所有客人全部撵走,只安排正厅之内这一桌酒席,由此可见其良苦用心。

到皇华阁门口,李六伸手一挡,把大黑、大仪引到另外一个房间,只剩下张伯行和张文镟二人上楼。张伯行见此情景,暗暗说道,今晚不会是鸿门宴吧!

皇华阁正厅,红烛高照,金碧辉煌。厅内已有一人,背对房门,面朝运河,凭栏眺望。只看背影,张伯行感觉似曾相识,却又似是而非。

说话间,那人转身,张伯行定睛一看,却是张元隆。

只见张元隆双手抱拳,深施一礼,说道:"张元隆见过臬台大人。"

张伯行抱拳还礼道:"张兄客气。一回生两回熟,我们这是第二次见面了。"

张文镟挽着张伯行的胳膊道:"来来来,臬台大人,请上座。"

张伯行道:"不敢。到常州你是主人,我岂敢越位?"

张文镟道:"臬台大人是四品大员,理应正位。"

张元隆道:"在江苏,还不都是臬台大人的势力范围?"

张伯行道:"岂敢岂敢。两位过谦。我上有藩台,藩台上有抚台,抚台上有制台,制台上有皇上。普天之下,莫非王土;率土之滨,莫非王臣。焉敢说江苏是我的势力范围?"

张文镟说道:"咱们三人都姓张,一笔写不出三个张字。按年龄。臬台年龄最大,我次之,元隆兄最小。"

张伯行道:"既如此,我痴长几岁,恭敬不如从命。只是委屈二位了。"

张元隆道:"长幼有序,尊卑有别,自古皆然。"

张伯行上座;张文镟年龄次之,坐在张伯行的右首;张元隆坐在张伯行的左首。三人成等距离依次坐下。

张伯行问张元隆道:"张大掌柜,今日是不期而遇,还是刻意而为?"

张元隆满脸虔诚地说道:"臬台大人到江苏以来,大刀阔斧,雷厉风行,正风肃纪,深得民心,鄙人敬仰至极。今至常州,闻大人在此查案,在此偶遇,也是缘分。"

张伯行心想:真是踏破铁鞋无觅处,得来全不费工夫。我正想会会张元隆,不想他居然送上门来,天赐良机。遂道:"上次在牟钦元大人府上,多有得罪。"

"哪里,哪里。张大人一心为民,公正无私,大人大量,街头巷尾无不赞叹。如此清正廉洁之官员,乃我江苏之幸,家国之幸!"张元隆道,"吾弟令涛至今未见其面,日后定当让其负荆请罪,绝不徇私。"

"若如此,吾当心安。"张伯行道,"今日张掌柜到此,不会是仅仅宴请我等吧?"

张文镶插话道:"今日三张相聚,只谈感情,不谈其他。"

"是的,是的,今日只谈感情,不谈其他。"张元隆附和道。

张伯行暗想,不如将计就计,看看张元隆究竟是要作甚,再做打算,说道:"难得二位有此雅兴。我曾给自己定下规矩,公务活动概不饮酒。今日既然只谈感情,那我就放开一次。"

"如此甚好。"张文镶见状,顿时大悦,扭头对伙计说道,"小二,酒放至此,你且退下。非唤你不要入内,上菜也要提前告知。"

"臬台大人是北方人,我和府台大人是南方人,饮酒习惯各有不同。今日我们都按北方人的规矩,只饮白酒,不喝黄酒,张大人以为如何?"张元隆说道。

"子曰:唯酒无量,不及乱。"张伯行道,"咱们今日饮酒,尽力而为,量力而行。"

"好!大人爽快!"张元隆拿出两瓶"仪封醇",打开,倒在三个青花瓷酒杯里面,边斟边说,"我知大人离家已久,想必很长时间没喝过老家的'仪封醇'。小人特地备上两瓶,以解大人的思乡之苦。"

张伯行一看是仪封老家的土特产,不禁愕然。这张元隆生意做得如此之大,和噶礼等人感情如此之深,绝非偶然。他居然知道自己喜欢喝老家的"仪封醇",并且在千里之外能随手拿出,足见此人能力超群,手段不凡。

此人绝对不可小觑!

（五）剩下张伯行孤单单地独自一人待在房间

三杯酒下肚，话渐渐多了起来。

那张文鑛说道："今日三张相聚，我想起古诗《九张机》。咱们击鼓传花，这三'张'就对那三'张'，对不上罚酒。"

张元隆急道："那可不行。两位大人都是进士出身，满腹经纶，我怎么敢在大人面前班门弄斧？"

"不会说不会喝吗？来来来，我先说。"张文鑛说道，"一张机，采桑陌上试春衣。风晴日暖慵无力，桃花枝上，啼莺言语，不肯放人归。"

"来来来，臬台大人，该你对了。"张文鑛乃会稽人，那里文风极盛，名家辈出，自己又是进士出身，饱读经书，自然出口成章，先胜一筹。

张伯行微微一笑，暗自赞叹，这张文鑛居然对《古诗十九首》也熟稔于心，着实是个人才。遂答道："两张机，行人立马意迟迟。深心未忍轻分付，回头一笑，花间归去，只恐被花知。"

也许是酒壮英雄胆，张元隆端起满满一杯酒，说道："自古道：鲜花送佳人，美酒敬英雄。我先敬臬台大人一杯美酒。且听我对：三张机，吴蚕已老燕雏飞。东风宴罢长洲苑，轻绡催趁，馆娃宫女，要换舞时衣。"

"不行不行，这一会儿馆娃宫女，一会儿要换舞衣。过于淫靡，罚酒罚酒。"张文鑛起哄道。

"这次我先说。"那张元隆端起酒杯，一仰脖子，杯酒落肚，说道，"四张机，船队如龙水上飞。忽闻杜鹃声声啼，张生深情，崔女有意，燕子傍谁飞。"

张伯行感觉到，这张元隆话里有话，就对答道："五张机，黎民百姓不可欺。苍天自古饶过谁，不是不报，时候未到，到时悔又迟。"

张文鑛答道："六张机，吾且旁观劝君知。汉唐古训多真意，闷声谨记，发财休语，俱随流水去。"

"这次我先对。"张伯行说道，"七张机，大清律例照天地。初一十五轮流转，法网恢恢，疏而不漏，冷暖寸心知。"

张文鑛道："八张机，活学活用自搭梯。留得一线好相见，你好我好，大家都好，绝非和稀泥。"

张元隆道:"九张机,让人三分留余地。天命玄鸟而生商,陶朱猗顿,结禄玄黎,门前鞍马稀!"

之后,只听张元隆"啪啪"两下击掌,门外应声过来三个江南女子。三人只生得眉清目秀,齿白唇红,皓腕霜雪,露珠传情,说不尽的闭月羞花之貌、沉鱼落雁之容。

未等三位妙龄女子朱唇轻启,张伯行突然问道:"张大掌柜,我且问你,唐徐氏的丈夫是怎么死的?"

张元隆正想入非非之时,忽听张伯行猛然一问,就没来得及反应,顺嘴答道:"酒后失足溺水而亡。"

"时隔三年之久,张大掌柜如何记得如此清晰?莫非'宝成粮栈'的主人是张大掌柜不成?"张伯行接着又问道:"他和谁人一起喝酒?溺水时目击证人是谁?唐徐氏现在何处?"

张文镔如梦初醒,连忙接过来话题说道:"臬台大人,这宗案子我亲自审理,人证物证俱全。那唐徐氏的丈夫在家中与人吃酒,酩酊大醉,走错门房。到运河之岸,见水中灯火璀璨,疑是人间,如飞蛾赴火,跌落河中,溺水而亡。待打捞出来,已是次日午时。"

张伯行说道:"府台大人,证据链如此完美,完美得没有任何瑕疵,且让大人叙述得如行云流水,一气呵成。时隔三年有余,大人经手案件如此之多,管辖一府八县,却对此案记忆如此滴水不漏,无懈可击,着实不易!佩服,佩服!"

张元隆这才迷瞪过来,挥手把三位女子赶走,恼羞成怒地说道:"臬台大人,莫不是怀疑我把唐徐氏的丈夫谋害不成?"

"臬台大人,前任按察使高必宏曾在常州驻扎半月有余,调查百余人,卷宗几人高,早已结案,且与下官所判结果一模一样。臬台大人如果质疑,既可越过本府再来常州驻扎半月,也可把卷宗调走细细查阅。"未等张伯行答话,张文镔抢过话头继续说道:"天色已晚,夜深人静,我与大人均饮酒尽兴。天下没有不散的筵席,明日一早,我还要赶到武进处理命案,咱们就此别过。臬台大人一路平安,欢迎暇时再来常州,重对九张机,再品'仪封醇'。"

说完,张文镔和张元隆一前一后走出皇华阁,剩下张伯行孤单单地独自一人待在房间。

（六）熊赐履一番点拨，让张伯行醍醐灌顶

常州府知府张文镔拒不配合，张伯行又不能越过常州府直接查案，一时陷入尴尬之中。

无奈之下，张伯行只好从常州先回江宁，再从长计议。

又是人间四月天，风和日丽，叶绿花红。沐浴在煦日暖阳之中，让人感觉身心俱爽。

张伯行唤来大黑与大仪，聊着江宁城的各种传说旧闻，几人谈笑风生，倒也有趣。张伯行忽道："今日无事，我们何不游览一下江宁城风光胜地？"

大黑道："大人，江宁城最繁华之地，非秦淮河莫属，不过我们已经去过数次。"

张伯行道："秦淮河虽繁华，但我不甚喜欢。我们还是去一些幽静之地，也好静心养神。"

大仪道："大人，我倒是有个去处。前几日办案时，路过此地，感觉应该合大人心意。"

张伯行忙道："大仪，竟能注意这等地方。看来我让你读一些书，没有白读，近日长进许多！"

大仪嘿嘿一笑说道："多谢大人夸奖。不过，我是看不出那里有什么好。听大人说不喜繁华热闹之地，方才想起。"

张伯行道："且说是哪里？"

大仪道："距离城区稍远一些，在城北唤作燕子矶。"

张伯行笑道："燕子矶我也是久闻其名，乃江宁军事要塞，历来兵家必争之地。经你一说，我倒是真想观赏一番。"

三人稍作收拾，备好车马，即刻出发。半日工夫，到达燕子矶。

这燕子矶位于江宁城郊外直渎山上，因石峰突兀江上，三面临空，势如燕子展翅欲飞而得名。

直渎山，名为山，其实并不太高。但即便如此，张伯行也有些气喘，暗道："果然年龄不饶人，只是爬一座小山丘，就已经有些疲惫。"

登临燕子矶，极目远望，不尽长江滚滚来。水天一色，碧波万顷，让人顿

时心旷神怡。多日烦恼,竟似乎随江水而去。

俯视江水,又见波浪滔天,拍打石块,卷起朵朵浪花,不禁让人想到苏子词句:"乱石穿空,惊涛拍岸,卷起千堆雪。"

张伯行脱口而出道:"矶头谁把钓,向夕未知还。"

大黑道:"大人说的是什么?"

张伯行道:"此乃我朝前辈施闰章所作《燕子矶》,此情此景,甚合我心。"

几人信步前行,来到燕子矶附近一座关帝庙。

庙门之前有一座牌坊,上面四个大字"正气长存",两边一副对联:"网维古今寻常事,撑住乾坤方寸心。"

张伯行玩味半日,心道:"这对联写得极有气势,且一片丹心,让人顿生敬仰之情。"

再仔细观赏,突然感觉这些字体有些熟悉。仔细追想,不禁脱口而出道:"此乃王俨斋先生的座师敬修熊先生笔迹!"

大黑与大仪问道:"大人所说何人?"

张伯行道:"我中举时恩师乃当朝名士王鸿绪王大人,王大人中举时恩师乃熊敬修熊大人。在恩师王大人府中,我见过熊大人字迹,不想竟在此又见,真不虚此行。我听闻熊大人也在江宁,本应早去拜见,只是六秀才案一直缠身。今日见到熊大人字迹,冥冥之中叫我前去拜见。"

几人又在燕子矶游览一番,见太阳西去,便匆匆而回。

次日,张伯行沐浴更衣,前去拜访熊赐履先生。

　　史载:熊赐履,字敬修,号素九,别号愚斋,湖广汉阳府孝感人,顺治十五年(1658年)进士,以直言论事著称于时。后力助康熙清除鳌拜集团,深得康熙信任。康熙三十八年(1699年)任内阁大学士兼吏部尚书,曾四任会试考官,并任修撰《圣训》《明史》总裁官。康熙四十五年(1706年),熊赐履因年事已高,告老还乡,寓居江宁。

张伯行带领大黑等人来到熊赐履居所,轻轻敲门,开门的乃五十岁上下的家人。

张伯行道:"烦请老人家通禀,就说弟子张伯行前来拜访先生。"

那家人道:"老爷正在休息,我去喊他一声。"

张伯行连忙说道:"不急,不急,我等就在院子里稍候片刻。"

张伯行走进来,只见院子不大,收拾得很干净。正房有三间,左右偏房与正门连成一体。一例的粉墙黛瓦,显得清幽雅致。中间一条石板小路,左右两边各有数十棵绿竹,虽未成林,却错落有致。

张伯行在院子里等了片刻,只听房间内轻轻一咳,随即声音传出:"张放,谁在外面?"

家人忙进去道:"回禀老爷,张伯行来访。"

只听那人道:"哦,原来是孝先,快快有请。"

张伯行走进客厅,熊赐履站起来欲要迎一下,张伯行紧走两步上前扶住老先生,然后躬身施礼道:"恩师在上,弟子张伯行给您老人家请安!"

熊赐履道:"孝先,快快免礼,怎敢劳按察使大人给我这老头子请安!"

张伯行道:"老师莫要取笑弟子。"

两人客气几句后分宾主落座。

张伯行看看熊赐履。老人已经年过古稀,瘦矍的身材,远远望去,若修竹一般。须发皆白,脸上皱纹累累,但眼睛却极其有神。虽然身体看上去有些老迈,可举止神情依旧给人以正气凛然之感。一眼望去,自会让人油然而生敬意。

再看房间的陈设,极其简单,几样家具俱已陈旧不堪。张伯行内心顿生感慨:"听闻熊老先生为人清正,居官期间,非常廉洁,今日看其住所,果不其然。"

熊赐履令家人看茶,两人边喝茶边聊天。

两人越聊越是投机。这二人俱是当时理学大家,均信奉程朱儒学,且各有见地。

说着说着,张伯行就把自己近时遇到的烦恼向老先生倾诉,也吐露自己的辞官之念。

熊赐履听完之后,微微笑道:"孝先,我有一言,你可愿听?"

张伯行笑道:"老师,但说无妨,晚辈自当洗耳恭听。"

熊赐履道:"吾已老迈,平生所学,唯以崇正去邪为己任。帝王之道,以尧舜为极致,而我等所学孔孟之道,乃尧舜之道的本质。所以,为上者,必要尊崇儒学,以儒学为根本的治国理念。"

"而为臣子者,必须心正,心术不正则万万不可。廉洁只是小善,而'致君尧舜上,再使风俗淳',方为大德。惟其如此,方能改善百姓生活,治下安居乐业。百姓安居乐业,乃为官者是否成功的唯一评判标准。既如此,孝先,又何必纠结于他人的是是非非呢?"

熊赐履呷口茶,接着说道:"当年老夫曾对于成龙说过,大丈夫看得透时,虽生死不可易,哪里还顾得上这些流言蜚语呢? 何况孝先目前所处之境,远不及于成龙时险恶,却为何有这等退隐之念呢? 若你退隐,必合噶礼等人心愿,而逆江苏百姓之心啊!"

最后,熊赐履站起来,遥视远方,像看见什么,又像什么都没有看见,若有所思地说:"所谓达则兼济天下,穷则独善其身。而孝先目前处于'达'的位置,不去想兼济天下,造福百姓,却想着独善其身,归隐山林,岂不有违圣人教诲吗?"

张伯行听完,赶紧离座,深施一礼道:"多谢老师教诲,老师之言,张伯行醍醐灌顶。"

时至中午,熊赐履令家人备饭,乃一碟咸菜、一碟黄豆、一碟青菜、一碟豆芽,外加几个馒头并一碗稀粥。

张伯行笑道:"听闻老师为官清正,今日所见所吃,皆已印证。晚生佩服至极!"

大黑道:"张大人,平时咱不也是这样的饭菜吗?"

一句话说得几人哈哈大笑起来。

几人回到按察使府衙,天色已晚。

张伯行来到书房,从书案的《大学》一书中,取出前几日写的辞呈,又看一遍。然后将辞呈伸向蜡烛火苗,顿时,辞呈在火光中化为灰烬。

烛光摇曳,张伯行的脸庞在烛光中显得异常坚定!

七
率土之滨

（一）江宁全城上下焕然一新，官民同庆

康熙四十六年（1707年）丁亥正月初，春风没有为京城送来暖阳，却送来一场大雪，落在地面足有半尺多深。康熙帝披着貂皮大氅站在养心殿廊下，看着飘飘荡荡的雪花，龙颜大悦。紫禁城内，地面、屋顶全都覆上一层厚厚棉被。瑞雪兆丰年，这是个好兆头呀！

遥望天地一色，苍茫一片，康熙帝陷入沉思。

治理淮河势必会为江北淮安、扬州等地除去水患，如此好事，朝中大臣却有异议。到底如何，实地一看便见分晓。

前年南巡，选拔一批江南士子到宫中供职，文人学子士气大振，效果极佳。如再下江南，选拔一批官吏，意义重大。一则让江南士人归属我大清，二则满汉一家，让我大清子民紧紧团结在一起。

想至此，康熙帝让太监传张廷玉觐见。

史载：张廷玉，字衡臣，号砚斋，安徽桐城人大学士张英次子。康熙三十九年（1700年）进士，改庶吉士，授检讨，入值南书房，进入权力中枢。康熙朝，官至刑部左侍郎，整饬吏治，是整个清朝唯一一个配享太庙的汉臣。先后任《清圣祖实录》副总裁官，《明史》总裁官。

其实，在康熙四十五年时，刑部尚书阿山、大学士马齐等先后恳请康熙帝亲临溜淮套工程，面授方略，但皆被康熙帝推掉。康熙帝以"年岁渐加，颇惮行路"以由，不拟亲行。后大学士马齐及九卿科道再三奏请，康熙帝方才同

意。正月二十二起行,皇太子胤礽、皇长子胤禔、皇十三子胤祥、皇十五子胤禑、皇十六子胤禄等随行。

千里之外,康熙四十六年新年刚过,江宁城的大街小巷依旧留着春节的气息。大街上有些店铺尚未开张,几个孩子穿着过年时家里做的新衣,在街上偶尔放几个爆竹,带来一些惊讶的声音。

"爆竹声声一岁除,春风送暖入屠苏。千门万户曈曈日,总把新桃换旧符。"春天就要到来。冬日的风已经没有旧日凛冽,吹在脸上,温暖和煦。再加上柔柔阳光,让人总有些慵懒气息。

一匹快马飞驰而过,直奔总督府衙。很快,从总督府衙传出消息,皇上南巡的船只已经出发,途经各地务必提前做好准备。

两江总督噶礼接到消息后,急召两江各级官吏前来总督府衙商议迎接圣上之事。

张伯行接到总督命令后,也急忙带大黑等人前往总督府衙听命。

经督抚及各级官吏商议,最后总督噶礼下令:

首先,整个江宁城要张灯结彩,打扫街道,百姓须着新衣,如同再过一次新年一般,静候皇上驾临。

其次,令张伯行出动按察使府衙所有衙役,定要维持好城内治安,遇有寻衅滋事者,即刻抓捕。平日街上地痞流氓之流,提前抓入大牢,待皇上巡视完毕再放出。

…………

此时,皇上刚刚离开京城不久,待皇上驾临山东境内,两江四品以上官员皆要到济宁接驾。

这噶礼虽说为官贪婪,但行事作风却是雷厉风行,且各种事情安排得有条不紊。张伯行看到这些,也不禁有些佩服,但瞬间也又产生出无限感慨。噶礼能力出众,刚毅果断,却为何不将这些用于造福百姓?倘若我大清官员人人都一心为百姓,这官场皆能弊绝风清,这天下百姓何愁过不上好日子,这大清的江山何愁不稳固?

张伯行感慨一番后又不禁嘲笑自己,做好自己分内的事情已经不易,我还替皇上着想分忧,是否有些自作多情呢?

离开总督府,张伯行立刻升堂议事。命令大黑与大仪各带十名衙役,即刻开始巡视城内大街小巷。大黑与大仪带人刚要离开,张伯行忽道:"且慢走。"

大黑与大仪转身看着张伯行问道:"大人还有什么吩咐?"

张伯行道:"总督大人特意下令,将平日那些喜欢寻衅滋事的地痞流氓即刻收押关入大牢,你二人对这些人应该了若指掌。但我以为,并不是所有人都愿意过混混日子。若遇到这些人,务必询问仔细,倘能保证这些人在皇上驾临期间不会滋生事端,就莫要都抓入大牢。一则,他们也有父母老小需要照顾;二则,我按察使府大牢也收押不下那么多犯人。你二人看实际情况便宜行事。"

二人领命下去。

张伯行坐在案前,不禁思绪万千。

皇上历次南巡,多为河务之事。而自己当初之所以受到皇上赏识,也是因治理黄河。

回想起自己在老家仪封治理黄河的时候,在大堤上奋战,与百姓共吃同住,与百姓共筑堤坝,最终保得家乡安稳。

想想现在做这江苏按察使,品级、地位皆比当年高得太多,却为何每日过得畏畏缩缩,甚不爽快,远不如当年那般在黄河岸边不分昼夜流血流汗来得痛快。

不知这次皇上南巡,恩公张鹏翮可会跟随圣驾同来。恩公当年之所以推荐我,正是因为我耿直清明,不理会官场那些见不得人的勾当。可上次却为何给我说出那般言语,又给我留下那封书信?

这人,实在是复杂;这官场,实在是复杂啊!

此番圣驾莅临,不知我可有机会见得皇上,向皇上奏明我的心迹。

转眼之间,康熙帝已经离京五天。五天之内,江宁城上至总督巡抚,下至平民百姓,无不为迎接圣驾忙碌。

张伯行带领大黑等人在江宁城大街小巷不分昼夜,一直巡查,唯恐哪个地方有所疏漏。

江宁街头,相较于之前,似乎换了一座城市。

大街上每日有人打扫,打扫完毕又要清水泼洒,地面极其干净。闹市之内,两边的店铺各色物品摆放非常整齐,人来人往,井然有序。买卖之间,大家也没有往日的喧哗争吵。每家店铺前面,大红灯笼高高挂起,宛若每家每户都在迎娶新娘一般。往日那些地痞流氓,能抓的也都抓了起来;相对比较安稳没有被抓的,也都禁止在大街上随意走动。

大树之下,两个老者喝茶聊天,两人俱已白发苍苍。一个老者说:"这应该是皇上第五次下江南了吧?"

另一个接道:"赵老板,你真老了吗? 这是皇上第六次南巡。"

"哦,想起来了。记得有一年,我出门做生意,去到北方,那年皇上南巡,我没在家。"

"哎,这皇上巡查,实乃是江南胜景。想想上次,我在人群中,还瞄见皇上的身影,一直到现在,你看我这眼睛都没花,托皇上洪福啊!"

那赵老板笑道:"合着能看到皇上还有这功效? 按您这说法,那皇上身边的大臣个个都要长命百岁了。"

两人同时哈哈大笑起来。

顿了一会儿,一个叹道:"这皇上南巡,确实给江南带来无上荣耀。但对于我等普通百姓人家而言,只能说徒增一些烦恼。"

另一个道:"也是,记得上次皇上来,我们家三天都没有正经做生意,只顾着买东西收拾门庭。"

…………

张伯行看着这般景象,听着这些话语,心内颇有些复杂与纠结。倘若往常都是如此这般景象,才是朗朗乾坤让人欣慰。

按察使府衙几十名衙役几乎都没有怎么休息,江宁城的百姓每家每户都要耗费一些金银将各家门面收拾得干净统一。这皇上巡查固然是为了天下安宁,可是却耗费地方多少人力、物力呢? 这皇上巡查利弊孰多孰少,实在是难以说清。

正在张伯行胡思乱想之际,忽然一衙役飞奔来到张伯行面前跪下道:"大人,督抚下令,让大人前去山东济宁接驾。"

(二)两江四品以上官员皆往济宁迎接圣驾

济宁位于山东西南腹地,地处黄淮海平原与山东中南山地交接地带。东邻临沂地界,西与菏泽接壤,南面与江苏徐州毗邻,北面与泰安交界,西北角隔黄河与聊城相望。

济宁乃文化圣地,孔子与孟子皆出生于此地。

康熙帝信奉儒学,故历来重视孔孟之乡。除孔孟之外,孔子的弟子颜回也出生于此。再加上大运河穿越济宁,水运交通发达,历来就有北方"鱼米之乡"之誉。

因为圣驾莅临,济宁大街小巷也是分外干净,商家店铺整整齐齐。当日,天高云淡,风和日丽;大街两旁,树木挺拔。大运河穿越城中,高处望去,宛若一条玉带缠绕其间。

老百姓站在街头,都想一睹圣驾。大家交头接耳,议论纷纷。有的人谈论康熙帝的文治武功,有的人吹嘘上次皇上来的时候,自己如何看到龙颜。但前面皆被兵士守卫,一般人等无法近前。

康熙帝虽然还未进城,整座济宁已经让人感觉到与往常不同。

两江官吏并随从几十人前往济宁接驾。平日里,这些官员大多骄横跋扈,但今日却收敛许多。

张伯行带领大黑并几个衙役跟随着迎驾队伍缓缓前行。忽然,一个小孩儿手里拿的风筝掉落在地上,小孩儿挣脱大人,直接闯到道路之上捡拾风筝,迎驾队伍瞬间有些骚动。

把守道路的卫士健步跳了过去,一脚把风筝踏烂,伸手掂起那个小孩儿丢在路边,并厉声喝道:"谁家娃娃,不想活了?"

小孩儿吓得哇哇大哭,抽抽搭搭地喊道:"我的风筝,我的风筝,我爷爷给我扎的风筝,你赔我,你赔我。"

那个卫士顿时大怒,当啷一声,抽出腰刀,刀锋被阳光一照,放射出寒光。他再次喝道:"还不快滚?冲撞圣驾,灭你九族!"

小孩儿的父亲已经吓得体如筛糠一般,站都站不起来。张伯行看到,急忙过去拉起那个小孩儿,送回到小孩儿的父亲身边。转身对那卫士道:"这位兄弟,小孩儿无知,莫要动气,吓着孩子。"

卫士并不认得张伯行,但看张伯行顶戴花翎,一身官服,知道乃是接驾官员,不敢造次,说道:"大人,我奉命看守,任何人不得随意进入正道。军命在身,不得不如此。"

张伯行道:"这位兄弟的做法,自可以理解。不过,小孩儿家不懂事,又何必动刀动枪。谁家没有父母儿女,倘若你家孩子如此,你该如何?圣人云,己所不欲,勿施于人。"

卫士插手施礼道:"大人说得是,小人不敢。"

张伯行回身看着小孩儿道:"孩子,下次可不能如此。真的冲撞圣驾,那可了不得。"

又对那孩子的父亲说:"这位小哥,一定看好自己的孩子。"

那人拉着孩子千恩万谢,然后盯着张伯行道:"大人,看您眼熟得很,莫不是张伯行张大人?"

张伯行一笑说道:"正是张伯行,你如何认识得我?"

那人"扑通"一声跪倒并大喊道:"见过青天张大人。"

又回身对身边的人大喊一声:"张伯行大人在此,张伯行大人在此迎接圣驾呢!"

数人齐刷刷地往这边挤来。有人喊着:"张大人在哪里?张大人在哪里?"

有人看到张伯行,急忙跪倒:"青天张大人,草民给您跪下了!"

原来张伯行在山东济宁任职时,适逢灾荒。张伯行从自己家中拉过来粮食赈灾,并不顾自己身家性命及仕途前程,做主开仓放粮,引得山东布政使大怒,欲上疏弹劾张伯行。张伯行据理力争,布政使方罢。

那段时间,张伯行与济宁百姓同吃同住,故很多济宁百姓都识得张伯行。

走在队伍前面的总督噶礼及巡抚于准等人忽然听得身后大乱,忙回身问道:"何人如此喧哗?难道不知圣上即刻到来吗?"

几名军士急忙过来,对那群拥挤的百姓厉声喝道:"不得乱动,冲撞了圣驾,俱灭九族!"

张伯行见状,急忙对众百姓深施一礼,高声道:"各位父老,张伯行在此谢谢大家。以后有缘,我们再叙旧日之谊。今日张伯行公务在身,请大家务必保持安静。圣驾即刻到来。若惊扰圣驾,张伯行也不能保全大家。"

众百姓见状,纷纷退后,一边相互高声喊着:"张大人有命,大家退后一些,大家退后一些。"

片刻之后复归平静。

几位卫士回到队伍前边,对总督与巡抚施礼道:"是济宁百姓见到张伯行张大人,念起旧日情谊,要与张大人相见,故有纷乱,现已无事。"

于准对那卫士道:"加派兵士把守道路,务必不让寻常百姓惊扰圣驾。告诉那张伯行,好自为之。"

噶礼看了一眼于准。于准冷笑一声,对噶礼道:"这张伯行素来就喜欢出一些风头,早晚有他好看。"

噶礼道:"于大人,圣驾马上到来,勿要乱说话。"

于准道:"谨遵大人之命。"

(三)噶礼命张伯行只负责维持秩序,不接驾面圣

"泗水滔滔流青铜,鲁桥突兀跨长虹",这是元人咏鲁桥词句。

这座古老的石桥建于何时,已无从查考。

传说,建桥时,有一位长者路过这里。他先是站着看看,后坐下来敲打一块石头,后又丢下石头就走。待石桥合龙,横竖摆弄不好。有人提议,把老头丢下的石块搬来试试。结果,不大不小,天衣无缝,石桥遂成。石匠们这才恍然大悟,那长者原来是鲁班。乡亲为了表达对鲁班的感谢之情,给石桥取名鲁桥。

自元代开始,大运河通航,鲁桥逐渐显露其交通位置重要性。元代设有都漕运司,明代设有巡检司,到清代,这里逐渐形成繁华兴盛的水运码头。

大运河自桥下穿过,每年春天一到,这里绿树葱茏,花草芳香。即使现在,春天还未到来,蓝天白云之下,草木刚刚吐出嫩芽,点点绿意昭示生命痕迹。

一切都是如此美好。

康熙帝的龙船长四丈,宽两丈,高一丈二尺。中间船舱长两丈四尺,与船同宽,船头船尾各余八尺。

这艘龙船,无论比隋炀帝杨广游江南所乘的"楼船",还是比其后人乾隆帝南巡所乘的"翔凤艇",都显得简陋寒酸。但在普通百姓眼中,它依然巍峨雄壮,富贵豪华。站立于船头船尾的四名蓝衣船工,四名着官服手扶腰刀的威猛护卫,阳光下熠熠闪光的黄罗伞盖,桅杆上迎风飘扬的绣着金龙戏珠的杏黄旗帜,这些都让百姓心生敬畏,不敢直视。

其实,百姓只敬畏它的威严,羡慕它的华丽,却不知它真正的经济价

值——它是用真金白银堆积而成的。百姓哪会想得到,造一艘龙船竟要耗费白银五十万两,相当于一个小县全年的税赋。

龙船是皇帝的象征,它的奢华体现在造船所用的木料,船舱内的装饰。龙船的龙骨和肋骨由椴木所造,船壳由金丝楠木所造,甲板由黄檀木所造,桅杆由樱桃木所造,就是船上的各种小配件,也是由楠木和红木锻造而成。这些名贵木材,采自云、贵、川等地,生长在深山老林之中,人迹罕见,虎狼出没,采伐十分艰难,也十分危险,民间对此有"进山一千人,出山五百人"的说法。从采伐到运输再到加工制作,都需要大量的人力、物力和财力。

船舱顶部正中间横着十件木雕小兽,都是用黄檀木精雕细刻而成——龙、凤、狮子、海马、天马、押鱼、狻猊、獬豸、斗牛和行什。十样齐全、十全十美的小兽,象征着消灾灭祸、逢凶化吉,还含有剪除邪恶、主持公道之意,更象征着皇帝至高无上的权威。

船舱分为内舱和外舱。外舱较小,陈设着日晷、嘉量各一座,铜龟、铜鹤各一对。龟、鹤为长寿的象征。日晷是计时器,嘉量是标准量器,二者都是皇权的象征。

外舱有门通向内舱,由两名大内侍卫看守。

内舱也叫内殿,置有书案龙椅,茶几墩凳,龙床锦被,玉纱薄帐,皇帝可以在此休息安歇,也可以推窗远眺,尽情欣赏"普天之下,莫非王土"的自然风光和世态民情。内舱装饰也极为奢华。顶部饰以级别最高的和玺彩画,门窗上部嵌成菱花格纹,下部浮雕云龙图案,接榫处安有镌刻龙纹的鎏金铜叶。

舱内金砖铺地。说是金砖,并不是真用黄金制成,而是用苏州特制的砖,因其打造时耗钱极多,故名为金砖。其表面为淡黑色,油润,光亮,不涩不滑。苏州一带土质好,烧工精,砖烧成后"敲之有声,断之无孔"。金砖烧炼程序极为复杂,一块砖起码要炼上一年。

内舱正中设有九龙金漆宝座,宝座前两侧有四对陈设,宝象、甪端、仙鹤与香亭。宝象象征国家的安定和政权的巩固,甪端是传说中的吉祥动物,仙鹤象征长寿,香亭寓意江山永固。宝座上方正中有向上隆起的藻井,形若伞盖,藻井正中雕有蟠卧的巨龙,龙头下探,口衔宝珠。

龙船将在此靠岸,而后前往济宁城内巡视。

张伯行本来想着能够拜见皇上,陈述自己心迹。但是,在皇上龙船未至之时,督抚大人却突然命张伯行来见。

张伯行赶忙过来,拜见总督噶礼与巡抚于准后,问道:"两位大人,唤张伯行何事?"

噶礼微微一笑说道:"刚看到济宁百姓对张大人顶礼膜拜,看来张大人在济宁威望极高啊!"

张伯行心想,不知道这噶礼葫芦里卖的什么药,竟然想起来夸奖我张伯行?忙道:"回总督大人,张伯行曾在济宁任职。任职期间,在下尽心尽力,故这里百姓多有认识,不敢说在这里有多大威望。"

噶礼道:"既然如此,张大人,刚刚我跟于大人商议一番。张大人在济宁有人缘,有威望,而皇上等会儿上岸,往来百姓观者甚多,唯恐有扰圣驾之人。就劳烦张大人带人维持好秩序,务必保证圣驾安全。想来张大人定能胜任!"

张伯行心想,这噶礼果然没有什么好心肠。维持秩序这种事情,第一费心费力,第二极有可能错过拜见皇上。

但是噶礼说得有理有据,而且,身为按察使,保证现场安全也是自己分内之事。

张伯行没有辩驳,欣然领命而去,带领大黑、大仪并一干衙役在鲁桥码头来回巡查,不敢有丝毫懈怠。

突然之间,前面一阵喧哗。

张伯行率人赶紧过去。

原来是两个人在拥挤中相互碰撞,发生争吵。现场守卫厉声呵斥,反遭那人反驳。那守卫恼羞成怒,当即拔刀相向,谁料想这发生争吵的两人皆有一些楞脾气,竟然不为所惧。

本来是那两人争吵,现在那二人竟同时与卫士怒目相对。边上其他几位守卫看到,纷纷拔刀过来帮忙。

眼看就要出事,张伯行断喝一声:"住手!"

几个卫士看到张伯行过来,忙退到一边,插手施礼道:"见过张大人。这二人欲要作乱,请张大人下令,将这闹事之人抓入大牢。"

张伯行怒道:"胡闹,皇上马上就要下船,你们不想办法安抚百姓,竟然在此紧要关头抓人。倘若百姓闹将起来,惊扰圣驾,你们该当何罪?"

吓得几位卫士连声道:"小的不敢。"

张伯行转回身面向争吵的那两个百姓。只见两人三十多岁年纪,各自生得膀大腰圆。张伯行一看就知道,这二人皆是心直口快之人,于是温言问道:"两位为了何事,在此哄闹。若是惊扰圣驾,你们可知道有何后果?"

旁边有人对那两位壮汉说道:"两位,你们不认识这位大人吗? 他就是我们前任济宁道张伯行张大人。"

那两人听闻是张伯行,马上跪倒于地,连连叩首。一人说道:"小人李二楞拜见张大人。"

另一人也同时跪倒说道:"草民张大猛见过张大人。"

那叫李二愣的壮汉道:"张大人,当年济宁灾荒,小人母亲眼看就要饿死,是大人下令开仓放粮,我母亲方能活命。母亲每每说起大人,总是叮嘱草民,一定不要忘记报答张大人救命之恩。今日得见大人,草民真的是三生有幸。大人有事,只管吩咐,草民赴汤蹈火在所不辞!"

那张大猛也是长跪不起,高声道:"张大人,我张大猛久闻大人之名,今日得见,实乃小人的福分。大人手下若是缺人,我张大猛即刻离开这里,跟随大人!"

张伯行连忙将二人搀起,说道:"两位请起,张伯行今日在此迎接圣驾,奉命维持秩序,保护圣驾。只请诸位勿要拥挤,保持现场安静。如果惊扰圣驾,张伯行吃罪不起。"

那二人起来,对周围百姓高声喊道:"济宁道张伯行大人在此奉命保护圣驾,诸位父老乡亲,务必帮助张大人,不要拥挤,莫要相互碰撞。"

周围百姓皆高呼:"见过张大人。张大人尽管去见圣驾,我等必会安安生生地在远处观看,不会惊扰圣驾。"

看着人群,张伯行一种感动涌上心头。他哽咽道:"多谢父老乡亲。张伯行何德何能,承蒙父老乡亲抬爱,张伯行在此感谢了!"

说着话,对周围人群深施一礼。

周围百姓纷纷后退,自觉成排,安静观看。

张伯行心想,自己只是在济宁做了分内之事,可这里的百姓却一直未忘我张伯行。今后不管如何,必当尽心竭力,为官一任,造福一方! 老百姓内心都有一杆秤,我且不能为些贪官污吏就失却为民之心;更不可因为一些挫折就灰心丧气。

张伯行看到百姓自觉维持平静,急忙离去,前往码头迎接圣驾。

到了码头,但听得码头上山呼皇上之声渐去渐远。原来康熙帝已经离开鲁桥。

(四)康熙帝道:为官者,定要清廉,为百姓着想,作百姓表率

这一天,京杭大运河宿迁至淮安段,水波荡漾,一碧万顷。大小船只五十余艘排成一字长龙,浩浩荡荡地向南进发,蜿蜒二三里,气势雄伟,蔚为壮观。

前头开路的是满载兵丁的战船,第九艘是游船,规模最大,外观最华贵,是皇帝乘坐的龙船。有龙船经过之处,沿岸戒备森严,不要说人,连只鸟也别想靠近。即便如此,百姓仍然会奔走十里几十里跪在岸边,都想一睹龙颜。他们口念"万岁万岁""皇上皇上"的同时,都期盼皇帝能庇佑自己无病无灾,长命百岁,五谷丰登,六畜兴旺,经商的能财源滚滚,读书的能金榜题名。

船队经过一些州县码头时,要稍作停留,补充给养。知州、知县命三班衙役,将码头守的严严实实的同时,就早早跪在岸边,官绅、百姓统统跪在知州、知县后面迎接圣驾。岸边一棵老柳树下面,一位老者同众人一样,正向着龙船的方向跪伏于地,身后半跪半趴着三个孩童。他们稚拙地模仿着老者的动作,但孩子们的天性又让他们忍不住相互嬉戏。

远处,官道上,几百名壮汉推着独轮车正赶过来。他们累得汗流浃背,一边擦汗,一边向着河岸的方向张望。独轮车上装载着进献给皇上的供品,柴米油盐、酒肉蔬菜、金银细软以及各种土特产。

船队绵延不断,不知不觉走到清江闸。清江闸,又称清江大闸,位于中国运河之都——江苏淮安。始建于明朝初年,用于控制里运河的流量和调节水位,以缓解湍急的河水,使漕运船只顺利通过。

到清代后,朝廷重视对清江闸的修缮,不断重新加固,并将闸口放宽。闸下溜塘深广,漕粮所必经之咽喉要道。每当运粮季节,万艘漕船和十二万漕军"帆樯衔尾,绵亘数里",蔚为壮观。

历史上,大运河与淮河在淮阴杨二庄附近形成交汇。其淮河水势凶猛,流经两岸经常发生洪灾,而里运河地区地势低洼。为了既阻拦淮河洪水,使里运河地区免受洪灾;又有充足水源,确保运河航运不受影响,就建成此闸。

清江闸虽经历代修建完善,但因上流水势极大,到清江闸时河道突然变窄,每每开闸放水之时,水势湍急,波浪滔天。河水流过大闸,宛若脱缰野马,奔腾而下,其间波浪你冲我撞,碰到岸边岩石,喷溅起几丈高的浪花,发出雷鸣般的声音,只看得人惊心动魄。

倘若有船过来,船只在浪花之上穿梭,越过大闸,如离弦之箭。若没有高超的驾船技术,必然船毁人亡。清人吴梅村曾写过一首诗,描写这清江闸放水时的情势,诗云:

> 岸束穿流怒,帆迟几日程。
> 石高三板浸,鼓急万夫争。
> 善事监河吏,愁逢横海兵。
> 我非名利客,岁晚肃宵征。

因这清江闸地势重要,故康熙帝特意在此停留查看一番。

康熙帝的船队浩浩荡荡,来到清江闸。前面两艘领航船,船头几位彪形大汉,或者划着船桨,或者掌管船舵,几人配合默契,宛若一人一般。只见船只在浪花之家来回飘摇,忽而不见,忽而出现,看得岸边之人心头乱跳。

龙船之上,驾船的都是常年在水面漂泊的高手,加上船只甚大,虽浪花湍急,但船只稳如泰山,船上行走如履平地。康熙帝看着运河之水渐去渐远,遥望远处的天空,几只鸟飞过,两边青砖白墙如画一般。再听着耳边百姓山呼皇上,康熙帝胸中顿生万丈豪情,暗想,这大好江山,皆在朕的脚下。朕必当励精图治,让我大清江山长治久安!

船队行至清口码头,停驻三日。这下可惊坏了清河县知县许遂,因为许遂之前没有接到圣旨,也没有上司授意说皇上要在清口登岸巡查,要他准备接驾。许遂忙把预备的补给物质进献给龙船上负责采办的两位大人:大学士马齐和大内总管魏珠,又连夜命当地富商李贵将二十亩宅院腾出作皇上临时行宫。

史载:许遂,字扬云,番禺人,康熙丙子举人。为清河令,有政声。坐事去职。巡抚荐应鸿博,格于部议,未试归。

让许遂意外的是，两天过去，皇上并没有登岸入住行宫，更没有派官员巡查清河县治河工程的进程。除马中堂和魏公公命令兵丁上上下下搬运物资外，再无人下船登岸。许遂如热锅上的蚂蚁，几次探询马齐，得到的回答都是龙体欠安，不宜移驾。

最后还是魏公公道出真实缘由："皇上对清河县的溜淮套治河工程的进度甚是欣慰，对许知县忠心很满意。皇上之意深不可测，汝等不宜知晓。"

临别，魏公公递给他一份进贡收据。许遂看后不解，施礼问道："公公，小县进献皇上的物资，除了这些，还有白银五万两、宫女五十名，怎么没有……"

魏公公听后面色凝重，一把拉住许遂的手，低声道："许知县有所不知，皇上南巡，银子不上单据这是惯例。另外，这五十名女子可不是进宫听用的，是明珠大人拜托杂家到此办理。还望许知县派船送至京城，杂家见到明珠大人自会给许知县美言。"

许遂口中千恩万谢，心里叫苦不迭。回到县衙，思谋良久，不得其计，这时师爷送来封书信。许遂拆信之后，心下稍安，马上回信。

原来是安徽巡抚刘光美的来函。刘光美信上说，如果皇上在清口登岸巡查，一定要急信告知并设法延阻。清河县境内盗匪横行，溜淮套治河工程进度也有些迟缓，恐惹怒皇上。危及他们头上的顶戴花翎事小，危及龙体安康事大。

许遂心想，清河县民心安定，秩序良好，哪来的盗匪？就信心满满地回信道，请抚台放宽心，皇上的龙船已于清口码头停驻二日，卑职负责戒严安防及物资供给，殚精竭虑，恪尽职守。马中堂、魏公公对卑职之忠心甚是满意，几次赞扬，皇上无意于此登岸巡察。

张伯行率领按察使府衙衙役依旧维持秩序。两边的百姓看到张伯行，皆呼张大人，并自觉退后，保持队形。

张伯行看到此番情景，内心高兴。对身边的大黑与大仪道："大黑、大仪，你二人务必小心，莫要让百姓惊扰圣驾。我往前边一步，登船等候圣驾，看是否可以见到皇上。"

大黑与大仪施礼道："老爷且放心去，我们哥儿俩必会尽心竭力，这里一定万无一失，不会有事。"

张伯行跟随众官员登船等候,侧身一看,身边乃江苏左布政使宜思恭,拱手道:"宜大人好!"

宜思恭道:"原来是张大人。张大人不是负责维持百姓治安,怎么也有闲暇时光恭候圣驾?"

张伯行笑道:"皇上圣明,治下百姓皆为良善。百姓无事,我张伯行方能在此恭候圣驾。"

宜思恭哈哈大笑,说道:"还是张大人说得好!"

突然之间,只听得人喊道:"圣驾停靠,众官员前来参拜!"

两岸官员登上龙船跪倒山呼万岁。

众官员按照等级参拜皇上。约等了半个时辰,张伯行与宜思恭来到圣驾前。

康熙帝看了两人一眼,两人急忙匍匐于地,高呼皇上。

康熙帝手指着张伯行,问道:"下跪何人,所任何职,怎么看着有些面熟?"

宜思恭以为皇上在问自己,内心一阵狂喜,心想,皇上竟然专门向我问话,我宜思恭上辈子烧了高香啊!连忙跪爬半步上前道:"臣江苏布政司宜思恭参见皇上,皇上万岁万万岁。皇上此次南巡真乃江南百姓之洪福,江南百姓莫不对皇上感恩戴德……"

宜思恭话未说完,便被康熙帝打断。康熙帝道:"朕没有问你,朕问的是你旁边之人!"

宜思恭脸变得通红,忙闪在一旁。

张伯行向前道:"江苏按察使张伯行拜见皇上,吾皇万岁万万岁!"

康熙帝略一沉吟道:"哦,想起来了,原来你是张伯行。"

康熙帝接着道:"朕记得是张鹏翮推荐的你,是也不是?"

张伯行忙道:"皇上圣明,正是张大人举荐的下官。"

康熙帝道:"朕记得当年你在河南仪封治理黄河,极是尽力,并深得民心。张鹏翮巡视看到你亲临堤岸,与百姓同吃同住,仪封百姓因你而得以保全。"

张伯行忙道:"些许事情,不足挂齿,皆为臣子者分内之责。"

康熙帝道:"水患不除,百姓难安;百姓之事,皆为大事。张伯行,你后面这句话说的极是。好一个分内之责,为百姓造福,乃是每一个官员分内之责。只是,这分内之责,不知又有几位官员能够做好!"

张伯行道:"皇上所言,甚是圣明。我听古人说为官之法,须要知道三件事。"

康熙帝微微一顿,说道:"哪三件,且说与朕听。"

张伯行道:"曰'清'、曰'慎'、曰'勤',知此三者,可以保禄位,可以远耻辱,可以得上之知,可以得下之援。"

康熙帝不禁颔首说道:"所言极是。若朕手下官员,皆能做到这三点,朕的江山何愁不能万载千秋啊!"

张伯行在康熙帝面前侃侃而谈时,并没有注意到,其他官员的脸色忽阴忽晴,变化不定。每个人的内心都在想着,这张伯行太猖狂了,所说这些话,我等哪个不知,偏要你在皇上面前逞能?

但当康熙帝转身面对众官员说道:"众爱卿,为官者,定要清廉,为百姓着想,作百姓表率,方合朕意。望众爱卿谨记于心!"

众人施礼皆呼:"皇上圣明,我等必当尽心竭力,为皇上分忧,为百姓造福。"

康熙帝令手下人开船前行。

(五)噶礼故意刁难张伯行

一路之上,风光旖旎。

其时已近阳春三月,天气格外好,三月的江南妩媚可人,湿润如玉。阳光散发着阵阵暖意,照射在水面,形成一道道波光。偶尔有鱼儿跃出,更显得水面波澜不惊。河岸两旁杨柳依依,已经吐出点点绿色。牧童坐在牛背之上,吹着短笛,在草地上悠然自得。远处,空旷的地面上又有三五孩童在放风筝,蓝天白云之下,几个彩色的风筝分外显眼。

康熙帝站在船头,看得入神,心想:朕贵为天子。普天之下,莫非王土;率土之滨,莫非王臣。这天下皆是朕的天下,但是朕又何曾真正去欣赏过这大好河山?朕已经六次南巡,但每一次都为了稳固大清江山。或者勘察河道,或者察验民情,实在是有负这大好山河。朕能够在这乡野山村住上一晚,什么也不用管,什么也不用想,只与这山河相融,天人合一,岂不美哉?

正在康熙帝思绪飞扬之时,手下人来报,说已至三岔河,请求皇上登岸。

康熙帝率领跟随的众大臣并几位阿哥,走下龙船,来到岸边。岸边之上,早有两江官员等候,车马也安排得停当。

张伯行依旧负责沿途治安,故一直紧紧跟随着康熙帝的车马。

沿途之上,两江官员小心翼翼地伺候着圣驾。康熙帝不时询问一些江南的农工商事宜,众官员皆是向皇上报喜不报忧,只是讨康熙帝开心。

不时,车马来到龙潭行宫。康熙帝吩咐道:"天色已晚,就在龙潭行宫暂住。"

龙潭是南京历史悠久的古镇。据文献记载:"龙蟠之背,有水潭名龙潭。"在宋代,龙潭是长江古渡、黄天荡的一部分,两座东西走向的平行山丘,南为青龙山,北为黄龙山。黄龙山以北属长江冲积平原,东为靖安场,西为太子洲,明代开始就有百姓在上面耕作。正是由于龙潭镇特殊的地理位置,康熙帝南巡自京口往江宁、登宝华山及返程均驻跸龙潭行宫。

《南巡圣典》载:"句容县西北八十里,背倚大江,京口金陵适中之地,圣祖仁皇帝南巡恭建。"

当日,康熙帝就在龙潭暂住。

康熙帝用过晚膳,信步在行宫内散步。其时,天上有云,月色摇曳。康熙帝来到垂花房,房脚之下,几丛迎春花已经开放,借着一点月色,依旧可见其金黄之色。康熙帝突然看到墙壁之上有些许字迹,走上前去仔细辨认,不禁哑然失笑。原来是自己之前南巡时写下的一首诗:"来往无涛如皎镜,江干极目远峰连。昔时血战金山侧,今日平成万里天。"

那时的康熙帝四十余岁,而今已经年过五旬。康熙帝抚摸着自己的胡须,顿时有种"拔剑四顾心茫然"的感觉。

康熙帝的思绪由当年又回到眼前。想到这两江的官员一路之上尽给自己说一些好听之语,什么江南官员人人廉洁,什么江南百姓户户富庶。说得越是动听,他却越发有些担心。如今的他经历太多风雨,朝廷上下的官员所作所为,他皆能洞晓,这两江官场也绝非像督抚禀奏的那般清廉如水。

暂且按下康熙帝不说。

且说两江总督噶礼与于准等人回到驿馆。噶礼对于准道:"于大人,你以为此次皇上南巡对我等所为有何看法?"

于准道:"总督大人,这几年我等在江南也算尽心竭力。江南富庶,人人可见,且河运兴旺,并无水患。想来皇上对我等所为应该极满意。"

噶礼道:"但愿如此。只怕一时不慎,被皇上发现一些蛛丝马迹,我等不好交代。"

于准道:"总督大人,下官唯担心一人。若此人不在皇上面前胡言乱语,必万无一失。"

噶礼道:"于大人所说,可是那张伯行?"

于准拊掌道:"总督大人英明,正是那张伯行。此人若一直在皇上眼前,迟早会说一些对我等不利的话语。"

噶礼笑道:"张伯行虽然有些牛脾气,但若要堵住此人的嘴巴,应该不难。"

于准道:"看总督大人已经胸有成竹,有何良策说出来一听,也好让于某心安。"

噶礼道:"若想在皇上面前进言,必须要见到皇上。我们只需想想办法,不让张伯行在皇上面前出现即可。"

于准再次拊掌。

第二日,天气突变,天空竟飘起雨滴。

江南春天的雨,多为烟雨朦胧的细雨,轻轻柔柔润物无声,所以就有"好雨知时节,当春乃发生。随风潜入夜,润物细无声"。自从进入正月以来,一个多月江宁片雪没飘过、滴雨没下过。眼看春播在即,正缺几场酣畅淋漓的雨缓解旱情。而圣驾还未到江宁,雨先来了。这天夜里雨下得更是出奇得不一般。

御船靠岸之前,雨嘀嗒嘀嗒,不紧不慢,时下时停,折腾大半天。御船刚一抛锚,雨势转急,越下越大,正应了那句诗,"春风春雨花经眼,江北江南水拍天"。

大雨在江南也不稀奇,只是春雨下得如此气势磅礴的确少见。一场雨就缓解了旱情,人们都感到稀奇,私下纷纷议论,都说这是圣上带来的及时雨。

康熙帝急召见噶礼等人。噶礼来到行宫,参拜完毕,毕恭毕敬地道:"奴才参见皇上。"

康熙帝道:"江南三月,阴雨不断。朕知道你们又要因朕巡视重修道路,故召你来叮嘱与你,切勿劳民伤财。你是跟朕去和噶尔丹打过仗的,战场的道路朕都行走自如。切记,如若修路,略作平整即可,兴师动众绝非朕意。"

噶礼忙跪倒道："皇上圣明,一心为江南百姓着想,奴才在这里替江南百姓谢皇上大恩!"

退下之后,噶礼心想,这不长眼的雨,早不下,晚不下,偏偏这时下,照着这般下法,明天道路必定泥泞、多水,圣驾如何通行? 急把于准喊来,对于准道："皇上不日将到江宁,而今日大雨,故皇上今日召我,令江宁道路修整之事,不必精工。昨日我们商议着如何让张伯行离开皇上视线,这是绝佳机会。此事就交给于大人了。"

于准哈哈大笑道："总督大人且放宽心,下官这就去找那张伯行。"

张伯行与大黑与大仪等人一早起来之后,不敢怠慢,早早来到行宫四周巡视。

忽然之间,巡抚衙役过来请张伯行过去。

张伯行来到于准面前,躬身施礼道："巡抚大人,唤下官何事?"

于准道："今日大雨,前往江宁的道路泥泞不堪,而皇上不日就要莅临江宁。本抚想冒雨到所经沿途实际查看路况,如遇有不平整之处,征些人手,亲自看着他们一一修整好。可圣驾在此,恐旁人看护不周;噶督又时有召唤,恐不见着急。张大人之前在河南仪封,就擅长修堤造路,故总督大人与我商议之后,决定由张大人领人将道路修复。望张大人尽心竭力,以免皇上责怪。"

张伯行心道:皇上在此地肯定不会久留,想必三两日就会起驾江宁。可这么短的时间,让我张伯行修路,这噶礼与于准真是故意为难我张伯行。

但张伯行也没有辩解,只说："谨遵大人之命,张伯行即刻召集人手,修整沿途道路。"

张伯行带大黑与大仪转身离去。

于准看着张伯行离去的背影,脸上显出诡异的笑容。

(六)众人听说张伯行负责修路,皆义务出工

雨已经停歇,天色依旧有些阴暗,但空气清新得很。大路两旁的柳枝,随着一夜春雨,竞相吐露嫩芽,随风飘摆。远远看去,若一排排的柔弱女子袭淡绿色衣衫在路边站立。

风景很美,但张伯行无心观赏。皇上第二天就要进入江宁城,而要想在

一日一夜之间修好沿途道路,谈何容易?

张伯行半路之上,对大黑与大仪道:"你们二人,且不用回驿馆,速到附近各村抽调壮丁,只说天下大雨,沿途路坏,需要修缮。不可动用武力,不可惊扰百姓。我去找右布政使牟大人,申请修路所需银两。"

大黑道:"当日因捉拿张令涛,与牟大人闹僵。大人现在去找他,恐牟大人会刁难大人。"

张伯行道:"刁难我张伯行也无妨,只要能求得修路所需款项,我张伯行向他低头也行。"

几人商议完毕,兵分两路。

先说张伯行坐车前去右布政使牟钦元的驿馆。走到门口,急忙让门口衙役通禀。那牟钦元听说张伯行前来拜访,不知何事。尽管有不见之意,但碍于脸面,只说请进。

见张伯行来到客厅,牟钦元大大咧咧地坐在椅子上,斜看一眼,脸上挤出一丝笑容说道:"哎哟喂,这不是按察使张大人吗?张大人到来,牟钦元有失远迎,还望张大人恕罪啊!对了,张大人今日来,是一个人呢,还是带着大队人马啊?"

张伯行心想:这牟钦元真是小肚鸡肠。上次我带人查他府衙,他依旧耿耿于怀。

张伯行也不搭理他的冷嘲热讽,不卑不亢,拱手一礼道:"牟大人,张某此来,是有公务在身。"

牟钦元道:"哈哈,张大人,上次查我府衙也是说有公务的。不知今日又要搜寻哪个要犯啊?"

张伯行微微一笑,还是没有搭理他的挖苦,将自己修路之事讲出,并说:"还请牟大人批拨所需银两。"

牟钦元道:"既然是替皇上修路,我牟钦元自不敢怠慢。敢问张大人可有圣旨,可有总督大人手谕?"

张伯行道:"总督大人口谕与我,并无相关文书。"

牟钦元道:"张大人也是当了这么多年官,怎么这点规矩都不懂得?只凭你口述,我牟钦元如何能够随意拨放银两?"

张伯行道:"牟大人,可以先行拨放款项,道路修缮完毕,我自会补上相应手续,如何?"

牟钦元一笑说道:"张大人,这个恕我难以从命。你既无皇上圣旨,也无督抚手谕。倘若出现差池,我担当不起,还望张大人原谅。"

张伯行无奈,只好离去。

一路之上,张伯行心急如焚,不知道大黑与大仪召集民工事情如何?如果也遇到阻碍,恐怕不能按时修好这道路。

话分两头,回过来再说大黑与大仪。

大仪听说督抚让老爷冒雨修路,心里一百个不痛快。暗想,看给老爷派的都是什么"好活儿"?老爷也是快六十的人了,早春夜寒,风里雨里,怎经得起这样折腾?心里不痛快也没办法,只为心疼老爷,忙前跑后跟着张罗。

于是大仪带领手下衙役,挨家挨户抽调壮丁。村中百姓,见到有衙役过来,皆惊恐万分,纷纷避让。或匆匆离去,或关门闭户。

大仪无奈地对大黑说道:"兄弟,看来这附近衙役平日里也都是鱼肉乡里。你看百姓见到我等装束,好像见到瘟神一般。"

大黑急道:"大哥所说极是。但今日事出急迫,真不行,我们只能动用武力。"

大仪道:"不可,张大人临行之际专门交代,不能动用武力。"

大黑只好说道:"那好吧!我们的张大人啊,就是心太好,所以才处处受人欺负。"

大黑与大仪带领衙役勉强敲开一家房门。那人打开门看到衙役,脸上显出惊慌之色,战战兢兢地说道:"官爷,小的未曾犯法,不知道官爷有何事?"

大黑看那人年纪已近六十,白发苍苍,忙拱手施礼道:"老丈,打扰了,我们是按察使张大人府中衙役。张大人奉皇上之命,要修缮道路,故来抽调壮丁。还望老丈帮忙,与大家说一下,勿要惊慌。"

那人看到大黑与大仪言语之间甚是有礼,心才放宽,忙回礼道:"官爷说的张大人,可是审六秀才案的张伯行张大人?"

大黑与大仪道:"正是。"

那人一听,急忙上前一步,拱手道:"原来真的是张大人手下。老汉姓贾,是六秀才案中主犯贾书声的远房叔叔。早听贾书声说过张大人,因为他们的案件四处奔走,并且得罪于督抚大人。今日张大人有事,老汉定不会推辞。

请两位官爷放心,我这就出去帮助大人抽调人手。"

这贾老汉在此地年纪较长,且极有威望。老汉将村中门户皆敲开,将事情经过讲出。众人一听,张伯行负责为皇上修路,纷纷表示愿意效劳。

大黑与大仪看到众人摩拳擦掌的情状,甚是高兴。

片刻工夫,竟召集千余人,且都带着应手工具,跟随大黑与大仪来到修路现场。

此时,张伯行也赶到。大黑看到张伯行,急忙上前施礼道:"老爷,修路所需银两可拨付下来?"

张伯行叹口气道:"那牟钦元非要见到圣旨方给拨放银两,我只好先行过来。"

大黑道:"老爷,你看,百姓听说老爷负责修路,皆积极响应,只等老爷吩咐。"

张伯行看到千余百姓齐聚此地,且年龄不等,有的年轻力壮,有的白发苍苍,连忙拱手施礼道:"各位父老乡亲,感谢各位来到此地修路。不过,我们只需要年轻力壮之人,各位长者且回去休息,莫要劳累。"

那贾老汉拿着一把铁锹,走了上来,对张伯行施礼道:"张大人,大家听说是张大人负责修这条道路,才纷纷前来。你看,若只留这些年轻力壮之人,恐怕不足几百,又如何在一日一夜之间修好道路? 大人名声,我等皆知,只希望尽快替大人把路修好,这才是江苏百姓的福分。"

说完,贾老汉回身对众人喊道:"大家别愣着,听大人指挥,赶紧修路。"

张伯行感动得热泪盈眶,哽咽道:"多谢各位父老乡亲,张伯行无以为报……"

说完,张伯行竟跪倒于路旁。那贾老汉吓得赶紧过来把张伯行扶起,说道:"张大人,千万不要这样,会折我等寿命。"

张伯行起来,指挥大家修路。在仪封修筑堤坝之时,张伯行皆是亲力亲为,故对此非常熟稔,指挥起来,井井有条。

分工完毕后,张伯行喊来大黑与大仪道:"你二人,先从我的俸银当中抽出一些买些饭菜,至少得让大家按时吃饭啊!"

大黑道:"大人,那以后您怎么办?"

张伯行挥手道:"莫管以后,我自有办法。"

八
民心所向

（一）乐民之乐者，民亦乐其乐；忧民之忧者，民亦忧其忧

天色已晚，云层隐去，月亮升起。路边草丛中，偶有虫鸣之声。张伯行带领着千余名民工，在夜色中依旧修整着道路。

虽然已经到了春天，但在夜间，又加刚刚雨过，天气尚冷，料峭的春寒让达官贵人们早早进入梦乡。

可张伯行与众民工依旧挥汗如雨。

突然，一声痛苦的喊声传来，原来是贾老汉不小心被铁锹碰到了小腿。张伯行忙过去，掀开裤子，只见一道口子渗出斑斑血迹。

张伯行对大黑喊道："大黑，过来帮忙包扎一下。"

贾老汉的腿包扎完毕后，张伯行道："大黑，扶老人回去休息。"

大黑拿过贾老汉的铁锹，搀起他，欲要离去。

贾老汉一把夺过铁锹，对张伯行道："大人，区区小伤，不妨事的。今日晚间，路不修好，我绝不回去休息。"

说完，贾老汉又拿起铁锹，加入修路的队伍中。

张伯行的眼角再次湿润。他拿过身边的一把铁锹，亲自走到队伍当中。贾老汉忙过来道："张大人，您怎可亲自过来？有我们就行，您还是在旁边指挥吧！"

张伯行道："当年，我在仪封修筑堤坝之时，每天都是和父老乡亲同吃、同住、同干。那段时光，每每忆起，总让我热血沸腾。今日之境，又让我回到当初。"

贾老汉及众百姓看到张伯行如此，莫不感动。他对大家说道："我贾老汉

已是花甲之年，今天第一次看到张大人这样的官员，与百姓同甘共苦。大家加把劲，今夜务必将道路修好。这样，张大人得皇上赏识看重，也是本地百姓之福。"

众人四下里皆呼应，大喊："为了张大人，大家加把劲。"

夜越来越深，天也越来越凉，月亮再次被云层遮住。

张伯行的衣衫已经湿透。

大黑过来道："张大人，明日尚有公务，您还是回去休息一会儿吧！"

贾老汉并几个德高望重之人也一起过来，对张伯行道："张大人，这位官爷说得有道理，您还是回去休息吧！请张大人放心，明日日出之前，道路必定修好。"

张伯行再次施礼道："多谢老丈，多谢各位父老乡亲。"

张伯行吩咐大黑道："大黑，此地就暂时交与你和大仪。我回去片刻，等会儿再来。"

张伯行离开修路现场，渐行渐远。

回头一看，道路之上，扎着根根火把，一直向江宁方向慢慢延伸，火光辉映着百姓们一张张沾满汗水的脸。张伯行的心中再次被一种感激和感动充溢，白日里在牟钦元处遭受的腌臜之气也烟消云散。

"乐民之乐者，民亦乐其乐；忧民之忧者，民亦忧其忧。"张伯行心想：有这等淳朴的百姓，这当官的为何都不能为他们尽心竭力呢？为什么偏偏有于准、牟钦元之流在官场上胡作非为呢？哎，不明白啊。不管如何，百姓这样对我张伯行，我张伯行唯有用一腔热血报答百姓们的信任之恩啊！

张伯行回到住处，虽然疲惫不堪，却依旧不能入眠。一幕幕画面从眼前飘过：噶礼与于准的刁难，牟钦元的嘴脸，百姓们修路时那挥动的铁锹，贾老汉那血迹斑斑的小腿……

张伯行暗想：希望今夜能够把道路修好，这样，明日圣驾当可正常启程。

张伯行忽然想起，皇上此行，自己的恩公张鹏翮也跟随圣驾。而自己却一直无缘拜见一番，甚是可惜。想到张鹏翮，突然又想起张鹏翮当日给自己留的那封信。

张伯行从随身带的书中把张鹏翮那封信拿出。上次自己读过多遍，依旧不能完全明白张鹏翮的苦衷，这会儿不能入睡，且再读一次。

借着烛光,张伯行打开信件,张鹏翮熟悉的字迹再次映入眼帘。

经历过这么多的波折,再读这封信,张伯行渐渐明晰张鹏翮的良苦用心:

> 孝先,既读圣人之书,当信圣人之言,更明圣人之理。子曰:此为中庸之道。夫中庸者,喜怒哀乐之未发谓之中,发而皆中节谓之和。中也者,天下之大本也;和也者,天下之大道也。孝先之弊,在于尖锐。君子者,和而不同;小人者,同而不和。孝先既以君子自谓,就要懂君子之道……

"禁微则易,救末者难"。张伯行心道:恩公拳拳之心,自可理解。但这信中所言,却是要我张伯行懂得折中,懂得平和,懂得和解。我也知道,恩师这样说,是要我能够适应这官场的规则,与噶礼等人相处融洽,这样才可以保得我仕途平安顺利。可让我张伯行与噶礼、于准、牟钦元和解,让我张伯行向这个不公平的官场折腰,简直是侮辱我张伯行所读圣人之书,更是与我张伯行平日的原则背道而驰。

张伯行越想内心越是清晰。这时,东方已经有一抹红晕渐渐升起。张伯行把信件放在蜡烛上,纸片瞬间点燃,化为片片灰烬。

看东方渐渐发白,张伯行又回到修路的工地。

放眼看去,只见一条平整的大道一直延伸到江宁方向。百姓依旧在修整一些细枝末节。

张伯行对大黑道:"大家可曾用饭?"

大黑道:"从昨日晚上一直到现在,未曾有一人用饭。我也曾催促大家休息吃饭,但无人离去。大家说若道路在天亮前不能修好,恐怕影响大人的前程。"

张伯行眼角湿润,对大黑道:"速速让大家回去休息吧,想来圣上必不会因为道路责怪我张伯行。皇上乃是明君,这点我非常相信。"

眼看着道路已经修好,大黑对众人道:"各位父老乡亲,天色已亮,道路业已修好,大家速速回去休息吧!"

众人见道路平整,于是收拾各自工具,在贾老汉带领下,向张伯行施礼告别,准备各自回去。

此时,康熙帝圣谕下:"朕在口外打围,泥水俱惯走。但骑马可走即是,不必精工。"

众人听后,皇上如此体恤民情,皆感圣恩,山呼万岁。

张伯行与大黑、大仪等人站在刚刚修好的道路上,目送众百姓离去,百感交集!

(二)张伯行宁愿罢官也断然拒绝乡绅眷属接驾之命

太阳升起,阳光照在水面之上,泛起波光粼粼。总督噶礼与江苏巡抚于准在厅堂之中商议着如何接驾的事宜。

门口有人通报说,江宁城内富商谢老板请求入见。两人对视一眼,不知谢老板此时求见所为何事。

噶礼道:"请他进来。"

这谢老板大腹便便,来到厅堂后,急忙跪下道:"草民拜见总督大人与巡抚大人。"

噶礼让他起身,说道:"谢老板,无须客气。今日前来可有什么事情?"

那谢老板马上从衣袖之内取出一物道:"大人,这是前些日子我特让人从回疆带来的一枚扳指。大人,小的也不会骑射,想着大人用得上,所以,今日特地给您送来。您试一下,是否合适?"

噶礼脸色一沉,说道:"谢老板,什么意思? 难道你要行贿本官不成?"

谢老板笑道:"总督大人,草民不敢。大人乃马上出身,素闻大人曾跟随皇上征战噶尔丹,弓马之事从未懈怠。小的给您捎一扳指,只是想着这个物件跟随着大人可以物尽其用。若放在我的身边,实在是暴殄天物。"

噶礼哈哈大笑道:"谢老板这样说来,那我却之不恭了。"

谢老板道:"那是自然。"

噶礼接过来一看那扳指,晶莹剔透,圆润异常,果是一罕见物件。噶礼见多识广,知道此物乃和田玉制作而成,且制作工艺精湛,竟有巧夺天工之感。

那谢老板宛若变魔术一般,又从袖内拿出一卷轴,转身对于准道:"于大人,昨日得到一幅字,小的粗鲁,不识真假。只听那人说是宋代姓米的一位书法家留下的真迹。素闻于大人见多识广,故拿来给大人一看。"

于准接过打开一看,暗自吃惊道:"此乃宋代米芾的《临沂使君帖》,谢老板不知从哪里得到的?"

谢老板道:"大人若喜欢,拿走鉴赏就行,却不用管小人是如何得到的。"

于准道:"也好,我且拿回去鉴赏一番,而后再交还与谢老板。"

噶礼与于准请谢老板落座。噶礼道:"谢老板此来,到底是为何事?"

谢老板道:"两位大人,听闻皇上马上就来到江宁城内。江宁城内诸位乡绅让我前来请求两位大人,能够允许城中的富豪乡绅及眷属一同迎接圣驾,将是我等之毕生荣耀!"

噶礼看了一眼于准,两人眼神稍一交流。于准道:"谢老板,此事我和总督大人商议一番,而后再通知你等。"

谢老板忙赔笑道:"多谢两位大人,两位大人费心。"说完,谢老板退身而去。

谢老板走后,噶礼与于准商议此事该当如何。

噶礼道:"两江官员与乡绅共同接驾,场面更显宏大,仪式也更加隆重。想来皇上会更加欢喜一些,也可以送给谢老板这个顺水人情。"

于准道:"可是,乡绅接驾尚说得过去。如果眷属也共同接驾,不知是否合乎礼仪。"

噶礼道:"倒也无妨,此事可安排张伯行去做。如果皇上怪罪下来,我们只把责任推与张伯行即可。"

于准哈哈笑道:"还是总督大人想得周到,此举甚妙。我这就去传唤张伯行。"

且说张伯行将沿途道路修整完毕之后,带领大黑、大仪等人即刻前往江宁,准备迎接圣驾。

张伯行刚刚回到按察使府衙,门口有人通报说巡抚大人有请,便纳闷道:这巡抚大人又唤我何事?

来不及细想,张伯行带领大黑与大仪离了按察使府衙。见到于准,张伯行忙施礼道:"见过巡抚大人,不知巡抚大人唤张伯行前来所为何事?"

于准道:"圣驾即刻就要到达江宁,张大人要全权负责迎接圣驾的各种事宜及安全工作,定要严加小心。"

张伯行道:"这个下官已经安排妥当,沿途之上已经加派各个府衙的衙役,定不会有任何差池,请大人放心。"

于准又说道:"张大人,皇上此次南巡实是江南百姓之福,更是江南百姓之无上之荣耀。两江百姓为表达对皇上之圣恩,故自发组织江宁城内富商乡绅并眷属,与两江官员共同接驾,以示官民同庆之意。这是参与接驾的乡绅及其眷属人员名单,你且去安排妥当。"

张伯行一愣,心想:皇上南巡并非第一次,此前南巡从未听说过眷属接驾。今日却为何破了此例?

张伯行拱手道:"于大人,您再说一遍,您说的意思,不仅允许乡绅接驾,还允许乡绅的眷属共同迎接圣驾?"

于准道:"正是。张大人,有何异议不成?"

张伯行道:"如果于大人所说属实,那请恕张伯行难以从命。"

于准道:"张大人,难道要违背总督大人之命不成?"

张伯行道:"下官不敢。不过,下官以为,乡绅接驾,素无先例。眷属妇女接驾,下官愚陋,自我大清开国以来,下官素未听闻。倘大人非要如此做,恐成世人笑柄,还请大人三思。"

于准勃然大怒,起身道:"张伯行,这是本巡抚的意思,也是总督大人的命令,难道你要违抗上命不成?"

张伯行道:"卑职不敢。张伯行只是按纪律、按规矩办事,望大人海涵。"

于准道:"你是本官下属,为下属者,必要听从上司命令。张伯行,你公然违抗本抚之命,想干什么?"

"政者,正也。其身正,不令而行;其身不正,虽令不从。"张伯行慨然道,"巡抚大人,自张伯行来到江苏按察使府衙上任以来,就知道不能在此久任。倘若今日因为此事而被罢官,那请巡抚大人即刻收去张伯行印信,张伯行无话可说。但若大人依旧让张伯行组织城中乡绅与眷属接驾,恕张伯行不能从命。"

一番话直把于准气得浑身打战,哆嗦半天,半日竟说不出话来。最后,于准一甩袍袖,起身道:"张伯行,本官从来没有见过这等不通情理之辈。"

（三）曹寅将康熙帝的车驾迎接到江宁织造府

康熙四十六年(1707 年)三月初六,康熙帝南巡的车驾抵达江宁。

连续几天的小雨刚刚停止,天色还有些阴沉,但冬季的寒冷已渐渐退去。天上,几朵暗灰色的云在江宁城上空游弋。街上的行人也渐渐多起来,大街旁边,几个年轻人在兴奋地聊着康熙帝抵达江宁的话题。

一位相貌俊秀、年龄十七八岁的男子说:"前年皇上南巡,没能看到圣驾,好生遗憾。没想到两年之后,皇上竟然再次南巡。这次不知可有机会见到圣驾?"

另一位年龄稍长、穿着粗布长衫的男子应道:"上次皇上南巡,我也未能见到圣驾,今年不知圣驾在江宁是如何安排的。若谁知道,也透个信儿,好让我等在沿途之上觅一高处,能看到皇上的车马。"

旁边,几位白发苍苍的老人听着几个年轻人的谈论,呵呵笑起来。其中一个六十岁上下的老者道:"算上这次,皇上南巡,应该是第六次。不出所料的话,这次皇上的车驾还会在曹家停驻,这曹家可真是受皇上的信任。我有一个远房亲戚在曹家当差,说起来皇上车驾,真的是好生排场。托我那亲戚的福,我已经看到皇上两次啦!"

整个江宁城都沉浸在康熙帝驾临的兴奋与激动之中。

噶礼、于准、曹寅将康熙的车驾迎接到江宁织造府。一路之上,众官员毕恭毕敬,小心翼翼。

其时,天刚刚下过雨,路上虽已整修,但依旧有些泥泞。

众官员随着康熙帝的车驾进入江宁织造府,来到特为康熙帝准备好的行宫之内。

用膳完毕,噶礼上前道:"主子,明日行程如何安排?"

康熙帝略一沉吟道:"按朕前几日构想,朕明日欲巡视江宁城的边防军队,看我八旗子弟雄风,你二人意下如何?"

噶礼与于准对视一眼。噶礼上前一步道:"主子,这几日天气不好,围猎场略显泥泞。况且主子初到江宁,奴才以为,不如暂且放松一天,到后日再检阅江宁城防。您看可行?"

"也好。"康熙帝略一沉吟,就道,"江宁城雨花台乃江宁胜景,风景极其秀丽,不妨一游。"

城防看不成,康熙帝突然想起杜牧写的关于雨花台的诗句:"千里莺啼绿映红,水村山郭酒旗风。南朝四百八十寺,多少楼台烟雨中。"心想,现在正值春天,雨花台自越王勾践筑"越城"起,就为江南名胜。相传,南朝梁武帝时,高僧云光法师常在此设坛讲经。到诗中描写的雨花台去踏春访古一番,岂不乐事。

听说康熙帝要去雨花台,噶礼可急坏了。去雨花台的路况他知道,崎岖坑洼。他刚去过那里,说是游览名胜,其实是去烧香拜佛。在绿树苍翠中有座千年古寺,香火很旺,他带着夫人慕名而去。因山路狭窄,上山时他与夫人各乘二人小轿,轿夫深一脚、浅一脚,把夫人颠的头晕目眩直想吐。后来他听说,就这样的路还是江宁知府听说他去,修了整整两天。如今圣上要去,那还了得?

还没等噶礼回话,康熙帝说道:"这几日雨水不断,想来路上不甚平整,你们可以着人稍事修整。但朕之前也给你们说过,朕戎马一生,路上这点颠簸,朕不会在意。道路不必精工,更不要大动干戈,惊扰百姓。要是那样,朕于心不忍。"

噶礼急忙施礼道:"主子体恤民情,真乃千古圣主,奴才定会按皇上旨意行事。"

噶礼与于准退出。

于准道:"总督大人,为何阻拦皇上检阅城防?"

噶礼道:"于大人,前几日一直有雨,军队训练略显懈怠。若被皇上看到不妥之处,你我吃罪不起。今天晚上务必让军士们做好准备,待后日皇上巡视,自会万无一失。"

"还是总督大人想得周到。"于准顿了顿,又说道,"皇上适才也提到了修路一事,总督大人以为派何人修路更好?"

噶礼看了一眼于准,说道:"于大人,这事还用问吗?整个江宁城谁最能干,就指派谁。"

于准大笑道:"于某明白,总督大人的意思是仍让那张伯行修路,看他有多大能耐,能在一夜之间修好。"

噶礼道:"于大人,话不能说这么白。此事还是请于大人去找张伯行,该怎么给他讲,于大人乃聪明人。"

于准拱手道:"总督大人,放心,于某知道该怎么办。"

且说于准与噶礼分手后,就令张伯行即刻来见。

张伯行一路伴随康熙帝的车驾,不敢有丝毫懈怠。终于安全到达江宁城,张伯行舒了一口气。

康熙帝的车驾到织造府歇息,张伯行也回到按察使府衙,与大黑等人坐下商议明日事务。

忽然门口有人通报,说巡抚衙门来人。

张伯行起身说道:"有请。"

大黑对张伯行道:"这于准派人来,不知道又会出什么幺蛾子。"

张伯行笑道:"莫急,也莫猜。不管他于准如何,我们自按原则行事就行。"

不一会儿,巡抚衙门的差官来到大堂,施礼道:"见过张大人。巡抚大人有命,令张大人即刻前往巡抚衙门,有要事相商。"

大黑说道:"这位差官,我们张大人护送过皇上,刚刚回到府中,连口水没喝,不知巡抚何事如此着急?"

那人道:"回大人,这个小人不知。小人只是奉命接大人过去。"

张伯行对那差官道:"这位小哥,你且先行一步,我稍作收拾,即刻前往。"

差官道:"张大人莫迟了。"

张伯行笑道:"放心就是。"

那人离去后,张伯行对大黑道:"准备车马,我们去一趟巡抚衙门,看那于准又意欲何为?"

张伯行带大黑、大仪等人来到巡抚府衙。衙役通报之后,张伯行走进府衙。于准看到张伯行过来,连忙起来拉住张伯行的袍袖说道:"张大人,我恭候多时矣!"

张伯行施礼道:"见过巡抚大人,不知巡抚大人找张伯行有何差遣?"

于准干笑两声说道:"岂敢差遣张大人啊?这不,皇上明日要去雨花台,但近日天一直下雨,沿途之上,泥泞不堪。张大人上次修路,深得皇上之心。那这次修路,于某与总督大人商议之后,感觉能够在一夜之内修好此路的人选,整个江宁城内,非张大人莫属。"

张伯行心想:这于准喊我过来,果然没什么好事。一夜之内,让我张伯行修好此路,纯粹是有意刁难于我。

(四)一个十岁左右的孩子拿着小铲吃力地铲土修路

于准把皇上要去雨花台的事情一一讲与张伯行听,并且要张伯行一夜之内将路修好。

张伯行看了看于准,心里明镜一样,知道于准与噶礼再次故意刁难自己,但自己却又无法推辞。现在离明天早上就剩半下午,最多再加一夜时间。平地还好办,夜晚如何修山路?

张伯行思来想去,内心波涛汹涌,表面上依旧不动声色。

于准看张伯行迟迟不回话,心想:这张伯行看来也不傻,知道此事为难,所以有推辞之意。我得给他加把火。

想到此,于准对张伯行道:"谁都知道张大人能力强,大雨之夜还把官道修得平平整整,何况没风没雨之时? 若连张大人都干不成,整个江苏还有谁能胜任? 不就是多点几个火把的事嘛! 张大人快快前往,不要有畏难情绪。路修好后,兄弟给张大人备酒庆功。"

没等张伯行说话,于准又道:"张大人,是否觉得此事有些为难? 我听闻下人说起张大人,莫不夸赞张大人对皇上忠心耿耿。今日修路之事,正是张大人表现自己忠心之时,想来张大人断不会推辞吧?"

大黑与大仪在张伯行身后,心内都暗骂于准阴险。两人皆想,老爷性情耿直,听于准这样说,定不会推辞。

果不出二人所料,张伯行略微沉吟,慨然道:"张某岂是畏险避难之人,修路一事,张伯行定会尽力做好。敢问于大人,皇上对修路的标准可有明示?"

于准早已做好准备,对张伯行笑道:"皇上并未说要把道路修得多好,但是,于某想着,张大人把路修得越好,肯定是对皇上的忠心就越多。张大人,你说是也不是?"

张伯行道:"巡抚大人,既然如此,张伯行告辞,这就召集民工开始修路。"

于准道:"事情的确紧急,那于某也不留张大人了。"

张伯行带大黑与大仪出巡抚府衙。

刚一出门,大黑与大仪气得牙根直疼,同时破口大骂于准不安好心,不是什么好鸟。这不是明摆着欺负人吗?

张伯行道:"我也知道这于准没安好心。但事已至此,只能先尽力把事情做好。于准说的也对,这正是我张伯行向皇上表达忠心之时。"

大黑道:"老爷,那于准这么说,就是故意激你上当的,你怎么还信他的话?"

张伯行道:"于准此言,虽无好心,但说的确有道理。我张伯行素以忠义自谓,遇到这样事情,即使那于准不曾激我,我也会奋力向前。"

大黑与大仪连连顿首道:"老爷,您真的是太忠义肝胆啊!"

几人回到府中。张伯行亲自起草召集民工的文书,又令人各自抄录几份,而后府中衙役全部出动,召集城中民工。

大黑与大仪带着府中衙役马不停蹄,或张贴布告,或向人解释。

城中百姓初始听闻修路议论纷纷,皆有不满之意。其中一位长者对大黑道:"我听闻皇上乃是一代仁君。前几次南巡路经江宁,皆知为百姓着想。明日去雨花台,今晚就要把路修好,这难道是皇上的旨意吗?"

大黑对那长者深施一礼,说道:"老人家说得有理。奈何巡抚大人下令,命张伯行张大人今日晚间定要把路修好。张大人也不想兴师动众,劳烦百姓,可也无可奈何。"

那长者听大黑说到"张伯行"三个字,连忙问道:"这位差官说的张伯行莫不是江苏按察使张大人?"

大黑道:"难道江宁城还有第二个张伯行张大人不成?"

那长者急忙施礼道:"果然是张大人负责此事吗? 既然是张大人的事,那就是我江宁城百姓的事情。我老汉阅人无数,从来没有见过张大人这样的清官。"

那老汉回身对众百姓说道:"修路一事,乃按察使张大人负责,大家都不要有什么怨言,每家每户能出几个人就出几个人。张大人一心为我江宁百姓着想,大家也都是知道的。我们平日里无以回报的,今天张大人遇到难事,我想大家不会袖手旁观吧?"

那老汉竟是极有威望。身后百姓听闻老汉一番话后,皆群情激奋,纷纷摩拳擦掌,大家嚷嚷道:"为了张大人,我们定会把路修好。"

大黑与大仪看到这种情状,心想:张大人平日一心为百姓着想,这百姓内心都是有一杆秤。

就这样,一传十,十传百。片刻之间,前往雨花台道路两旁的百姓十之八九皆知此事。一时之间,大路之上变得热火朝天。

张伯行听大黑禀报后,内心极为感动,急忙备好车马,来到修路现场。沿途百姓见张伯行亲自前来,皆说:"张大人自去休息,我们定会把此路修好,绝不会让大人为难。"

张伯行对着众百姓深深施一礼,语气竟有些哽咽,高声喊道:"众位父老乡亲,我张伯行何德何能,受到大家如此抬爱?"

那位召集百姓的老汉挤了过来,说道:"张大人,不要客气。刚才我对府中两位差官还讲,我老汉阅人无数,没有见过张大人这样的清官。我们出点力,流点汗,又算什么?"

那老汉又说道:"大人,只管请回府中休息吧!"然后回身对众百姓喊道:"大家也不要挤在此处,我们还是速速回到各自的位置,赶紧把路修好才是。"

众人听闻老汉说得有理,纷纷拿起各自铁锹、抓钩等工具修桥补路去了。

张伯行怎么舍得离开这里回府中休息呢!他来到人群之中,突然看到一个十岁左右的男孩儿,拿着一把小铲子,正吃力地铲土。遂走过去对那孩子道:"你是谁家的孩子,为何不在家睡觉,竟也在此处修路啊?"

那小孩儿看了一眼张伯行,说道:"那你又是谁啊,你怎么不回家睡觉,也在这里修路啊?"

张伯行看着孩子一脸的稚嫩之色,上前拉起小孩儿的手,仔细看去,手上竟已经磨出血泡。张伯行内心一酸,说道:"为我张伯行一人,竟让十岁的娃娃跟着受罪……"

张伯行竟哽咽得不能说完。

那孩子一听眼前之人说自己是张伯行,急忙对不远处一对男女说道:"爹,娘,你们快来,我见到你们平日说的那个张伯行张大人了。"

那对男女急忙过来,对张伯行施礼道:"见过张大人。孩子不懂事,请张大人不要见怪。"

张伯行急忙回礼说道:"多谢父老乡亲!为我张伯行一人,让十岁的孩子也跟着干这等繁重之事,我张伯行真是罪莫大焉!"

张伯行刚说完这句话,身后有人道:"张大人,这两位是我儿子和儿媳妇,这个孩子是我孙子。张大人真的不用如此客气,我们为张大人办事皆是心甘情愿。"

张伯行回身一看,正是那位召集大家做工的老者。那老者看去已经年近花甲,须发皆白,但挥动铁锹,其力道速度竟与年轻人无异。张伯行看着这一家老小,内心再次被一种感动充溢。

(五)去雨花台的道路竟在一夜之间修好

夜色已深。天已经开始晴朗,却依旧有淡淡的云。空中一弯残月,若一把镰刀,又若一弯细眉。几朵淡淡的云划过残月,让人浮想联翩,思绪万千。

江宁城其他地方都已夜深人静,唯有前往雨花台这条道路上,依旧热闹非凡,人声鼎沸。

忽而这边有人喊道:"老李,把车里的土推到这边来。"那边有人应道:"好嘞,张大哥,马上就到。"一位四十岁上下的男子推着一车土飞奔而去,几人挥动铁锹很快将一车土铲出,路边一个大坑也瞬间被填平。

张伯行看着此情此景,不禁又生感慨:政之所兴在顺民心,政之所废在逆民心。为官者,务要为民办事,为民造福。这样方能得民心、合民意,方能被历史记住。

张伯行手里拿着一把铁锹,一边巡查,一边干活。汗水已经湿透衣襟,腹内也已空空。但张伯行浑然不觉,他的心思完全在眼前这条道路上。眼见已经到下半夜,道路尚有一半未曾修好。

张伯行心急如焚。

大黑与大仪从路另一边走来,看到张伯行道:"老爷,现在已经到三更天,但道路尚未修通。老爷,是否再加派人手。"

张伯行道:"此时夜深人静,多数百姓都已进入梦乡,怎可为我张伯行一人之事,打扰众多百姓的休息?"

大黑道:"可是……"

张伯行打断大黑说道:"莫要再说。得之我幸,不得我命,我们尽力去做就好。至于能不能达到皇上满意,暂且不予考虑。总之,我张伯行已经尽心尽力,我对皇上之忠心上天可鉴!"

大黑与大仪久劝不下,只好施礼道:"谨遵老爷之命。"

说完,两人拿着工具加入修路大军之中。

张伯行喊道:"大黑、大仪且不要走。"

大黑、大仪忙停下脚步,问道:"大人,还有何事?"

张伯行道:"方才我命衙役在府中用大锅给大家熬一些粥饭,不知现在可曾做好,你们二人速去看看。如果熬好,即刻运来。"

两人领命而去。

张伯行拿着铁锹继续在道路上巡视,偶尔看到坑坑洼洼的地方,挥动铁锹,铲土平整。

忽然之间,前边一阵嘈杂混乱。张伯行心内一惊,暗道:莫非出了事故,或者有人受伤?

张伯行急忙过去,问一百姓道:"发生何事? 是否有人受伤?"

那人看到张伯行,急忙施礼道:"张大人,没有人受伤。"

张伯行心内稍微平静。那人继续道:"大人,不知从何处赶来百余名壮汉,加入修路队伍中去,修路的速度大大加快。照这个速度,天亮之前定可以修好。"

张伯行大喜道:"可知道是谁带来的人?"

那人道:"草民不知。大人可亲自过去看看。"

张伯行疾步过去,果然修路的最前方多出百余名劳力,且一个个都是三十岁左右的壮汉。这股生力军的到来,使得修路的速度大大加快。

张伯行激动不已。走到人群之中,蓦然,一个熟悉的身影出现在张伯行的视线中。张伯行心道:原来是他!

不错,这股生力军是从张伯行府中离去的门吏钟逵带来的。

自那日张伯行与钟逵深入交谈之后,张伯行并未采纳钟逵的建议。张伯行虽觉钟逵非一般人,但因为道不同不相与谋,遂辞退钟逵。

钟逵回到自己老家,每日读书交友,生活倒也快活。

但钟逵内心却时时不能忘记张伯行,对张伯行的为官之道更是钦佩不已。他心想,在官场昏暗之中,张伯行的为人处世无疑是一股清流。若有机会,定还会跟随张大人。

前几日,忽闻皇上南巡。钟逵知道之后,便时刻关注城中情况。

这天上午,村中有人进城,钟逵特意喊他打听一下张伯行张大人的情况。

那人回来后,告诉钟逵,皇上命张大人连夜修路。若修好道路,皇上自会封赏;若修不好,听说会被皇上怪罪。

钟逵一听,心想:凭张大人的威望,定会有万千百姓帮助大人修路。但我对张大人极其了解,他定不会大动干戈,兴师动众,劳役百姓。我钟逵定要助张大人一臂之力。

那钟逵在老家中也是极有威望之人。他振臂一呼,竟有百余人相随。

钟逵将事情经过与张伯行解释一番,张伯行大喜过望。

张伯行道:"钟逵啊,我张伯行没有看错人。虽然那日我将你辞退,但我知道,你和一般人等不同,我们也定能再次相会。今日,果然如此。"

钟逵对张伯行道:"张大人,眼见天色要亮,我们先把道路修好,让张大人给皇上复命,您看如何?"

张伯行道:"自是如此。"

本来,城中百姓已筋疲力尽,忽然一股生力军的加入,再次鼓舞起大家的劲头,一个个都生出无限气力来。大家挥动铁锹,推动拉土的小车,群情振奋,四方呼应。

天色拂晓,东方开始出现一抹红色,太阳也一点点升起。

张伯行神色有些疲惫,但眼前这条道路已经完全修好。张伯行看着道路,又看着修路的人群,百感交集。他不仅欣喜于道路的修通,自己可以向于准、向皇上复命,更是看着眼前这成百上千的百姓,感动不已。

张伯行对着人群深深施礼,再次哽咽道:"各位父老乡亲,张伯行无以为报,唯有把我这乌纱帽戴好,永不负百姓的重托。"

那带头的老汉走上前道:"张大人,我等老百姓不曾读什么书,也不会说什么话,但我们的心里却是明镜一般。谁清谁浑,我等看得一清二楚。如张大人这样官员,我们一定会尽心尽力拥护。以后,张大人但凡有需要,大家依旧不会推辞。"

张伯行道:"清风两袖朝天去,免得闾阎话短长。此情此景,更让我张伯行坚定自己做官的原则。"

（六）康熙帝看到道路如此平整，感慨不已

天色已经大亮，太阳从东方冉冉升起。整个江宁城在阳光照耀之下，平添几分美丽。多日阴雨之后，忽然放晴，宛若大病之人初愈一般，身心俱是放松和惬意。

康熙帝用过早膳，手下太监上前道："皇上，两江总督噶礼、江苏巡抚于准并其他当地官员，已经在外恭候皇上圣驾多时。皇上，您看是不是宣他们进来？"

康熙帝点头应允。

噶礼、于准等人走进行宫，拜见皇上。噶礼道："主子，按昨日安排，主子车驾已经妥当，前往雨花台的道路业已修好，只等主子御驾前往。"

康熙帝回头对曹寅道："既然噶礼已安排妥当，那我们今日就不去检阅城防部署，且去雨花台观赏一下江宁胜景。"

康熙帝在噶礼、于准、曹寅及京城随行官员和众阿哥的陪同下，离开江宁织造府，踏上前往雨花台的道路。

容等康熙帝及文武官员走到道路之上，康熙帝不禁一愣。

众人见皇上车辇停下，都不解何意。

康熙帝对身旁几位随行官员道："昨日我也曾看到此路，为何今日却大不相同？我记得此路昨日尚泥泞不堪，虽然我也准噶礼将路修整，但我记得也交代不必精工。可一夜之间，此路竟周道如砥、其直如矢，是何人主持修路事宜？"

噶礼、于准二人看到道路如此平整，也不禁暗暗吃惊。本以为张伯行一夜之间不能把路修好，这样就可以在皇上面前参他一本。没想到这张伯行如此厉害，短短一夜，竟将道路修得如此平坦。

噶礼、于准两人还没来得及回话，康熙帝身边一随行太监上前道："回禀皇上，奴才今日早上起得早，本打算先替皇上查看一下道路，此路之上，尚有民工未曾离开。奴才找得一人打听情况，说是江苏按察使张伯行主持修的此路。还说张伯行为修此路，一直和众人一起干活，彻夜巡视修路现场。"

康熙帝听完，不禁感慨万端，对众随行官员说道："这个张伯行，朕已经不

止一次听说。能在一夜之间将路修成这般模样,且昨日晚间,江宁城并未受到影响,此人必是深得民心。这样的官员,我大清需要更多,如此方能安抚百姓,长治久安!"

康熙帝回头又对噶礼、于准道:"两江出此清官,望尔等多加重用,且不可相互争斗。"

噶礼、于准急忙上前跪倒道:"皇上,我等定不负皇上教诲。"

康熙帝道:"起来吧,我们且去雨花台。"

康熙帝的銮驾畅通无阻,一路之上龙颜大悦。之前的一些泥洼之地皆被平整,且用干土填实。

大约半个时辰,康熙帝一行来到雨花台。

这雨花台已有几千年的历史,自公元前1147年泰伯到这一带传礼授农开始闻名。公元前472年,越王勾践筑"越城"起,雨花台一带就成为江南登高览胜之佳地。三国时,因岗上遍布五彩斑斓的石子,又称玛瑙岗、聚宝山。南朝梁武帝时期,佛教盛行,雨花台一带寺庙林立,香烟缭绕。相传一位叫云光法师的高僧就在这里一处峰高林深、禅境幽远的地方设坛讲经说法。高僧佛学深厚,口吐莲花,滔滔不绝。闻道者,如痴如醉,集聚数日不散。这天,讲经坛上,飘过几朵彩云,突然天光一闪,顷刻间,七彩花儿如雨坠下,遍布山岗。却道是那云光说法竟使天神动了真情,泪眼婆娑。从此,高僧讲经处便留下雨花台之名,落下的七色花便幻化为雨花石。历代文人墨客、帝王将相登临览胜,流连忘返,留下许多脍炙人口的诗词佳作。南宋《丹阳志》载"江南登临之地"即有雨花台,明、清两代雨花台又分别被列入"金陵十八景"和"金陵四十八景"之一。

雨花台乃是江宁城南的一处制高点,地理位置非常重要,历来有"江宁南大门"之称。自古以来,为兵家必争之地。东吴孙策攻破刘繇就在这里。南宋金兵入侵,曾在雨花台扎营。

康熙帝带领文武官员来到雨花台。他从龙辇下来,登临雨花台之上,远眺江宁通衢广厦,俯瞰雨花台秀色。只见四周郁郁葱葱,江宁城内房屋瓦舍,也多收于眼底。不远处,几座寺庙尚有香烟袅袅。一缕朝阳洒下万道金光,寺庙瓦舍被阳光笼罩,其间一片生机勃勃。

再向南而望,各种建筑依次映入眼帘。整个建筑群,依地势而建,布局流畅,错落有序,肃穆庄严,气势恢宏。

康熙帝登到高处,对身旁官员道:"'南朝四百八十寺,多少楼台烟雨中。'这杜牧果然大才,这雨花台果然是江宁胜景。"

绕到后山,只见草木繁盛,梧桐伟岸,四周空无一人。踟蹰幽径,听林间鸟鸣,看路边花开,一时龙心大悦。

在雨花台游览半日,康熙帝渐渐觉得有些疲惫,对身旁官员道:"朕出京之时说,年岁已大,恐不胜沿途劳乏。今儿在此走上半日,竟有不胜脚力之感。"

噶礼看康熙帝已经尽兴,且又听闻他这样言语,急忙上前跪倒说道:"主子,既然已经疲乏,不如就此尽兴而归。"

康熙帝道:"既如此,我们且回去吧。"

众人护着康熙帝的车辇,离开雨花台,向江宁织造府而去。

沿途之上,康熙帝看到平整的道路,不禁再次感慨。

九
御笔钦点

（一）康熙帝又将推荐名单看了一遍，还是不见张伯行的名字

次日，天已大晴。火红的太阳从东方升起，江宁城的房屋瓦舍被一片金色笼罩。

康熙帝早早起来，在行宫中漫步。看着一轮红日喷薄而出，早晨的太阳光芒万丈，康熙帝心情大悦。

刚刚用过早膳，早有门官通报，两江总督并江苏巡抚携两江一众官员在行宫门外等候，说是校军场内已经整理完毕，各营士兵皆蓄势待发，等候皇上检阅。

康熙帝极其高兴。手下人早将车辇备好，随行官员及两江各级官吏簇拥着圣驾直奔校军场。

校军场内果然准备得齐整，各色旗帜随风飘摆，有正黄、正白、正红、正蓝和镶黄、镶白、镶红、镶蓝等。各营军士摆好各种阵势，煞是威风。

噶礼令各队首领率各自人马在校军场内变幻各种阵势。忽而一字长蛇阵，忽而二龙出水阵，只看得人眼花缭乱、目不暇接。

而后，让军中擅骑射者，跨马在校军场内奔腾，飞奔中箭射而出。一时之间，校军场内刀光剑影，砂砾飞扬。

看得康熙帝龙颜大悦，大声喝彩。众官员也随声附和，高声喊好。

噶礼看皇上高兴，内心甚为得意。

噶礼起步上前道："主子，两江军防训练得可行？"

康熙帝哈哈大笑说道："噶礼，不愧跟随朕征战过噶尔丹，军营训练井井有条，军士表现威武雄壮，朕甚为满意！"

康熙帝看得兴起,从车辇中走出,吩咐手下:"为朕备马,朕要亲下校军场,骑射一下。"

众人皆呼皇上。

康熙帝并几位皇子一起上马,众军士看到皇帝亲下校军场,急忙撤出。康熙帝打马扬鞭,在校军场内飞奔两圈。众人看康熙帝虽然年事已高,但骑术精湛,竟不逊色于骑射高手。转了两圈之后,康熙帝又弯弓搭箭,连发三箭,箭箭皆中靶心。随行官员并场内军士皆群情振奋,山呼皇上。

康熙帝出了校军场,翻身下马,手下人牵走军马。看康熙帝脸上微微出汗,早有手下人递过手帕。康熙帝接过手帕,擦一把脸,对噶礼道:"朕真的老了,跑上几圈,竟感觉有些疲乏。"

噶礼连忙跪倒说道:"主子骑射,当世无双,绝不逊色于当年征战噶尔丹之时。犹记得当年主子在战场上的雄姿英发,气吞山河。"

康熙帝笑道:"不要给朕戴高帽,朕知道朕的身体,且看几位皇子的表现。"

随行的几位皇子正在校军场内纵横驰骋。大家都各自使出浑身解数,只想在皇阿玛面前露脸。

终于,军队布防检阅完毕,康熙帝率领众人再次回到行宫。

路上,康熙帝对噶礼、于准等人再次赞扬,并嘱咐二人,两江乃大清王朝重地,定要好好治理。而后,康熙帝又对二人说道:"回去之后,将两江各级官吏表现突出者报上名单,朕要亲自赏赐。"

二人领命而去。

夜深人静,万籁俱寂;残月如钩,星辰如水。江宁织造府内的康熙行宫,依旧灯火通明。康熙帝伏案而作,看着噶礼、于准下午时分递上来的奏折。

噶礼与于准领圣命之后,立即回去将平日里与两人关系甚好及之前送过礼金的一众官员写到奏折之上,然后来到行宫,呈与康熙帝。因康熙帝正在用膳,故未细看,只令两人暂且回去。

借着灯光,康熙帝仔细审阅着这份奏折。只见上面密密麻麻写满十几名官员的名字,有的旁边还加注这名官员的为官情况。从藩台、到臬台、包括布政使等,一应俱全。

康熙帝从头到尾细细看过一遍,初始非常满意。一念之间,康熙帝心头闪过一个名字:张伯行。

康熙帝又将名单认真看上一遍,还是不见张伯行的名字。他不禁有些奇怪,转而又顿觉释然。

这张伯行为官极是清廉,深得民心,但却不合上司之意。从古到今,为官清廉者,大抵如此。我自当为张伯行主持公道,这样方能激励更多清廉官员为我大清效命,我大清江山方能长治久安!

(二)噶礼、于准督抚二人调虎离山,不让张伯行见康熙帝

那日,噶礼建议皇上去游览雨花台,并让张伯行连夜将路修好。这本是一举两得之事。一则,给自己留下时间,做好充分准备,让皇上检阅城防;二则,给张伯行留下一道难题,也算惩罚他不懂人情世故的迂腐之举。

噶礼和于准两人盘算得甚好。给张伯行下达任务之时,并未将皇上原话说与张伯行听。皇上并未要求精修此路,而于准给张伯行说的时候,却要求张伯行尽力将路修好。本想一夜之间,精修此路,必不能完成。若皇上走到一半,车驾陷入泥泞,必会责怪。到时,参那张伯行一本,肯定让那张伯行吃不了兜着走。却万万没有想到,短短一夜之间,这张伯行将此路精修完成。而且,深得皇上满意。

好在,第二日皇上在检阅城防时,对二人的军事训练、军队布防极为满意。回去的路上,两江大小官员对噶礼与于准不断阿谀奉承。

二人甚为得意。

且说于准回到自己府上,一脸的洋洋自得。阖府上下看到大人如此高兴,也自是不断奉承,皆言此番皇上对两江城防十分满意,大人肯定高升。于准听得大家如此说,嘴上自是要谦虚一番,内心深处却开始飘摇,心中幻想着荣升一品大员的情景……

正在于准沉浸在美梦之中,突然,家人于宝从房门外进来,对于准躬身施礼道:"老爷!"

于准此时正闭目做梦,忽然听到有人喊自己,忙睁开眼,一看是于宝。

这于宝是于准从山西老家带来的仆人,已经年近六十,跟随于准已经十几年。若论辈分,于准还要喊他一声四叔。当然,两人身份不同,于宝自是要

喊于准老爷。

只因于准深谙为人之道,知道老家的人不好相处,一不小心就会给自己带来无尽麻烦,身边从老家带来的人甚少。唯有这于宝,忠厚朴实,从不招惹是非,且对于准忠心耿耿,故于准对他极为信任。虽说没有给他什么名分,但府中上下都知他与于准的关系。

于准听到于宝喊自己,睁开眼问道:"于宝,何事啊?"

于宝道:"看老爷今日如此高兴,本不该多言。但事关老爷未来前程,思来想去,于宝还是把这件事说与老爷听。"

于准忙坐直身子,说道:"于宝,到底何事?你我之间,不必有太多避讳,速速讲来。"

于宝向前又走近一步,低声道:"老爷,今日我去街上办事,途经夫子庙,在那遇到一熟人,就跟他闲聊几句。结果,那人跟我说这两天大街小巷流传一种说法。"

于准眉头一蹙,问道:"什么说法?"

"老爷莫急,我也是这样问那位熟人。"于宝接着说道,"那人还甚为奇怪,说你是于大人府上的,为何不知道最近江宁府一种说法甚嚣尘上。大家都说,按察使张伯行张大人为官清廉,并且修路有功,深得皇上欣赏。百姓都传说张伯行张大人不日将要荣升江苏巡抚,江宁百姓都在拍手称庆呢!"

于宝说完这番话,偷窥于准一眼。

于准本来脸色红润,一脸春风。听完于宝之言,瞬间脸色铁青,表情从阳春三月直接变成数九寒天。

于宝道:"老爷,莫要生气,我只是将街上传言说与老爷听。百姓传言只是传言,不足挂齿,老爷也不用过于当真。"

于准强压内心的火气,说道:"于宝,这些话不要再说与外人听,我知道该怎么处理此事。"

于宝回道:"老爷,于宝懂得分寸。如果没事,我先下去了。"

于宝退出门外。

于宝一番话,把于准从校军场带来的愉悦全部冲走,内心被一片怒火包围,也有些担忧。

于准心想:这百姓传言虽说没有什么凭据,但张伯行深得皇上赏识,这却是事实。这张伯行在江宁,迟早都是一个祸患,我必须想办法将此人除去。

想到此处,于准对门外喊道:"来人,备轿!"

门外早将轿子备好。于准说道:"前往总督临时驿馆,我去找噶大人议事。"

于准来到噶礼驿馆,门人通禀之后,于准来到客厅。噶礼上前一步,哈哈大笑道:"于大人,为何刚刚分开,又匆匆来访啊?"

于准上前施礼道:"总督大人,适才我府中家人给我说,街上有一传言,总督大人可曾听说?"

噶礼一愣,问道:"什么传言?"

于准上前,低声说道:"街上百姓皆传,说总督大人与按察使张伯行张大人不睦。总督大人本欲让张大人修路,想借此陷害张大人,结果张大人却连夜将路修好,深得皇上的欣赏。皇上手下随官皆言张伯行清廉,却说总督大人不是,皇上有意拔擢张伯行。这次总督大人偷鸡不成蚀把米,大街小巷三教九流皆在看总督大人的笑话。"

一番话,把噶礼气得浑身打颤,厉声喝道:"这张伯行实在可恶,我噶礼与他誓不两立!"

于准忙道:"总督大人,莫要生气。这只是百姓传言,实在不足为信。但张伯行深得皇上欣赏,却是事实。我们不得不防啊!"

噶礼道:"于大人所言甚是。上次皇上让推荐两江官员,我特意把张伯行的名字漏掉,希望不要引起皇上的注意。只要皇上此次不再过问张伯行,量那张伯行在两江也掀不起什么大浪。"

于准笑道:"只要总督大人在两江,张伯行纵是水中蛟龙,也只能静静盘着。"

两人又议论半天。于准欲告辞而去,噶礼叮嘱道:"皇上欲起驾苏州,打算在苏州召见两江官员。拟名单时,切莫将张伯行的名字写上。于大人回去后,命张伯行回自己府衙待命。以后,我们不给张伯行任何机会。"

于准笑道:"总督大人且请放心。"

（三）夫唯不争，故天下莫能与之争

于准回到府中。

于宝过来，说道："老爷，适才两江各级官吏陆续来拜见大人。因老爷不在，我已将来访名单记下，并将所送礼品暂放府库。这是来访名单，请老爷一看！"

说着话，于宝递上一份名单。

于准接过，看到两江官吏从藩台、臬台到各地知府多在其中。于准特意查看一下，果未见张伯行的名字。他内心冷笑一声，心想，这张伯行果然是"与众不同"啊！

于准对于宝道："所有礼品暂放府库，切勿挪用，一切都等皇上巡视回京后再说。"

于宝领命而去。

于准来到书房，按照与噶礼所议，将欲让皇上接见的官员名单一一写上。自然，张伯行的名字未在其中。

且说张伯行那日晚上修好道路，康熙帝顺利游览雨花台，才长舒一口气。

张伯行回到府衙，心内思绪万千。

回想自己到江宁以后，一切都似乎不太顺利，但一切又都似乎非常顺利。尤其从皇上南巡开始，总是有人处处与自己为难，但每一次又总是顺利解决。自己不能随波逐流，所以与两江官场显得格格不入；也正是自己"格格不入"，才让自己深得民心。

想着，想着，张伯行恍惚之间似乎回到过去，回到自己的家乡仪封。

那年，三十四岁的张伯行中举，整个张家都处于兴奋与激动之中。

唯有父亲张岩镇定异常。

父亲将张伯行唤到身前，对张伯行说道："以后若是做官，记着你曾经读过的书，更要将书中的道理用于做官之中。'君子有大道，必忠信以得之，骄泰以失之。'这是为父让你从小读的书。若以后你做官不能做到这种'大道'，为父即使死去，在地下也不会饶你！"

"君子有大道，必忠信以得之，骄泰以失之。"

"老爷,老爷,你说什么呢?"

张伯行猛然坐起,看到大黑在身边站着,不禁哑然失笑,说道:"方才做了一个梦。大黑,可有事?"

大黑道:"老爷,我们辛辛苦苦将路修好,老爷却未曾跟随皇上游览雨花台,真的是有些让人气恼。适才,弟兄们商量半天,老爷,是不是应该找一下总督、巡抚大人,至少让他们知道,老爷您可是一夜未眠,方才将路修好。"

张伯行淡然笑道:"大黑,是谁下命令让我修的路啊?"

大黑道:"是巡抚于大人。"

"对啊,是于准让我修的路,那于准也定跟着皇上去了雨花台。于准也不是瞎子,可以看到道路修得如何,难道还用得上去亲自找他不成?"张伯行说道,"夫唯不争,故天下莫能与之争。"

大黑叹了一口气,说道:"我的老爷啊,若人人都像您这样,那天下就没有争斗,更没有不公了。老爷,您若不说,那人家会认为你什么都不需要,也自不会去理会你做过什么。即使于大人不给您赏赐,不会在皇上面前说您的好话,但您得让他知道,这路是您修的,您做的一切都是为了皇上。要让皇上知道老爷您在江宁,您是江苏的按察使。若老爷就这么按兵不动,您连见皇上的机会都没有了!"

张伯行不禁哈哈大笑道:"大黑,这两天没和你说话,你长进不少啊!这些道理从你口中说出,张伯行真要对大黑刮目相看了!"

大黑嘿嘿一笑,说道:"老爷,大黑哪懂得这些道理?说真的,这些话,是钟逶托我告诉老爷的。"

张伯行不禁一愣,心想:这钟逶真的非同小可!难得的是,他一直没有因为我将他赶走而忌恨我,反而处处相帮。以后若有机会,定要带走此人。

张伯行道:"大黑,你这番话我已记下。不过,这两日大家都很疲惫,且先歇息,待明日再议此事。"

一夜无话。

次日一早,张伯行起床后,大黑已经在外面等候多时。张伯行将大黑喊上来,问道:"大黑,你不好好休息,起这么早作甚?"

大黑道:"老爷,果然如钟逶所说。我已经打探清楚,皇上带领两江官吏去校军场巡查城防,而老爷却还在府中一无所知呢!"

"上善若水,水利万物而不争。"张伯行道,"大黑,皇上乃一代圣君,绝不会被奸邪小人蒙蔽圣聪。我张伯行只要做好自己的事,不负圣托,皇上必会知晓的。"

大黑一跺脚,脖子上的青筋都爆了起来,说道:"老爷,唉,让我说什么好呢!"

张伯行挥手道:"大黑,先下去吧!"

大黑无奈,只好下去。

张伯行吃过饭,来到书房,拿起一本《孟子》开始读起来。

下午时分,张伯行正在书房写字,大黑又急匆匆闯了进来。他风一般来到张伯行面前,说道:"老爷,我又得知,皇上要在苏州召见两江官吏,于准大人拟定的名单。我费尽周折,方才知道,名单内并无老爷。"

大黑继续说道:"老爷,虽说锥处囊中必会脱颖而出,但是如果那口袋都被人藏了起来,锥子露出来,又有谁能看到呢?"

张伯行不禁又笑道:"这些话,也必是钟逵教给你说的吧?"

大黑道:"老爷,您也甭管谁教我的,您这次必须要找那总督与巡抚大人理论。不然,老爷,您真的就没有机会见到皇上了。"

张伯行点头说道:"钟逵所言,极是有理。有时候,我们面对不同人,要使用不同手段。"

张伯行对大黑道:"备好车马,我这就去找于准理论一番。"

大黑喜道:"好嘞,我这就去为老爷准备。"

(四)尔身子如此不成比例,若惊扰圣上,算谁不是?

康熙离开江宁后,领众人起驾苏州。

其时,已经是阳春三月,一路自是风光旖旎。运河两岸,杨柳飘逸,绿意荡漾。四周田野之上,油菜花盛开,一片金黄。河道里面,舟船划过,波光粼粼。远处,青山隐隐,鸟鸣山涧。云在天上飘,人在画中游,让人情不自禁地想起白居易的《忆江南》:

江南好,风景旧曾谙。日出江花红胜火,春来江水绿如蓝。能不忆江南？

康熙帝一路之上兴致极高，国家大事，家长里短，皇亲国戚，王侯将相，这些都已忘却。众阿哥和随行大臣、两江官吏看皇上兴致如此高昂，个个极为兴奋。

终于到达苏州。

苏州，古称吴，东临上海，南接嘉兴，西抱太湖，北依长江，素来以山水秀丽、园林典雅而闻名，有"江南园林甲天下，苏州园林甲江南"的美称。

唐代诗人杜荀鹤有诗云：

> 君到姑苏见，人家尽枕河。
> 古宫闲地少，水巷小桥多。
> 夜市卖菱藕，春船载绮罗。
> 遥知未眠月，乡思在渔歌。

康熙帝回身对噶礼道："噶礼啊，朕有些羡慕你了。"

噶礼惶恐道："主子，奴才不敢。"

康熙帝道："你看江南各地不仅富庶，且景色宜人。只说这苏州，物华天宝，人杰地灵。若乘一叶扁舟，赏江南美景，品美酒佳肴，听吴侬软语，看小桥流水，想来也极是让人向往。所以，朕说羡慕你了！"

噶礼道："正是主子的文治武功，方有这江南百姓的升平之日。"

康熙帝道："你小子越来越会说话了。朕知道，这一切皆有赖于尔等用心治理，朕甚为满意。'一心可以丧邦，一心可以兴邦，只在公私之间尔。'明日，朕要见两江诸位官员，奖优罚劣，赏罚分明。惟如此，方能廓清吏治，弘扬正气，让清者有其名、廉者有其声，能者有其职、干者有其位，让我大清更清，万世太平！"

噶礼、于准等人忙跪倒道："谢皇上夸奖，臣等定当为皇上效犬马之劳。"

康熙帝在行宫住下。

且说张伯行，一路之上马不停蹄，紧紧追赶皇上的车驾。道路两旁风景如画，却无心欣赏。张伯行边走边想：我张伯行为了能够见皇上一面，竟要抛下平日行事风格,去找巡抚大人理论,想想真的惭愧不已。但若不如此,真要错过此次机会。钟遂之言或许有理,人,不能过于执拗。只要为了百姓,委屈一下自己,也是值得的。

正在张伯行胡思乱想之际,大黑道:"老爷,前面就是苏州。"

张伯行道:"大黑,你骑快马先进城打听,巡抚于大人在何处,我们在上次住的白家老店会合即可。"

大黑领命而去。

约半个时辰后,张伯行在白家老店等到大黑。

大黑跳下马,气喘吁吁道:"老爷,小人已经打听清楚,于大人就在不远处的驿馆。皇上在行宫,明日接见两江官员。"

张伯行道:"看来我们到的正是时候。大黑前面带路,我们前去拜见于大人。"

话说于准刚到驿馆,换下便装,正打算歇息。忽然,门口有人通报,说江苏按察使张伯行求见。

于准一愣,心想,为了不让张伯行见到皇上,前几日命他回按察使府衙,为何突然来到此处?

于准虽有些不悦,但也不能把张伯行拒之门外,只好对那人道:"请他进来。"

张伯行来到会客厅,看到于准,忙施礼道:"张伯行见过巡抚大人。"

于准内心不喜,但表面不露声色,对张伯行道:"张大人,免礼。张大人,命你在按察使府衙待命,为何匆匆至此?"

张伯行平静地说道:"闻皇上要在苏州接见两江官吏,张伯行身为江苏按察使,怎敢不来?"

于准脸上露出一丝不易觉察的诡异,说道:"张大人,皇上接见两江官吏的名单,张大人并未在其间,故特意通知张大人回按察使府衙。"

张伯行道:"哦,敢问巡抚大人,您与总督大人商议这个名单时,有何依据?据张伯行所知,两江官吏都在其间,为何偏偏把我张伯行漏掉?"

张伯行接着问道:"巡抚大人,若是依据品级拟定名单,我张伯行是皇上钦封的江苏按察使,理应在名单之内;若是两位大人依据年龄资历,我张伯行也已近花甲。两位大人有其他依据吗?能否说与我张伯行一听?若是两位大人的依据天公地道,那我张伯行无话可说。"

一番话说得于准恼羞成怒,于准指着张伯行道:"张伯行,你什么意思?难道暗讽我与总督大人不公不成?"

张伯行忙躬身施礼,说道:"张伯行不敢,只是想弄明白,为何我张伯行就不能被皇上接见?"

于准面带讥讽地指了指张伯行的身材,说道:"张大人,你也应该有些自知之明。你看你这身段,又如何能见得皇上?"

张伯行一愣,问道:"巡抚大人,见皇上与我这身材又有何干?"

于准道:"张大人,尔身体如此不成比例,若惊扰圣上,算谁不是?"

张伯行一听,脸色突变,声音渐高,说道:"于大人,在此之前,张伯行已经见过圣驾两次,皇上并未因为张伯行的身材而受到惊吓。况且,这话倘若传出去,百姓对皇上会有何想法?于大人此言的意思,我们当今皇上只会以貌取人不成?于大人,这些话语若被皇上听闻,惊扰圣驾的恐怕不是我张伯行的身材吧?"

于准一听,心内有些慌乱,说道:"张伯行,你不要乱曲解我的意思,我只是为圣上着想而已。"

张伯行道:"若是于大人心底坦荡,又如何惧怕我张伯行曲解?"

于准无奈道:"也罢,张伯行,待我与总督大人商议。若总督大人同意,明日里便许你去见圣驾。"

张伯行躬身道:"多谢巡抚大人!"

(五)千人之诺诺,不如一士之谔谔

当日晚间,张伯行在苏州住下。

一切安顿好后,张伯行唤来大黑。

大黑插手施礼道:"老爷,唤大黑何事?"

张伯行道:"这苏州知府陈鹏年,是我多年至交故友,私交深厚。今日晚上无事,大黑,你去趟知府衙门,看陈大人是否闲暇。若是方便,就请他过来一叙。"

大黑领命而去。不到半个时辰,大黑进来道:"老爷,苏州陈知府在门外候见。"

张伯行忙疾步走出,看到陈鹏年后,哈哈大笑道:"沧州,许久不见,别来无恙啊!"

陈鹏年忙施礼道:"见过按察使张大人,陈鹏年有礼了!"

张伯行忙上前拉住陈鹏年道:"沧州,无须多礼,你我之间也莫要客套。"

两人分宾主落座。张伯行命大黑出去要了几样酒菜,一一摆好,两人边吃边聊。

陈鹏年问张伯行为何这么晚才到苏州。

张伯行将前后经过一一说与陈鹏年。当说到自己在于准面前据理力争,且将那于准说得哑口无言、气急败坏,最后无奈同意自己见皇上之时,陈鹏年不禁哈哈大笑,说道:"孝先兄,好口才啊!我在想,江苏巡抚于大人平日里也嚣张跋扈惯了,没想到在张大人面前栽了跟头,想想实在解气。"

张伯行也哈哈笑道:"并非我张伯行口才好,只是因为我们行得正,坐得端。只要问心无愧,那于准又能奈我何?"

陈鹏年道:"张大人说得有理。那于准在江苏也是号称'于一嘴',听同僚说,张大人在江宁也是几次三番说得那于准无话可答。厉害了,我的张大人!"

张伯行再次大笑。

两人越聊越投机,不觉间已是深夜。

陈鹏年看天色已晚,对张伯行道:"张大人,天色太晚,明日还要见驾,我们今日就到此为止吧。"

张伯行道:"也好。"

陈鹏年拱手告别。张伯行一直送到门外。

一轮明月照在姑苏街头,石板小路上布满斑驳树影。寒山寺的钟声,在夜的深处渐隐渐现,更衬出苏州城的祥和与宁静。

张伯行叹道:"上次来到苏州,就觉得苏州民风淳朴,一直感叹沧州治理有方。这次过来,犹胜上次。"

陈鹏年道:"孝先兄见笑了。陈鹏年从小读的是圣人之书,既然为官,就要为百姓请命,至少要做得问心无愧。"

张伯行道:"沧州,以后有机会,定要畅聊一番。见到沧州,才感觉官场之上尚有'良心'二字啊!"

陈鹏年与张伯行拱手分别。

回到驿馆之后,张伯行躺在床上,却不能入眠。

一轮明月透过窗棂,洒在房间内,丝丝缕缕,浓浓淡淡,似水柔情。

张伯行起身下床,推开房门,来到后院之中。

这些日子发生的事情,让张伯行开始思考自己的做事原则。尤其是大黑借钟遽的话语给的建议,使他内心受到触动。张伯行又想起恩公张鹏翮的那封信,有些事情可以用变通的手段去做,但有些事情却万不可变通。恩公张鹏翮建议自己与噶礼、于准等人至少表面上和睦相处,这样才能让自己仕途顺利。而这一点,张伯行却无法做到。

突然之间,张伯行又想到钟遽。

自那次修路又遇到钟遽之后,张伯行对钟遽的认识又深一层。张伯行心想:这钟遽的确不是简单人物,不仅见识超卓,而且为人忠诚。"千人之诺诺,不如一士之谔谔。"若有机缘,定要将此人带到身旁。

张伯行在外面转了半天,感觉有些疲惫。他回到房间,躺在床上,沉沉睡去。

第二日一早,晨曦微露,东方一抹红晕笼罩着苏州城。小桥流水之上,勾栏瓦肆之间,人影已时隐时现。

张伯行用过早饭之后,收拾一番,穿好官服,命大黑备好车马,前往康熙帝行宫见驾。

行宫门外,两江各级官吏已经列队等候。大家见了面,免不得相互寒暄几句。

众人在门外等候约一炷香工夫,里面有人走出,对着众人高声喊道:"两江官员入宫见驾!"

(六)康熙帝对张伯行说道:他们不举荐你,朕举荐你

康熙帝拜谒过明太祖陵后,召见江苏官员。

两江总督噶礼并江苏巡抚于准,领着两江各级官员进入行宫。康熙帝端坐于龙椅之上,按照噶礼与于准拟好的名单依次接见官员。

身后已无人影,张伯行依然在静心等候。

最后一轮,才是张伯行与几位属官。

康熙帝看过眼前几位,而后目光落在张伯行身上。康熙帝问道:"朕原认得你,你叫张什么行来着?"

张伯行忙跪倒于地,高声说道:"臣江苏按察使张伯行叩见皇上!"

康熙帝恍然道:"哦,对,是张伯行,这个名字朕到江南听过数次。上次朕去雨花台,就是你负责修路吧?"

张伯行道:"正是微臣。"

康熙帝道:"当时朕曾对身旁阿哥说,一夜之间,能将道路修得那般平整,非深得民心者不能为之。为政之德,譬如北辰,居其所而众星拱之。若我大清人人能够如此为官,何愁天下不太平啊!"

康熙帝感慨一番后,侧身问于准道:"于爱卿,你是江苏巡抚,这张伯行在你手下为官,你当对他甚为了解。你说与朕听听,张伯行平日为官到底如何?"

于准适才听闻皇上与张伯行的对话,恨得牙根直痒。突然听到皇上问自己,连忙出列跪倒于地,说道:"张大人平日为官清廉,深得江苏百姓之心。"

于准口中这样说着,心中却愤懑不已。

康熙帝回身,对身旁的宰相张玉书道:"张中堂,你可知张伯行为官如何?"

史载:张玉书,字素存,号润甫,江苏丹徒人,顺治十八年(1661年)进士,精春秋三传,深邃于史学。举止优雅,学识过人,历官凡五十载,为宰相二十年,深得康熙帝喜爱。

张玉书听闻康熙帝问自己,忙躬身施礼道:"皇上,臣家乡就在江苏。臣自跟皇上南巡至此,听闻乡邻说起张大人,无不颂其为官清正,事事为百姓着想。且闻百姓所言,这张伯行自到任后,从未受人一分一厘,也从未送人一丝一毫,实在是难得的一位清官。况且,也只有我大清方能有如此清官。"

康熙帝又转身问两江总督噶礼及江苏巡抚于准道:"两位爱卿,你们刚也听到中堂之言。我且问你们,如张伯行这等清官,两江可还有?"

噶礼看看于准,于准也看看噶礼,两人内心如开锅一般。

噶礼略顿了顿,躬身道:"主子,如张中堂说之清官,实在难得,想来我两江唯有张伯行张大人了!"

康熙帝闻听,脸色突然变得凝重,不怒自威,沉声说道:"噶礼、于准,既然如张中堂所说,你二人也应知张伯行如何为官。我命你二人将两江为官清正、政绩卓著者,拟好名单,提交与朕,朕要亲自为他们封赏。朕将你二人所拟名单前前后后看过数遍,却为何独独不见张伯行这三个字啊?"

噶礼与于准嗫嚅半天,无言以对。

康熙帝继续说道:"'为政之要,莫先于用人。'朕初到江南之时,已经听闻过张伯行作为。虽然事情不大,但却可判断张伯行为官为人如何。因为朕知道,百姓的事情无论大小,若你等真为百姓做事,哪怕芝麻大的事情,百姓自会对你百般称颂。故从这些小事中,朕知道张伯行是难得的栋梁之材。

"朕不解的是,朕来此几天,就能判断张伯行人才难得。尔等身为其上司,自是知之更多,了解更透。盖有非常之功,必待非常之人。朕想问问,为何朕让你们保举官员时,为何独独漏掉张伯行?

"思皇多士,生此王国;王国克生,维周之桢;济济多士,文王以宁。"

康熙帝说到此时,言语之间已经极其慷慨,遂回身对张伯行道:"朕知你!他们不举荐你,朕举荐你!将来你要居官而善,做出政绩,天下人就会知朕是明君,善识英才;如果贪赃枉法,天下人便笑朕不辨善恶。张伯行,你不会辜负朕今日对你的举荐吧?"

所有的人都没有想到,康熙帝会说出这样一番慷慨激昂的话语;更没有想到,康熙帝会亲自举荐张伯行。

张伯行听闻皇上说完此番言语,内心深处亦是激动万分、感激涕零。此时的张伯行已经泪眼婆娑,竟不曾意识到皇上在问自己。

旁边的张玉书忙走过来,拉了一把张伯行,说道:"张大人,皇上问你话呢?"

张伯行忙跪倒于地,高声喊道:"谢皇上亲自举荐张伯行,我张伯行定为我大清社稷鞠躬尽瘁,死而后已,绝不会辜负皇上的恩德与厚望。吾皇万岁,万岁,万万岁!"

众官员皆跪拜于地,山呼万岁。

张伯行自是无以言表,而噶礼与于准此时此地却是尴尬万分。两人本想着不给张伯行机会,却没料到最后是这样一个结局。

康熙帝又道:"张伯行,你且跟随朕一路南巡,容朕思考几日,看如何对你封赏。"

张伯行再次跪倒:"谢主隆恩!"

康熙帝看了一眼众人,说道:"今日就这样吧。"

噶礼、于准等人率领两江官吏从行宫中走出。

此时,太阳已经升至中天。

十
皇恩浩荡

（一）噶礼、于准二人专门为张伯行设宴

松江古称华亭，别称云间，位于上海西南，历史文化悠久，被称为"上海之根"。有"苏（苏州府）松（松江府）财赋半天下"之美誉，是江南著名的鱼米之乡。

因这松江府风光秀丽，历史悠久，人才辈出，康熙帝离开苏州之后，就直奔松江而来。

张伯行奉康熙帝之命，伴驾南巡。噶礼、于准心中虽有不满，却也无可奈何。

康熙四十六年三月二十三，康熙帝南巡的队伍抵达松江府。其时，午阳已经偏西，康熙帝下令，因沿途劳累，众大臣可暂时休息，朝廷及地方事务明日再议。

张伯行带领大黑与大仪来到驿馆，一切安排妥当。张伯行正欲出门看这松江府的风土人情，大黑忽然来到门口，对张伯行道："老爷，两江总督噶礼大人及江苏巡抚于准大人派人过来，说请老爷吃饭。"

张伯行一愣，暗暗纳罕：平日噶礼和于准视我为眼中钉、肉中刺，处处与我为难，今日为何请我吃饭？

大黑道："老爷，您看是不是请送帖之人进来？"

张伯行道："那是自然。"

大黑将那送帖之人请进。那人来到张伯行面前，躬身施礼道："见过张大人，小的奉总督大人之命给张大人送来请帖。"

张伯行接过帖子，上面写得清楚：今日晚间恭请张伯行大人至松江府醉

白楼一叙,下面落款为两江总督噶礼并江苏巡抚于准。

张伯行略一沉吟,对那人道:"你回去禀告两位大人,张伯行按时前往。"

那人躬身道:"多谢张大人赏脸,小的告辞。"

待那人离去后,大黑与大仪不解地看着张伯行一眼。

大仪道:"酒无好酒,宴无好宴,黄鼠狼给鸡拜年。老爷,为何答应前去赴宴?"

张伯行道:"我也知道他二人请我吃饭,定是别有用心,但也不能强硬推辞。我们且去看看,随机应变即可。"

当日晚间,张伯行带大黑与大仪前往醉白楼,噶礼与于准已经等候多时。

两人看到张伯行,上前一步,拉住张伯行的衣袖,说道:"孝先,果然是守时之人,快请进。"

张伯行命大黑与大仪在门外等候,自己随噶礼、于准走进房间。

三人分宾主落座,酒菜早已摆好。

酒过三巡,张伯行对二人道:"两位大人,今日为何事请张伯行前来?在下不胜惶恐。"

于准道:"孝先啊,不要客气,更无须多想。今日只是吃饭,并无他事。来,孝先,你看,这是松江府有名的大闸蟹。"

说话间,于准已将一只大闸蟹亲自放在张伯行面前。

张伯行忙道:"不敢劳于大人。"

三人吃上半天,张伯行看他们二人果然不谈其他事情,只是给张伯行介绍这松江府的各色食品。什么松江的四腮鲈鱼,松江的生煎包子,松江的叶榭软糕……

凡松江有点名气的饭菜,一应俱全。

眼看着天色已晚,张伯行道:"两位大人,天色已晚,张伯行也不胜酒力,今日就到此,如何?"

噶礼道:"既然张大人已经吃好,那今日就到此吧!"

说着话,两人也同时站起。张伯行走出门外,对噶礼、于准躬身施礼,说道:"多谢两位大人,张伯行告辞。"

说完,张伯行带着大黑与大仪离去。

离开醉白楼之后。大黑与大仪同时问道:"老爷,那噶礼、于准到底为何事请老爷吃饭?"

张伯行道:"我也好生奇怪,这二人在酒席宴间确是没有说因何吃饭。"

几人边走边聊,却一直不曾明白督抚二人的态度为何有如此大的变化。

此时,夜色已深,大街之上,一片寂静。偶尔,一缕灯光从门户中透出,间或一两声犬吠从小巷里传来。

到了驿馆之后,大黑与大仪各自休息。

张伯行来到自己的房间,点上蜡烛,烛光摇曳。外面一钩残月,透过窗棂射入,烛光、月光在地面上洒下斑斑驳驳的影子。

张伯行躺在床上,久久不能入眠。

第二日,天色未亮,张伯行已经醒来。

几人用过早饭,正在谈论昨日之事,忽然门口有人高喊:"江苏按察使张伯行速速接旨。"

张伯行一听,急忙整理衣冠,来到门外,一太监手捧圣旨在门外站立。

张伯行忙跪下道:"江苏按察使张伯行接旨。"

那太监展开圣旨道:"奉天承运,皇帝诏曰,江苏按察使张伯行速去行宫见驾。"

张伯行接过圣旨。待那黄门官离去后,他对大黑与大仪道:"速速备好车马。"

大黑与大仪看着张伯行,问道:"老爷,可知皇上何事宣召老爷?"

张伯行道:"我应该明白昨日噶礼、于准两人为何请我吃饭。"

大黑与大仪道:"为何啊?"

张伯行微微一笑说道:"见过圣驾,一切自有分晓。"

(二)康熙帝拔擢张伯行为福建巡抚

康熙帝抵达松江府,命随行官员且先休息,明日再行议事。

众官员走后,康熙帝坐在龙书案前,思考着这些日子发生的事。

正在康熙帝沉思之时,忽然外面有人进来。康熙帝定睛一看,却是把守宫门的太监王以诚。

王以诚来到康熙帝面前,俯身跪倒说:"皇上,门外张中堂求见,说有事请奏。"

康熙帝略顿一下,暗想,朕已经吩咐过,今日且休息,这张玉书为何又来?

康熙帝道:"着他觐见。"

未至片刻,张玉书来到康熙帝面前跪倒于地:"臣张玉书叩见皇上。"

康熙帝道:"张中堂免礼,此时过来,可是有事?"

张玉书起身道:"皇上,福建那边有奏折传来。"

康熙帝一愣,说道:"且拿来,让朕看看。"

张玉书从袍袖中拿出一份奏折递与康熙帝。

康熙帝接过来一看,却是福建布政使呈上的一份奏折。奏折中说,福建钱粮告急,百姓十之八九处于饥荒状态,甚至已有百姓流离失所,严重者更有百姓上山为寇,请皇上定夺。

康熙帝看过之后,忙问张玉书:"张中堂,此事详情你可知晓? 百姓为何无粮可吃? 朕未曾听说福建有灾荒发生啊!"

张玉书道:"皇上也知,福建可耕之良田甚少,而百姓人数又多,故福建缺粮,非一日之事。之前,多是从邻近各省调拨一些粮食,福建百姓尚可度日。但近日不知为何,福建粮食竟缺少到如此地步? 内中原因,臣也不知。"

康熙帝道:"依张中堂之见,此事该当如何处置?"

张玉书道:"以微臣之见,皇上可派一心腹能干之人,前往福建,将此事调查清楚,而后对症下药,自可平息百姓之怒。"

康熙帝道:"张中堂所言甚是有理。依张中堂之见,何人前去福建比较合适?"

张玉书面带微笑,说道:"皇上大概已经想好这个人选了吧!"

康熙帝闻听,哈哈大笑道:"张中堂果然聪明。朕的确有一人选,既然张中堂猜到,那张中堂以为此人如何呢?"

张玉书道:"此行福建之人,必须刚直无私,方能处理好相关事务。若论刚直,非此人莫属!"

康熙帝道:"'宰相必起于州部,猛将必发于卒伍。'既然这样,朕知道了。"

张玉书道:"皇上若无事,那臣就暂且告退。"

康熙帝道:"张中堂且先回去休息吧。"

张玉书躬身退出。

康熙帝再次陷入沉思。福建缺粮,内中定有隐情。若猜得不错,定和福建掌权的几位高官有关。去福建之人,必不能有丝毫私心,更不能畏首畏尾。这样的人,也只有张伯行!前几日,朕已说过,朕亲自推荐张伯行。这次就委以重任,想来张伯行不会辜负朕的重托。

第二日,康熙帝用过早膳,即刻下旨,令张伯行来见。

且说张伯行接过圣旨后,马上前往行宫。路上,张伯行暗想,昨日噶礼与于准请我吃饭,看来是早就得到消息,知道皇上会接见我,故特意与我亲近。难道皇上会委以我其他重任?张伯行正胡思乱想之间,行宫已在眼前。

张伯行下了轿子,对看门的太监说道:"麻烦这位公公给皇上递个话,就说江苏按察使张伯行奉旨拜见皇上。"

不一会儿,有人高声喊道:"江苏按察使张伯行觐见。"

张伯行急忙整理衣冠,走进行宫,来到大殿。看到康熙帝端坐在龙椅之上,张伯行急忙跪倒,高声说道:"江苏按察使张伯行拜见皇上,吾皇万岁,万岁,万万岁!"

康熙帝道:"免礼。"

接着问道:"张伯行,你可知朕唤你何事?"

张伯行道:"微臣不知。"

康熙帝道:"朕知你为官清正廉洁。前些日朕说过,朕要亲自推荐于你。这几日,朕一直考虑,一直不曾想到合适位置。"

张伯行忙跪倒说道:"皇上,臣所作所为,只是做好臣子分内之事。臣只是想着,为官一方,必要为百姓谋事,不然必愧对祖宗,更辜负所读圣贤之书。"

康熙帝道:"朕要的就是能够做好分内之事的官员,朕已经想好如何奖掖与你。张伯行接旨!"

张伯行急忙跪倒。

康熙帝对身旁的王以诚说道:"宣旨吧!"

王以诚拿出已经拟好的圣旨宣读:

奉天承运,皇帝诏曰:兹有江苏按察使张伯行为官清廉,深得民心,理当升职,故拔擢张伯行为福建巡抚。钦此!

读完,张伯行接过圣旨高声喊道:"谢主隆恩!"

康熙帝道:"朕下一站要去杭州,张伯行可暂伴驾前往。"

张伯行说:"谢皇上准许臣伴驾前往杭州。"

(三)康熙亲笔为张伯行题词"廉惠宣猷"

且说张伯行接过圣旨后,内心激动万分。虽说来时路上,他已经有了心理准备。但突然之间,自己从按察使擢升为福建巡抚,依旧有些难以置信。

张伯行思绪飞扬,想起自己自到江苏以来,一直兢兢业业,为百姓着想,但却事事不顺。

明明已经证据确凿,面对罪犯自己却无能为力,甚至一些小事也屡次受到督抚掣肘和刁难。其间,自己曾经有辞官归隐的想法,若不能兼济天下,就只好独善其身。自己的恩公张鹏翮也劝说自己改变做官的风格,认清时事,方能长久,自己为此还与恩公闹出一些不愉快。如今,这一切,都在一道圣谕中随风而去。

张伯行心想,即便整个世界都是一片浑浊,但自己的忠心若能为皇上洞晓,那受万般屈辱又能如何?更何况,自己的一片丹心,苍天可鉴,百姓可见。自己任何事情都要为百姓着想,方不负所读圣贤之书,不负早年父亲的谆谆教诲。

两日之后,康熙南巡队伍抵达杭州。

杭州,古称临安、钱塘。杭州得益于京杭大运河和通商口岸的便利,以及自身发达的丝绸和粮食产业,成为重要的商业集散中心。因其风景秀丽,自古就有"上有天堂,下有苏杭"一说。

抵达杭州之后,康熙帝处理完诸多事务,马上召张伯行见驾。

四月的杭州石榴花开得正艳,红灿灿的花开在绿叶婆娑中,远远看去仿佛颗颗红宝石。张伯行正在凝视不远处的一棵石榴树,听到宣召,急忙来到行宫,见到康熙帝,跪倒高声道:"臣张伯行拜见吾皇万岁,万万岁!"

康熙帝道:"张伯行,你可起来说话!"

张伯行站起身,躬身于侧。

康熙帝道:"朕着你去福建,望爱卿莫负朕之重托。"

张伯行高声说道:"臣张伯行只是做一些当做之事,蒙受皇上如此看重,张伯行以后定要再接再厉,效忠朝廷,为百姓做事。"

康熙帝又面对两旁随行官员高声道:"朕自八岁登基,至今已四十余年。四十余年中,朕从不敢有所懈怠,方有今日我大清王朝之稳固。朕时时都在想,如何使我大清王朝始终屹立不倒? 为君者,以天下为先;而为臣者,更要以百姓为先。若我大清满朝文武人人只念一己之私欲,那距离我大清亡国实不远矣!"

康熙帝接着说道:"邦之兴,由得人也;邦之亡,由失人也。得其人,失其人,非一朝一夕之故,其所由来者渐矣。国家用人凡才优者故足任事,然朕意必才德兼优为佳,若止才优于德终无补于治理耳。今日,所以拔擢张伯行者,只因张伯行做官行事从未考虑一己私欲。朕沿路所见所闻,江苏百姓提到张伯行,莫不赞赏。凡张伯行所做事情,百姓皆全力拥戴。朕愿看到更多的张伯行出现,朕愿文武百官扪心自问,是否如张伯行一般?"

两旁文武听康熙帝慷慨激昂的一番言语之后,皆出列施礼,齐声说道:"皇上卓见,臣等定当竭尽全力,为朝廷效力!"

康熙帝又回身对王以诚道:"准备笔墨纸砚,朕要赐张伯行御书一幅。"

王以诚忙令人将笔墨纸砚取出,又将墨研好,纸张铺好。

康熙帝提笔,略一沉吟,写下四个大字:"廉惠宣猷。"

众人看过,皆山呼万岁。

康熙帝道:"朕听闻宋代有一位清官包拯,包拯有句话说得好,'廉者,民之表也;贪者,民之贼也'。今日赐张伯行四字,希望张伯行为官继续维系此前之原则,更是希望诸位大臣,能够在为官之时理解这四字要义。"

张伯行跪倒,接过御书。

康熙帝写完之后,意犹未尽,诗兴大发,又对王以诚道:"再去准备一些纸张,朕再写一副对联。"

王以诚忙令人备纸,铺好。

康熙帝又提笔写道:"岩疆远握南天节,海峤勤宣北阙恩。"

写完之后,赐予张伯行。

康熙帝道:"张伯行,福建乃我大清东南之门户,算得是边塞重地,距离中原大地极为遥远。虽有些荒远,但位置十分重要。希望此去你时刻提醒自己,莫忘己任,莫忘朝廷,莫忘皇恩。"

张伯行接过御赐对联,高举头顶,说道:"谢吾皇万岁!臣张伯行何德何能,受皇上如此重恩,臣诚惶诚恐。此去福建,定当尽我之能,为朝廷治理好这东南重地。"

康熙帝又说:"福建虽临大海,但天气炎热,朕再赐你御扇一把。"

说着,令王以诚将自己平素用的一把御扇取出,赐予张伯行。

张伯行跪拜于地,高声道:"谢主隆恩!"语调之间,已有些哽咽。

康熙帝道:"这把扇子跟随朕数载,今日赐予张伯行。扇面上所书乃宋人林河清的《梅花》诗,为朕亲笔所题,朕意你可知晓?"

张伯行道:"吾皇万岁,万万岁!皇上告诉张伯行,要有梅花之高洁,不可同流合污。若是张伯行不能胜任,张伯行的名声算不得什么,却要误了皇上亲自举荐的名声,那张伯行虽万死不足以谢罪。"

康熙帝道:"你知道就好。"

(四)有时人若布匹,染于苍则苍,染于黄则黄

且说康熙帝赐予张伯行御书、对联各一幅,后又赐御扇一把。文武官员虽山呼万岁,皆言康熙帝乃一代明君,但内心深处,却各有想法。

那些耿直忠心的大臣,对康熙帝此举从内心表示赞佩,感觉皇上果真是一代圣君。而那些藏有私心者,尤其是以噶礼、于准等人为代表的两江官吏,内心深处对张伯行恨恨不已。他们皆巴不得张伯行在福建遇到更多难题,好除之而后快。

且不说康熙帝手下群臣的各种心思,只说康熙帝赐过御扇之后,又问张伯行道:"张伯行,朕今日高兴,你还有何意愿?"

张伯行道:"皇上,尚有一事请求,不知当讲与否?"

康熙帝道:"但说无妨。"

张伯行道:"臣年幼在老家读书时,臣父常常对臣讲,若日后有机缘为朝廷效力,定要记得所读圣贤之书。臣至今记得,臣得蒙圣恩,中进士之时,家中大小及远近亲朋好友皆来祝贺,并兴奋异常。唯有臣之父亲,将臣唤到书

房,告诉臣一句话,'君子有大道,必忠信以得之,骄泰以失之'。至今回忆起来,尚历历在目。后臣终蒙圣恩,在家乡管理河道,疲惫之时,也时有放松之意。但每每想起父训,便不敢有丝毫懈怠。"

康熙帝道:"有其父必有其子,难怪张伯行能够如此清正。"

张伯行继续道:"臣父临终之时,曾对臣讲,若日后臣能得皇上恩赐牌匾,挂于家中祠堂,实乃张家世代之荣幸。适才皇上问臣有何意愿,臣忽然之间想到父亲临终之语,故斗胆请求皇上,能否再赐一牌匾,让臣挂于家中祠堂。这样,父亲泉下有知,定会含笑。"

康熙帝道:"有这样的父亲,方有这样的子嗣。朕理当让天下做父母的知道,该如何教育子嗣。即使你不提出这样的要求,朕为了你的父亲,也当题此匾额。"

说着话,康熙帝命人备好笔墨纸砚,而后略加沉思,题写四个大字:"积善余庆。"

题完之后,命人交于张伯行。

而后,康熙帝又道:"朕听说你眼睛有些昏花,前些日子,西洋进贡,其中有眼镜一枚,朕今日将此眼镜也一并赐你。"

张伯行再次跪谢。

康熙帝道:"昨日福建那边又有本奏,说当地粮食紧缺,其他各事务也都紧急得很。这几日你做好准备,到镇江后,就带人前往福建赴任。"

张伯行跪下道:"请皇上在臣未曾赴任之前,给臣几句圣训。臣去福建后,会谨遵皇上的教诲行事!"

康熙帝道:"你倒是有心,容朕想想。"

康熙帝沉思片刻,说道:"福建乃我大清王朝东南边塞,当地各种风俗与中原大地相去甚远。你到福建后,切记,莫要更改当地各种风俗。不然,会激起百姓不满。"

张伯行道:"臣定会尊重当地民俗习惯。"

康熙帝又道:"地位清高,日月每从肩上过;门庭开豁,江山常在掌中看。到福建后,先要维持前任的各种制度,勿要急于求成,凡事欲速则不达。朕之所以在两江众多官员之中拔擢于你,只因你为官清廉,不贪不占。到任之后,依旧保持你此前各种行事作风,勿要随波逐流。"

张伯行忙叩头道:"皇上,臣本无大才,且不懂人情往来。今日得蒙皇上圣恩,拔擢臣为福建巡抚,这种知遇之恩,臣万死不足以报答,唯有一片丹心昭示天下。臣到福建后,定不会收受半分钱的贿赂。"

康熙帝道:"这个朕自是知道。但古往今来那些受封的大臣上任之初,都会信誓旦旦,也会信心满满,做一个好官。但朕也知道,有时人若布匹,染于苍则苍,染于黄则黄。朕希望爱卿若一朵莲花,即使处于淤泥之中,也要保持本色。"

张伯行道:"皇上教诲,臣定会谨遵。臣父在臣初入仕途之时,也常常教诲为臣,要用一颗忠心报效朝廷,切不可忘本,更不可学有些官员收受贿赂。若胆敢同流合污,日后地下相见,也不会相认。臣若收人钱财,不仅不忠,也实为不孝。臣百年之后,也无脸见臣之父亲。"

康熙帝道:"张伯行,还有一条,朕要讲与你听。"

张伯行道:"臣洗耳恭听。"

康熙帝道:"朕知道你为人耿直,不讲情面。但到福建后,与下属相处,尚须懂得变通。若是有下属违背制度,先要警示;若警示无用,且屡教不改,方可处置。切不可操之过急!"

张伯行道:"臣谨记于心!"

(五)谁要让台湾从中华版图上分裂出去,谁就是中华民族的千古罪人!

对于台湾,康熙帝又对张伯行叮咛道:

"'修其教不易其俗,齐其政不易其宜。'对于台湾岛,朕一直是招抚、感化,不到万不得已,实在是不愿用兵。上兵伐谋,其次伐交,其次伐兵,其下攻城。朕始终愿意以最大诚意、尽最大努力争取和平统一的前景,因为以和平方式实现统一,对大清帝国,对两岸百姓最为有利。

"朕派遣福建总兵孔元章去台湾进行安抚,带去大量金银财宝,支援台湾,稳定局面,发展经济,并答应郑经如归顺,可封'八闽王'。

"郑经却数典忘祖,背信弃义,不遵其父郑成功的嘱托,觉得台湾岛物产丰富,足以自给,况且和福建隔着海峡。他以'和议之策不可久,先王之志不可坠'为由,拒绝招抚,妄想隔海自立,成为一个独立国家。

"朕亲政以后,第一件事,就是派刑部尚书明珠奉旨入闽,主持和议。派知府慕天颜入台,宣示招抚之意。同时,朕又做出重大让步,允许郑氏封藩,世守台湾。

"怎奈郑经则提出:'苟能照朝鲜事例,不削发,称臣纳贡,尊事大之意,则可矣。'

"对此,朕明确答复:'若郑经留恋台湾,不思抛弃,亦可任从其便。至于比朝鲜不剃发,愿进贡投诚之说,不能允从。朝鲜系从未所有之外国,郑经乃中国之人!'

"琉球、朝鲜,历史上本来就是藩属国。台湾与琉球、朝鲜有质的区别,根本不同,无论是历史上,还是现实中,台湾都是中国不可分割的一部分。

"朕绝对不会允许台湾成为独立于中国之外的国家。子子孙孙,世世代代,也要铭记在心:谁要让台湾从中华版图上分裂出去,谁就是中华民族的千古罪人!"

说到此,康熙帝扭过头对张玉书道:"下面的事情,张中堂你是知道的。"

"微臣知道。此后发生三藩之乱,中原战火弥漫。郑经乘机与吴三桂、耿精忠勾结,发兵攻打闽粤,与我作战,占领厦门与漳州、泉州、潮州、惠州各地。"张玉书答道,"而那郑经贼心不死,要求请照琉球、高丽外国之例,称臣奉贡,奉朝廷正朔,受朝廷封爵。"

康熙帝接着张玉书的话,说道:

"就这样,朕仍然以德报怨,宽宏大量,再一次争取谈判,下旨让福建总督姚启圣派副将黄朝用赴台,进行安抚。

"朕是坚决不同意台湾比照琉球、高丽之例。台湾人皆闽人,不得与琉球、高丽比。朕是一忍再忍,一让再让。

"朕总想,亲望亲好,亲人之间没有解不开的心结。怎奈那郑经鬼迷心窍,一意孤行,置民族大义于不顾,一而再再而三地挑战朕的底线。"

康熙帝对内阁大学士李光地说:"朕记得,当时你是支持武力统一台湾的。"

　　史载:李光地,字晋卿,号厚庵,别号榕村,福建泉州府安溪人。康熙九年(1670 年),庚戌科会试中成绩出众,高中二甲第二名进士。历任翰林院编修、翰林学士、兵部右侍郎、直隶巡抚,协助平定"三藩之乱"、收复台湾,拜文渊阁大学士兼吏部尚书。著有《四书解》《朱子全书》等。

李光地急忙出列,答道:"郑经死后,郑克塽年幼,诸将不能协同作战,郑克塽不能驭下,兵民离心。当时如果派出大军征讨台湾,必能攻克,机不可失啊。"

"李爱卿所言极是。在所有选项皆走不通、只剩下武力解决的唯一选择之下,朕排除众多反对意见,决定采取剿抚并用的方针,底定海疆。"康熙帝说道,"朕心里清楚,台湾乃区区弹丸之地,怎么能抵得住大清的千军万马? 仅仅不足二十日,郑氏奉表纳降,呈交延平王金印和户口土地册籍。"

"朕不食言,接受投降,优待郑氏。从前抗违之罪,全行赦免,仍从优叙录。加恩安插、务令得所。煌煌谕旨,炳如日星。封郑克公爵,封刘国轩侯爵,降众四万余,或入伍,或归农。郑氏人众俱得妥善安置,台湾遂告统一。"

虽然收复台湾,但是当时朝中大臣却有两种不同意见,一则如朝中大臣纳兰明珠、张廷玉、闽浙总督姚启圣等一干重臣认为,台湾物产丰富,且与福建遥遥相望,地理位置绝佳,是大清门户,应立刻设府立县,派官驻军,开科取士,教化安民。而以内阁大学士李光地等人则主张弃守台湾,认为台湾久悬海外,孤岛难守,徒增朝廷负担,无利可图,主张尽迁居民于内地。

雄才大略的康熙帝认为:台湾岛及其附属岛屿,自古皆为中华之固有疆土,海峡两岸同种同根,同源同宗,与琉球、朝鲜有本质区别。

于是,康熙帝决定,将台湾本岛以及西南方向的澎湖列岛,东北方向的钓鱼列岛,周围的彭佳屿、棉花屿、花瓶屿、基隆岛、和平岛、龟山岛、绿岛、兰屿、七星岩、琉球屿等,连同台湾本岛及其附属岛屿共 86 座岛屿,一同纳入大清版图,成为大清王朝的东南门户。

善后之策,重在安民和休养生息。早在清军攻克澎湖之时,施琅便出告示,规定澎湖地区百姓"蠲三年徭税、差役",以恢复澎湖经济。施琅率领的清军入台之后,"其各乡社百姓以及土番,壶浆迎师,接踵而至"。施琅给他们衣帽、布匹等物,"樵苏采捕,载运米谷蔬菜,出入港澳,均听民便。"确保台湾正常的生产、生活秩序,台湾民众"咸皆欣欣踊跃"。此外,还免除台湾地区的正赋和杂饷,有助于战后民生改善。

统一台湾之后,清王朝在台湾设府设县,并派一万绿营兵驻防台湾本岛和澎湖,标志着清王朝在台湾行政和军事管理的体制化。

至此,东南海防终于尘埃落定!

最后,康熙帝语重心长地嘱托张伯行:"今日台湾虽隶属福建,但因与福建隔海相望,故各种事务不好处理。且朕听闻台湾各地尚有少数余孽不愿臣服。你此去福建,时刻留意台湾军情。若有何变故,先招抚、安抚、感化、挽救。不到万不得已,慎用军事,并即刻奏与朕知。"

康熙帝吩咐完毕,对张伯行道:"今日就这样吧,朕明日还要体察杭州民情,你等且回,尽快赶赴福建去吧!"

张伯行跪拜之后,离开行宫。

十一
别过江苏

张伯行回到驿馆，大黑与大仪等人皆兴高采烈，兴奋异常。而张伯行却显得有些忧心忡忡。

大黑与大仪皆不解，问道："老爷，皇上接连赐予老爷御书、牌匾、折扇、眼镜及祠堂匾额，这样的荣耀，不要说没有见过，甚至听都没听说过。老爷却为何还显得不高兴？"

其实，张伯行内心对于皇帝的赏赐是无比感激的。尤其是为宗祠求得匾额一幅，想着自己的父亲泉下有知，当为之含笑。

听到大黑如此发问，张伯行叹道："大黑、大仪，在皇上连续赐予张伯行御书、匾额之时，你可知道两江官员，尤其是噶礼、于准二人是何表现？"

大黑道："老爷，我们二人也不曾跟随老爷去见皇上，哪里会知道那两个狗东西是什么样子。"

张伯行脸色一沉，说道："不得无礼。"

大黑嘿嘿笑了笑说："这不四周无人，就我们三个，所以才会如此说的。"

张伯行道："以后切记，此等话语不要乱说。"

两人皆言记下了。

张伯行道："自我被皇上封为福建巡抚后，噶礼、于准二人虽说表面与我亲近，但他们两人内心却是不满与怨恨。尤其是皇上连续封赏，更是令两人愤愤不平。虽说封官受赏是好事，但却会让人羡慕嫉妒恨。"

大黑道："老爷何时变得如此谨慎，这似乎不是老爷风格啊？往日里老爷行事只会按自己的风格去做，从不曾在意他人的眼光。"

"物有甘苦,尝之者识;道有夷险,履之者知。"张伯行道,"这些日子经历事情甚多,有些人为了达到一己私欲,往往不择手段,我们不得不小心谨慎。"

大黑与大仪对视一眼,心想:我们老爷果真变化不少,官职做得越大,竟越发谨慎起来。

张伯行见二人不语,问道:"怎么,你二人为何不语,难道我说的不妥?"

大黑嘿嘿笑道:"老爷,我们俩是粗人,肯定想不了那么多,只是觉得老爷的确比以前聪明很多。"

张伯行也笑了,说道:"你们俩说我聪明,是真的夸我还是故意损我?"

两人同声道:"怎敢贬损老爷,老爷行事确实比往日更有分寸。"

张伯行背着手在房间里来回踱步,走到窗户附近,眼望着窗外,指着东南方向对两人道:"张伯行所忧,不独噶礼、于准等人,更忧者乃是福建。"

大黑道:"老爷果真是好官,我们还不曾出发,老爷已开始操心福建的事情了。"

张伯行道:"凡事预则立,不预则废。皇上已经说得明白,福建省内粮食缺乏,却并不是因为灾荒,其间必有许多蹊跷。一旦处理不好,定会掀起轩然大波,闹不好还有牢狱之灾。不然,皇上为何派我张伯行前往福建。"

大黑与大仪听闻张伯行这样说,也不禁肃容。两人同时插手施礼道:"老爷且放心,只要有我等二人,绝不会让老爷受丝毫伤害。"

张伯行满意地看着两人,说道:"有你二人护我,我焉能不放心?我不放心者,非我之安危,乃福建百姓也。皇上说福建百姓因为食不果腹,很多人揭竿造反,落草为寇。此去福建,如何才能让百姓过上安稳生活,实在是不易之事。"

大黑与大仪听到张伯行这样说,心内皆暗暗佩服,赞佩张伯行一心为民的行事作风。

大黑道:"老爷,大黑有一件事,不知能讲不能?"

张伯行道:"但说无妨!"

大黑道:"老爷刚才所说,让大黑感觉到此去福建,必然会遇到各种棘手之事。多数情况下,我和大仪只能保护老爷安危,却不能给老爷出谋划策。之前被老爷撵走的钟逵足智多谋,且见识非凡,老爷此去福建是否将此人带上?"

张伯行笑道："于我心有戚戚焉,我正有此意。你二人抽时间务必找到钟逵。"

大黑与大仪领命而去。

康熙帝在杭州待了几日,率领文武百官继续前行,杭州的下站乃南方重镇镇江。

镇江,古称润州,亦是江南闻名的鱼米之乡。因长江与京杭大运河在此交汇,故航运极其发达。白娘子水漫金山,刘备甘露寺招亲,都让镇江格外迷人。

康熙帝的车驾抵达镇江之后,再次召见张伯行。

康熙帝对张伯行道："朕不日即将起驾回京,福建那边事务紧急,你且带人速速赴任。"

张伯行拜别康熙帝,领着大黑、大仪等人回到驿馆,收拾行囊,准备前往福建。

(二)江宁百姓皆言,张伯行到任福建乃福建百姓之福

康熙帝的车驾终于离开两江。

江宁城内,噶礼与于准在"秦淮人家"摆酒宴请两江的高层官吏。毕竟,此次皇上南巡,对于两江事务比较满意,并且两人负责的各种事务也并未出现大的纰漏,皇上临行之时还对两人提出表扬。

"秦淮人家"二楼之上,众人推杯换盏,一片热闹景象。大家或者猜枚行令,或者高谈阔论,气氛异常活跃。

于准对噶礼道："噶大人,皇上此次南巡,对两江事务甚为满意,想来噶大人定会升迁。"

噶礼道："托于大人吉言。皇上对江苏感觉尚好,也祝于大人步步高升。"

噶礼接着道："唯有一事,让人甚为不快。那张伯行竟然升迁至福建巡抚,实在让人不能接受。"

于准忙安慰道："总督大人,凡事有其利,则必有其弊。那张伯行虽然升职,但我两江却送走一具瘟神。以后在两江地面上,想来无人与我等为敌了。"

噶礼道:"于大人说得也有道理。"

说着话,噶礼举杯对于准道:"来,为送走张伯行这具瘟神干杯。"

两人举杯,一饮而尽。

于准接着说道:"噶大人,我听说皇上之所以要把张伯行派往福建,是福建百姓因粮食不够,四处闹事。想来张伯行此去福建,也不会有什么好日子过。说不好,还可能栽到福建任上呢。"

说着话,两人哈哈大笑起来。

话说江宁城的百姓听说张伯行升迁为福建巡抚,纷纷相聚,为张伯行欢庆。

一位白发苍苍的老者对众人说道:"当今圣上果是明君,如张大人这样的清官,竟然得到升迁。老夫已经七十多岁,听过见过的事情也算多矣,大多是贪官不受惩罚却得到重用,而清官却总是受到排挤。今日张大人竟和往日所见不同,真该为张大人庆幸,为张大人庆祝。"

老者旁边站着一位男子,四十余岁,一身青布长衫。此人接过话茬,说道:"张大人升迁,固然可喜可贺,但我江宁却因此要失去一位公正廉明的按察使。接替张大人的不知何等人,也许我江苏百姓又会蒙受各种冤屈。"

另一位三十多岁的男子拱手说道:"李兄果然饱读诗书,见识不凡,所言极是有理。张大人升职,乃张大人之幸;到任福建,乃福建百姓之福;于江宁而言,则是个损失啊。只希望以后张大人能够重回江苏,若张大人能任江苏巡抚,我定为上苍烧上一炷高香。"

且说张伯行带领大黑、大仪等人收拾行囊之时,忽然有人通报,说门外有几位秀才并百名百姓求见。

张伯行奇道:"为何众多百姓来此,所为何事?"

那衙役道:"为首的是一位秀才,听闻大人要走,特来送行。"

张伯行道:"既然如此,那我出来与大家相见。"

张伯行领着大黑、大仪走到大门口。

只见门外黑压压的一片人。

为首的秀才看到张伯行出来,忙上前一步,倒地就拜,高声喊道:"草民贾书声见过张大人。"

原来为首的正是六秀才案中的贾书声。

张伯行忙上前一步,将贾书声搀起来。

贾书声起身道:"听说张大人要离开江苏,我等自发做一牌匾,送与张大人。"

说着,后面出来两个人抬着一牌匾,上书四个大字:"公正廉明。"

张伯行拱手道:"张伯行实不敢当。虽说为诸位平冤昭雪,但那幕后凶手,张伯行却无能为力,逍遥法外。每每想到此事,张伯行就诚惶诚恐。"

那贾书声说道:"张大人就莫要推辞。我等也知道有些事情并非张大人之力就能做到。但我等六人能够活在人间,实乃张大人所赐。若非张大人,或者我等已在阴曹地府。若张大人不接受此牌匾,我等今日就不会离开此地。"

张伯行无奈,令大黑、大仪将牌匾接过。

一长者分开众人,上前一步,对张伯行深施一礼道:"听说张大人要走,江苏百姓实在是不舍。但张大人此去,乃皇上恩赐。我等只能替张大人高兴,故特来为张大人送行。希望张大人以后能够重回江苏。"

说着话,老人不禁有些哽咽。

张伯行看着众人,内心自是感动万分。

(三)帮的是大人一颗为公之心、为百姓之心

张伯行将众百姓送走。众人依依不舍,与张伯行挥手告别。

张伯行领着大黑与大仪回到屋内,对大黑道:"大黑,我几日前让你办的事情,可曾办好?"

大黑道:"老爷所说何事?"

张伯行道:"大黑,你年纪不大,却为何比我还糊涂?前几日你曾给我说过,让我此去福建务必带上一人。"

大黑一拍脑袋道:"哎呀,老爷说的是钟逵吧?"

张伯行道:"又是哪一个啊?"

大仪接上道:"老爷放心,钟逵已经找到,现在就在附近驿馆,只等老爷召见。"

张伯行道:"这样吧,现在已到午时,我们且在附近找一酒馆。你们二人

把钟逯唤来,我们边吃边聊。"

大黑道:"老爷近日为何如此大方,竟要请我们吃酒?"

大仪道:"大黑哥,我们还不是沾钟逯兄弟的光嘛。不然,老爷能如此慷慨?"

说着话,两人看着张伯行,哈哈大笑。

张伯行也不禁笑了起来,说道:"我何时虐待过你俩,竟要如此损我?"

大黑与大仪再次大笑。

两人和张伯行先到附近一家酒馆,订好包房。大黑去找钟逯,大仪负责点菜。

张伯行看着这家酒馆,门面虽然不大,但收拾得干净,桌椅摆放得整齐,且擦拭得纤尘不染。这店家三十多岁,待人极为热情,安排得也甚是周到,让人心情愉悦。

约一炷香的工夫,大黑带着钟逯来到酒馆。

钟逯看到张伯行,忙紧走两步,上前施礼道:"钟逯见过张大人。"

张伯行忙扶起钟逯,说道:"钟逯,勿要多礼,速速起来。"

几人来到房间,分主次坐好。

张伯行看着钟逯说道:"钟逯,上次雨花台修路,多亏你暗中相助。不然,定不能按期交工。"

钟逯笑道:"若不是大人廉洁之声誉广播于江宁乃至江苏,钟逯如何肯帮大人?钟逯帮的不是大人,是大人一颗为公之心、为百姓之心。"

大黑接口道:"钟逯兄弟,我怎么听着你说的像绕口令,什么帮这个帮那个的,反正我大黑就知道你帮的是我家老爷。只要帮老爷,我大黑就认他做兄弟。来,钟逯兄弟,干了这杯酒!"

钟逯哈哈大笑道:"大黑兄弟是个爽快人。"

说完,举起酒杯,与大黑一饮而尽。

张伯行也举起酒杯,说道:"钟逯,张伯行也敬你一杯。"

钟逯惶恐道:"钟逯不敢。"

张伯行微笑道:"钟逯啊,勿要客气。张伯行敬你,一则是因为雨花台修路,你暗中帮忙,张伯行才能按时交工,皇上甚为满意;二则,正是你前些日子托大黑给我的建议,才使得我排除杂念,见到皇上。若不是这两件事,焉有皇上封我为福建巡抚的结果。在一定意义上说,正是你的鼎力相助,方有今日福建之行啊!"

钟逵忙举杯道:"钟逵只是尽绵薄之力。大人之所以升迁,最终还是皇上看中大人的耿直无私,深得百姓之心。"

张伯行道:"固然如此,你功不可没,此杯必饮。"

钟逵举起酒杯,躬身道:"谢过张大人。"

说完,一饮而尽。

几人边吃边聊,谈笑风生,甚是投机。

酒过三巡,菜过五味。张伯行道:"钟逵,此去福建,张伯行需要有人帮忙。故今日请你过来,是想让你跟随我一同前往,你意下如何?"

钟逵沉吟片刻,说道:"钟逵恐不能与大人同行。"

大黑腾地一下就站了起来,说道:"钟逵兄弟,为何不能?"

钟逵对张伯行施礼道:"钟逵非常感谢大人,钟逵实感荣幸之至。按说大人如此抬举,钟逵本应鼎力相助。只是上次与大人一番交谈,钟逵深知,我的一些行事风格有违大人之准则。钟逵唯恐在大人身边,影响大人的看法,影响大人的声誉。到那时,我钟逵或许就成为罪人了!"

大黑在旁边急道:"钟逵兄弟,皇上之所以派张大人前往福建,是因为福建粮食缺乏,百姓被逼无奈,多有造反闹事之举。此去福建必然凶险无比,大人身边急需人手。我与大仪虽然可以尽力护得大人安全,但一些出谋划策之事,还需要有人帮忙。所以,前些日子,大黑极力向大人推荐了你,难道钟逵兄弟眼睁睁看着张大人只身犯险,你独自在江苏过逍遥自在的生活不成?"

大黑一番话说得慷慨激昂,且言真意切。

钟逵看了一眼张伯行,张伯行也微微点头。

钟逵拱手道:"张大人,大黑、大仪两位兄弟,既然如此,那我钟逵若再推辞,就显得矫情。蒙大人看重,大黑、大仪两位兄弟又如此忠义,那钟逵就答应大人,从此定为大人效犬马之劳。"

大黑一拍钟逵的肩膀,说道:"这就对了。"

张伯行举起酒杯,对几人说道:"既然钟逵已经答应,我们为钟逵的再次回归,干了此杯!"

几人举杯,皆一饮而尽。

（四）大凡为官清正者，皆不为上司、同僚所喜

江南的春天，草长莺飞。

一条宽敞的官道，从江宁向福州延伸。

官道两旁，各色野花竞相开放。春风吹过，花朵随风飘摆，肆意展示着自己。近旁，各种野生杂草，或高或低，一片绿色映入眼帘，生机益然。杨柳依依，婀娜多姿。几个孩童爬到柳树上，随手折下一根，做成柳笛，吹奏出让人心动的乐曲。

远处，一头水牛悠闲地在河边吃草，两个牧童戴着柳条编制的帽子，在杂花绿草之间与蝴蝶嬉戏。

张伯行的车队正行走在这条官道之上。

虽说是轻车简从，但连同大黑、大仪、钟逵等有二十余人。为了不引人注目，张伯行令手下人皆扮成商人模样。

张伯行看着道路两旁的风景，内心也不禁悠然神往。

钟逵在张伯行身边，看到张伯行被道路两旁的风光吸引，放缓脚步，对张伯行说道："大人，钟逵久居南方，各处风光皆熟稔于胸。这福建的鼓浪屿乃避暑胜地，春夏之时，繁花似锦，碧波荡漾。若能驾一叶扁舟，漂泊于近海之内，定是人生之幸事。到福建后，若一切顺利，大人亦可'偷得浮生半日闲'，去享受一番这鼓浪胜景。"

张伯行笑道："钟逵果然懂我。我看这道路两旁风光无限，正想着此去福建定然公务繁忙，恐再无机会欣赏这大好春光，你便来安慰我，让我'偷得浮生半日闲'。希望到时能够如你所言，一切顺利。若能偷得一点闲暇时光，定去鼓浪屿一看。"

张伯行顿了顿，接着说道："当年李涉写此诗时，正是人生低谷。李涉渴望用这大好春光排解其内心郁闷。但我最喜此诗者，并非此句。"

钟逵问道："大人更喜哪一句呢？"

张伯行道："我最喜者，乃'忽闻春尽强登山'。此诗中，独有这一句，写尽人生的态度，就像我的为官之道。我亦知道，自古以来，大凡为官清正者，皆不为上司、同僚所喜，故总会时时不顺、事事不顺。这种挫折带来的苦涩，让

你会产生人生将尽、春光将尽的感觉。但即使美好不再,即使愁云惨淡,我等仍需看到暮春之际亦有美好的风光,仍需鼓励自己走出阴霾,走出自我的方寸之地,去寻找并且寻找到心中的风景。"

钟逵道:"大人视角,果然与众不同啊!"

一旁的大黑听得有些着急。

大黑道:"大人,你们说些什么啊? 什么偷啊,抢啊,闲啊,淡啊,难道是早上我找的那家饭馆,饭菜不合口味不成?"

一句话引得张伯行不禁哈哈大笑起来。

笑声甚是响亮。道路旁边的一棵柳树上,几只小鸟被惊起,扑动翅膀,飞入半空。

蓝天白云之下,又是另一种别致的风景。

(五)知其不可为而为之,虽千万人,吾往矣

这一日,张伯行等人来到常州。

张伯行对大黑道:"常州有一座延陵书院,乃是我极仰望之地。上次路过这里,因太过匆忙,只拜谒杨先生祠堂,又查看唐徐氏案件,却不曾瞻仰延陵书院。当时还甚觉遗憾,不想今日又途经此地,我们且在此停留歇息一番。"

大黑道:"既然如此,老爷,我们今晚不妨住在常州。我去前面客栈安排好住宿,老爷可以安心去看书院,如何?"

张伯行喜道:"如此甚好。"

于是大黑在前面领着车队,进驻箄箕巷的一家客栈,一切安排妥当。

从客栈出来,张伯行遥遥看见"宝成粮栈"的招牌。在午时阳光下,这招牌格外刺眼。张伯行想,自己离开江苏,对唐徐氏的案件更是无能为力。人生,有多少功成名就,就有多少尴尬无奈。很多事,不知不可为而为之,愚人也;知其不可为而不为,贤人也;知其不可为而为之,圣人也。自己虽非圣人,虽千万人,吾往矣!

大仪理解张伯行此时此刻的心境,就劝张伯行前往延陵书院。

在路上,大黑问张伯行道:"大人,为何要瞻仰这延陵书院,可有什么故事?"

张伯行道:"这座书院是为祭祀延陵季子,弘扬季子文化所建。"

这位嘉贤季子,就是记载在司马迁《史记》中的季札。

季札(公元前576年—前484年),是使吴国中兴称霸的吴王寿梦的第四个儿子。寿梦认为季札博学多才,豁达贤能,要他继承王位。季札则"弃室而耕",辞之,他的兄长相继接位后又要将王位让他,他仍固辞不受。这三次让国的故事至今为人乐道。

季子在余祭元年(公元前547年)被封于延陵,又称延陵季子,也是具有史料可稽有名有姓的武进第一人。他出使鲁、齐、郑、卫、晋诸国,广泛结交各国知名人士,与晏子、子产等人交好,畅论政见,扩大了吴国的影响力。

他精通音乐,能根据周代民间和宫廷乐舞所反映出的时代风貌和地域特色,推断出各诸侯国的政治明暗、民风厚薄、国运盛衰。

他讲信义,重然诺。有一次出访路过徐国,徐君非常喜爱他的佩剑,他因要继续出访不能无剑而无法相赠。待其归时,徐君已死。他祭过徐君后将剑挂在墓树上。从者不解,他说,当时我心中已许诺,怎能因他去世而违背原先的承诺呢?

季札"三次让国""墓前挂剑"的故事世代相传。传说季札去世后,墓前立有孔子手书"於乎有吴延陵君子之墓"十字碑。

不一会儿,几人便到延陵书院。

几人跟着张伯行进入书院,步于青石小路之上,抚摸着旁边墙壁,只见每块砖石上皆刻着"延陵书院"字样。

来到正堂,只见季札雕像端坐正中。

张伯行施跪拜之礼,感慨万端,对钟逵等人道:"这季子,才华横溢,却又不慕荣华虚名,境界之高,实在让人心向往之。"

钟逵道:"我看大人对此书院情有独钟,今日尚早,大人何不将这敬仰之情写出,以传后世。"

张伯行道:"我也有这样的想法。"

于是,钟逵等人取出随身携带的笔墨纸砚,摆放在书院的一石桌之上。

张伯行举起毛笔,沉思片刻,开始落笔。

半个时辰左右,张伯行收笔。

钟逵大略读了一遍,赞叹不已。

大黑却不能全识,问钟逵道:"钟逵兄弟,大人到底写了些什么?"

钟逵对张伯行道:"大人,何不读与大家一听?"

张伯行并未推辞,将自己所写碑文对着身边几人诵读一遍。

众人听完,皆称颂不已。

其文曰:

子曰:"延陵季子,吴之习礼者也。"延陵承泰伯之教,受季札之化。六艺薪传,中原岂先于吴会;文脉绵延,风气鼎盛于江南。北冥之鲲化为鹏,扶摇直上徙南冥,斯之谓欤?

诗云:"饮之食之,教之诲之。"是故圣贤出世,必设教以化民,此书院之所以兴也。在昔之时,素王传道于杏坛,实为肇始;有汉一代,群贤汇聚于精舍,堪称先声。延至唐宋,始有书院之名,天下文风遂布:饱学之士,往来江湖之间;圣贤之书,罗列楼阁之上。千古儒宗,因兹大盛。

时下国学复兴,智能之士,莫不希圣希贤,祈愿道场之兴。古之仙家,必待法、侣、财、地周全,然后办道。今四缘具足,延陵书院应运而生,势所必然也。法也者,孔孟老庄禅;侣也者,师友数人;财也者,好道之达者;地也者,江阴城中一宇。

第六章

一

赴任福建

（一）在拜谒泖口"三鱼堂"时，张伯行遭黑衣人刺杀

康熙四十六年（1707年）丁亥夏，五月初五，端午节，曙光初照，江上更显清寂。

张伯行走出船舱，站在船头，极目远望，心情大好。大仪上前禀道："老爷，我们已经行进到嘉兴境内。"

张伯行点头，突然像想到什么，急忙问："此地莫非御史陆稼书先生之乡？"

大仪点头应道："老爷，正是此乡。"

张伯行兴奋不已，立即吩咐："快快靠岸，我要前往拜谒陆先生府第，以慰平生之愿。"

张伯行打开书箱，取出《读朱随笔》，以手拂拭，泪水盈眶。想当年，在请见书院，他教授弟子《朱子语录》，想到陆稼书所言"今之论学者无他，亦宗朱子而已。宗朱子为正学，不宗朱子即非正学"，不由得肃然起敬。

史载：陆稼书，名陇其，浙江平湖人，生于明崇祯三年（1630年），卒于清康熙三十一年（1692年）。康熙九年（1670年）进士，历官江南嘉定、直隶灵寿知县、四川道监察御史等，时称循吏。学术专宗朱熹，排斥陆王，被清廷誉为"本朝理学儒臣第一"，与陆世仪并称"二陆"。乾隆元年（1736年），追谥为清献，加赠内阁学士兼礼部侍郎衔，从祀孔庙。其著作甚多，著有《困勉录》《读书志疑》《三鱼堂文集》《读礼志疑》《灵寿县志》《战国策去毒》《一隅集》等。

康熙十四年,陆稼书在嘉定知县任上被降级调任,解任之日行李萧然,唯有图书数卷及夫人织机一架而已。是时,正值五更时分,星月遁形,略有薄雾,陆稼书携家人悄然出城,心中默念,只愿能无声无息离去。

谁料想,刚出城门,竟见前方道路人马堵塞,车辆并排,一眼望不到边。一见陆稼书,前排呼啦啦一片跪拜。

原来,嘉定百姓难舍陆稼书,称颂他为"一代父母清官"。九乡十八里之民,闻听陆稼书要调任,不约而同,齐聚于城外,为其送行。夜半入城,充塞街道,环绕不去,约请挽留陆公。

陆稼书初到任时,县内盗窃四起,百姓苦不堪言。几任知县都不能除之。其中一任知县追贼过急,竟在夜间被盗贼假扮仆从混入衙内杀死。陆稼书赴任当日,当地上至达官显贵,下至黎民百姓,无不为之担忧。然而令人难以置信的是,陆稼书上任初,竟并不急于缉捕盗贼,而是日日深入民间,体察民情。进而以恩威并施教化窃贼,教育他们以小本经营,维持生计,并对无力经营者发给若干本钱,教其改邪归正,否则施以重惩。次年该县窃贼明显减少,出现夜不闭门、路不拾遗、秩序井然的好民风。

其时,张伯行正在仪封阅其《读朱随笔》,先生被百姓塞城挽留之事,很快就流传于学子之间,张伯行感佩不已。

其后,陆稼书在灵寿任内,遇大水,亲至各乡勘实,奉命赈饥,走遍灵寿各地,对百姓倍加关怀,深受百姓爱戴。

陆稼书勤奋好学,不顾严寒酷暑,孜孜不倦。外出途中,仍手不释卷,博览群书,自成一家。先生的学问,"疏征孔孟之首,而以朱子为宗",成为朱熹理学的继承人。先生好思深学,身体力行。

康熙三十年(1691 年),陆稼书因病弃官归故里,闭门读书,布衣蔬食,唯以讲学为务。后去东洞庭山讲学,入门弟子甚多,遂在泖口创建"尔安书院"。次年十月,陆稼书在泖口的三鱼堂老宅病故,终年六十三岁。

张伯行研读先生著作,与其心心相通。不仅与先生见解相同,更对先生之德誓言效法。茫茫人海,遇到明师,其实难矣!张伯行与师之缘深如大海,其言行皆师之影响、教化,感佩,感佩!

不知何时,钟逵、大黑、大仪已立于他的身侧。

张伯行回头对他们说道:"我们今天去陆先生府上'三鱼堂'拜谒先生

如何?"

大黑笑而颔首,问道:"老爷,这陆先生何以以'三鱼堂'命其宅啊?"

闻听大黑这般询问,大仪、钟逵等亦欲闻其详,上前倾听。

张伯行便道,古时候,每个家族都有自己的氏堂,还有氏规,堂名也有一定讲究。陆稼书家族的堂名就叫"三鱼堂",而"三鱼堂"的来历,就和陆家作风正派、乐施好善、清正廉洁有着密不可分的关系。再加上平湖泖口一带人杰地灵,民风淳朴,造就陆家清廉家风。

生于明代天顺元年(1457年)的陆溥,是陆稼书的长辈。他在江西丰城任职时,政绩突出,廉洁奉公,爱民如子。后因年岁已高,谢官告老返乡。舟船行经鄱阳湖漕兑渡时,突然狂风大作,舟船漂泊不定,船底触礁,不能行走。时值夜半,陆溥及家人心想,这次恐怕性命难保。陆溥跪而祈祷,对天发誓:"舟内一钱非法,愿葬于江水鱼腹。"等到天亮,舟船安然无恙。返回丰城,水手在清理船舱积水时,发现船底被暗礁撞个洞,洞口被三条鱼堵住,据说这种鱼叫"黄牛头"。

这事一传十、十传百,远近老百姓争相前来观看,都说:"陆公为官清正,连鱼儿也要结伙报答,真是好官有好报啊!"

后人有诗曰:"堂开轮奂号三鱼,尚义坊头陆氏庐。闻说鄱阳风浪险,漏舟稳渡五更初。"

听张伯行说罢,大家方才领悟,均有急切观瞻之意。

船靠岸,大黑见有行人观望,此并不足奇。倒是有一着黑衣的中年男人,似乡民打扮,目光却不离于他。很快,黑衣人便消失不见。

大仪雇用两顶轿子,抬上张伯行便径往陆府而去。

两顶轿子前行,众人紧随其后。一辆小车在随从中行进,略显破旧的帐帷被风吹动,里面箱物隐约可见。

大黑跨马横刀,不离轿侧。人马将要走上一处土岗,土岗之上,杂树丛生,郁郁葱葱。大黑不由靠近轿子,春秋刀擎在手中。

眼见轿夫就要迈上土岗,霎时,树丛闪动,"哗啦"一声响,只见白光闪耀,几个人影直扑两顶轿子。

大黑瞬间便迎上袭奔第一顶轿子之人。那蒙面人已将刀刺入轿内,却听"嘡铿锵"一声,火星并出。轿夫扔下轿子,匍匐于地。

那蒙面人一怔,大黑春秋刀直取而去。蒙面人躲过,轿内倏地窜出两人,乃是大仪、钟逵,各挥刀舞剑与蒙面人杀在一处。

第二顶轿子前,亦是从轿内杀出两名衙役,与蒙面人厮杀。大黑早已立身于那辆车前。

几个蒙面人知是受骗,又料敌不过,支对两招,逃入林内。数人也不追赶,护卫车子走过土岗。

一行人走进泖口,但见街道整齐,秩序井然;行人神色安详,彬彬有礼,无人知一场恶战刚刚在不远处发生。

张伯行愤恨地说:"此必张令涛所为。我虽远赴福建,他日必擒此恶贼,为民除害。"

大黑禀道:"老爷有惊无险,多加小心。这里距'三鱼堂'尚远,市面上恐不安定,老爷是否再坐车内,至'三鱼堂'前下车。"

"不用。到得泖口,不由我肃然起敬,我岂能不下车轿?那是对我师不尊。"张伯行摇头道,"你看这里乡风,其温良恭俭让人一望便知。陆先生之影响,由此可见一斑。相信此风,三百年未必能减。"

一行人边走边看,街道之上,行人商贩不卑不亢,礼让有度。

到得泖口"三鱼堂"故宅前,张伯行神情肃穆。陆家家眷已迎出门外。张伯行急忙搀起陆夫人,纳头便拜。

但见陆夫人粗布衣衫,满脸风霜。抬头又见陆府上下,青砖草苫,简朴如此。他想起陆先生在嘉定任上,夫人诸事亲力亲为,劳作过度,又衣着粗陋,满面沧桑。曾被一满腹冤仇的老农急切之下,认作府内老妈子,拉着她打听县太爷起居。此事传出,百姓无不感恩涕零。时至今日,先生已矣,家境一如既往,不由心里酸楚,泪水潸潸而出。

张伯行在陆府以弟子之礼祭拜先生牌位,虔诚学习先生遗文,久久不忍释手。最后,陆夫人方拿出一纸信笺,示于张伯行说:"老爷在时,收到你的来信,竟然狂喜不已。他说,你们虽相隔千里,心却在一处。虽千年,心亦同在。"

张伯行认出,那是当年他写给先生的书信。信中,他真诚地向先生表达敬意,诚心请教,并畅谈所思所想。却没有想到,他这一布衣书生之信,先生竟深藏并传于夫人之手,如何不使之感动?

夫人又拿出一卷书稿，正是先生手迹。夫人说："张大人，老爷在时，虽未及给你复信，却以你为知音。他临终有话，说仪封张伯行必有一行。届时，要把这本书稿交付于你。此书尚未刊行，他即逝去。他嘱咐说，也只有仪封张伯行堪存此书。"

张伯行拜受遗书，正是《松阳讲义》。张伯行当即便道："夫人放心，伯行一定用心拜读，领悟先生思想。还将尽快刊印，行之于世，让天下书生领教先生一二，当为幸事。"他双手捧着《松阳讲义》，视为珍宝。

张伯行在泖口良久，不忍离去。待到船上，犹有不舍。他说："我当继承先生未竟之志，对程朱理学发扬光大。还要学先生高洁之风，誓不与贪官污吏为伍。"

话说正如张伯行所料，袭击他的就是张令涛。

张令涛斥退失败而归的人，赶去面见其兄张元隆。张元隆一边摆弄一台西洋座钟，一边头也不抬地说："阿涛啊，除掉张伯行，有其利亦有其弊。如张伯行者，天下何止一人？前有于成龙，近有陈鹏年，你杀得完吗？"

张令涛恨恨道："阿兄，这个张伯行欺人太甚，简直不给人活路。不杀之难平我胸中怨气。"

"你愈逼他，他愈猖狂。再者说，阿兄我非绿林中人，觅一刀便可遁入山林。阿兄我做的是跟当今朝廷、海外各国和千千万万的黎民百姓相关的生意。张伯行是当今圣上钦命的一方大员，如若被人劫杀，你想想看，这大清会视而不见，能会放过你我吗？不会的。到那时，阿兄我这生意将如大厦倾塌，势不可挽。"张元隆不紧不慢地说道，"这张伯行将去福建任巡抚，不比他做按察使，没有杀掉更好。只是，这福建界内，也是阿兄我的营生。近日我要面见噶大人，商谈如何规避于他。"

张令涛虽心中不忿，却也只能频频点头称是。

（二）大船速度极快，居中而行，霸道之状毕现

且说行至福建省内，晨曦微露，张伯行即起晨诵。他走上船头，极目远望，只见江水依依，波光粼粼；渔歌互答，号子震天。这南国风光果然与中原迥异。

大黑禀报，船需要在这里靠岸，补充给养。张伯行眺望两岸风光，极显兴奋："大黑，让他们做去，你只管随我到岸上去，我要先在这里看一看。此时此刻，此情此景，我的履职，即从此地开始。"

大黑颇有点为难。他迟疑一下，劝道："老爷，尊您指示，这船是咱雇用的民船，没有官仗威仪。想那张令涛之辈，上次失手，必不甘心，感觉老爷还是小心为上。"

张伯行沉思一下，还是摇摇头："大黑，以你我武功，当不会有大差错。"

大黑又道："咱们微服私访，无异于百姓。怕的是官民不详内情，冒犯老爷。"

张伯行斩钉截铁道："百姓若冒犯，可置之不理；若歹徒和不法官员冒犯，正好惩治。张某宁可抛弃前程和身家性命，也绝不容忍任何贪腐不法。"

大黑知道张伯行性情，说也无用，便招呼两名机警随从，紧随张伯行身后。

张伯行对这南国风光大感兴趣，沿岸走走停停，观看商船、行人、店铺。大黑忍不住提醒他，离船越来越远，张伯行这才收住脚步，回身却看到一位船工倚在一棵柳树上啃一口干粮，抱起酒葫芦喝一口酒。

张伯行走上前来，屈身问道："老哥，好自在啊！"

那船工咽下一口酒，看一眼他，道："比不得老爷您啊！您是东家，过的日子可比我自在多了。"

张伯行笑道："没你自在呢，老哥。做这一行，还可以吗？养家应该没问题吧！"

船工神情一变，面露戚容："老爷怕是体会不到我们这穷人处境。老爹老娘那年年馑，都饿死啦。草房已卖，几十年就靠这船过活，哪来的家小？这船都是我的家。将来死了，这江就是我的坟墓。"

张伯行一听，甚为惊异："天子英明，国泰民安，如此富庶之地，竟有如此严重的年馑？老兄，愿闻其详。"

那船工细细打量他一下，说："看你是从中原来的读书人吧，你总该知道，财主都是虎狼，大财主更是恶狼。为了发财，吃人不吐骨头，哪管老百姓死活？"

大黑怕张伯行再继续追问，就口里催促，伸手拉他，张伯行这才不舍地离去。

那船工却似有疑心，爬起来，盯着他们看。

张伯行一路困惑不解，上得船来，还在思量。

船刚刚开始行进，未及行远。后面过来一艘大船，引起大黑警觉。

那艘船船身上涂着"拾玫号"，而张伯行船身上涂的是"盈号"。大黑知道，那也是被雇用的商船，却是大数倍的大船。

那大船凭人多势众，速度极快，居中而行，霸道之状毕现。

船越来越近，大黑定睛再看，船上列着仪仗，竟是一新任太守携众赴闽上任。他们见"盈号"船乃一商船，慢慢腾腾行进，早已不满。见两船抵近，遂发出信号，要他们靠岸躲让。

这边船上，众人十分生气，大黑既气恼又无可奈何。钟逵实在难以容忍，对大黑说："老爷并不知情。这既是一艘商船，何惧之有？在下认为，断不能避。否则，将会被众官鄙视。"

大黑想了想，示意大家各就其位，对对方发出的信号佯装不知。

那船见如此情况，更加气恼，驱动大船，几乎与这边船舷相撞。船上属吏立上船头，大声喊叫，要他们回避，傍岸行走。

大黑怒气冲冲地走上甲板，正欲理论，身后却传来轻轻的一声咳嗽，原来是张伯行走出船舱。

大黑正待禀报，只见张伯行目光炯炯，盯着那艘船。

张伯行立即命令为后船让路，靠近江岸。他脸色阴沉，一动不动地看着。

然而后船却突然慢了下来。

原来，那船上是福建省汀州府新任知府冯协一。

史载：冯协一，字躬暨，号退庵，生于清顺治十八年（1661年），青州府益都人，监生。其父冯溥，康熙朝大学士、刑部尚书。随例荫父爵谒选吏部，授浙江绍兴府同知兼摄山阴知县。后升江西广信府知府、广州知府。康熙四十六年任福建汀州府知府。康熙五十二年出任台湾知府。著作有《友柏堂遗诗》，后录入《四库全书》。

关于冯协一的身世，向有异说。康熙间，江苏吴县人钮锈撰有《觚剩》一书，属于笔记文，多奇异附丽之说，流传甚广。书中有一篇文，名为《内外蛾述》。其大意是,浙江金坛人王明试以进士出身而在朝为官,因"通海案"牵扯,被判处死刑。按例,犯人家属被流放。其妾李氏在流放途中生一男婴,嘱咐老仆人趁黑夜瞒着公差抱走婴儿。老仆由红花埠步行百里,将婴儿送至益都冯宅。相国冯溥是王明试的恩师,此时正在家休养,见状收留婴儿,以《书经》中词语"协于克一"之意,取名为协一,以为己子。此为题外之话。

冯协一感觉这船行得怪异,就走出船舱,看到前船竟然不回避他这个太守,一时也有些生气。

然而,毕竟久经江湖,他立即就意识到,这家主人必有来头,否则,不会不对他这堂堂太守有所忌惮。他吩咐,前船不让,后船不行。

其下属告诉他,前船小,速度慢,若是一直被压着,怕是耽误行程。

冯协一挥手打断下属的话:"任其再慢,亦也不许逼迫人家。早晚有航道宽阔之处,届时再超越不迟。"

冯协一尚未回舱,却见前船奋力向岸边靠去。下属高兴地指挥航行,冯协一却感觉内有蹊跷,他命令行船停下。

后船不行,前船亦不行,且尽隐形。无一人出面照会,更觉反常,连他的下属也感觉不对劲。

师爷看这情形,便向冯协一请示,然后走向船头,抱拳道:"船上客官,适才船速过疾,控阻不力,险些冒犯,敬请谅解!"深深一揖。

钟遬忙走上前来,连拜回礼,说道:"大人过谦。是在下冒犯,避让大人理所应当,请前行。"

师爷见他言之有理,即命超越。

大船加速而过。

然而师爷还是发现异常之处,他立即奔去对冯协一说:"大人,这船上绝非等闲之人。在下瞧见里面有巡抚仪仗显露,似是微服私访之当朝重臣。"

一旁之人哈哈大笑,断不相信,堂堂巡抚会如此寒酸。

冯协一亦大惊,喝止众人,道:"你们知道什么?但看这船就气度非凡。寻常人等,何来如此之豪气?莫非是张伯行张大人?你快去接洽,我要上船拜会。"

原来,钟遬见这太守知礼重义,想大人来此做抚台,怎可先行得罪于人?同朝为官,更应互为关照。于是他便自作主张,悄然把巡抚仪仗略显露出,示于师爷。果然,这太守就前来拜会。

行船之上,张伯行接见冯协一。冯协一一见张伯行,便跪拜于地,连连谢罪。

张伯行余怒未消,开言便问:"冯大人,你如此规模,想必是随行人员众多。敢问有多少人马跟从?"

冯协一满脸羞愧:"大人,下官家丁兴旺,人口众多,有三百口之众。"

"冯大人家大业大,多带些人亦无妨。只是,为官重在为民,不可惊扰百姓,更不可与商家争强好胜。"张伯行哦了一声道,"张某家境较为贫寒,仅带十余口人。"

冯协一惊得张大嘴巴:"大人,恕下官直言,这十余人口,除了甲兵,家人若何? 大人上任,日常照应如何是好?"

张伯行讥讽道:"老家只有夫人和一婢,奈何家境不似你家,养顾不起。"且问道,"我印象中冯大人出身于官宦世家,书香门第,家学渊源,具有儒学之气。令尊大人乃当朝大学士、刑部尚书,更应该谦和低调,温文尔雅。你怎如此奢华?"

冯协一低头道:"下官惭愧。"

张伯行把手一挥道:"退庵以浙江绍兴府同知升任江西广信府知府,时恰逢三藩之乱,耿精忠起兵,大量流民进入境内。退庵抚绥倍至,解决流民问题,在地方力行清丈法,获得百姓官员称赞。"

张伯行接着说道:"退庵补广东广州府知府后,当时战乱刚息,民心不定,恰逢连州瑶族民变。退庵用王阳明之'雕剿法'安抚平定,为当地官员所倚重。"

"感谢张大人如此看重下官。卑职只是尽其所能,尽力而为。"见张伯行对自己如此了解,冯协一话也多了起来,说道:"下官任广州知府时,旧例每年有加税千金交与知县,充作雇佣差人费用。可到县官之手,便入个人腰包。因非正式赋税,无人听问,其名曰'均平',实属灰色收入,是百姓的额外负担。协一严令禁止,得到所属各县民众拍手称快。"

"心术不可得罪于天地,言行要留好样与儿孙。"张伯行站起来说道,"退庵政声如此清白,自当珍重,爱惜羽毛,却又为何如此张扬霸气?"

冯协一起身拜道:"谨谢大人教诲,下官惭愧,这就遣送大部家人,以效大人。"

张伯行面色这才有所缓,说道:"你我深受圣恩,理应上念皇上,下恤民生,克己奉公。如此奢靡,怎能全心于政?此非在你随从众多,而是人多必难以约束,亦势必要打你的名号违法乱纪。古人曰:莫用三爷,废职亡家。此事当慢慢计议,先发送一半即可。"

冯协一颔首,这才又小心说道:"大人,下官是顺天恩科,恩师正是张鹏翮张大人。下官登程之机,拜望恩师。恩师方谨嘱,此行将受领于大人,要在下为公全力辅佐,为私点滴向大人看齐,不辞劳苦,兢慎以政。"

"将教天下,必定其家,必正其身。"张伯行一听,面露喜色,"冯大人,你我原来同出一门,以后当以张鹏翮张大人为范。到福建地方,携手并进,勠力同心,共报圣恩。适才若有唐突之处,万望谅解。"

冯协一忙施礼道:"大人言重,大人教诲,谢犹不及。"

正说话间,岸上忽传书至。令人传上,展开一看,竟是河道总督张鹏翮加急送书。两人相视一笑,张伯行心中却涌热流,遂当冯协一面展书细读。

张鹏翮在信中反复提醒,要张伯行上思朝廷、下念苍生。遇事既要灵活经营,又要谨言慎行。非人力所能为者,当以退为进,暂且放任不理,以观后变。并言,世间有好心办坏事者,世间有违心做恶事者,当用心记之,以社稷为念,以百姓为重。并且告诫他,要时时注意自己的安全,以防亡命之徒暗算,保重自己当是为国着想、以报圣恩。

张鹏翮还在信中谆谆教诲,要他遇事想六步,前三步后三步。时时为社稷着想,虽败犹荣,虽耻犹尊,虽死犹生。

张伯行面色凝重,遂把书信递于冯协一:"冯大人,此虽私书,也是张大人对晚生之教诲。你我同出其门,但看无妨,以共受教益。"

冯协一看完,颔首道:"恩师真乃肺腑之言,谆谆教诲!"

两人走上船头,对着北方连拜三拜。

对张鹏翮,张伯行心中五味杂陈。他尊重张鹏翮,常怀感恩之心,见必执弟子之礼。然而,心中却对张鹏翮稍有犹豫。拜谒过三鱼堂,张伯行信念愈加坚定。

且说冯协一回到船上,遂改雇两小船,一船赴任,一船遣返家眷。没料想,五房妻妾及其子女为留返事,一时你争我吵,乱作一团。

最后，冯协一只得先将一半人员遣回，尚有一百多人。

（三）福建府衙极其奢华，公务所用竟多是金银器皿

张伯行车船相替，马不停蹄，一刻不敢耽误，直奔福州而去。

临行前，张伯行派人传告沿途各衙署，他此番上任，不接受沿路各级官员宴请迎送馈赠，一路只在客栈安歇。随行人马所需饭食、粮草等一切用度消耗全自备，皆不必客栈提供。

南国夏天，烈日炎炎，湿气浓重。一路可把中原生、中原长的大黑热坏了。热还能忍，就是这闷热湿潮更让人难受。

晚饭后，大仪见大黑光着膀子，高捋裤腿，手拿蒲扇，在宽敞的驿馆庭院中乘凉，便走上前问："大黑哥，老爷睡没？"

大黑边"噗嗤、噗嗤"扇着扇子，边说："没呢。晚上就喝两大碗绿豆水，配着芥疙瘩丝调青秦椒，吃大半个荆芥菜馍，这会儿正在屋里看书呢。"

"大秀才，俺可纳闷，咱老爷也不热，还穿着长衣长裤闷在屋中看书嘞。"

"心静自然凉嘛！"大仪又上下打量一番大黑，笑道，"老爷是读书人，哪能像你这种打扮？"

康熙四十六年（1707 年）丁亥夏六月，张伯行冒着暑热，终于到达福建省城福州。这福州自古便是南国大都会，市面繁荣，经济发达。唐代诗人陈翊有诗云：

井邑白云间，岩城远带山。
沙墟阴欲暮，郊色淡方闲。
孤径回榕岸，层峦破积关。
寥寥分远望，暂得一开颜。

就连产自东北的高丽参、新疆的葡萄干、中原的瓜果，在福州市面也不罕见。福州港乃当时仅次广州的第二大港，全国汇聚的商品从福州运往海外，换回白花花的银子，又从此登岸流向全国各地。

福州城外，张伯行举目远眺。

山高林密,花团锦簇,稻田密布在山水之间,方方块块,大小各异。尤其是高大的榕树,让博闻多见的张伯行也颇为惊异。榕树在福州随处可见,奇异之处就在于粗壮的枝干,垂下无数茎须,落地生根,越长越大,越长越多,于是这树就现独木成林的形状。

只是,张伯行也看到,路上行人中,老百姓多面如菜色,市井处竟有人行乞。

进入福州城,张伯行走下车,对他们摆摆手,一个人倒背着手,向前走去。大黑没有办法,只好把刀收起,让其他人另行进府。

这市面上,虽然物品不是太多,也还算井然有序。张伯行很好奇,这里看看,那里问问,跟大黑一起,最后竟然走到巡抚大院门前。看到有衙役把守,两人就往里走,守门衙役不客气地将他们拦到外面。

大黑左右看看他们,点点自己的鼻子说:"我们是来这里当差的。"

两个衙役用鼻子哼一声说:"抚台大人还没有到任,你这当差的可先来到了,别不是冒充的吧?"

大黑笑道:"如假包换。"

一衙役骂道:"你拿换什么?看你像个神经病。滚!"

大黑正要发作,张伯行打个手势,制止住他,又转对衙役说:"忠于职守是天分,值得嘉许。但绝对不可狐假虎威,仗势欺人。"

另一衙役上前生气地说:"我们等新任抚台大人这么久,怎么会等到个你?你到底是干什么的?快说,要不把你抓起来。"

这时,门内穿长衫的清瘦之人上前拦住这个衙役:"且慢。"他打量着张伯行,然后深施一礼说:"敢问先生贵姓?哪方人氏?"

张伯行笑道:"我是河南仪封人氏,姓张。"

那人"咝"的一声跪倒在地:"小人林水晗,抚衙师爷,拜见大人,恭迎大人!"

一番话慌得两个衙役忙不迭地趴在地上。

张伯行拉起他们说:"也怪不得你们。我这身打扮而来,又无随从,自然你们不信。也罢,值好你们的岗吧!"

张伯行目不斜视,缓步走进府去。

林水晗告诉他,福建那些大小官员都在路上安插诸多眼线,专等着迎接他呢！没有想到，他一督抚大员，就带这么几个随从，着身布衣前来赴任。

张伯行问他："那么多眼线都被我骗过，那你是怎么识出我的？"

林水晗禀道："大人气宇不凡，岂是这身衣服所能掩盖？也只有那些个拙眼的奴才才认不出你。"

说得张伯行哈哈大笑。

官员们很快便获知张伯行已经到任，于是就接连不断来拜见巡抚。

大黑随张伯行由巡抚衙门师爷林水晗引领来到上房。不看不知道，一看吓一跳。福州繁荣果不其然，但见屋内陈设富丽堂皇，雕花精美的隔断透着繁杂工艺，一看就知是名家所为。锦绣帷幕垂于窗户和隔断的一端，虽值盛夏，并未拉敞，从材质、图案上透着精美绝伦。墙上所悬字画岁月感极强，当是传世墨宝。一对硕大青花瓶立在条几两头前边，应是大开门的元官窑。几件先秦青铜器与宋官窑瓷器随便摆在博古架上。更奇特的是博古架上的金银器皿，这样工艺绝伦制品，只有唐宋宫廷才会使用。

张伯行看这府衙极其奢华。公务所用，竟多是金银器皿，案几多为红木，后衙生活所用，也是如此。

张伯行看后大怒，大声唤回林水晗，厉声说："成何体统！廉者，民之表也；贪者，民之贼也。此等奢靡，你们想置本抚于何地？"

林水晗见他大发雷霆，连忙跪地答曰："抚院息怒。按惯例，抚院新到任，由商户协助准备物品。这些无非是他们对抚院的一点孝心。"

"为何如此？以前也是如此吗？"

林水晗回道："历任巡抚具是如此。"

张伯行问："官府何处开支？"

林水晗说："回大人，官府自然没有这项如此大的开支。这些都是行户置备的，以此感谢。"

张伯行一挥手说："全部退回。我在老家，仅田亩就有两千顷，却甘愿布衣粗食。古人讲：君子为政之道，以修身为本。我只求日日能诵读圣贤书，何曾见过如此奢华之所用？退回去吧！"

林水晗道："大人，退回去，恐生罅隙。大人因循前例，下官感觉无妨。"

"由俭入奢易，由奢入俭难。"张伯行说，"一开始即退回，无生疏远近之分，并不会生罅隙。你去办吧！"

这件事尚未办理,林水晗又回禀,各级官员已开始拜见。他们以抚院新来多有不便为名,除送来金银之外,还送来各类吃用物品。

张伯行不听则已,听后更加恼怒,拍着桌子说:"太过分了！我年逾半百,不曾用过如此奢侈之物,且十年俸禄也不及其一。商户皆是百姓,这青铜器、瓷器、字画,还有金银器皿,无一是寻常之物。你现在就把这些搬走,全数退回,就说我所带钱物已够用度。谁敢私留一件,就拿谁试问！"

吓得林水晗连连说道:"是,是。"

"从上任巡抚留下之物,挑一些平常物件,拿来给本抚使用便是。"

张伯行不曾料到,这金银物品竟如此之难以退回。直到他气极,要召集各级官吏,在大堂上退还时,那些官员才不得不接受。

最后,还剩一些物品没处退。林水晗说:"这些物品是行户们集资购置的,物品无处可退,就是将其卖掉退钱也无处可退。不知其来处,大家都推说不是自己的,不肯要。"

张伯行思虑良久,不能决断。他想到,君子为政之道,以修身为本,文人士大夫历来把自律看作做人、做事、做官的基础和根本。《论语》中就说,要"修己以敬""修己以安人""修己以安百姓"。古人所推崇的修身、齐家、治国、平天下,修身是第一位的。千里之堤,溃于蚁穴。如果开始就守不住底线,后果不堪设想。想至此,张伯行毅然决定:底线必须守住,红线不可逾越！

最后,林水晗感觉过于为难,禀报道:"大人,近年书院学子日增,折桂夺冠者经年不绝。然却资费短缺,捉襟见肘。不妨把这些物品折卖成银两,捐于书院,大人也博得美名,书院也得此助益,商户也无话可说。如此可好？"

张伯行道:"'吾日三省吾身'。一个人能否廉洁自律,最大的诱惑是自己,最难战胜的敌人也是自己。一个人战胜不了自己,制度设计得再缜密,也会'法令滋彰,盗贼多有'。把这些物品登记造册,全部捐给书院吧！"

随后,张伯行命林水晗告知巡抚官衙的差役,以后不准收门子钱,不准徇私舞弊,倘若被发现严惩不贷。又命差役将他亲笔所书的《禁奉下马礼书》张贴于抚台府衙大门口,谢绝一切迎贺馈赠。上行下效,福建官场风气焕然一新,百姓拍手称快。

捐赠事宜就由林水晗来办。

那日,林水晗和众人把一黄金灯台称重时,感觉异常。他反复观察,最后,令人将底部打穿,发现里面竟藏有五根金条。

偌大一巡抚衙门,何人会将如此之反常物品送进来?

再说,这行户里面,虽说都乐于献媚于大人,却绝无把如此之多的金条送出,却甘愿沉默而无人知的。

此事必有蹊跷。张伯行感到此事背后定有玄机。

(四)大黑看到众人穿上兵服,顿时兴奋异常

刚到福建,张伯行感觉很多事情还要理清头绪。这天上午,张伯行见过藩台,便到巡抚衙门的后花园中散步散心。花园中,花花草草尽显南国风情,芭蕉、竹子一派葱郁;花坛中,盛开的茉莉散发着清香,沁人心脾。六月的福建暑气正盛,而院中一棵硕大的榕树树冠,使人感觉并不十分炎热。看着洁白的茉莉花,猛然间,张伯行想起唐代白居易的诗《三年为刺史二首》:

> 三年为刺史,无政在人口。
> 唯向郡城中,题诗十余首。
> 惭非甘棠咏,岂有思人不?
> 三年为刺史,饮冰复食蘖。
> 唯向天竺山,取得两片石。
> 此抵有千金,无乃伤清白。

杭州西湖畔有天竺山,张伯行听说福建境内也有山名天竺。白居易在杭州任刺史三年时,不但做到了"唯当夙兴夕惕,思苦心。恭守诏条,勤恤人庶",更可贵的还"三年为刺史,饮冰复食蘖",真是令人钦佩。白居易不但是文学大家,而且为官清正,很受百姓爱戴。张伯行暗暗下定决心,等他从福州离任时,一定要像白居易那样"唯向天竺山,取得两片石。此抵有千金,无乃伤清白"。

张伯行正在花园中想着心事,这时,从前院传来说笑声。不难听出,说笑之人都是跟随他来的几个家丁。听到他们的笑声,张伯行打心眼里高兴。父母在,不远游。这些人撇家舍口,跟着他离家三千里,不但要忍受思乡苦,还

要克服水土不服,容易吗? 难得大家今天高兴。张伯行走出后花园,想听听大家因何发笑。当他远远看见家丁们一副军兵装扮,顿时愣住,便唤来大黑一问究竟。

大黑乐呵呵地来到张伯行批阅公文的书房。

见大黑进了屋,张伯行放下笔问道:"大黑,三奎他们怎么都穿上兵服?"

大黑依旧乐呵呵地回道:"老爷,托您的福,咱们的家丁都当上了抚标护兵,以后大家都可以当兵拿饷了。哈哈!"

"护兵? 胡闹! 谁让他们当兵拿饷的,这事我怎么不知道?"张伯行厉声发问。

大黑见老爷发火,知道事大,忙如实回禀:"前两天,孟中军问老爷所带家丁人数。说是依照惯例,抚台家丁可算作抚台的护兵,官府给发一份饷银。想着大家多领银子是好事,俺也没多想,就把人数报给他。这不,今早,他就将兵服发了下来。"

"岂有此理! 这么一大摊子,里里外外全要指望他们忙前忙后,他们哪有时间看家护院、哪有时间操练集训? 我看见连伙房的大厨胖孩都穿上了军服,难道这一大家子人都不吃不喝? 还有,三奎还是个孩子,怎么也能当上兵? 三奎他们哪个不是你看着长大的,人家不知道,你还不知根把底? 他们都是本本分分的庄稼人,有几个舞过枪、弄过棒? 即便会一些三脚猫的本事,别说护兵,就是当普通兵士也差得远。让他们当护兵,这不是明摆着吃空饷吗? 你现在就去招呼把兵服收齐,让孟中军把护标退回去。"张伯行生气道。

大黑刚要出屋门,又被张伯行叫住道:"你去把孟中军叫来。"

大黑一脸沮丧地走出书房。虽说没发给兵服,但巡抚衙门的中军孟志弘有话在先。他说,尚参将说过,当护兵这事他和大仪都有份,不穿兵服,饷银、饷粮一样也不少。巡抚衙门里的护兵都由孟志弘统领,有他这句话,大黑把心就放到了肚里。

昨天,大黑打听过,护兵每月有四两银子饷银,此外,每年还发四十八斛稻谷。大黑在心里盘算,乖乖嘞,四两银子,这可够十来口人一年的花销啊! 四十八斛有多少,大黑算算,整整三千斤稻谷呀! 按一斤稻谷出六两米算,那可是一千八百斤白花花的大米。我的老天爷,在南方这可是七八亩晚稻一年的收成,全家人一年也吃不完。不用当差、耕田,白来这么多钱粮,天上真是掉个大馅饼！

那天，不只大黑一人高兴。大家听后，个个脸上都乐开花。

虎子兴奋得蹦起老高："大黑叔，你不会是逗俺玩儿吧？"

大黑乐道："你大黑叔啥时候骗过你们，这事千真万确。虎子好好跟着老爷干，干上两年，攒的钱就够你盖房娶媳妇。呵呵！"

小书童三奎怯生生地问道："大黑伯伯，俺也能当护兵不？"

虎子拍拍三奎瘦弱的肩膀笑道："拉倒吧，三奎兄弟，就你这一阵风就能吹倒的小身板，还想当护兵？呵呵！真遇上歹人，恐怕你连你自己也护不住。"

在场的人都哈哈大笑。

"再说，护兵可不寻常。你没听戏台上唱吗，这好比是皇上爷身边的御林军，没两下身手能叫你护卫老爷嘛！"说着，虎子假装严肃地半撸袖子亮亮肌肉。

大厨胖孩也笑着接话道："去，去，去，大人的事，小孩子掺和什么，赶快去给老爷磨墨吧！"

惹得大家又是一阵笑。

胖孩凑到大黑跟前笑嘻嘻，难为情地问道："大黑哥，你看俺干护兵合格不？"

大黑看他一眼道："怎么不合格！要叫俺说，你合格，三奎也合格，只要是跟老爷来的家丁都合格。"

"俺在县衙当过伙夫，俺知道，护卫县衙的衙役和捕快每天都得操练。俺做个饭还行，若是天天操练，俺这身板恐怕吃不消。"胖孩不好意思地看看发福的身体。

"没事，胖孩兄弟，依俺看，你就是缺乏运动。操练个把月，你这大肚腩保准没有。"大黑笑道。

"不跟你们瞎扯，火上还熬着汤呢！"胖孩急匆匆地跑回厨房。

"大黑叔，俺们可是护卫老爷的亲兵，你教俺们些武艺呗！之前，你总是说忙，没时间教。"说完，虎子笑嘻嘻地用期望的眼神望着大黑。

"就是，大黑叔，俺们学会武艺也是为了更好地保护老爷。"铁蛋一听学武精神头十足，只恐此事不成，忙附和道。

二人这架势,只要大黑一点头,立刻就跪下磕头拜师。大黑只笑不答。

其实,大黑觉得自己一把年纪,早寻思着为这身功夫找个传人。之前,虎子、铁蛋他们嚷嚷不知多少回,想跟他学两招。可大黑觉得他们资质不够,年纪偏大,骨头已变硬,很难有什么造诣。更重要的是感觉他们德行不行,不是争强好胜,不能吃苦,就是没有长性。习武是件持之以恒的事,三天打鱼、两天晒网可不行。可能是缘分吧,大黑看三奎这孩子人品、性格、身体各方面都不错,学武年龄也正合适。正好趁着当护兵,就将自己这身武艺传授予他。张伯行教三奎文化,大黑再教他武艺,这孩子以后肯定有出息。

"俺听说,当兵的饷银还不少哩。"虎子道。

"那是。每月饷银四两,每年再发三千斤稻谷作饷粮。"大黑得意地说。

扎根长出一口气笑道:"天啦! 这么多的钱和粮食,俺连银子长什么样都不知道。这下好了,这下好了,有这项银子,家里拉下的饥荒就能还上了。"

扎根此话一出,大家的脸顿时都阴沉下来。这几年,仪封老家年景不好,前年涝,去年旱,今年又闹蝗灾,家家户户日子难过。要不是张伯行家帮衬着,乡亲们都不知道能不能挨过来。就是因为揭不开锅,哥几个才背井离乡,跟着张伯行离家几千里。

铁蛋打破沉默,他兴奋地问道:"大黑叔,咱们也操练吗?"

"操练,也就是走走过场,估计强度不会太大。"大黑意思一下,装出一副很懂的样子。

"那太好了。俺干这个行,我还会两下子呢!"

"铁蛋别吹啦,咱们一起玩尿泥长大,谁不知道谁呀? 你不就是跟你爹杀过猪吗,别的还会啥?"大虎轻蔑地说道。

"杀猪那是俺家的营生,谁还不兴有个梦想呀。俺打小就想当兵,俺跟俺爹进城时,在城门口见过守门的军爷,穿上那衣服神气着呢,谁见了都得点头哈腰。赶明儿俺穿上这身行头上街,谁不也都得高看一眼嘛,嘻嘻!"铁蛋一脸憧憬地说道。

的确,穿上兵服不但神气,还能多领一份丰厚的银粮,更重要的是又无需多掏一点力,只不过是时而操练操练。出门七件事,柴米油盐酱醋茶,哪一样不需要钱。老百姓求的就是丰衣足食,有了足够的钱粮,就可以关起门过日子,大家怎么会不高兴呢!

（五）倘若本抚准许家人吃空饷，那与本抚贪污有何二样？

正在大家有说有笑之时，大仪从外面回来。他见大家如此高兴，便问道："看把你们给乐的，是不是今天中午吃饺子呀！"

三奎笑道："大仪伯伯，好事好事，比吃饺子强一百倍。嘻嘻，我们要当兵吃粮了。"

大仪笑道："你个小毛孩才多大，比张弓高不多少，还当兵吃粮呢。"

"真的，大仪叔，孟中军要统计人数，大黑叔把咱们的大名都全部报上了。往后，咱们都是老爷抚标里在册的护兵。"说着，三奎摆出一副威武的架势，惹得大家又是一阵大笑。

大仪沉着脸道："你们几斤几两自己还不知道？那护兵也是我们这些庄稼人当的？一点武艺都不会，遇上歹人你们拿什么护卫老爷？真是异想天开！"

"护卫老爷会武艺的护兵多呢，也不差我们这几个人。"虎子嘟囔道。

大仪气愤道："人家是人家，你是你。也不能滥竽充数，光拿钱不干活儿！"

"咱们怎么不干活儿呀？俺天天守在大门口，有事跑到里边通报，俺觉得这就是护兵的活儿。"扎根不服气地说道。

"俺们晚上还轮班在衙门里守夜呢，难道这不算看家护院吗？"虎子接道。

"门房通禀、轮流值夜，这连看家护院的活儿都不算。君子爱财，取之有道，不能什么钱都挣。你们当吧，反正我不当！"大仪狠狠地瞪一眼大黑，说过便气呼呼地走开。

大仪走后，大家也不欢而散。大黑没理大仪，心里嘀咕道，真个榆木疙瘩的酸秀才，就会些酸词，又不是让你偷、让你抢、让你拿黑钱。朝廷所发光明正大的饷银，怎么不是君子爱财、取之有道？活该你一辈子受穷。我倒是要看看，给你媳妇看病落下的饥荒怎么还。

林水晗远远听见他们的谈话，心生感慨，张抚台身边这位气质斯文的长随，真乃"富贵不能淫，贫贱不能移，威武不能屈"的大丈夫也。不由得对大仪肃然起敬。

林水晗哪里知道,大仪家正缺钱呢。这几年家里收成不好,大仪除了读书,不会其他营生。多亏得妻子善持家,又有织布的手艺,日子虽说过得艰难,但也不至于吃了上顿没下顿。屋漏偏逢连阴雨,前年夏天雨水大,连着下几场暴雨,把他家唯一的三间土坯房给泡塌,一家五口只得先搭个草棚将就住着。房子还没盖起,秋收前,一连数天的连阴雨让妻子染上风寒,一病就是大半年,家里欠下一屁股债还没还清呢!

其实,大黑家也不宽裕,家里地少,孩子多,日子过得紧巴巴。他寻思着当上护兵后,攒些钱将家里的茅草房顶换成瓦屋。唉!大儿子老大不小了,也该说门亲事了。

人逢喜事精神爽!今早,虎子他们穿上兵服,跟吃蜜似的高兴。大家聚在院子里说着笑着,相互评论着穿上兵服的样子。大黑看到强壮的小伙子们穿上兵服更显威武,心里也乐呵呵。他恨不得自己年轻三十岁,也穿这身行头,跟年轻人一起操练一番。可刚才老爷的那席话,大黑意识到好事要泡汤。

大黑对张伯行的做法很不理解。家丁们跟着老爷本来就是官家的差事,和当护兵有什么区别?只是多穿一身兵服罢了。干官家的活儿,拿官家的钱,有何不妥?放着丰厚的军饷不让大家拿,却领比饷银差一大截的工钱,大家一定会闹情绪。再说,这些人每月的工钱,再加上吃喝拉撒,对老爷来说可不是个小数目。这几年收成本来就不好,老爷和夫人帮扶乡亲们,还时不时地赈济灾民。乡亲们心里清楚,老爷的家底被掏得也差不多了。若是让家丁领军饷,工钱不就可以省了嘛,大家保准不会有怨言。唉!老爷这账都不会算。

而且,孟中军还悄悄地向他面授机宜。孟中军说,倘若实在凑不齐五十人数额,只要将名单报齐,饷银按名单照发。随老爷来的家丁也不多,这就意味着空下这些名额的饷银全归老爷所有,老爷每月可以得到一百多两银子的进项,这还不包括年底六七万斤的稻谷。

谁都知道,官员初到一地,两眼一抹黑。若不带几位亲近之人帮衬着,恐要步步受人制约。可是官员的年俸就那些固定数目,尤其是下级官员更是少之又少。这些俸禄既要养家,又要应酬,还得养身边这一大帮人,确实谈不上宽裕。怎么办?只能开源节流,开销能从衙门里出就从衙门里出。虽说朝廷明令禁止一切官员的随从从衙门里领取俸银,可山高皇帝远,地方上的事,朝廷很多都不知道。张伯行早有耳闻,很多大员家丁都充作护兵,在标里领饷银,这在地方上早已成为不成文的规定。张伯行对这种假公济私的事深恶痛绝,没想到今天竟也发生在自己身上,他是绝对不会允许的。

孟志弘三十多岁,福建泉州府人,武举出身,个头不高,身体壮实,一看就是精干之人。他听说张伯行召见,快步从前院来到张伯行的书房门前。他先站在门外喘口气,而后轻轻敲门,等张伯行应允后,才轻手轻脚走进来,小心翼翼地低着头垂手站立。

张伯行将手中的笔放到笔架上,说道:"孟中军,请坐。"

等孟志弘坐下,他才问道:"孟中军,我家人身上的兵服是怎么回事?"

孟志弘一听张伯行问他,忙站起回禀。张伯行摆手示意他坐下说话。

孟志弘坐下后,不以为然地向张伯行解释道:"禀抚军。前几天,标下将府中护兵缺额一事报于尚军门。尚军门十分重视,他命标下将跟随抚军所来之人的名姓报于他,以便将其补充到护卫巡抚衙门的护兵中。两天前,标下向黑爷要了名单上报给尚军门。今早,尚军门差人将兵服送来,标下便发放下去。"

"他们是我的家人,怎么能算作护兵呢?"张伯行问道。

"禀抚军,咱福建巡抚衙门的抚标中,历来有安排抚军家人为护兵的惯例。"孟志弘坚定地回道。

"以前都是这样吗?"张伯行又追问一句。

"禀抚军,历来如此。"孟志弘回道。

张伯行压着心头怒火,问道:"竟没人管吗?"

"福建偏居东南一隅,离京城几千里之遥。不要说这等芝麻大的小事,就是人命关天的大事,官府若不上报,朝廷也不会知晓。再说,抚军的家丁穿上兵服就是护兵,脱下兵服便为家丁,外人怎会晓得抚军的家事。请抚军放心,外人不会知道。况且,府内所缺护兵,正是上任抚军家丁随主人走后空缺出的名额。"

"外人不知,不代表天不知,地不知,你不知,我不知。为官也好,做人也罢,凭的是良心。倘若本抚准许家人吃空饷,那与本抚贪污有何二样?我连带来的家人都管不好,怎么管一省之百姓?一会儿,你去把发下的兵服收齐,还回抚标。本抚初到,日后,接触多了你就会知道本抚的脾气。以后,一定不要再有类似的事情发生。"

张伯行义愤填膺,说得孟志弘满心佩服。可理归理,事归事。大道理讲过,这府里的护兵还得补不是,老规矩总不能坏吧。孟志弘还想要说什么,张伯行摆手示意他退下。

走出书房门,孟志弘感慨道:都说新来的抚军是皇上钦点的,果然是位与众不同的大清官。别人只嫌贪的少,而他竟是送到嘴里也不吃。张抚军不但自己平易近人,没有官架子,连他的家丁都很和气。不像上任抚军的家丁个个趾高气扬,狐假虎威,不可一世。不但不把他放在眼里,而且还经常对巡抚衙门的衙役呼来喝去。在府外更是不知王法,强买强卖,一言不合就打人。弄得衙役与百姓怨声载道,还没处说理。这回可好,看来,以后跟着张抚军肯定不会再受恶奴的窝囊气。

二
募壮补丁

当天,张伯行便派差人去召抚标参将尚平来见。

福建巡抚统领的抚标归绿营所属,驻扎在省城福州城西,出清泰门不远即到。现任统领抚标的参将为尚平。

　　史载:尚平,字广原,湖北人,武举出身。因多有战功,康熙四十五年由江西调任福建参将。

这是张伯行到任后第一次召见尚平。来人刚走,尚平便换好官服,带着两个亲兵快马加鞭进城而来。

出门前,尚平思忖再三。虽说张伯行到福州那天他到码头迎接,但并没有见到人。这是张抚军第一次召见,空着手去恐怕不好吧。送些什么呢？想来想去还是老规矩,送银子最实惠。他刚要拿银票,转念又一想,张抚军是出了名的清官,直接送银票他若打官腔不收怎么办？唉！不管这么多,先备着,到时再见机行事。于是,他拿起三百两银票揣到怀里,疾驰而行。

尚平到来时,张伯行正在屋中批阅公文。他放下案头卷宗,说道:"稍等片刻。容我换上官服,你引他到上堂与我相见。"

尚平走进上堂时,张伯行已端坐在堂上等候。张伯行但见来人,四十出头,皮肤黝黑,身材魁伟,动作敏健。礼过,落座,上茶。

张伯行直接切入主题,说道:"请问尚将军,抚标共有多少官兵？"

尚平答曰:"回抚军,抚标共两营。左营标下以下官兵八百零五人,右营游击以下官兵七百一十六人,皆驻扎福州城外护卫抚军,随时听从抚军调遣。"

"好。抚标日常操练的科目,可与绿营其他建制相同?"

"禀抚军,抚标日常操练科目与绿营并无二致,但操练强度比绿营要大。"

张伯行点点头又问:"抚标对招募的兵士可否有要求?"

尚平答道:"督标与抚标不比寻常,乃是护卫大帅与抚标,听命于督抚直接调遣。因此,上至军官,下到兵士,皆经过严格选拔。标中兵士论武功不敢说个个以一抵百,对付十来人应该是绰绰有余。论忠心更是没得说,只要督抚一声令下,上刀山,下火海,他们连眼都不会眨眼。所以,抚军对他们的能力与忠诚完全可以放心。"

"既然如此,那么尚将军为何还要招募我家丁入标呢?"

尚平禀道:"标下正要向抚军禀告此事。按往例,抚标中有 50 名护卫抚军的亲兵,由抚军自行招募。"

张伯行又问:"这 50 名护兵,本抚招募什么人都可以吗?不会武艺的也行吗?"

"这个因为是亲兵,全由抚军决断,标下不参与。不过,往常这些护兵,均由抚军的家丁充实其中,兵粮归抚军支配。昨日标下已将抚军府中二十三名家丁编名入册,现还缺二十七人,请抚军差人尽快将名单补齐,标下好上报兵部。以后,他们的饷粮差一专人负责,定期一并到营中领取即可。"尚平答道。

张伯行道:"本抚正要与你说此事。本抚家丁不过几人,皆是随本抚而来,他们之前都是些庄稼人。常伴我左右的两个长随有点身手,但他们两位年龄已偏大,不适合入伍。除此之外,其余一概不懂舞刀弄枪,怎能冒领朝廷粮饷?尚将军,还是将他们的名字画去,另募青壮之士补到标中,再报于兵部知晓吧。"

尚平没想到新来的抚军会是这样。他惊讶道:"抚军有所不知。家丁当护兵与习不习武并无关联。到时,只需按时差人领回 50 人的粮饷即可。"

"尚将军不必多言,你的好意本抚心领。军中饷银皆是民脂民膏,饷粮全是百姓血汗。本抚及家人绝不会违背良心,贪念半点钱粮。"张伯行摆手道,"一丝一粒,我之名节;一厘一毫,民之脂膏。宽一分,民受赐不止一分;取一文,我为人不值一文。虽曰交际之常,廉耻实伤!倘非不义之财,此物何来?"

本来，尚平还想说，历任抚军都是这样，还请抚军三思而后行。但见张伯行端茶送客，知道他此意已决，不好再说什么，只得起身告辞。

回去的路上，尚平在心中暗暗称赞道，早听闻新来的抚军清廉，原以为哪有不吃腥的猫，不过是浪得虚名而已。今日一见，到手的钱粮他都不要，看来，张抚军果然是名不虚传的大清官，真令我辈汗颜！幸好，没将银票掏出来，依张抚军这脾气，岂不是自寻羞辱？尚平不由自主地隔着衣服摸摸怀里的银票。

（二）张伯行苦口婆心劝说众人不能得不义之财

尚平走后，张伯行恐大家想不通，便让大黑将众人都叫到书房。大黑找他们时，远远听见好几个人正聚在二进院议论此事。大家知道好事泡汤，正郁闷呢！

虎子说："真点背，煮熟的鸭子给飞了。"

"唉！这下账又还不上了。富人不知道穷人的难处，咱们穷人恨不能一个铜子掰成八瓣花啊！"扎根叹口气说道。

"俺本指望当上护兵，身价提高了，请二婶子给说个秀才家的闺女呢，这下别想了。"铁蛋泄气道。

大黑走到他们跟前，看他们愁眉苦脸，用严厉的口气说道："唉声叹气啥，看看你们这点儿出息。走，老爷叫大伙儿去说事呢！"

扎根见大黑来，仿佛见到个出气筒。他没好气地大声说道："大黑哥，你说说，官府发的钱，又不是老爷自家的，老爷为啥不让咱们领啊？"

"钱！钱！钱！你眼里只有钱。那是你的钱吗？老爷不让你拿，自有他的考虑。"大黑提高嗓门，压住扎根的气势说道。

"老爷咋不体谅咱们的疾苦呢！"扎根小声嘟囔一句。

"不体谅你的疾苦？自打跟着老爷后，老爷让你冻着、饿着，还是短你工钱了？都别在这胡思乱想，走吧，去听听老爷给咱们怎么说吧！"大黑道。

虽然大黑也有气，但他不能在大伙儿面前显露出来。

大伙儿陆陆续续在书房聚齐，大部分都还穿着兵服。大黑点点人数。除大仪找个椅子坐下，其余都站着。

张伯行看大家垂头丧气,有的还噘着嘴,笑道:"呵呵!一大早还春风满面,这会儿咋都霜打的茄子似的?把大家聚在一起,没别的事,我就是想和大家唠唠家常。关起门咱们都是一家人,大家都别拘束,那儿有几把椅子,能坐的都坐下。"

见大伙儿对他的话没有反应,张伯行语重心长地说道:"我知道,大家对不让当护兵有意见。到手的白花花的银子和大米没了,大家想不通,可以理解。咱都是一个宗族,都姓张,有的与我没出五服,我能不考虑大家的难处吗?这个差事,但凡有一点儿能干,这等好事,我也不会挡着大家发财,不是吗?咱们都是凭本事吃饭,本本分分的庄稼人。我问问大家,咱们不出一点力,就拿官府的钱粮,合适吗?花这白花花的银子,吃这喷香的白米饭,大家就问心无愧吗?这和戏台上包龙图虎头铡、狗头铡下的贪官污吏,和偷粮食的老鼠,有什么区别?"

张伯行话说到这里,大黑一屁股坐到椅子上。胖孩在县衙里干过杂役,也算是知道官府里的一些深浅。他觉得张伯行考虑的很对,也跟着大黑坐了下来。

"我刚问过尚参将,这抚标里的兵可不是谁想当就能当的。当护兵要求会武艺,要经过严格的测试。咱们自家人的本事,我心里还不清楚?也就大黑、大仪练过'子路八卦拳',但二人已过招募的年龄。你们说说,别的谁还会武艺?"

张伯行听见有人小声说了句:"俺也会。"他循声望去,见是二猛。

二猛十八九岁,正是血气方刚,看谁都不服气的年纪,长得又人高马大。他就不信,依他的本事当不上护兵。他是张伯行没出五服的本家侄,跟他爹留宽学过两年"子路八卦拳"。留宽那三脚猫的本事谁不知道,二猛跟他难学到好上,勉强只能算练过。

"俺觉得俺行。俺九岁那年,有位游方的老和尚给俺看过相,说俺日后是当兵吃粮、做大将军的命。"二猛不服气地说道。

"那好呀,张大将军!你说你行,他说他行,是骡子是马,拉出来一遛便知。大家先把兵服交给大黑,过几日,抚标招募兵士,如果大家有兴趣,都可以去试试。只要是靠真本事被招募上的,除了按月领护兵饷银外,每月的工钱我照发给他。没招募上的,以后就安心跟着我做事。"张伯行笑道。他知道大家不甘心,不让大家试试恐怕不会死心。

护兵这么丰厚的待遇,其实,在场的很多人都不想放过,只是大家都没胆量说。张伯行发过话,大家的脸色立刻由阴转晴。

（三）百姓踊跃报名参加抚标护兵考试

男儿何不带吴钩,收取关山五十州。

请君暂上凌烟阁,若个书生万户侯?

既然新抚军铁了心要招募精壮之士,尚平只得按他的意见行事。回到营中,他令书办撰写招募兵士的告示,四处张贴。告示一出,百姓就围得水泄不通。

杨阿牛推着水车从此经过,见墙边不少人围着在看告示。出于好奇,他也挤了过来。杨阿牛看上去不足二十岁,家在福州城东门外五里铺,以在城中推车送水为生,奉养双亲。别看阿牛人长得瘦,却极有力气。他自幼练武,提满满两桶水,不换手不但能走二三里路,而且健步如飞。

每日清晨,杨阿牛就在城门口等候。东城门一开,他就推着水车到七星井取水。水车装满,他便穿街过巷将甘甜的井水送到一家一户。福州城的居民都爱喝七星井中的水。七星井由七口井组成,凿在凤山之上,与旁边的龙山相连,乃龙凤呈祥之地。井边长着一棵古茶花树,还有座石制的唐塔。相传,唐代闽王王审知将七星井作为王府唯一的水源地。

杨阿牛自幼家境贫寒,断断续续上过不到一年的私塾,仰着头看了告示半天,也看不出究竟。正发愁,一抬眼看见在状元坊的私塾先生麦八爷也在人群中,便挤过去笑道:"先生吉祥!"

麦八爷一看是给他家送水的杨阿牛,便笑道:"吉祥,吉祥,吉祥着呢!"

"请问先生,告示上写的什么?"杨阿牛问道。

麦八爷道:"这是招募兵士的告示。抚标召护卫巡抚大人的护兵呢!"

杨阿牛一听招兵,顿时来了精神。他满脸是笑,恳求道:"先生也知道,我识不了几个字,烦劳您给读读呗!"

杨阿牛人勤快,有眼力,每次给麦八爷送水,见院里脏,拿起扫把就扫,麦八爷自然乐意给阿牛念。他捋了捋山羊胡,念道:"特授福建抚标参将军功加三级加九级纪录七次尚平为护卫巡抚大人,即日起,抚标招募十五岁至三十五岁之间,家世清白,品行端正,身体强壮,身高五尺五寸以上男丁五十名。每月给饷银四两,每年给饷粮稻谷四十八斛。善格斗、弓射、马术、舞刀者,绿营兵士、官府衙役优先考虑。清泰门外抚标军营报名。抚标参将大人择期亲自考核,能围绕南郊绿营大校场跑满五圈、九射六中、举掇石二百斤、会舞刀、格斗即为合格。右仰知悉。康熙四十六年六月二十一日。告示实帖。"

麦八爷读完说道:"阿牛呀,你会武艺,又年轻,不妨考考试试。"

杨阿牛腼腆地摇摇头道:"我这点儿能耐,上山打只兔子还凑合,哪是从军的料呀!"

麦八爷笑道:"你不要对自己没有信心,不试怎么知道自己行不行啊?人不知吃哪口肉长膘呢。"

人群里不知谁说了句:"怕什么,告示上又没说报名要钱,不试白不试。"大家听后都笑了起来。

林阿毛道:"当巡抚衙门的护兵好呀,听说,饷银比绿营的兵士高一倍,年底饷粮也多。"

"伙食还好呢,听说白米饭管够,每三天还吃一次荤腥,不是鱼就是肉。"张小五羡慕道。

"考吧,小伙子。这可是好差事,我要是会武艺准去考。"黄老六道。

"六哥,抚标里的护兵是抚台的亲兵,是咱普通百姓能当上的?即便你武艺再高强,与抚台没关系能当上?估计也就走走过场,你也当真?不是有句话说,朝里有人好做官嘛!"

黄老六看看陈阿强,撇了撇嘴,意思是说就你懂得多。

听过陈阿强的话,杨阿牛打量自己这身好几块补丁的衣裳,泄气道:"不瞒各位爷,我早有从军、考武秀才之心,可我没有路子,这等好事我恐怕考了也是白考。"

麦八爷和颜悦色地对阿牛说道:"此话差矣!老朽早有耳闻,新来这位张抚台可不一般,他这个福建巡抚乃是万岁爷钦点的。都说张抚台是我朝第一清官,有他在,考试时你只管使出浑身的本事,准没错。"

"对,我也听说,张抚台在江苏臬台任上,审结不少冤案错案,可受百姓爱戴。"人群里有人接话道。

"那我就去试试。"杨阿牛没底气地说。

"不是试试,依老朽看,这事你准能成。"麦八爷捋着胡子看着阿牛,笑眯眯地说道。

杨阿牛精神头来了。他声音洪亮地说道:"借先生吉言。若是被先生言中,我上家给您磕头去。"

(四)录取名单张榜公布,张伯行的随从无一人入围

> 林暗草惊风,将军夜引弓。
> 平明寻白羽,没在石棱中。

六月二十八日,是抚标招募护兵考试的日子。杨阿牛喝了两大碗稀粥,大早晨便来到城外绿营的大校场。校场边上,站着不少拿枪挎刀的兵士,那杀气腾腾的样子,若是胆小之人真还不敢靠近。看着威风凛凛的兵士,杨阿牛好不羡慕。

不多时,虎子他们也来了。张伯行的家丁中除三奎年龄不够,大黑、大仪等人超龄外,其余都报名参加考试。

有这等抚军,尚平自然不敢怠慢。之前,他把各场考官叫到一起,严肃认真地对大家进行交代,考场之上都打起十二分精神,谁也别想徇私作弊。如被查出,他的军棍可不是吃素的。为防替考,他还规定,闲杂人等一律不许入内。

跟着来看热闹的大黑,也被守门的绿营兵挡在外边,没能跟着众家丁一同进去。多亏遇上随后而来的孟志弘,他与守门的军官耳语几句,大黑也进到营中。

辰时三刻,只听有大声喊道:"军门到!"

校场边等待考试的众人连忙站好。顺着声音望去,只见一武官装束的人,在几十个军官、兵士的簇拥下,正往校场这边走来。

杨阿牛仔细一看,此人有些眼熟。哦! 他不正是报考那天,在抚标门外见到的那人吗? 难道他就是尚参将?

看到告示的当天下午,杨阿牛就去抚标营门报名。他刚要进抚标营门,与出来的人撞个满怀。此人很壮实,穿着长衫,杨阿牛感觉撞上一堵墙。

常言道,先出后进。杨阿牛觉得是自己的错,忙赔笑道:"对不起,军爷,撞到你了。"

此人冷不丁的与身体强壮之人相撞,也吓一跳。他看看杨阿牛裸露的肌肉,问道:"你也是来报名当护兵的?"

"是的,军爷。"

"你为什么要当护兵啊?"

"护兵饷银高,能让父母吃饱,抚标里还有肉吃。"杨阿牛眼里放着光答道。

此人笑道:"哦!这倒是实话。不过,一会儿到里面,若有人问起你,你要说为了护卫张抚军。呵呵。"

"谢谢军爷教诲,小的记下。"杨阿牛向他施礼道。

"去吧,报名在左手第一排房子的前面。"

杨阿牛向此人道谢后,往里刚走两步,被他叫住:"等等,你叫什么?"

杨阿牛转身笑着回道:"杨阿牛。"

尚平来后,考试便正式开始。五场考试异常严格。为了抚军安全,先期对所有报名者的信息进行核查,一批可疑之人均被淘汰。

第一场,长跑。围着校场跑五圈,校场一圈整二里长,五圈共十里,在规定时间跑完就是合格。五百七十八人有资格参加考试,合格者五百零七人。这一场,张伯行的几个家丁被淘汰,其中包括扎根,他根本就没跑下来。

第二场,步射。九射六中合格,又刷下一大批。

第三场,掇石。二百斤的石墩只要把它提到离地一尺,上到胸口,下过膝盖,即为合格。

三场下来,张伯行的家丁大部分被淘汰。有资格参加下场考试者只剩下虎子、二猛、铁蛋三人。

第四场,拳技。能规规整整练一套拳就算合格。虎子、铁蛋二人傻了眼。铁蛋杀猪还行,哪会这个,虎子更没练过武。于是,二人直接被淘汰。轮到二猛,他耍一套"子路八卦拳"。二猛他爹的水平就不怎么样,二猛跟他爹学时三天打鱼、两天晒网,水平就更不行。何况又两三年没练过,早忘得差不多了。胡乱比画一通,二猛自己都认为不行,自然而然也被淘汰。

到了第五场,舞刀。有资格考试的七十六人中,张伯行的家丁已无一人。舞刀这项对于操练过的兵士来说也不难,不管什么刀法,参考者只要能舞出一套,就算合格。于是又淘汰八人。

考试结束,杨阿牛等六十八人五场皆合格,这下难住尚平。护兵名额只有五十个,多出的这十八人怎么办?加试。考什么?尚平想来想去,还比射箭,因为射箭胜负一目了然。一人九箭,射中最少的十八人被淘汰。加试结束,杨阿牛九射九中。

经过核对后,录取名单当场公布。当唱票的兵士高声念到杨阿牛的名字时,他不敢相信自己的耳朵,他杨阿牛也在入录之列。杨阿牛使劲地掐一下自己的大腿,疼得直咧嘴。之后,杨阿牛笑了,笑得那样开心。

随后录取名单在绿营、抚标门前张榜公布。张伯行的家丁无一人被录取,因技不如人,对于考试结果他们也心服口服。

(五)许多平民子弟通过考试被录取为抚标新兵

十年磨一剑,霜刃未曾试。
今日把示君,谁有不平事?

七月流火。即便火星已西行,福建的天气丝毫没有凉爽的意思。真是人靠衣装,马靠鞍装,佛靠金装。杨阿牛穿上兵服,人更显精神。经过十多天的操练,今天轮到他在衙门口当差。这是杨阿牛第一次站岗,他跟着老兵阿全出来,手持红缨枪,笔直地站在大门右侧。

穿上这身崭新的兵服,杨阿牛心里那叫一个美。他不记得上次穿新衣服是什么时候。入伍头天,第一顿光米饭他就吃五大碗,撑得他弯不下腰。当他揉着圆鼓鼓的肚子,一脸的幸福。他感觉,这是他这辈子吃的最饱的一顿饭。

大黑办完事回府。走到大门口,猛不丁地被这位身着新兵服,站姿笔直,面带笑容的生面孔吸引过去。虽说是生面孔,似乎又在哪里见过。

"哦!你就是护兵考试那天射箭全中那人吧?"大黑恍然大悟地问道。

"是的,老伯。那天我侥幸全部射中。"阿牛操着福州官话,笑眯眯地回道。阿牛在衙门里见过大黑,知道他是抚军身边之人。

大黑点点头,心想这小伙子不错,人挺谦虚。他喜欢谦虚的人,他觉得像他。大黑一直认为自己很谦虚。

大黑上上下下打量一番杨阿牛,又说道:"人倒是不胖,力气还挺大,记得那天你是唯一一位将二百斤的石墩举过头顶的人,是吧?"

杨阿牛微微低头,腼腆地笑道:"不瞒老伯,我之前是送水的。一桶水几十斤,拎来拎去,因此还算有些力气。"

大黑突然想起什么,问道:"那天,在校场你拳练得挺好,那是什么拳呀,我看着十分熟悉。"

"我练得不好,瞎练,没有考场上那位仁兄练得好。我们这里都管它叫'子路八卦拳'。"杨阿牛谦虚地笑道。

"哦!'子路八卦拳',这可是我们中原的拳法。你怎么会这套拳法啊?是谁教的?"大黑听说"子路八卦拳",一下子来了精神,他惊奇地问道。

那天,大黑说是看热闹,实是张伯行派他去现场看看考试是否公允。在绿营校场,大黑就注意到杨阿牛练的这套拳。虽说与他练的"子路八卦拳"在套路上有些不同,但属于枝节末尾差异,明眼人一看同属一家。这套拳杨阿牛练得虽称不上出神入化,但年纪轻轻能练出八分神韵很是不易。与之相比,二猛练的不知差多少档次。

"我家祖传的。我家是跟宋高宗来的南方,明朝时祖上到福建为官,才落户在这里。我家以前也是中原的,小的姓杨,是老令公杨业的后代。老伯,开封府您知道吧,据说,宋代时,我们杨家就在里城内西北天波门内住。我们村附近,会'子路八卦拳'的全是我们杨家教的。"阿牛自豪地答道。

"开封府俺咋不知道?哈哈!论起来咱们还是老乡嘞。'文官只说包丞相,武官都说杨家人。'现在,开封府城内西北还有大片水面,相传是杨家老宅旧地,俺还在那儿游过泳哩。"听说是杨家将的后代,大黑聊得更加兴奋。

"我们村自古就有习武的传统,出过不少武举人、武秀才,还出过武进士呢!"杨阿牛自豪地答道。

"哦!是吗?人才济济呀。"大黑没想到这里尚武之风这么盛。

"可不吗,我大哥就是武秀才。这几年不太平,我大哥、二哥,还有村里很多人被省内各地大户请去看家护院了。"说起村里习武的事,杨阿牛有说不完的话。

大黑正在兴头上,还要再问杨阿牛什么,只见一顶八人抬的绿呢轿子已快到府门前。大黑向杨阿牛示意改天再聊,便闪入府中。

轿子停稳后,宋致的随从宋福安拿着拜帖,走上青石台阶,来到大门口。

门口差官袁三认得桌台的轿子,也认得宋福安,忙向前迎接两步,拱手笑道:"福爷辛苦,给您道喜!"

宋福安还礼,笑着摇头道:"袁老弟辛苦,不要取笑你老哥。我整日苦哈哈的,喜从何来呀?"

"恭喜福爷由道台左膀右臂荣升为桌台左膀右臂呀!"袁三笑道。

"袁老弟太会说笑。道台也好,桌台也罢,咱该替我家老爷怎么跑腿,不还得怎么跑腿不是?"宋福安依旧笑着摇头道,摇头里透着几分得意。

袁三朝宋福安比比大拇指道:"福爷真谦虚。"

宋福安问道:"抚台在吗?"

"在呢。"袁三答曰。

"有劳老弟进去禀一声。"说着,宋福安将拜帖单手递与袁三。

"宋桌台真可谓是为官之典范,抚台刚上任,就来同抚台商议大事。遇到这样的好官,真乃福建百姓的大幸事。"袁三双手接过拜帖,笑着奉承道。

"张抚台忧国忧民,体恤百姓疾苦。这不,召见我家大人为百姓排忧解难呢。"宋福安言外之意是,新抚台才来多长时间,东西南北恐怕还分不清,就急于处理政务,恐怕有些自不量力吧。

"那是,那是,呵呵,这不都是因为张抚台知道宋桌台水平高、能力强嘛!福爷,您少安毋躁,小弟这就往上禀去。"袁三笑着便快步向府里而去。

他边走边想:"哼哼,宋桌台先把福建的治安弄太平吧!连我岳父家都丢头牛,媳妇闹着让我去找。你说说,让我上哪里找去?"

很快,袁三就来到张伯行平时办公的书房前。

三
推行保甲

（一）邻里矛盾要以教化为主、惩罚为辅

轿中坐的这位乃新任福建提刑按察使司宋致。

宋致，时年三十七岁，由分守汀漳道升任福建提刑按察使。宋家乃归德府巨姓望族，宋致祖上数代为官。曾祖父宋沾，万历辛卯举人，官至都察院右副都御史。祖父宋权，天启五年进士，官顺天巡抚；仕清后官至国史院大学士，后辞官归里，卒后赠少保兼太子太保。父亲宋荦，十四岁应诏以大臣子列侍卫，现任吏部尚书，宋荦诗、画皆能，为康熙年间十大才子之一。康熙帝三次南巡，皆由宋荦负责接待，被康熙帝誉为"清廉为天下巡抚第一"。宋致性情慷慨轻财，同时也继承了父亲的才学。

> 史载：宋致，康熙十年（1671年）生，字稚佳，号远斋，河南归德府人，贡生。授福建提刑按察司佥事，历任分巡海防汀漳道、福建提刑按察使、四川承宣布政使、湖南承宣布政使，诰受通奉大夫。著有《政事录》《可竹居诗集》。

宋致到上房时，张伯行已换好官服在此等候。

张伯行见到宋致笑道："哈哈！稚佳兄年纪轻轻，已任臬司，前途无量。"

宋致欲行大礼，被张伯行拦着后拱手道："谢谢抚台鼓励，自当尽心尽力为皇上办事。"

"稚佳兄应该是归德府人吧？"张伯行问道。

宋致回道："回抚台，卑职正是归德府商丘县人。"

"仪封与归德府的睢县比邻,与商丘县不足二百里。咱们不但同省,可算实实在在的近邻。本抚早听闻归德府宋氏乃名门望族,人才层出不穷。今日一见,稚佳兄果然气度不凡。"张伯行笑道。

宋致回道:"卑职世受皇恩,为官以来从不敢有半点懈怠,唯恐辱没先人。"

张伯行言归正传道:"近日,本抚听闻,福建治安情况甚恶,民怨极深。盗贼猖獗,百姓财物屡有丢失。人心不安,邻里不睦,轻则辱骂,重则斗殴,甚则闹出人命。对于整肃治安,不知宋臬司有何良策?"

未到福建之时,张伯行就听闻福建盗窃案频发,百姓怨声载道。明知山有虎,偏向虎山行。初来福建的他,打算从民冤最深的方面下手,先把盗贼猖獗、邻里不和这两块硬骨头啃下来。今天,张伯行召宋致来,要说的正是此事。

宋致一愣。虽然他已知前几日张伯行被拦轿喊冤之事,觉得张抚台来的时间不长,但对福建治安摸的却如此清楚,感觉此人果然不同凡响。

宋致向张伯行禀道:"卑职虽上任不久,但曾任福建提刑按察司金事,对情况还算了解一二。福建地处沿海,且多山近水,盗贼占着地形复杂,有恃无恐地骚扰百姓。自卑职上任以来,曾多次展开围捕,怎奈盗贼多是零散作案。虽每次几乎捕获殆尽,但个别漏网之鱼闻风逃窜。福建境内山高林深,又临大海,他们或跑入山中,或躲到海岛,官府一时捕获不到。等风声过后,他们又出来作案,弄得官府久捕不绝,很伤脑筋。再者,福建偏居东南,离京城数千里,民风向来彪悍。稍有不和就拳脚相对,闹出人命并不稀奇,很令人头痛。"

张伯行道:"治标先治本,治理盗患要先从源头治起。一是从道德做起,再是关注民生。人之初,性本善,谁也不会天生为盗。福建虽居东南,自隋唐开科举以来,文风兴盛。百姓崇文重教,知书明理。历代状元、进士辈出,入朝为相、位列三公者不乏其人,朱文公便是福建之人。常言道,子不教,父之过。身为百姓父母,一味将教化不灵、治安混乱的责任推给百姓,首先就没端正态度。"

"抚院所言极是,卑职茅塞顿开。"宋致奉承道。

"全省保甲法实施得怎样?"张伯行问道。

"保甲之事历来属布政使司衙门职权。之前,卑职隐约听闻,保长、甲长虽有,但十之八九有名无实。"可能是天热的缘故,宋致额头已冒出汗滴。

张伯行又道:"拒盗安民,是官府的责任。百姓十户一甲,十甲一保,众人拧成一股绳,劲往一处使。一方有贼情,锣声一响,八方来助,大伙共同防贼拒盗,小毛贼望风而逃,大盗也很难得手,一定能起到事半功倍的效果。"

张伯行说时宋致连连点头。

没出宋致所料,张伯行说完联防联保,话题拐到拦轿告状一事。

前几天,张伯行去见闽浙总督,行至半路,突然从小巷中冲出一位老妇人,跪在路中间,举着状纸喊冤。轿子停下,掀起轿帘,张伯行让人将老妇人带到轿前。

老妇人被带到张伯行面前,她边磕头边哭诉道:"青天大老爷,给老妇做主啊!"

张伯行道:"老大娘请起,有话慢慢说。"

老妇人跪地颤颤巍巍地说道:"老妇是福州府福清县人,只有一子,大名陈荣。去年,我儿与邻居黄茂才因小事发生口角,他便纠集多人将我儿打成重伤。而今,将近一年,凶手还逍遥法外。都说张抚台是天下一等一的清官,还望张抚台给老妪做主,严惩凶手。"说完便大哭起来。

张伯行示意大仪接过状纸,说:"老大娘请回,本抚一定尽快查明,给你答复。"

老妇人听言,磕头不止,连说:"谢谢青天大老爷!谢谢天下第一清官!"

当天,宋致就得知拦轿告状之事。他知道张伯行任江苏臬司时,平反不少冤假错案。才到任福建没几天接百姓诉状,定会找他询问。随即,宋致就派人到福清查此事。不问不知道,此事还挺复杂。

陈荣、黄茂才两家是邻居,同是福清县城南下溪村人。陈、黄两家为村中大姓,时常因小事发生摩擦,还闹出过人命。日积月累,两姓便结下世仇。孩子们在门口玩,陈荣八岁的儿子阿毛打了黄茂才五岁的小儿子二狗。二狗哭着回家告诉哥哥大狗,十二岁的大狗将阿毛推倒,头磕到墙角鲜血直流。陈荣听到儿子的哭声,出来暴打大狗和二狗一顿。黄茂才知道非常气愤,陈荣、黄茂才两家本来矛盾极深,于是,他带着黄姓家族到陈荣家,把陈家砸得一塌糊涂,还把陈荣打得昏死过去。黄茂才以为陈荣被打死,连夜外逃。陈荣之母在家族的支持下一直告状。

张伯行拿出老妇人的状子,递给宋致道:"前几天,本抚出行,路遇百姓拦轿喊冤,这是百姓递的状子。"

宋致接过状子上眼一看,果然是福清陈家。他大概浏览一遍,回道:"卑职也是前几日听说此事,随即差人实地了解。据派去的人禀报,此案错综复杂,且凶手不知下落。福清临海,凶手极有可能已逃到海上。主犯不归案,这不好了结呀。"

张伯行道:"此案只是邻里纠纷,并不复杂。化解此事不在孰对孰错,而在一理字。邻里矛盾要以教化为主、惩罚为辅。处置时一碗水端平,再晓之以理、动之以情,让两大家族化干戈为玉帛,乡邻和睦相处,多年积怨便可彻底化解。"

"抚院讲的极对。正如抚院所言,晓之以理,动之以情,化解邻里矛盾以教化为主、惩罚为辅。卑职记下。"宋致嘴上附和,心中却想,两家结了几代的世仇,怎会说了就能了? 这不是开玩笑嘛!

张伯行看出他的心思,说:"这就要提高百姓的思想觉悟。怎么提高? 关键是官府教化的力度和方法。"

听过张伯行对福建治安问题的分析后,宋致对他刮目相看。告辞时,宋致不觉后背已湿透。

(二)张伯行亲自制定乡规民约教化百姓,推行联防联控

宋致走后,张伯行思虑,国有国法,家有家规。加强治安防范,就要从源头做起,制定乡规民约至关重要。乡规民约必须从实际出发,不能虚头巴脑。他记得自己老家的村规民约就很接地气,就叫来大仪商议。

大仪坐下后,张伯行边思考边说:"常言道,哪有马勺不碰锅沿。邻里间闹出些不愉快在所难免,其中大部分都是鸡毛蒜皮的小事。这些事很少会闹到大堂,多是请本族族长,或是村中德高望重之人评断。评起理来,公说公有理,婆说婆有理。因彼此奉行的标准不同,很难评出令双方信服的结果。小怨积深,最终闹出大仇,引发治安混乱。没有规矩,不成方圆。我想制定个乡规民约,以便百姓共同遵守。记得咱们仪封就有村规民约。大仪,你当过里正的文书,对这方面应该熟识,我想请你出些主意。"

大仪道："仪封县的村规少说也有二百年了。俺听老辈人讲,明代洪武年间,因咱老祖宗来仪封为官,而定居于此。咱们张家在此繁衍生息,逐渐成为村落。人一多,矛盾也就来了。没有规矩不行! 为了让大家和睦相处,先人们先订立家规,刻石成碑立在祠堂。又商议订立村规民约,立于村子戏台边。村人约定共同遵守,如有违反遵照约定内容处罚。老爷还记得戏台边的《奉示禁碑》吧,它刻于明代万历年间。"

张伯行问道："我记得碑就立在戏台左边,碑上只有禁止事项,没有具体处罚标准。有处罚规定的是旁边那块《公约同遵碑》,你可记得两块碑上的内容?"

大仪说："记得不真切,容俺好好想想。"沉思一会儿,大仪断断续续背出《奉示禁碑》中大致内容:

"一、严禁招奸窝赌,结党赌博,调戏妇女,殴辱尊长;

"二、严禁盗窃谷物,砍拆篱界,纵放六畜,蹂躏稼秧;

"三、严禁污染水源,填井毒鱼,井坑河泊,白昼裸浴;

"四、严禁砍树毁林,破路毁桥,纵放野火,挖坟掘墓;

"五、严禁私宰耕牛,欠账不还,醉酒横行,无理取闹;

"六、严禁仗势欺人,强买强卖……"

"记得应该是八项,剩余的俺实在想不起来了。"大仪遗憾地说道。

接着他又背起《公约同遵碑》的条款:

"一、禁盗牛、马、驴、猪、羊等,犯者罚钱拾千文,举者赏钱四百文;

"二、禁掳掠麦、粟、薯、芋、豆、瓜、菜等,犯者罚钱一千文,举者赏钱二百文;

"三、禁村外池塘盗鱼、虾,犯者罚钱一千文,举者赏钱二百文;

"四、禁牛、马、驴、猪、羊等食青苗,犯者罚钱二百文,举者赏钱一百文;

"五、禁刀、斧砍坟茔树木,犯者罚钱一千文,举者赏钱二百文;

"六、禁招家窝赌、诱拐男女、打架斗殴,犯者罚戏一台,有伤议赔,举者赏钱三百文。

"老爷,我只想起来这么多。"大仪摇头道。

大仪背罢,张伯行点头道："想不起没关系,你写下来,我再完善补充,将来以此为蓝本,发到各处,大家可根据本地情况增减。"

"俺记得,小时候,俺放老爷家的牛,因俺贪玩,牛偷吃三保爷家的麦苗,违反公约,应该受罚。俺家穷,实在拿不出二百文的罚款,钱还是老爷家出的。"大仪不好意思地笑道。

"哈哈!都过这么多年,你还记得。"提起往事,张伯行也笑了。

张伯行对强盗深恶痛绝。他读书时亲眼看到过,财物被强盗全部掠劫走的行人,坐在路边嚎啕大哭;他也记得,站在被强盗洗劫一空的房子前,主人绝望的眼神。读书人以天下为己任,那时,他就下定决心,将来一定要保护好百姓,不再被强盗伤害。

张伯行制定好教化百姓向善的乡规民约,编写好提倡联防联控的歌谣,又将请见书院的劝学歌谣,也亲自抄写一份,才召来福建布政使司金培生。

金培生今年才由福建提刑按察使司升任福建承宣布政使。他在陕西任分守潼商道时,整肃纪纲,听讼明决,勤于公务,案无积牍。但在福建提刑按察使任上,对福建盗贼猖狂却一筹莫展。

> 史载:金培生,汉军正白旗人,荫生,由中书升部曹,外转鹤庆府知府,补凤翔府知府。康熙四十年,升分守潼商道,整肃纪纲,听讼明决,勤于公务,案无积牍。康熙四十二年,圣祖仁皇帝西巡,培生办事明敏,御赐五言诗一章。康熙四十四年,升福建按察司。转布政司内升京堂,未及还京,卒。

金培生平日爱吟诗作对,一副文人做派。虽文采有限,却因位高权重,走到哪儿身边都围着一群溜须拍马者,搞得他晕晕乎乎,飘飘然然,竟以"小李杜"自诩。

昨日,巡抚衙门的传令衙役走后,金培生心里就犯嘀咕,这是张伯行上任后,他们第一次相见,总该送些什么吧!他知道张伯行是个不爱钱的主儿,想必拿再多的黄白之物,他也不会收。想来想去,想起张伯行爱书,一拍脑门儿,有了,投其所好,就送书。

问题又来了,一般的书恐难入张伯行的法眼,孤版善本自己又没有。这如何是好?对,派师爷鲁秀彦到林家去。

（三）金培生决定投其所好，送张伯行一套宋代官刻本图书

林家乃福州望族，大富之家，藏书之丰在东南诸省都很有名。他们积祖孙三代之力，搜集古籍善本藏于一楼，名曰"金生楼"，取自五行相生相克之理。因藏书怕火，水能克火，故取楼名，金生水之意。林家视藏书为至宝，定有家规，不许外姓之人登"金生楼"，楼中所藏之书不许出售、不许外借。如今，林家的当家人林云霆，现年四十有一，更是爱书如命。

鲁秀彦，五十出头，举人出身，在藏书鉴赏方面也算是行家，因此与林云霆熟识。

临行前，金培生给鲁秀彦一百两银票作购书款，要他买套宋刻本，鲁秀彦没伸手接。金培生看他一脸为难状，又加五十两，鲁秀彦还不接。最后，金培生勉强再加五十两银票，表示已经不少，不行就还还价。鲁秀彦只得揣上二百两银票，硬着头皮坐马车来到林家。

布政使司师爷突然造访，让林云霆很意外，他提前站在上房廊下迎接。没等鲁秀彦来到跟前，他就笑道："哈哈！今日一早喜鹊就在枝头叫，原来是贵人大驾光临。"

鲁秀彦笑着摇头道："云霆兄玩笑，兄弟算什么贵人呀，不过是在衙门房檐下混口饭吃。呵呵！"

二人分宾主落座，仆人上茶退下后，鲁秀彦开门见山说道："今日兄弟来是想找云霆兄兑套书。"说着掏出二百两银票。

林云霆笑道："秀彦兄，什么兑不兑的。只要寒舍有，兄只管拿走。"

"呵呵！有云霆兄此话兄弟就放心了，但银子一定要付。"

"不知秀彦兄想要什么，小弟这就派人取来。"

鲁秀彦笑眯眯地看着林云霆说道："想要曾巩校勘的《南齐书》，不知云霆兄肯否割爱。"

林云霆听过此话，如五雷轰顶。这书可是不一般，乃北宋翰林院校对的官刻本，制作精良。又是唐宋八大家之一曾巩主持校勘，乃宋版书中极品。不要说二百两，就是拿八百两、一千两，也无处买。整个福建就此一套，这不是要人的命吗？

书籍以官刻本为最佳,其次为坊刻本,再次是私刻本,宋版书早在明代已弥足珍贵。相传,明代崇祯年间,著名藏书家毛晋为求得宋版藏书,在自己的藏书楼"汲古阁"门前悬挂征书启示:

"有以宋椠本至者,门内主人计页筹钱,每页出二百;有以旧钞本至者,每页出四十;有以时下善本至者,别家出一千,主人出一千二百。"

一时间,前来售书的书商络绎不绝,似乎有把毛家门槛踏破之意。当时有一种说辞"三百六十行生意,不如卖书于毛氏"。如今,宋版书更珍贵,坊间有"一页宋版一两金"之说。尤其是北宋官刻版,更是求之不得之珍品。

鲁秀彦看他面露难色,笑道:"实不相瞒,兄弟只是跑腿之人,书是东翁所需。"

鲁秀彦提到金培生,林云霆不好推辞。去年,林家在泉州的两家当铺接连被盗,丢失价值三千两银子的钱物。案子拖了很长时间都没有眉目,那时金培生还任臬台,多亏他一再催促,案子才破,东西大部分才被追回。因此,林云霆觉得欠金培生一个大人情。可是,这套书实在是太珍贵,他真的舍不得。林云霆知道说是借,其实就不准备还。如果不给,势必得罪金培生。如今,盗匪猖獗,以后再有什么事就不好办了。

林云霆咬咬牙说道:"《南齐书》乃金生楼所藏。老兄也知道林家规矩,动金生楼上的书,必须各房共同商议,有一房不同意就不行。小弟与四房不对,想必老兄应有耳闻。我若说动书,四房势必反对。要不这样,秀彦兄看行不行。小弟自己藏一套南宋建阳书坊所刻的《论语》,送与金臬台,不知如何?"

鲁秀彦有些为难道:"最近东翁突然对北宋官刻本的史书感兴趣,南宋坊刻本的《论语》兄弟拿回去,恐怕不好向东翁交差吧!"

言外之意,鲁秀彦是说,都是宋版书,可北宋官刻本与南宋坊刻本,珍惜程度却差十万八千里。林云霆你蒙谁啊?

"哦!小弟还有一套明代成化朝官刻的《战国策》,秀彦兄若不嫌弃,不妨回去没事翻翻。"林云霆知道骗不住行家,小心赔笑道。

"使不得,使不得。兄弟是来为东翁办事,怎能干出顺手牵羊之事?再说,君子不夺人之美嘛!"鲁秀彦一副坚决不要的样子。

"秀彦兄不必见外,不是还得请兄在金臬台面前,替小弟好好打个圆场嘛!"林云霆笑着恳求道。

"哈哈！那兄弟恭敬不如从命了。"鲁秀彦笑着将银票向前挪了挪。

林云霆心里长出一口气，如释重负。

得到林家一套明官刻本的《战国策》，鲁秀彦心中暗喜，此趟没有白来，他便拿着一套四本的《论语》回来交差。

见到四本宋版书，金培生很高兴。他对收藏书籍中的门道不甚了解，只要是宋版书就行，于是夸奖道："先生能力果然不一般。哈哈！又帮本司解决个大问题。先生辛苦，天色不早，快快下去休息吧！"

鲁秀彦走后，金培生随手翻看着这套《论语》，一脸不屑地自言自语道，都说宋版书值钱，原来不过如此。可他还是很高兴，"一页宋版书，一两黄金"。哈哈！金生楼，金培生，看来于我十分有缘！

他盘算着，若张伯行将这套书收下，以后再到林家购些送与张伯行。于是，金培生将《论语》装在特意配的雕着宝相花的金丝楠木盒子中，又用蓝布仔细包好，小心放在案头。

（四）见张伯行铁了心不收，金培生自知无趣，只好作罢

二人寒暄之后，金培生打开用蓝布包裹的盒子，将四本《论语》全部取出，笑道："卑职一向洁身自好，家徒四壁，并无多余之财。抚台到任，卑职无甚好贺，唯有这几本旧书，实在拿不出手，还望抚台海涵。"

见到此书，张伯行怒视金培生道："金蕃司，这是何干？没看见本抚贴在大门外的文告吗？"

金培生不以为然道："早听闻抚院爱读书，卑职同有此好，平日里也爱四处搜集些旧书残卷，但有闲钱，全用在购书之上。卑职闲暇之余，拿出一读，一则参悟道理，另则陶冶情操。每有所得，心中陶陶然，一日不读便寝食难安。今日，卑职来时匆忙，只随手拿与抚院一套，此非金非银，不过是一些泛黄旧纸而已。抚台不必较真。"

张伯行淡淡说道："金蕃司此话差矣。这只是平常一本旧书吗？早在百余年前，就有'一页宋版书，一两黄金'的说法。既是爱书之人，它如今价格，金蕃司应当心知肚明。"

金培生一听此话，便知传闻张伯行"油盐不进"果不其然，便改换战略，变

攻为守道:"抚院与卑职都爱书人。日后抚院若有好书,与卑职互通有无,岂不乐事?"

"本抚与金蕃司是上下级关系,互通有无恐有所不便,还是请金蕃司走时带走。"张伯行厉声说道。

见张伯行铁了心不收,金培生自知无趣,只好作罢。

"今日找金蕃司来,是想说说福建治安的事。"张伯行说道。

"抚院,治安之事向来归提刑按察使司衙门管辖。"金培生纳闷道。不要说张伯行任过按察使,就是略微懂些门道的也知道按察使司主管一省司法事务。

张伯行道:"金蕃司应该知道,福建治安之差,令百姓怨声载道。而保甲有效实施,能切实保障社会治安的稳定。据本抚所知,福建保甲名存实亡,为保一方平安,百姓只得以个体面对成伙的盗贼,因势单力薄,很难自保。若实施联甲联防,十户为甲,十甲为保,实行联保制度,各户之间联合作保,共具保结,互相担保,百姓与官府齐心协力,何俱盗贼作乱尔?"

"保甲制虽好,但由于百姓没有公心,只顾个人,在具体实施上阻力不小。福建偏居东南,民众目光短浅不说,民风向来粗鲁彪悍,稍有不和就拳脚相对,闹出人命并不稀奇。官府多行劝化之举,以多种形式宣教兄弟团结、妯娌和睦、乡邻友善,奈何百姓愚昧不化,以至收效甚微。"金培生说起百姓不是时头头是道。

听过金培生的话,张伯行有些不悦道:"福建虽居东南,然开化已久。尤其是自朱文公以来,八闽大地更是人才辈出、英才如云。朱文公长于闽、仕于闽,其门人亦多为闽人。他钻研学术,著书立说,讲学论道,其学称闽学,在福建乃至全国影响巨大而深刻。所谓'四十六日功名可知气运,一千余年著述未附斯文',盖若是也。如何能说福建教化未开、愚钝顽劣呢?"

金培生见张伯行有些不快,便连连称是。

张伯行拿出他拟定的乡规民约和劝学歌谣,递给金培生,说道:"人之初,性本善,谁也不会天生为偷盗。从思想上加强百姓对善恶的认识,才能根本解决他对真善美与邪恶丑的分辨。劝民读法向善,知法守法;劝民农耕渔猎,发展生产;劝民行商制作,繁荣经济;劝民重教兴学,读书上进。让百姓有饭吃、有衣穿,从源头消除恶念。同时,让保甲制有效阻止盗窃发生,让百姓尝到联防联保的甜头,实施起来,大家才会有劲头。"

金培生接过来大致看了看,觉得张伯行制定的乡规民约中劝化百姓向善的内容通俗易懂,童叟妇孺都能理解,劝学歌谣朗朗上口,儿童很容易接受,称赞道:"抚院制定的内容极佳,真乃造福于民的妙笔。卑职这就下发到全省各府、州、县,督促落实。卑职有预感,这一定能产生很好的效果。"

"我等俸禄来自民脂民膏,衣食穿用都是百姓血汗。不体恤百姓疾苦,不替君分忧,怎为人臣? 为了百姓安居乐业,为了社稷长治久安,保甲法的实施,金蕃司还要多多费心。"金培生临行前,张伯行又叮嘱道。

金培生连口答应道:"一定,一定。请抚院放心,为了百姓安居乐业,为了福建治安稳定,卑职就是肝脑涂地也在所不惜。"

又过一日,张伯行召来福建学政杨笃生,商议劝导百姓重教习礼之事。杨笃生是洧川人,与张伯行同乡,又是同年进士,二人相见有叙不完的旧、说不完的话。张伯行给他看了自己所编的劝学歌谣,杨笃生看后大加赞扬,准备在全省推广。

　　史载:杨笃生,字子培,河南开封府洧川县人,康熙二十四年进士。授湘潭知县,升户部江南司主事,历官四川司副郎、浙江司正郎、陕西道监察御史、山西道事、福建提督学政。有官绩,年八十四卒。著有《闽海风谣》《八闽留谈》等书,纂《康熙洧川县志》。

同一日,张伯行又见了福建巡海道李鋐,令其加强海巡力度,防范窃贼与海盗勾结,防止盗贼作案后逃往海上。

(五)坊间纷纷称赞,张抚台上任第一把火烧得好

　　禅子自矜禅性成,将来拟照建溪清。
　　南看闽树花不落,更取何缘了妄情。

转眼已过中秋,福州丝毫没有转凉的意思。这一日,大黑从巡抚衙门里出来,被当值的杨阿牛叫住大黑说:"呵呵! 黑伯吉祥,我正想去找您。"

大黑回头一看是杨阿牛,笑道:"俺以为是谁,原来是小老乡。找俺啥事啊?"

自从那天大黑与杨阿牛认过老乡,顿时亲近许多。之后,他们见面总要聊上几句。

"咱们福建'子路八卦拳'的掌门人,嘿嘿,也就是我二叔公。他听说从老家来个'子路八卦拳'高手,非常高兴,想请您到我们村做客,一同聊聊拳艺。不知黑伯能否赏光?"

"'子路八卦拳'掌门人?当然好啊!正好俺想向福建的宗师请教请教。我还有位兄弟,叫张大仪,也是'子路八卦拳'的练家,到时我二人一同去可否?"大黑道。

"怎么不行呀,我们村欢迎还来不及呢!你说的是那位爱看书的仪伯吧,我知道,这位老伯人挺好。咱就一言为定。"杨阿牛听说大仪也去,非常高兴,他最佩服读书人。

"好,一言为定。"大黑笑道。

定好时间后,杨阿牛请一天假,带着大黑、大仪去往城东五里堡村。

巡抚衙门离东门没几里路,五里堡村离城也并不远,片刻即到。三人步行而往,一大早就出门。路上,杨阿牛充当向导,领着大黑、大仪连欣赏景致,带熟悉风土人情,三人聊得好不投机。

走到东门内的大街,从他们身旁跑过几个十来岁的男孩儿,边跑边闹边唱着童谣,跑进状元坊:

> 大公鸡,咯咯啼,五更叫我把床起。
>
> 黑发少年不努力,白首方悔读书迟。
>
> 大公鸡,咯咯啼,五更催我上学去。
>
> 少年读书不怕苦,考中状元心欢喜。

大仪听着歌谣耳熟,脱口说道:"咦!这不老爷写的吗?"

杨阿牛兴奋道:"这些一定是麦八爷的学生,他就在状元坊里开私塾。"

"哦,你认识这里的私塾先生?"大仪饶有兴趣地问道。

"仪伯,我认识,以前我给麦八爷送水,他的私塾就在里边,我常去。"杨阿牛回道。

大仪问道:"可否领我去见见麦八爷?"

"当然可以。走,我们现在就去。"一听大仪想见他的指路人麦八爷,杨阿牛非常高兴,欣然引路。

私塾就在坊口里不远。麦八爷,举人出身,做过教谕、知县,辞官后,在自家院子里开馆课徒。麦八爷家是两进院,私塾设在前院靠南边的两间东厢房里。

三人刚进状元坊,就隐约听到小孩子的读书声。杨阿牛轻轻推开大门,三人站在院里,没打扰屋中读书的孩子。麦八爷发现他们,就从屋里走出。

见麦八爷出来,杨阿牛笑着迎上去道:"先生吉祥。"

"呵呵!吉祥,吉祥着呢。是哪阵香风把阿牛军爷给吹来啦?这二位是?"麦八爷笑着问道。

杨阿牛回道:"嘿嘿,先生就爱拿我打趣,我算哪门子爷呀。这位是仪伯,这位是黑伯,他们都是张抚台的家人,受邀去我们村交流拳法,从先生门前经过,特来叨扰,望先生见谅!"

麦八爷笑着向大仪、大黑二人点头,请他们到里边说话。四人来上房堂屋,落座,仆人上过茶。

大仪问道:"刚才在街上,我听到高足边走边唱的歌谣,想必是麦先生所教吧!"

麦八爷点头笑道:"歌谣是前些日子教谕差人所发,说是官府编写劝民读书上进的,发到县学及各私塾让学生学唱。老朽读后朗朗上口,适合孩童所唱,就教给他们,让二位先生见笑。"

大仪笑道:"麦八爷可知歌谣是谁所作?"

麦八爷道:"不知。"

"是我家老爷亲自编写。"大仪道。

麦八爷听后一惊道:"早闻张抚台勤政爱民,是不爱钱的清官。可编写劝学此等下事还亲力亲为,看来名不虚传。阿牛兑现诺言,入伍后果真来给老朽磕头致谢。言而有信之人护卫天下第一清官,哈哈!阿牛跟对人,老朽就欣慰至极。"

三人别过麦八爷,不多时就来到五里堡村。

"子路八卦拳"的两位拳师来做客,对五里堡村来说可是大事。里正和杨氏族长、乡绅,以及"子路八卦拳"的掌门、高手,早在杨家祠堂等候。里正杨奎顺见大家都聚齐,趁此机会,正好再议议村规民约。

杨氏族长杨奎贵道:"我们村婚丧嫁娶铺张浪费严重,攀比心理突出,我看这条还要加上,不准婚丧嫁娶大操大办。村中爱赌博的人多,处罚额度一定要定得高高的,一下就将他们罚怕,让他们从此金盆洗手。"

老学究黄广璞说:"修桥铺路是利人利己的好事。大家辛辛苦苦将路刚修好,就有人在路上晒粮食打场,堆放物品,要将禁止侵占、破坏道路也写上。"

乡绅付延麟道:"咱们村不能只重武,最好将鼓励读书也写上。"

杨奎顺拿来笔墨纸砚,一一记下大家的建议。

杨阿牛等三人来到祠堂时,杨奎顺正说加强保甲防范的事。他说道:"咱们村习武之人不少,盗贼一般不敢来此作案。邻近几个村子被盗贼祸害得不轻,百姓怨气很大,他们都想和我们联甲联防呢。听说要保甲同防,府城东门外的治安状况就能改善。行人一多,我们的小买卖也好做。"

大家正在议论,见三人来到,便邀请大仪、大黑为村规的事帮着出主意。大仪见老爷想法被百姓接纳,心里非常高兴。

加强联甲联防后,果然抓获不少盗贼。未抓获的,一些经过劝化,幡然悔悟,改过自新;一些迫于形势也不敢再作案。经过官民的共同努力,福建治安大有好转。百姓安下心来过起小日子,孝敬父母,友爱乡邻,蔚然成风。坊间纷纷称赞,张抚台上任第一把火烧得好!

四
以粮为纲

（一）福建怎么会出现官家无粮、农家无米

送上金条等贵重物品之人，果然就是福建粮行大户何枕。福建是稻米之乡，"宝成粮栈"遍布福建，这宝成号掌柜即是何枕。

福州城内，何枕在深宅大院闭门不出，福建地方却无人知晓他是张元隆的外甥。

何枕如何也没有想到，张伯行会把这些金银全部赠予书院。他窝一肚子气，即刻修书报于远在苏州的舅舅张元隆。

这时有下人来报，福建各地已经连续三个多月没有降雨，粮栈内再也收购不上稻米。市面上米价飞涨，各地粮行已经出现被饥民围堵的状况。

何枕不耐烦地说道："围堵就围堵，再围堵还会把粮栈哄抢不成？这米囤起来，慢慢售。"

突然，他像想起什么似的，一下子从椅子上跳起来，哈哈大笑，挥手对他的手下说："传令福建宝成号各分号，这米不卖，不得令不许再售一粒米。"

张伯行从江苏上任福建，一定要给他点好果子尝尝。"宝成粮栈"占福建地方粮栈八成，余下二成，不服从他宝成号能维持吗？何枕正为张伯行"油盐不进"恼怒，这下他有了办法。

一直以来，宝成号都是在福建各地收米，然后运送到海外。海外米价高，福建米质优，丰年总能把生意做得红红火火。若遇歉年，粮食歉收，宝成号就把稻米收购价抬升，升至与海外不差上下时，即不再往海外运送，加价出售，获利甚丰。而今天，何枕改变主意。

何枕立即修书一封，速递于张元隆。他要把宝成号所有囤积之粮，悉数

运往海外。到那时，福建上下，粮食短缺，就是砸烂粮栈，也见不到粒米。一时啼饥号寒，饿殍千里，看你这新来的巡抚如何应对？一招就把你那脊梁骨砸弯。

何枕把巡抚衙门的内线、班头老黄招来细问。这黄班头来到福州城里一处高大宅院里，进门就垂首躬腰，与平时威势判若两人。

老黄进去拱手施礼，何枕摆一摆手说："黄班头，本来不想叫你来，可你看看，你办的事，咋给老板交代？"

原来，所谓行户置办的那些物品，基本上都是何枕所办。他没有想到，最后，张伯行会把这些东西全部捐给书院。

说过这话，何枕却又反过来安慰老黄："张伯行这个人，是头犟驴，没有法子的事，也不能全怪你，这次就算了。"

其实老黄有所不知，何枕为此事被张元隆臭骂一顿。

老黄又报告说，这个张伯行真不是好说话的。

此时，福建全境旱情严重。

汀州府知府冯协一第一个跑来向他禀报饥荒。他一到任，即发现汀州辖内八个县，除长汀、上杭稍好一些，其余宁化、清流、归化、连城、武平、永定六县，竟是连续三个多月没有降雨。未到稻米收获季节，出现粮荒，市面上米价开始上涨。愈是如此，百姓和店家愈是惜售，缺粮之家愈是度日如年。尤其是永定县，明成化十四年才置县，地险民悍，去县绝远，草寇屡发，情况紧急。

紧随其后，福州府、漳州府、泉州府等数十名知府、知县皆向张伯行汇报此情。

张伯行有点纳闷。早稻成熟，其刈早也，以小暑始；其刈晚也，以小雪始。若小暑在五月内，凡黍秋之类皆食新矣，未闻粮荒至久。遂决定带上钟逵、林水晗、大黑、大仪来到汀州府，和知府冯协一先来这里查看。

他们出城，一路上看到野外旱情严重，秧苗有三成都已旱死。一些农家用瓦罐竹筒从山涧里背水，对禾苗进行无望的拯救。还有农人从井里、河里用水车拉水。可是连续干旱，河水和井水也将枯竭。

到汀州府城，张伯行问冯协一，耕耤之仪是否如期举行，耤田是否落实到位。

冯协一答道："《礼记》祭统云，天子亲耕于南郊，诸侯耕于东郊，耕耤之仪自古不废。然历代以来,各府州县并未设立耤田。康熙四年,仰蒙皇上特颁谕旨,令各州县设立耤田,以供粢盛。康熙五年,礼部议准耤田坛法规制,令各省择东郊官地洁净丰腴者,立为耤田;如无官地,动支正项钱粮置买民田,以四亩九分为耤田外,即于耤田后建立先农坛,高二尺一寸、宽二丈五尺。坛后酌建正房三间,配房各一间,恭奉神牌、祭品、农具。耕耤日期,每年择吉颁行,各省同日举行。所收米谷数目,用过粢盛数目,造册报布政司,送户部查核。汀州共设耤田三十九亩二分,除粢盛动用谷数外,尚存谷石变价银两及存仓谷数,附载备查。"

张伯行又问道:"到目前为止,汀州府所辖各县所存粮食有几?"

冯协一答道:"除官仓外,各县都所剩无几。长汀县存谷三十七石九斗六升,存谷价银三十三两二钱六分四厘一毫五丝。清流县存仓谷七十石,存谷价银四十六两二钱三分五厘。归化县存仓谷四十六石九斗,存谷价银二十八两九分三厘。连城县存仓谷四十九石,存谷价银二十九两七钱六分五厘。上杭县存仓谷七十五石,存谷价银五十两二钱八分。武平县存仓谷三十三石九斗,存谷价银二十四两二银四分。永定县存仓谷四十七石二斗,存谷价银三十一两三钱八分八厘。宁化县最惨,仅存仓谷一十九石三斗,存谷价银一十二两八钱三分四厘五毫。"

张伯行叫来汀州府师爷询问,福建乃鱼米之乡,虽不及江苏富裕,但自给自足应该绰绰有余。怎么会出现如此状况,官家无粮、农家无米?

师爷说,官家新米未进,陈化粮一般都早早粜出。农家也是如此。

张伯行帮师爷计算,一般农家有十亩水田,除去公粮种子,上季所收稻谷也不会吃完,还应略有结余才是。

师爷告诉他,城里的粮栈每到新谷下来,都要入村收购。大多农人为利所诱,只存够到下一季收获时的米面,其余全部出售。一旦遭灾,就陷入困境。

张伯行对冯协一说:"福建地方,人多地少,每年所收稻米,也仅够当地人所食。然却有不法奸商,利欲熏心,每年稻谷新收之际,都要大肆收购,转运海外,牟取暴利。走,咱们去看看那些粮栈去。"

张伯行拉上冯协一等人走到汀州大街,查看粮油市场。

城里最大粮栈当然是宝成号。几人老远就看到"宝成粮栈"门前无有人迹。大门虽敞开着,竟无一个顾客。几人相互示意,一起走进。

进门便见一伙计在打瞌睡,店内竟然没有看到一粒粮食。汀州府师爷对惊醒的店小二说,叫你们掌柜过来。

店小二眨蒙眨蒙眼睛,感觉这几人气度不凡,不像来店里买粮的。他不敢放肆,慌忙跑到后堂去。

少顷,即见一个五十多岁老头急步走出。他见到几位,感觉不对劲,立即说:"几位客官,是来买米的吗?"

师爷"嗯"一下说:"你这米如今是啥价格?有多少?看够不够我要。"

掌柜老头眼不离他们,手却指向门口一个牌子,上面写着"今日无米"。

师爷瞟一眼问:"为什么无米可售?据说你们粮行在新米上市时,大量收购,库房都存不下,怎么会没米可售?"

掌柜老头客气地说:"客官,前段日子百姓围堵抢购,都一抢而空。不瞒几位,在下家里都没米可吃。客官不妨到别家看看。"并做出一副可怜相。

冯协一忍不住上前说:"一派胡言!我们往哪里问?十店九宝成。分明是你们这伙奸商囤积居奇,牟取暴利,置百姓生死于不顾。"

掌柜老头慌忙说:"先生,可不敢乱说啊!"

正在这时,背后一声喊:"大胆!哪里来的狂徒?竟敢信口雌黄,不怕老子把你们都抓到大牢里?"

来人正是何枕,他身后跟着七八个人。钟逵、大仪、大黑等人农家装扮,站在旁边不动声色。

冯协一怒目圆睁,骂道:"你敢动手试试?官家这大牢保不成是你家所开?"

掌柜老头慌忙上前制止何枕。

何枕却把他拨拉一边,像斗架公鸡一般,冲他面前,梗着脖子道:"看你也像大户人家,却有眼不识泰山,今儿个就叫你知道知道马王爷长几只眼。来人,这个人打劫粮栈,给我抓起来扭送官府!"

众随从正待上前,张伯行一扬手道:"慢!我且问你,你何曾看到我们打劫粮栈?证据何在?"

何枕摇头晃脑地抓起柜台上的花瓶算筹之类,啪啪摔在地上,狂笑道:"老儿,这不就是打劫的证据吗?哈哈,给我抓起来!"

大仪、大黑等人一步抢在张伯行和冯协一之前,怒目横刀。这时,只听街道里人马杂沓,大队兵丁奔至,将粮栈团团围困。

何枕吓得两腿筛糠,指着他们几人"你你你",说不出话来。

倒是那掌柜老头上前跪拜,请求原谅。

师爷朗声道:"巡抚大人和知府大人在此,还不下跪?"

何枕吓得"咄"的一声跪下,连连求饶:"大人,大人,饶命饶命啊!小人再也不敢了。"他的话还没有说完,就被牢牢反剪起来。

有人给两位大人搬来椅子。张伯行落座,问道:"你是何人?为何敢如此大胆,私自抓人?"

何枕磕头如捣蒜:"大人,小人叫何枕,是这宝成号大管家。小人今天喝多酒,冒犯大人,望大人饶命。"

张伯行横眉冷对:"哼!你就是那个何枕?张元隆的外甥?真是踏破铁鞋无觅处,得来全不费工夫。扬州找你一直无果,没想到在汀州居然碰到你,真是人算不如天算。"他吩咐一声:"押回去,细加审问。"

何枕哭丧着脸说:"大人,我舅得罪你了?我咋一说他,你反而更生气啊?"

何枕立即就被抓走。

(二)张伯行上疏户部,请求免除台湾府赋税粮三万石

何处秋风至?萧萧送雁群。

朝来入庭树,孤客最先闻。

略带咸味的秋风摇曳着芭蕉树。深秋,凉意习习的晚上,一轮满月挂在夜空,犹如镶嵌在黑幕中发着亮光的银盘。多如萤火虫般的满天繁星,不时眨着眼。大仪坐在芭蕉树旁的石凳子上,悠然自在。旁边石桌上摆着一套工夫茶具,红泥小炉中的火忽明忽暗,炉上小锡壶嘴口吐着热气。石桌上放着一小把香蕉,有六七根的样子。一盘五香炒花生仁,还余二三十粒。花生仁是前几天从仪封家中运来的,大仪早馋这口。福州干果店倒是有生的花生卖,贵不说,买回来也没用,大家只能煮,或用油炒着吃。同来的人中,没人会用沙土炒这种五香花生仁。花生仁虽小,工艺却复杂,要先用放了盐的五香

大料水腌,晾干后才能拌在细沙中炒。在撩人的月色下,吃着花生仁,大仪想起家乡。这里离家数千里,他恨不得变做孙悟空,一个筋斗云就能翻回去。

面对满月,同样想家的还有与大仪对坐的差官林水晗。林水晗举人出身,候补知县,从凤山县老家来巡抚衙门当幕僚已一年有余。他虽比大仪小十二岁,两人却一见如故。因语言的差异,有时林水晗说几遍,大仪也搞不明白他在说什么,但不妨碍两人有说不完的话、谈不完的诗、论不完的理。

林水晗说他老家原本也在河南,西晋末年随司马氏衣冠南渡来到南方,明代祖先又东渡台湾府凤山县。他不止一次对大仪说,当第一天见到张抚台,就知道张抚台是位好官。那天,他引张抚台到上房,抚台见屋中陈设奢华,对他发脾气,可真把他吓住了。他虽战战兢兢,心中却暗暗竖大拇指:抚台清廉真名不虚传。

难得空闲。晚饭时,二人置办四样小菜,各喝三两烧酒,心情舒畅,饭后又在庭院中喝茶聊天。

林水晗望着一轮圆月想起家乡。今年福建异常热,雨水还少。尤其是台湾府,遇上罕见秋旱,本该是雨季的七八九月,降的雨还不如龙王打个喷嚏多。石桌上放的从老家捎来的香蕉就是实证,又细又短。屋漏偏逢连夜雨。秋旱不说,又遇上两次大台风,雨没下多少,被刮倒的房屋、大树却不少。庄稼遭受大灾,百姓苦不堪言。尤其凤山、诸罗两县受灾最重。幸得府院明察秋毫,上疏户部,请求为台湾府免除赋税粮三万石。还命台湾知府组织百姓生产自救,让官府购粮种平价卖与百姓。经过此事,林水晗从心底里越发佩服张伯行。

"张抚台真急百姓所急,忧百姓所忧。"林水晗发自内心地道。

"那当然,俺老爷年轻时就有文人士大夫情怀,将'先天下之忧而忧,后天下之乐而乐'作为己任。"大仪说道,自豪得像是自己被人夸。

大仪喝口铁观音说:"俺来福州几个月,福州哪都好,就是天热,还潮湿。而且,到处都是山,比不了俺家乡一马平川的大平原,看着心里敞快。"

"福建有'八山一水一分田'之说,能耕田的地很少。丰收的年份还能自给自足,倘若赶上旱、涝、虫灾,那全要靠从外省运粮。"

"俺家乡都是吃面,白面也好,杂面也好,蒸出的白面馍、杂面窝窝,吃起来可得劲儿啦。擀出的面条,在锅里下熟后,盛一大碗,找个地方一蹲,呼啦呼啦,连面条带菜带汤都有,弄肚里一大碗,心里可美。"大仪吧唧吧唧嘴,揉揉肚子,仿佛刚吃一大碗芝麻叶杂面条。

他接着说:"不像恁们南方人顿顿吃大米,俺在江宁时都吃不惯。大黑才可笑呢,他问俺这一粒一粒的米咋吃呀?俺说,不用嚼,直着咽。本来是跟他开玩笑,哈哈,你猜咋着,他真端着碗往嘴里吧啦吧啦直接咽。"大仪开心的样子,仿佛大黑的窘样就在眼前。

"唉!你还有心笑呢,老百姓都快吃不上饭了。"林水晗唉声叹气道。

"咋回事啊?"听说百姓快要吃不上饭,他的身子猛然坐直。对于百姓来讲,穿衣吃饭是天大的事。他家也不富裕,知道吃不上饭的滋味。

"仪爷,您不当家不知柴米贵。福建今年夏天大旱,雨水不足往年一半,来的运粮船又少,商人乘机囤米不售,哄抬价格,米价高得很多百姓都快买不起。我老家台湾府的百姓更可怜,驻防军兵飞扬跋扈,百姓本就忍气吞声,现又遇上这种事,让百姓的日子怎么过呀!"林水晗满脸愁容。

"唉,民以食为天。老爷才来福建不久就遇着这种事,一省的父母官不好当啊!"大仪叹气道。

"更可恶的是,粮商还以次充好,有的无良商家往新米中掺陈化米、霉米,更有甚者往米里掺水。我听一米店伙计说,往米里拌水,经过一夜米将水吸收,在上面放一层好米。顾客买时看到的是好米,要买时,他们挖的却是下边泡水的米。"林水晗越说越生气。

听得大仪恨得直咬牙,他愤愤地说:"俺一定要把百姓的疾苦报于老爷知晓,老爷定会救百姓于水火。"

接着,大仪头望着天,双手合十求告道:"老天爷,行行好,可怜可怜百姓,下几场雨吧!"

大仪果然没有食言。第二天一大早,他便来到书房。张伯行有个习惯,饭后要在院中转上一会儿,这不他刚回书房坐下,大仪就走过来。

张伯行见大仪一脸伤心,就笑道:"呵呵,昨天大黑又和你磨嘴了?"

大仪和大黑从小到大总爱斗嘴。大仪说往东,大黑偏往西;大黑说刮风,大仪偏要对下雨。大仪读书虽比大黑多,嘴上却说不过大黑。十次有八次,大仪都气不过。说来也怪,二人总抬杠,却老爱在一起,连张伯行都说他俩是撕不烂的棉花套。因此,张伯行一大早见大仪不高兴,以为又是被大黑气的。

大仪"唉"一声道："谁还有闲心和大老粗置气。如今，福建百姓都要饿肚子了！"

张伯行听后心里一惊问道："大仪，此话怎讲？"

"福建今年不是缺雨嘛，昨天，俺听人说，田里缺墒严重，禾苗都快干死了。"大仪焦急地道。

张伯行虽然整天忙，但也觉察到，大仪这么一说，更是提醒他。张伯行发现，自打他上任以来，福州就没怎么下过大雨。他也是庄户人出身，知道雨水对农民的重要。可是，哪有那么多能灌溉的旱涝保收田呀，大部分田地全靠天吃饭。老天爷不下雨，庄稼缺水，老百姓没饭吃；老天爷下雨多，田里涝，老百姓依旧没饭吃。

张伯行忧虑地说："福建多山地，庄稼浇不上水，庄户人全靠天吃饭。今年，福建少雨，不知田里缺墒到什么程度？"

大仪道："上个月，我和大黑去城东五里堡村，见田地里的稻子稀里巴拉，稻秆细，长势很不好。当时，只顾宣扬保甲制的益处和乡规民约的重要，也没多想。现在想想，稻子长势差一定与缺雨有关。"

张伯行道："大仪，你出城到田间实地看看墒情，掌握第一手资料，我也好正确判断。现在正是稻穗灌浆，若旱的厉害，也好及时处理，农时不能误啊！"

大仪也是庄户人，他知道种田不易，只要为庄户人办好事，他都欣然而往。

他说："老爷，我这就出城四处转转，回来向您如实禀报。"

张伯行点点头。

事不宜迟。大仪到井边灌一葫芦水，他的大葫芦能装三斤多水，井中水很少，一桶下去，打到的水将葫芦装满后已所剩无几。他又到厨房拿个杂面窝窝头、一根酱胡萝卜，备作午饭，急匆匆走出抚衙向西而去。他打算先到西门外转转，然后转向北郊看看，再由东边回城。

天空没有一丝云，太阳孤孤单单挂在天上。大仪出西门顺官道一直前行。门外，官道两旁店铺、作坊、住户一家挨着一家，街边的摊贩售卖的货物琳琅满目，坐车的、骑驴的、乘轿的、步行的络绎不绝，好不热闹。若换作往日，大仪定会饶有兴趣地四处看看。而今，农时不等人，他正心急火燎，哪有这般兴致。

不觉出城已四五里，官道两旁房舍渐渐稀少，行人也不多。路两旁，水稻叶子少气无力地耷拉着,羸弱的稻秆上顶着很小很细的稻穗,让大仪想起家乡的狗尾草。大仪看过很伤心,作为庄稼人他知道,照眼前这光景,收成一定很差。他从岔路口向北转去,一路田中的景象让他忧心忡忡。很多能耕作的田地都荒着,让大仪心痛。

中午时分,在北郊,大仪远远见到有个小男孩坐在地上哭闹。一位老汉一直在哄,旁边还站着稍大点儿的女孩。大仪走到跟前,听到小男孩一个劲地喊渴,便停下脚步。

只听老汉说道:"阿果呀,不要闹啦,前边不远就到省城,人多的地方水井多。你再忍忍,到时阿公给你打水喝啊。"

"阿公净骗人,一路上遇到的井都没水。一上午我都没喝一口水,渴的我实在是走不动了。"小男孩哭着喊道。

小女孩也劝道:"阿弟莫闹,进城见到阿爸让你喝个够。"

"可我现在就想喝。"说完,小男孩又呜呜哭了起来。

大仪见不得别人有难处,连忙将自己装水的葫芦递向小男孩说:"这是水,喝吧。"

小男孩竟然没有伸手接,而是抬头看着爷爷。

老汉感激地对大仪道:"大兄弟,使不得。如今水金贵,还是您留着路上喝吧。"

大仪道:"老哥,俺不渴。孩子渴得厉害,你就让他喝点吧!"

"还不快谢谢阿爷?"老者对小男孩说道。

小男孩面对大仪深深鞠了一躬,说声谢谢后,兴高采烈地接过葫芦,并没喝,而是先让爷爷喝。爷爷说不喝后,他又将葫芦拿向姐姐。姐姐示意他先喝,他才"咕咚咕咚"喝了起来。小男孩喝痛快后将葫芦递给姐姐,小女孩也喝上几口,就递给爷爷。老汉没喝,而是双手将葫芦递向大仪。

大仪没接葫芦,说:"老哥,这里离城还有五六里呢,你也喝点。"

老汉抬头看看明晃晃的太阳,这才喝上两口水。

大仪说:"老哥,歇歇脚再走吧。"

几人坐到树荫下后,大仪问:"老哥,打哪里来呀?"

老汉道:"小老儿姓邱,家在北门二十里外的上溪村。小儿在城里布行当二掌柜,天还没亮,我就带这俩孩子进城找他们阿爸,让他们阿爸在城里买些米回去。如今乡里面,米不但贵,还买不到。布行隔壁有家粮行,是福建有名的宝成粮栈分号。听说小儿与粮行里的人熟悉,这次进城就是让他想想办法。"

大仪见邱老汉一身庄户人打扮,就问:"老哥家里种几亩地,今年收成怎样?"

"小老儿祖祖辈辈靠种田为生,咱别的没啥本事,种田可是个好手。家里有十三亩薄田,一家老少温饱没问题。听大兄弟的口音是外乡人,不瞒您说,今年大旱少雨,早稻只收四成。照这旱下去,唉,晚稻恐怕连四成也收不到。如今,米又这么贵。来年,全家人恐怕要喝西北风啊!"邱老汉唉声叹气道。

"怎么不想想办法浇浇水?"大仪问道。

"一听这话,就知道大兄弟没种过地。早几个月,村边的竹叶溪早就断流,很多河湖也见底,不少井都干枯,哪有水浇田? 即便下两场刚湿地皮的雨,太阳只要晒两天就干透。"

大仪知道自己问的是外行话。他只是想听听老把式有何好的抗旱办法。

二人正聊着,小男孩又喊饿。为了赶路,三人草草吃点饭,就从家里出来,又走十几里的路,如今已是中午,小孩子能不饿?

邱老汉本想着中午就能到,一则小孩子走得慢,再则找水又费些功夫,没准备吃的。他说:"乖孙子,再忍忍,到城关阿爷给你买拌面吃。"

见小男孩饿得实在不行,大仪便把准备的午饭拿出来,与爷仨一起共餐。分手后,大仪又向城东转去,掌灯前才回到抚衙。

(三)高士奇看似公办公事,实则为之说情

何枕被抓,惊动张府。

福建方面,飞马奏报。张府上下乱作一团。

张元隆的老姐涕泗横流,哭着要张元隆救救她儿子。

张令涛也是又急又恼,冲着哥哥说:"都怨你。当初要是干掉他张伯行,哪会有今天此事发生?"

张元涛骂道:"你懂个屁! 就算张伯行不抓他,还有李伯行、赵伯行。这个孽障不知深浅,不听劝告,才有今日。"

他老姐一听,又哭起来。

张令涛道:"大姐,你也别哭。想必这个张伯行身为巡抚,也不敢公报私仇。枕儿不过就是冲撞于他,还能怎样?"

张元隆"哼"一声道:"想的天真,堂堂福建巡抚,一方封疆大吏,杀掉一个枕儿,比捏死一个蚂蚁都容易。更何况今日落到他的手,他必定会想起往事,借机报仇。"

老姐吓得六神无主,张令涛也慌乱无章,急问怎么办。

张元隆拧着眉头道:"这个张伯行,油盐不进,不贪财不好色。直接攻取,必败无疑,只有迂回而战。"

姐弟都急切地想听张元隆的主意,他说:"只有依靠朝中大人。噶礼大人、张鹏翮大人都不便直接出马。放心,我另想他策。"

张元隆想得更多的,还是自己的生意。强龙不压地头蛇,在福建,他压不过张伯行。宝成号粮食生意在福建做得很大,一直又做得很好。这一次,他既要把枕儿救回来,又要把生意打理好。

想至此,张元隆很快就打通朝中高士奇的关系。

史载:高士奇,字澹人,号瓶庐,顺治二年(1645 年)生于浙江绍兴府余姚县,祖上于北宋"靖康之变"时自汴京南迁而至浙江慈溪。初卖文为生,后入太学,为康熙帝讲书释疑,评析书画。三次随康熙帝西征,深得信赖。奉旨入南书房,官至礼部侍郎兼翰林院学士,加正一品。他平生学识渊博,能诗文,擅书法,精考证,善鉴赏,所藏书画甚富。著有《清吟堂全集》《江村销夏录》《扈从西巡日录》《经进文稿》《天禄识余》等。

高士奇给张伯行寄来一封书信。信上,高士奇看似公办公事,询问何枕案情,实则为之说情。高士奇说,福建地方,外通蛮夷,内接各省,关系重大。要张伯行妥善处置何枕,让其戴罪立功,调节粮食供需,渡过难关。

同时,张元隆又以宝成商号东家名义,亲自给张伯行修书一封。文中对以往经营中唯利是图,未能顾及地方安定,表示歉意。并保证即时调出全部库存,以平价抛售市场,安定民心,度过灾荒。

为了不使福建各地商号陷入群龙无首之境地,张元隆又派出张令涛赶往福建,做好各项事宜。临行,张元隆反复交代他,要他隐藏身后,凡事不可出头露面,只跟商号各掌柜打交道。张令涛满口答应。

张令涛一到福建,即派人把老黄找来。

老黄听说何枕在巡抚大牢里,吓得面如土色。他结结巴巴地说,巡抚大牢关押很多人,他根本不会知道每个犯人的情况。牢房里整治犯人的花样百出,他怕何枕被折磨得不成人样。

张令涛赶紧问:"会不会死?"

老黄说:"一般不会。要不,大人追究下来,那是不会轻饶的。不过,也有被整死的。"

张令涛骂道:"还不快滚回去看看?"

巡抚大牢里,那些犯人也不管何枕是啥来头。狱卒刚把牢门关上,何枕就被衣服蒙头,一脚踢倒在地上,接着七手八脚一顿暴打。直打得他哭爹叫娘,哀嚎不断。可是,牢房外的狱卒好像什么也没有听到。

等踢打停止,何枕甩掉衣服,从地上爬起来的时候,牢里每个人都在睡大觉,好像他刚才被鬼打一顿似的。看着大家都横七竖八地躺着打呼噜,何枕不敢相信发生在自己身上的事。他转一圈身子,哭骂道:"他娘的,敢打老子我,知道老子是谁吗?等我出来,一个个把你们宰了喂狗。他娘的,装睡?"

还没等何枕骂完,身后一个犯人悄悄捡起破衣服,一下蒙在他的头上。还没等何枕"啊"出来,他的嘴就被一只臭袜子堵上,眼被蒙上,手脚被捆绑,衣服被扒掉。于是,又一番折磨开始。

他们抽何枕耳光,踢他肚子,尿他脸上,用小棍子打他。整整一天一夜,都不放开他,头上、脸上被人尿了一次又一次。

后来,还是有人说,这家伙快死了,这才把他松开。

松开后,何枕真像死人一样,过了好久好久才醒过来。醒过之后害怕至极,怕他真的被打死。于是,就像狗一样蜷缩在墙角,一动不动。

一个满脸胡子的人最后凑近他问:"你是谁呀?你躲在这里,是不是想死啊?"

何枕立即就跪倒在地,嘣嘣地磕起头来,边磕头边说:"爷,祖宗,别打我,别打我。俺家有船有店有庄园,只要饶我一命,要啥给啥!"

众人都笑起来,敢情是不相信,感觉这人就是傻子。

没有想到,他坐在地上,掰着指头说:"我叫何枕,不打诳言,我是宝成号大掌柜。我冲撞了巡抚大人,才被抓到这里。真的,不说谎,你们别打我,我出去一定报答你们。"

何枕的话让大家都有点相信,大家面面相觑。

大胡子"哼"一声,说:"你在外面哪怕是王爷,在这里也是犯人,你进来就得守规矩。"

何枕又趴在地上磕头:"大爷,大爷,放心,我守规矩,守规矩。"

大胡子还是有点不相信:"就你这怂样,会是大掌柜何枕?不管你是不是,这里规矩你得守。进来的人,可都不一定能活着出去。不管你是报答还是报复,那都不管。从今天起,你就睡这里,看好尿盆。"

何枕就乖乖地躺在最里面的尿盆边。

这时,狱卒把牢门打开,送进去好多大家伙儿都没见过的东西:西洋铜盆、蚕丝被、银筷子、景泰蓝碗碟,大家这才相信何枕的话。

狱卒进来,左右看看,指着最门边说:"让他睡在这里。"

何枕已经吓破胆,连连后缩,说:"不敢不敢!"

狱卒说:"让你睡你就睡。"并对大胡子说:"他是特例啊,你要照顾好。"就转身出去。

大胡子拍着他的位置,眼睛盯着何枕,说:"过来呀!"

何枕看着他的眼睛,还是摇一摇头:"大爷,您睡那里吧,我这里就好。"

大胡子哈哈大笑起来,说:"你还算识趣。"

何枕又慌忙把那些物品给大胡子送上来:"大爷,这个您用,您用!"

大胡子笑道:"你这富贵之人,还这么乖巧,真难为你。你那家伙,我用不惯,你自己用吧。也不让你睡尿盆边上,往里挪挪。不过,你要是想要花招,这里可不比你家府上,弄死你就跟捏死个臭虫一样。"

何枕连连点头。

那老黄得知真相,急往牢房里奔。等他打开牢门的时候,看到何枕已经面目全非,不禁在心里连叫不好。可在犯人面前,还得保持威严。他看看何枕,何枕也看看他,两人都装作不识。老黄厉声问:"是谁打的?"

无人应答。

何枕忙向前给老黄作揖:"大人,这是小人自己磕碰的,无关他人。"

这时，一旁狱卒大喊道："拿上你的东西，走。"

何枕慌忙提拉着东西窜的没影。

老黄把他安排进一间单人牢房，悄悄交代他说："少爷，我也不能给您请安。放心吧，这里没事。除了不能出去，要什么有什么，专人伺候，有事就让人叫我。"

何枕咬牙切齿地说："老黄，你能不能把那几个人都给我弄死？"

老黄摆手，不让他说话，自己悄声说："放心吧，我饶不过他们。"

张令涛日夜兼程，还是让他的外甥受了大罪。

"心中高悬法纪明镜，手中紧握法纪戒尺，知晓为官做事尺度。我今日位居抚台，身系万千百姓，一举一动，关系重大。只有兢慎行事，方能上不负圣恩，下不负百姓。"张伯行反复思索，他又把钟逄、大仪、林水晗和大黑叫在一起，对他们说出自己的想法，"我细思之，这个张元隆势力极大。他不但海运规模巨大，仅这粮行，就将福建垄断。这个何枕，早就知道他为虎作伥、横行不法，万没有想到，他会在我面前当面表演，实在可恶至极。理应将其正法，以正国威。"

张伯行缓口气，接着说道："奈何如今，大旱数月，粮食短缺，粮价飞扬。而且，小小一个何枕，刚刚被抓，竟有尚书、侍郎为之修书说情，可见张元隆根深叶茂，牵一动百。我不是惧怕这些压力，而是为万千百姓计，决意放掉何枕，要他立即调配粮食，供应市场，平抑粮价。想惩处他，来日方长。几位意下如何？"

林水晗说："大人，应该让他立下字据。"

钟逄缓慢地说："怕的是放他回家，他会更敌视官府，跟我们过不去。"

大仪说道："要对他们的经营多加调查，把他们掌控在我们手里。"

张伯行说："当务之急，让他们自己报清现在存米多少、如何销售。这件事交布政使金培生来做。"

布政使金培生把何枕提到大堂之上，对他犯上作乱、囤积居奇的罪行进行训诫。并告诉他，现在对他网开一面，就是要他戴罪立功，立即开仓，平价售粮。

何枕趴在地上，满口答应。

那边报于张令涛，张令涛也不得不答应。

（四）张伯行沐浴更衣,焚香而拜,祈求天降甘霖

> 田家喜雨足,邻老相招携。
>
> 泉溢沟塍坏,麦高桑柘低。
>
> 呼儿催放筷,宿客待烹鸡。
>
> 搔首蓬门下,如将轩冕齐。

秋日的福州,绿树婆娑,丝毫没有秋的样子。张伯行在屋中来回踱着步。大仪禀报过旱情后,他心情一直就很沉重,福建遭遇少见的大旱。"王者以民为天,而民以食为天。"因为旱,六月中旬所收的早稻减产近四成。七月中旬种下的晚稻,一直在骄阳下烤着,也烤着百姓的心。现在正值水稻生长的关键时期,水一点也马虎不得。江河早在枯水线以下,很多溪塘早已干涸,拿什么来浇田? 照这样下去,到十月中旬,恐怕要颗粒无收。百姓愁,张伯行也愁。怎么办? 求雨!

既然求雨就要有诚心。张伯行本想斋戒十日,可墒情不允许。早一天普降甘霖,百姓就能多一分希望。求雨刻不容缓,他只好先斋戒三天。

斋戒前一天,张伯行叫来大黑说:"大黑,你去安排厨房,为祈雨,自明天起我开始斋戒。斋戒之日起,我不吃荤,直到降雨为止。你给我准备身干净的衣服,明日沐浴后穿。"

大黑关切地说:"老爷,整日这么劳累,三天五天还好说,长时间不吃荤能行吗? 请您三思。老爷年岁也不算小哩,保重身体最重要啊!"

张伯行道:"再不降雨,百姓的饭要没着落,我哪还有心思吃饭、吃肉? 你告诉厨房,斋戒期间,只给我准备粗茶淡饭,我要与百姓同甘共苦。"

大黑眼眶湿润,他斩钉截铁道:"从明日起,俺张大黑也不喝酒吃肉,陪着老爷一起斋戒。"

"人多力量大,算俺一份。就是一年不喝酒、不吃肉,俺也陪到底。"一脚门外一脚门里的大仪说道。

三人的话被站在廊下的林水晗听得真真切切。他在等大黑出来,好进去将公文呈给张伯行审阅。林水晗没想到,新来的抚台把百姓看得这么重。为

了百姓地里的庄稼,不顾自己的身体,林水晗由衷地对张伯行生出敬重之情。

斋戒三日后,一大早,张伯行沐浴更衣,开始求雨。

第一站,城隍庙。在张伯行的率领下,福州全城文武官员拈香在前,百姓紧跟其后,敲锣打鼓地徒步前往城隍庙。官民皆着素服,人人表情严肃认真。来的人太多,城隍庙站不下,求雨的队伍塞满城隍庙外几条街巷。

福州城隍庙位于城隍街,建于晋代太康三年,极盛时面积达一百多亩。此庙规模宏大,蔚为壮观。门前耸立有华表,庙内有大殿、后殿、大广埕、戏台、酒楼、天井、庑廊、钟鼓楼等。庙中供奉的城隍乃汉代忠烈之士周苛。周苛是汉高祖的御史大夫,坚守荥阳城,项羽攻破城池,周苛被俘。项羽欲封他为上将军,享万户侯。但周苛忠贞不降,并怒斥项羽,被烹煮而亡,后被汉武帝追封高景侯。明代洪武二年,被明太祖赐封为"监察司民威灵公",秩正二品,百姓尊称"城隍公"。

张伯行恭恭敬敬地将亲手点燃的三根香插入香炉,心中暗自祷告,求城隍公庇护苍生早降甘霖。接着,他率众人行二跪六叩礼。

走出城隍庙,第二站,龙王庙。来到龙王庙,张伯行依旧焚香,率众人行二跪六叩礼。礼毕,张伯行有请龙神取水。然后,传告百姓清扫街道,禁止宰杀。各商铺、住户摆香案,供龙神牌位。官员百姓随他出城取水,迎龙神。

第三站,鼓山迎龙神。鼓山在府城东十多里,此处风景秀丽。相传,鼓山为黑龙蛰居的地方,龙能腾云降雨。鼓山求雨很灵验,山中许多处求雨摩崖题刻便是最好佐证。

张伯行率众人徒步十多里,求雨、迎龙神,队伍浩浩荡荡。之后,乾隆九年(1744年),福建布政司参政雅尔哈善随时任福建巡抚周学健来鼓山求雨,触景生情作《陪周中丞鼓山祈雨》,诗中描绘的情景,与张伯行这次一模一样。诗云:

> 双旌冉冉拂云过,晓寺疏钟散薜萝。
>
> 喝水有源声渐沥,屴峰如画碧嵯峨。
>
> 清癯带疢忧民切,慷慨陈词罪己多。
>
> 伫看丹城来澎雨,千秋佳话在岩阿。

从鼓山回到抚衙,已是黄昏,这一天张伯行累得够呛,晚饭没吃就睡下。虽然累,但张伯行很欣慰,百姓遇到困难时,自己能出一把力,比什么都好。

或许,张伯行的诚心真的感动上苍,三日不到,雨真的来了。狂风大作,暴雨倾盆,一场大雨横扫福建全境。人们在雨中奔跑,大声欢呼,跪地感谢上天有求必应,感谢张伯行为民求得一场及时雨。雨下了一天一夜,降水彻底解决福建全省的旱情。

后人诗曰:

> 屴峰峰顶晓云生,暮雨滂沱遍郡城。
> 自是天心垂悯恻,敢言人力有裁成。
> 百千里路禾苗润,十万人家暑气清。
> 幸值年年词讼简,小臣何以答休明。

大黑站在廊下望着院中瓢泼大雨,笑着自言自语道:"嘿!老爷上任后的这第二脚踢得真漂亮!"

(五)福建巡抚衙门晓谕各地,张榜布告,严厉打击囤积居奇者

刚放回家,何枕就急急打点东西,连张令涛也不去看望,就要回苏州。

何枕楼上楼下地跑,一群下人被他骂得团团转。如此急迫,还没有忘记把老黄叫来。

老黄一来就"嗵"地给他跪在地上。他抬起手,作势要打他,又放下,用手指点着老黄的鼻子说:"限你三天,把那帮王八蛋都给我灭掉。"

老黄连连答应。

何枕眼睛瞪得跟牛眼似的,又对老黄说:"老黄,我算对你不薄吧?在你的地盘上,我差点被人打死,一圈人对着我脸上尿。娘的,捡回一条命啊!俺娘要知道,还不心疼死。老黄,你看着办吧。"

他欲往楼上跑,又冲回来,指着老黄喊:"还不快滚?回去给我把事办好。等张伯行死了,我再回来,重重赏你。"

何枕居然没有见他二舅张令涛的面,就连夜跑回苏州。

张令涛赶来,看着满地狼藉,骂道:"这狗东西,本来胆子就小,这会儿吓得一点也不剩。"

何枕虽逃,但宝成号的承诺要兑现。

福建各地宝成粮栈,甚至其他各家粮栈,一时都有米出售,且价格是与官府达成的协议价,比购进时只涨三成。

一时各粮栈前,饥民纷纷抢购。

且说老黄回到牢房,唤来心腹,密议此事。

心腹亦觉此事难办。原来,这大胡子乃是福建惯盗朱章,行侠仗义,扶危济困,江湖上名声颇佳。此次因盗一典当铺物品被捉,按大清律却绝非死罪。且他入狱以来,江湖瞩目,一旦横死,恐生事端,而且抚台大人亦必追究。

可是,不办此事,对何枕无法交代。两人密谋半天,才想出主意。

夜半,狱卒突然打开牢门,要提最瘦小也最胆小的吴小出牢。朱章并未睡着,他起身挡在前面说:"官爷,半夜里提他作甚?"

那狱卒一摆腰刀,气哼哼地说:"难道巡抚大人提审也要告你不成?"

吴小被提出,直至天亮,亦未回来。

第二天夜里,又是半夜,狱卒又突然打开牢门,竟然见全室内十多名囚犯齐刷刷坐着,无一睡觉。狱卒也不多言,指名要提一个叫金宝的人出牢。金宝坐那儿一动不动,狱卒走过去就要拉出。

朱章挺身而出,挡在身前,低沉地说:"我跟你去!"

狱卒推开他,他又挡在前面。

几个狱卒一起上前,就要铐朱章。

这时,十数犯人一起立起身来,齐声道:"我跟你去!"

狱卒气急败坏,大喊道:"咋?想造反?统统抓起来。"

朱章挥手,让他们都走开,然后走出牢房,回头冲他们说:"你们睡觉吧,好好睡吧。"龇牙一笑,就走了。

至天亮,牢里无一人入睡,都齐齐地坐着。

突然,门打开,疲惫不堪、满身脏污的朱章回到牢房。他冲大家笑一笑,一头倒在地上就睡。

原来,昨天晚上,狱卒竟然让他搬了一夜土坯。

大家高兴地叫起来,一起扑他身上,挠他,不让他睡觉。

老黄对心腹说:"朱章这人,杀又杀不得,事情又让他看穿,这人留不住。一定要寻机做掉他,还又不能出事端。"

可怜吴小,一出牢门,即被以手捂口鼻,摁倒在地,一会儿就蹬腿完事。然后,他被悄悄拉到后院。很快,牢里上报,犯人吴小因病而死。

在给何枕的密报上,写的就是牢中犯人头目吴小已被除掉。远在苏州的何枕,得到密报,又高兴又不甘。他转达老黄,想办法多弄死几个,有重赏。

此时,福建各地一时舆情大悦,众百姓感觉得救。巡抚衙门晓谕各地,张榜布告,严厉打击囤积居奇者。

(六)张伯行未雨绸缪,奏请朝廷准许动用赈灾备用金到省外买粮

初冬的福建,绿树婆娑,显然没有要冷的样子。张伯行又犯起愁。才来福建短短几个月,先是遇上大旱,接着又闹起粮荒。对于官府、百姓,粮食都是头等大事。他一会儿要召见金培生,谈的正是粮食。

福州人多地少,福建陆地遇夏旱,台湾府遇秋旱,粮食就成问题。商家乘虚而入,抬高粮价,粮价带动所有的商品都跟着涨,搞得人心惶惶,这还了得?幸亏天降甘霖。一场大雨之后,米价回落一些,物价也随之降下。今年,全省粮食减产已成定数。倘若来年春夏之交,商贩不至,米价势必骤涨。张伯行未雨绸缪,前些时日将福建的情况上报朝廷,康熙帝准许福建动用赈灾备用金。今日,他决定与藩台金培生商议到省外买粮之事。

金培生升任福建承宣布政使后,兴奋劲还没过,听说朝廷准许张伯行的奏折,同意动用赈灾备用金买粮,他心中那叫一个乐。刚升官,正愁没有表现的机会,这不来了嘛! 金培生觉得自己运气真好,老天爷眷顾。高兴归高兴,心里也犯嘀咕。张伯行他领教过,可不是好糊弄的主儿。这可是自己上任后办的第一件差事,若是办砸,到时他到皇上那儿再参自己一本,反而乐极生悲,得不偿失。出于保险起见,还是不亲自出马为好。让谁主办这差事呢?金培生正想着,便来到抚衙上房前。

张伯行对金培生说:"解百姓之急是大事。金蕃司在福建任职多年,对本省及周边各省的情况都有所了解,购粮之事还仰仗金蕃司费心。"

"禀抚台,说来惭愧,卑职对刑法之事还算略知一二,对福建财赋和人事,因接手不久,再加卑职愚钝,至今也还没能捋出头绪。今年福建大旱,百姓身处水火,卑职怎能不心急火燎?前几月,卑职寝食难安,想的全是雨水和粮食。全仗抚台大能,祈得甘露,解百姓之急,卑职满心欢喜。而今,卑职唯一挂心的就是粮食。买粮之事,卑职研究多日,才有一个不成熟的想法禀与抚台。若不可行,抚台莫怪。据卑职了解,周边各省情况不同,粮价也不同。若只在一省买粮,商家必然抬升粮价。"

张伯行觉得他的话有道理,点头道:"依金蕃司之见,到哪里买粮?"

"卑职拙见,货比三家,先派人到临近各省实地了解粮价。为防商人得知我省要大批量采购后,抬高粮价,多差几路人在湖广、两江、江西、广东等处选择物美价廉的府州,分散采买。如此才能花同样的钱,购尽可能多的粮。"金培生道。

张伯行道:"好,就依金大人所言。只是出于运输成本考虑,尽可能选在临近我省和水运便捷的府州。另外,要叮嘱采办之人,一定多加小心,以防粮商以次充好、缺斤短两。还有,福建潮湿多雨,为防霉变,购回之粮一定要存入库中,妥善保存。这些赈灾备用金,全为民脂民膏,是百姓的血汗钱和救命款,我等动用起来定要谨慎再谨慎,实实在在用在百姓身上。"

金培生点头称:"是。是。"

他小心翼翼地问:"抚台,购粮一事关系一省民生,绝不能马虎。卑职以为,主办之人一定要精通粮务。粮驿道张孟球自上任一年多来,兢兢业业,从未出过纰漏。卑职保举他主办此事,不知可否?"

粮食的事本就归粮道,张伯行认为金培生的想法没什么不妥,便点点头说:"此事金蕃司看着决定吧。张监司与本抚是同年,早听说他办差极其认真,能力强,想必买粮之事他也会完成得很好。"

金培生看着张伯行连连点头。

张伯行若有所思,又道:"福建地少人多,每有风吹草动,粮价便向上波动,势必造成人心不稳。本抚已下公文,严厉打击不法粮商低买高卖,囤积居奇,以次充好。一经发现,查封店铺,没收粮食,绝不姑息。同时,还要有抗风险的办法才好。本抚以为,每乡各设立两个粮仓,每年存一些,遇到闹粮荒之时,便可自行应对,不会再临时抱佛脚。各地从本乡本土挑选一位有才能、品性好、百姓信得过之人,专管此事,官府不得插手。不知金蕃司意下如何?"

"抚台所言极是。卑职回去便传告各府州尽快实施。"金培生道。他暗暗点头,张抚台的想法还真不少,不但解百姓燃眉之急,还为百姓长远考虑,皇上真没看走眼。唉!自己心里那点小算盘真没法和他比。

张伯行又道:"福建粮食自给本就困难,遇上旱涝更是无米可食。据本抚所知,单省城周边就有良田无人耕种,全省不知还有多少田地弃耕,这事令人痛心!良田撂荒,乃是官府劝民农桑力度不够。为增加粮食产量,切实造福于民,可由各县将境内荒废田地统一丈量,供无地百姓耕种。鼓励百姓开荒造田,开垦的荒地可归开垦者所有。"

金培生不由冒出冷汗,心想,有些事他这个布政使还未掌握,巡抚便知晓,忙回道:"卑职接任不久,一些情况尚未了解。抚台真切为百姓着想,增加粮食产量的办法好,卑职这就令各县统计实施。另外,卑职令各府州县加大对百姓的教化,倡导重教兴文、耕田养蚕,盘活经济,让书有人读、田有人耕、店有人营。"

金培生临起身时,张伯行又说道:"购粮一事虽由张监司主持,金蕃司也要多费心。让八闽百姓不忍饥挨饿,这是件功德无量的大好事。等粮入仓后,本抚要亲自到粮仓为你们庆功。"

金培生听后不觉后脖颈子冒凉气。他心想,张抚台哪是要为我们庆功,这分明是亲自要去验收嘛!

已是初冬,粮驿道张孟球的心与时下的天气一样凉。岁末已在眼前,可今年福建应缴的皇粮、军粮还差大半。福建今年遇上少有的大旱,早稻减产过半,夏秋旱情有增无减,晚稻不出意外减产。照此下去,百姓果腹都成问题,哪来余粮上缴?他已多次催各府州县上缴,但收效甚微。张孟球在房中犯愁,差役老高呈来抚衙公文。张孟球打开一看乃是巡抚张伯行下的公文,令他赴外省买粮储备。

张孟球看完,高兴地自语道:"好一个张孝先呀!果真说动朝廷,真乃未雨绸缪,来年福建百姓不再食不果腹。若是张孝先能让朝廷把福建今年的粮税免除,才是救苦救难的活菩萨呢!"

张孟球比张伯行略小几岁,同为康熙二十四年乙丑科进士。任福建粮驿道之前,在朝中、地方都任过职。当年在朝廷为新科进士举办的琼林宴上,二人第一次相见。后来,要么张孟球在地方为官,张伯行在家中未仕;要么张孟球去做京官,张伯行又去了地方,同地为官这还是第一次。

> 史载:张孟球,字夔石,江南长洲人。康熙二十四年进士,授山东昌乐知县,入为工部主事,累迁礼部郎中,出督云南学政,补福建粮驿道,调河南粮储道,署布政使。康熙末,乞归,不复出。乾隆初,卒,年八十。《清史稿》有传。

(七)福建全境筑仓购粮,确保粮价回落、民心安定

张孟球知道事关重大,不敢怠慢,第一时间便着手准备。任粮驿道已一年多,征粮、运粮不在话下,办购粮的差,张孟球还是第一次。

购粮之前要先做好准备工作。此次要购的储备粮不是小数,运回之粮储存到哪儿? 这是首要问题。张孟球考虑再三,储备粮与征缴的皇粮、军粮放在一起极不合适,他决定另造新仓。张孟球一边主持建造粮仓,一边物色精通稻谷之人到各地购粮。人上哪找? 他知道,粮道衙门内就有他要找的人。最懂稻谷优劣者,正是平日与之接触最多的胥吏、司仓之辈。由他们跟随购粮的官员去外省实地检验购买,准能保证稻谷质量。

张孟球知道张伯行是认死理的主儿。他们俩虽是同年,而今毕竟是上下级。倘若有半点差池,惹得张伯行发起火来,恐怕面子上谁都不好看。张孟球不但打算亲自去购粮,在建粮仓上也严格要求,亲力亲为,从选址、建造材料到工程质量他都一一过问。

泥工齐小四论手艺是个好手,平日里只知埋头苦干,言语很少。但有一点,爱喝酒。喝过酒,像换个人似的,活儿干的马马虎虎不说,还爱乱说话。张孟球一再下令,干活时不准喝酒,他却当作耳旁风,怀里揣个酒葫芦,时不时抿上一口。工友好意劝他,他不听,被来检查的张孟球撞个正着。

工程接近尾声,张孟球来到工地查看,见大门旁的一段新墙砖缝砌的不齐不说,还毛里毛糙。他对跟在身后的监造官员厉声斥责道:"让你来监工,

你就粗制滥造来糊弄本道。大门旁的墙是门面,门面都撑不起来,里边还不知道一塌糊涂成什么样!看来这个官你是不想当了。"

督造官吓得哆里哆嗦,回道:"卑职不敢!卑职该死!这段墙乃下午刚砌好,卑职还没验看。卑职失职!卑职失职!一会儿定令他们推倒重筑。"

"你去把领工叫过来。"张孟球大声道。

张孟球这一声,对领工方大头来说如同晴天霹雳。他吓得脸色苍白,没等督造官叫,自己就迈着抖如筛糠般的腿来到张孟球面前。人还没站定,"扑腾"就跪下来。不等张孟球问话,他便头如捣蒜般说道:"道台老爷饶命!小的该死,小的该死。小的正午时分去河边拉沙,刚回来,万万没想到一眼没看到就成这样。道台老爷恕罪,小的该死,小的这就重砌,这就重砌。"

齐小四听见众人谈话,醉醺醺地走过来,谁也不服、谁也不怕地大声嚷嚷道:"怎么啦?这是怎么啦?不就是道墙吗?是老子砌的,怎么样?"

见此人如此猖狂,张孟球大怒道:"大胆刁民,无法无天。干活毛糙不说,还敢和本道叫嚷,成何体统?"

督造官在一旁干着急没办法,一个劲朝齐小四比画跪下。

不知是齐小四真没看见,还是装着没看见。他走到跟前继续朝张孟球嚷道:"不就砌得有点不齐吗?又不影响用,有什么了不起?"说着,他打了个嗝,酒气便从他嘴里散发出来。

张孟球闻见齐小四满身酒气,更加生气。他一脸怒气地吼道:"大胆刁民,本道三令五申不准喝酒,你当耳旁风不说,还粗制滥造,竟然敢顶撞本道。今天,就让你知道知道本道的厉害。来人!"

跟随张孟球的差役回道:"在!"

"还愣着什么,拖到一旁给本道使劲打!"张孟球气得咬着牙说道。

张孟球心想,马上就要外出买粮,这关乎全省百姓果腹的大事。只要粮食能堆在官仓中,粮商们就不会哄抬粮价,对百姓度灾年能起到很大的帮助。因此,来不得半点马虎。今日就要在粮仓这事上立威,以此警示、震慑欲在购粮、储粮过程中动手脚的不轨之徒。

"喳!"众差役一同扑上,二话没说,将齐小四拉到一旁拳打脚踢,一通猛揍。开始齐小四仗着酒劲骂骂咧咧的还不服,拳脚如冰雹般落在身上,他的酒才醒,护着头一个劲求饶。打在齐小四身上,吓在小学徒阿宽的心里。这段墙乃阿宽所砌,只因趁中午领工不在,齐小四多喝一碗酒,才混上下午这顿打。

齐小四这顿打没有白挨,大家知道张孟球手腕硬,都打着十二分精神,不敢怠慢。因此,购粮十分顺利。

不觉已到小雪节气,福建也有几分冷意。大仪正坐在屋内纠结着福州冬天会不会下雪,林水晗兴冲冲地跑进来。见到大仪眉飞色舞地说:"仪爷,晚上我请你喝酒!"

"哈哈!看把你给高兴的,有何喜事要请俺喝酒啊?"大仪见是他的好兄弟林水晗,笑道。

"台湾府秋天先是大旱,接着又遇台风,农田遭灾,百姓苦不堪言。张抚台得知后非常重视,上奏朝廷请求免除台湾府三万余石税粮,今天朝廷批准的公文已到。你说,我能不高兴吗?"林水晗乐得合不拢嘴。

大仪听后,也高兴地站起来说道:"正可谓,大灾无情人有情。我家老爷心里装的全是咱们老百姓。不但运来稻谷,还为百姓争取来免粮税。老爷上任的第三把火烧得好,畅快!晚上俺炒俩拿手菜,再叫大黑买半只板鸭,晚上咱们仁好好喝几杯。对了,俺那儿还有新炸的西瓜酱,这可是俺老家的特产,夹在馍里可好吃,一会儿你尝尝。"

各省粮食陆续运到福建,粮价随之回落到原来的水平。民心渐渐安定下来,百姓纷纷赞扬张伯行一心为民。有的在家供上张伯行的长生牌位,早晚膜拜。张伯行知道粮食运回后也很高兴,他要亲自到粮仓查看。

张伯行在布政使金培生的陪同下,来到福州城南一处粮仓,这里是存放储备粮最大的粮仓。粮驿道张孟球早早在大门迎候。

张、金二人下轿,张孟球率众人行礼。张伯行忙上前扶起张孟球,无比关爱地说:"连日来,年兄为百姓平稳度灾,赴外省购粮、监造粮仓,劳苦功高,辛苦!辛苦!"

张孟球谦虚道:"抚台过奖,这些都是下官分内之事,为百姓办事何谈辛苦!"

张伯行高兴地拉着张孟球的手,让他并排与自己一同步入粮仓。张孟球的下属看到自己的主官受到巡抚这么抬爱,也感到无比荣耀,觉得这些天没有白忙活。

一个个粮垛整齐排列在粮仓中。张伯行随意挑选一个粮垛，命人当场打开。当看到满垛金灿灿的稻粒，他发自内心地大笑起来。

在粮仓，张伯行对金培生和张孟球讲："福建气候多变，夏秋台风不来大旱，台风过来就涝。加之地少人多，抗灾害能力太弱。明年将今年所购之粮平价出售，但年年备粮抗灾不是根本之策。当务之急，要想出根本应对的办法。《道德经》中云，'授人以鱼，不如授人以渔'。在扩大种植面积的同时，官府还要组织兴修水利。做到涝时田间的水能排出，储存起来旱时能利用，从根本上保证粮食产量。"

金培生点头道："百姓赖以生存的根本是粮食，手中有粮，心中不慌。粮食有保证，百姓的心才能安下来。而粮食的基础又是田地，抚台讲的极对。"

张孟球接话道："冬季农闲，正适合兴修水利。下官这就督促府州县加强水利建设，争取明年能见成效。"

张伯行拍拍粮垛，对张孟球嘱咐道："福建粮一多，海盗闻着味就会来。年兄，一定要加强防范，确保百姓的救命粮不会有闪失。"

张孟球道："请抚台放心，下官在各粮仓均已加派护粮人手。下官会定期到各粮仓巡查储存安全。"

"本抚也已令海巡道加强沿海巡防，严禁粮米外运。"张伯行道。

福建米价回落，海盗闻听消息也悄悄登陆买粮。有的海盗果真打起储备粮的主意，见粮仓看守严密只得作罢。福建粮价回落，粮商无暴利可图。不法商人为求利益，铤而走险，勾结海盗将福建的粮食偷偷贩运到海外，福建的粮价又开始上涨。为抑制粮价，张伯行又召来海巡道，嘱咐他加强海巡，禁止福建粮食外流。张伯行这一举措果然见效，经过海巡官兵多次严厉打击之后，再也无人敢往海外贩粮。

粮价回落，几家欢喜几家愁。百姓欣喜若狂，而那些囤积居奇，想趁灾年大赚一笔的粮商，却如坐针毡。其中，包括福建有名粮行宝成粮栈的大掌柜何枕。张伯行还不知道，他房内金条等物正是何枕偷偷所送。

大旱之后，福建秋粮还能得收八成，市井乡村百姓感激张伯行为民祈雨，购米平价，禁米入海。秋收后，很多人带着自家种的瓜果稻谷来到抚衙门前，要送予张伯行尝鲜，都被抚衙差役好言劝回。不知是谁，将宋朝道士徐冲渊的诗《清音亭憩暑》题在抚衙围墙上，赞颂张伯行治闽功德。

诗云：

> 水落石涧鸣，中含太古音。
> 安得微妙人，写入朱弦琴。
> 六月天不雨，赤日云无阴。
> 道人憩其侧，脱巾卧青林。
> 好风松上来，聊复披吾襟。
> 朱炎拆厚地，晴岚冒高岑。
> 愿分一勺泉，为民作甘霖。

五
鳌峰书院

（一）重振福建文风，欲把福建建成全国理学重镇

> 金榜名传四海知，太平时合称男儿。
>
> 五言似剑裁鳞角，七字如刀斫桂枝。
>
> 御苑得题朝帝日，家乡佩印拜亲时。
>
> 小花桥畔人人爱，一带清风雨露随。

没想到隆冬的福州天气这般宜人。经过半年勤政，福建的政务多有起色，张伯行也稍稍松口气。这一日，在书房浏览福建科举的呈报，看到福建历朝历代的科举成绩，张伯行非常惊喜。他没想到，福建偏居东南，文风却如此兴盛，看来朱文公出在福建并非偶然。

原来，自隋代开科举考试之先河，八闽大地成绩显著，群星璀璨。中状元者近五十人，中进士者竟数千人之多，中举人者更是数以万计。福建在有宋一代中进士者在全国属第一，至明代势头虽呈缓，却也名列前茅。

一个设想浮现在张伯行的脑海。福建战乱频繁，文教等设施多被损毁，可谓百废待兴，且福建大批士子对本朝又缺乏认同感。而今皇上提倡理学，在福建发扬程朱理学，把福建建成全国理学重镇，既可恢复福建文化设施，又可使人心向朝廷靠拢，何乐而不为呢！

办书院是最好的办法。于是，他召来福建学政杨笃生，共同谋划一番。

张伯行和杨笃生二人在抚衙上房堂屋相见。仆人上茶的同时，为杨笃生端上一小碟五香煮花生、一小碟大枣。这是张伯行特意交代的，花生与大枣都是仪封老家送来的。张伯行家在仪封，杨笃生家在洧川，两县相距虽隔百

余里,却同属河南开封府。同乡造访,张伯行总要表示一下同乡之谊。何况,二人还是同科进士。

张伯行热情招呼道:"年兄,尝一尝,花生是我家地里所产,大枣是我家院外树上所结。"

老乡见老乡,两眼泪汪汪。看着同府所产花生与大枣,杨笃生不觉眼眶湿润。他捏起一粒花生放到嘴中,咸香可口,嗯!的确是家乡的味道。宦游多年,能在异乡品尝到家乡的食物,实属不易。

"福建虽居东南,但历代文风极盛。只是战乱之后,大不如从前。"张伯行拿出呈报道,"君子务本,本立而道生。如今,皇上圣明,社会昌盛,百姓安居乐业,正是重振福建文风之时。身为福建的父母官,我等责无旁贷。"

杨笃生道:"常言道,十年树木,百年树人。培养人才不是一朝一夕之事,必有长效之策,才能重振文风。因此,窃以为还是要循序渐进。"

"文风之兴,一要有氛围,二要有名师,三要肯刻苦。昔日孟母三迁是为创造耳闻目染之环境,乐羊子妻断织是为坚定持之以恒之精神,程门立雪是为拜求名师之诚意。如果说,前两项外因可创造,然最后一项就要全靠自己内因。我等能做的正是为学子们创造好外因。"张伯行道。

"创造好外因?这办法极佳。为官一任,造福一方,能为福建学子做些实事,下官愿效犬马之劳。还请抚台明示。"杨笃生对张伯行所说的创造外因很感兴趣。

"一是大力倡导兴文重教之风。书中自有千钟粟,书中自有黄金屋。当百姓明白读书可以改变命运之理后,自然会鼓励家中男丁读书。二是加强办学质量,请名师到官学任教。本抚有一想法,就是办书院,把全省的好苗子都招过来,咱们也来个'拔苗助长'。"

听说张伯行要办书院,杨笃生顿时兴致益然。他说道:"办书院极好!下官听闻抚台很早就在家乡办过请见书院,在山东办过清源学院,培养不少人才。只是这书院选址何处?"

张伯行道:"至于地点,本抚心中草拟一备选之地,就是福建府城东南隅的九仙山。此山高十五丈六尺,山中景色秀丽,怪石嶙峋,林木参天。山上有揽鳌亭、倚鳌轩、应鳌石、炼丹井、九仙观、平远台、戚公祠、天君殿、报恩塔等数十处名胜,还有自宋、元、明以及本朝摩崖石刻一百余处。因其形似巨鳌,最高处被称作鳌顶峰。不知年兄觉得此处如何?"

"此处下官知道,景色、人文极佳。鳌顶峰因宋代状元陈诚曾在此读书,又名状元峰。如此人文气息浓郁之所,正是建书院的首选之地,下官一百个赞同。"杨笃生兴奋地说道。

张伯行接着说道:"书院名称本抚也已想好。《淮南子》上说,鳌乃海中大龟,女娲炼石补苍天时,断鳌足立于四极。再则,鳌为龙生九子之老大。在皇宫殿前石阶上刻有巨鳌,只有状元及第才可以踏上迎榜。有诗云:'殿前曾献升平策,独占鳌头第一名'。"

"独占鳌头,好寓意,好彩头。就以'鳌峰'为书院之名。哈哈!抚台高瞻远瞩。有此书院不愁福建文风不振,文脉不兴!"杨笃生发自肺腑地笑道。

(二)礼贤下士,聘请名家担任鳌峰书院山长和堂长

几个月的熟悉和梳理,福建各项工作渐入正规。接下来建书院的想法,也摆上议事日程。

书院好建,山长难寻。既要是位饱学之士,又要是理学大家,还得有教书育人之公心。一个好山长就是一所好书院!从请见书院的冉永光,到清源书院的孟惠民,无不印证这一道理。选谁当书院的首任山长,张伯行一直在考虑人选。慎重起见,他心中选中之人,又被他一一否决。到底谁合适? 张伯行苦思而不得。

一日,又一人闪入张伯行的脑中——八闽名儒蔡璧。蔡璧,字君宏,漳浦人,远祖为宋代名儒蔡元鼎。朱熹曾为蔡元鼎祠题写匾额"立志圣贤",并赞曰"白露零而苍葭不改其色,风雨晦而鸡鸣不改其音,使后之论世者瞻梁峰之崔巍,辄仰止于帽山"。父蔡而煜,师从名儒黄道周,可为家学渊源,这是其一。其二,听闻他幼承庭训,天资聪慧,九岁即会作文章。作为拔贡在太学时,他两试皆第一,名誉京城。督学赠句:"家庭自为庠序,文字不傍门墙。"更重要的是他家徒四壁,还一心苦读。他励志学问,无意入仕,讲学授徒。去年,他以花甲之年,被授罗源县学教谕。此类教职小吏,世人多以不能闻达公侯而不齿。听闻他说:"天下之治乱在人才,人才之盛衰由学校,学校之责任在官司,吾其可苟焉已乎?"由此看来,请蔡璧为山长很合适。

闻名不如一见。张伯行打算见一见此人,再定夺山长一职。于是,他就派人到罗源县去请曾名誉京城的八闽名儒,走时张伯行特意嘱咐道,要以礼待之。

没想到蔡壁托病不见,这让张伯行未见其人,便在心中萌生敬重。一次不行,过了半个多月,张伯行又召蔡壁。去的差官回来禀报道,蔡壁应邀去泉州一家书院讲学,说是要月底才能回来。又过两个月,张伯行第三次召见蔡壁。

这一次,张伯行为表诚意,命大仪代表自己以私人身份,专程来到罗源县拜访蔡壁。蔡壁见巡抚的长随文质彬彬,谈吐不凡,谦虚谨慎,顿生好感。早听说张巡抚乃饱读诗书的清廉之士,不但著书立说,还办书院。况且,一省之抚三次派人礼貌相邀,这次还一再说明是以文友身份在书房与之相见,巡抚如此礼遇自己,哪有不去之理?

蔡壁终于来到。当他来到院中,见张伯行正在书房门前迎候,不由一股暖流涌上心头。张伯行但见此人皮肤白皙,体形清瘦,身材不高,行走洒脱,三捋雪白长髯飘于胸前,两眼烁烁有神,神态不卑不亢,却又有几分谦逊。好个世外高人,道骨仙风!一见面张伯行心中暗暗说道,鳌峰书院山长非此人莫属!

落座后,张伯行说道:"今日请先生来,是文友相会,请先生莫拘于礼。"

行家一伸手,就知有没有。二人一对话,张伯行就知经、史、子、集,蔡壁样样精通,程朱理学讲的更是头头是道。张伯行暗暗点头,便切入主题。

张伯行问道:"听说君宏兄治学三十余年,不知有何教学心得?"

"在下以为,量才施教,以器识为先。"蔡壁回道。

"对读书论道有何见教?"张伯行又问。

蔡壁答道:"读书要归于根柢深厚,返求诸身而得之。论学以躬行为本,不以空谈性命为高。"

张伯行点头道:"今日请君宏兄来,有一事相商。"

"不敢,不敢。卑职不过一乡野村夫,见识浅薄,抚台有话只管吩咐。"蔡壁心知肚明巡抚是大忙人,不会平白无故见他。

张伯行说:"福建乃朱文公故里,自古文风兴盛。从全国而言,理学受王阳明心学冲击影响日衰,但在福建却始终被尊奉不替。福建多经战火,名师难寻授道之处,士子难觅解惑之所。当今圣上倡导理学,我想在福州建一书院,召闽地优秀士子来读,在朱文公故里将程朱理学发扬光大。"

"抚台圣明,办书院教书育人,功在当代,利在千秋,乃大好事也!"蔡壁听张伯行说要培育人才,十分高兴。

"书院好建,山长难寻。本抚想请君宏兄担当此任,不知先生意下如何?"张伯行诚恳地看着蔡壁说道。

蔡壁推辞道:"卑职年迈,才疏学浅,恐难担此大任。若是误人之前程,如何担当得起。还望抚台另请高明!"

"君宏兄名扬京城,誉满八闽,乃当今之理学大儒也。本抚观先生身体健硕,思维敏捷,担当此任最合适不过。请先生看在福建士子盼名师解惑如饥似渴的份上,千万莫要推辞。"张伯行恳切地说道,"本抚建书院,在于欲与士之贤而秀者讲明理学的主干部分——濂洛关闽之学,以培养不负先儒之教的人才。先生满腹经纶,教育后学,弘扬理学,责无旁贷。"

为打消蔡壁的疑虑,张伯行顿了顿又说:"先生只管教书育人,培养人才。书院所有用度及各项杂事,但由本抚处理,不用先生费心。"

蔡壁本还想推辞,见张伯行诚心相邀,也听闻他在家乡等地办的书院风生水起,还感念他礼贤下士,一心为福建读书人着想,便应允下来。

山长已定,还缺一位协助山长的堂长,张伯行想起丙戌科进士余甸。对,堂长非余甸莫属,来福建前他就对余甸有所耳闻。听说他为人低调,耿直,文章做得好,关键是如今余甸正在福州。随即,张伯行命大仪拿着他的帖子,去请余甸过府一叙。

　　史载:余甸(1655年—1726年),初名祖训,字仲敏,号田生,福建福清人,移居福州。康熙四十五年(1706年)进士。历官四川江津县知县、山东按察使,官至顺天府丞。敢于触怒年羹尧,"直声满天下"。余甸的书法、文章皆冠绝一时,又喜欢收集砚台。著有《千卷楼集》。

大仪拿着张伯行的名帖来到余府,叫开门说明来意。

余府家丁道:"张爷请回,我家老爷近几日身体不适,不便见客。"

家丁顺手把张伯行的名帖退给大仪,大仪还想说些什么,没等开口,门就关上。吃个闭门羹,大仪回去如实向张伯行回禀。

张伯行听后笑道:"哦!他身体不适,那咱们就过几日再请。"

过了五六日,大仪又拿着张伯行的名帖来到余府门前。家丁开门后,一见是大仪,眉开眼笑地往里边请。

边走,家丁边不好意思说:"小的上次不知张爷是张青天身边的人,多有慢待,请张爷原谅。张青天可是我家老爷最敬重之人!"

原来,余甸进士及第后便回到福州,整日深居简出,闭门读书。进士回乡,自然会有不少沽名钓誉者登门,每日余府门前车水马龙,令余甸应接不暇,很是头痛。于是,他便吩咐家丁如有客人造访,就推说他身体不适,不便见客。那日当他听说,张伯行派人来,被家丁稀里糊涂地打发走后,一再责怪家丁没弄清楚,慢怠他人。

张伯行与余甸一见如故,二人相谈甚欢,不知不觉畅谈一个多时辰。余甸欣然同意出任堂长,协助山长蔡壁主持鳌峰书院。

之后的日子,张伯行敬重余甸的人品才学,以宾师之礼相待。投桃报李,每当张伯行有不决之事向余甸请教时,他也竭诚为张伯行出谋划策。二人友谊一时传为佳话。

(三)鳌峰书院建成招生,八闽学子奔走相告

> 碧山学士焚银鱼,白马却走深岩居。
> 古人已用三冬足,年少今开万卷余。
> 晴云满户团倾盖,秋水浮阶溜决渠。
> 富贵必从勤苦得,男儿须读五车书。

康熙四十六年冬,经过张伯行的不懈努力,在众人帮助下,一座规模可观的书院在福州城内九仙山拔地而起。看着自己亲手创建的书院蔚为壮观,张伯行心血澎湃,亲自撰写《鳌峰书院记》:

> 闽中素号海滨邹鲁,盖自龟山载道而南,三传至考亭。而濂洛之学大著,其渊源上接洙泗,由宋迄今,闽土蔚然与中州埒。

圣天子崇儒重道,于龟山、豫章、延平三君子及考亭夫子,皆御制匾联,表扬祠宇;天章灿然,辉映日月;务俾闽士,瞻仰兴起;益励所学,无负先儒之教,于以教人才而厚风俗,意甚盛也!

不佞恭膺简命来抚斯邦,夙兴夜寐,惟是仰企昔贤,以广教化为先务。自郡邑诸生,亲加考课,申严规程,端厥趋向。至于里巷编氓,则演《圣谕》十六章,饬有司朔望劝讲,闽之士庶,几几向风矣。又念士首庶民,间有笃志好学、材良行修者,尤当萃而教之,以成其器,为国家储用者也。顾教之道,视乎人之所倡为转移。

唐以前,闽俗人文未开,风气尚朴。自宰相常衮观察兹土,乡县小民,有能读书作文词者,亲与为客主之礼。虽未逾时,翕然不变,文学之盛,于今为烈。

夫倡之以文,而化于文,尚若是,其速也。矧乎圣贤之学,不离伦纪,日用之常。俾人人复其性分之所固有,而尽其职分之所当。

然一日不讲,则人欲潜滋,天理渐灭。且有沦于不肖之归,而不自知者,其可不有以倡之乎?

不佞欲与士之贤而秀者,讲明濂洛闽关之学,以羽翼经传。既表章其遗书,使行于世,乃捐俸购屋于九仙之麓,葺而新之,为鳌峰书院。

前建正谊堂,中祀周、程、张、朱五夫子;后为藏书楼,置经史子集若干橱;其东则有园亭池榭、花卉竹木之胜。计书舍一百二十间,明窗净几,幽闲弘敞。士之来学者日给廪饩,岁供衣服,无耳口纷营之累,而有朋友讲习之乐。藏焉,修焉,息焉,游焉,无不可为学也。

虽然,学之要愿为诸生申之。夫有志圣贤之学者,必身体而力行之,非以为口耳诵说之资已也。周、程、张、朱五子之书,四子之阶梯。四子之书,六经之阶梯。君相之所以为治,师儒之所以为学,率是道也。诚使平心逊志,以究其义理,会其指归,实验之,日用行习之,间而举而措之。家国天下之大则,颜曾思孟之心传,与皋夔稷契之事业,皆吾学分内事也。

如其不然,虽日取五夫子之绪言,诵之习之论之辨之,犹为无与,于己而与道听途说等。又况,溺于靡丽之辞,逐乎纷华之习,视其书为迂阔支离,而并诵习论辨之,未尝从事者乎!蹈此弊者,幸无入吾堂。而入吾堂者,尚其猛省自强,以求吾夫子之教,而为圣世有体有用之真儒,是不佞。所以建书院,以为多士相勖之意也!

无规矩不成方圆。张伯行吸取胡居仁所定的《续白鹿洞学规》《丽泽堂学约》,觉罗子弟所上觉罗学的《觉罗满学约》等书院学约的精华,亲自为鳌峰书院制定一个更为全面的《鳌峰书院学约》。这个学约继承《续白鹿洞学规》中的"正趋向以立其志,主诚敬以存其心,博穷事理以尽致知之方,审察几微以为应事之要,克治力行以尽成己之道,推己及物以广成物之功",将《觉罗满学约》中的"立定志向,学做圣贤;立定人品,要做正大光明、操履纯洁的君子,不做阴邪曲媚、举止诡僻的小人"也纳入《鳌峰书院学约》中。沿袭《丽泽堂学约》中"以圣之学为宗,削去世俗浮华之习,尚节行,敦信义,勿习虚诞之文,以干利禄。勿作草率之诗,以取时宠"的部分,在学习的内容和顺序上也有明确的继承。另外,尊经、守约、敬业、乐群、虚心等方面的内容,《鳌峰书院学约》也有所体现。

万事俱备,只等学子。鳌峰书院招考的告示刚一张贴,便引来众人围观。一时鳌峰书院成为福建街头巷陌、茶馆酒楼的热议话题,引来全省的士子纷纷报考。

鳌峰书院要招生的消息随风刮到惠安,告示贴在惠安县学门前时,百姓立即就上来围观。中过秀才的当铺詹掌柜,自告奋勇给大家阅读。百姓们站在告示前,边看,边听,边议论。

詹掌柜读完后,抚着八字胡道:"抚院建书院,拔贡当山长,这鳌峰书院必不一般。"

"可不是嘛!听书院招考的公告上写着,不但每天有膳食补贴,每年还发衣服呢。"布行的邱掌柜背着手说道。仿佛因为书院发衣服,他会多卖不少布似的。

"听说生员、监生、童生都收,而且还有往返路费。"看过告示,快三十岁还是童生的杜光祖充满憧憬地说道。此刻,他心里在想,如果他被录取,离实现他秀才父亲期望他光宗耀祖的梦想就会不远。

饭馆伙计高二柱竖起大拇指说了句:"抚台老爷办书院大气,真牛!"

"唉!我斗大的字还认不一箩筐,要不我也去报考。李秀才,你可以去考呀!"鞋匠老吴看着李启远说道。他满眼的羡慕。

"就是,启远,你是生员呀!生员、监生每月考试超等取六十名为内课,给膏火银一两四钱;特等取六十名,每月每名给银一两;童生还取正课三十名,每月给膏火银六钱。你学问好,不妨去试试,八成能考上。"詹掌柜道。

"一两银子一大家子一个月也吃不完,鳌峰书院多好的待遇呀。"老吴道。

李启远跃跃欲试。他回家便着手准备行装,约上好友林荣文,从惠安县出发,直奔省城福州。

二人来到福州九仙山鳌峰坊,李启远看见一处院落大门气派,想必便是鳌峰书院。步入书院,二人看到书院因形就式。前为正谊堂,堂内香火缭绕,祭祀着周敦颐、程颢、程颐、张载、朱熹五位老夫子,乃理学大家;后边是一座高大的藏书楼,楼内有大书橱二三十个,贮藏各种法帖、经史子集、儒家经典,还有督抚张伯行捐赠的个人藏书。藏书楼右侧有一建筑,二人沿石径过去,见门上有一匾"六子祠",步入其内,方知祭祀的为闽地六位理学先贤,乃宋代的游广平、胡玉峰、黄勉斋、陈北溪和前明的陈布衣、蔡虚斋。

藏书楼的山墙上贴有张伯行亲拟的学规,二人忙上前观看。

凡学于此者:

一、必严朔望之仪:其日味爽,值日一人主击板。始击,咸起,盥漱总栉衣冠。再击,皆著深衣或凉衫升堂。师长率弟子诣先圣像前再拜,焚香讫,又再拜,退。师长西南向立。诸生之长者,率以次东北向,再拜,师长立而扶之。长者一人前致辞,讫,又再拜,师长入于室,诸生以次环立,再拜,退,各就案。

二、谨晨昏之令:常日击板如前,再击,诸生升堂,序立,候师长出户立定皆揖,次分两序,相揖而退。至夜将寝,击板,会揖如朝礼,会讲,会食,会茶,亦击板如前。朝揖,会讲以深衣或凉衫,余以道服措子。

三、居处必恭:居有常处,序坐以齿。凡坐必直身正体,毋箕踞倾倚,交胫摇足。寝必后长者。既寝勿言,当昼勿寝。

四、步立必正:行必徐,立必拱,必后长者,毋背所尊,毋践阈,毋跛倚。

五、视听必端:毋浮视,毋倾听。

六、言语必谨:致详审,重然诺,肃声气,毋轻,毋诞,毋戏谑喧哗,毋及乡里人物长短,及市井鄙俚无益之谈。

七、容貌必庄：必端严凝重，勿轻易放肆，勿粗豪狠傲，勿轻有喜怒。

八、衣冠必整：勿为诡异华靡，毋致垢弊简率，虽燕处，不得裸背露顶；虽盛暑，不得辄去鞋袜。

九、饮食必节：毋求饱，毋贪味，食必以时，毋耻恶食。非节假及尊命不得饮，饮不过三爵，勿至醉。

十、出入必省：非尊长呼唤，师长使令及己有急干，不得辄出学门。出必告，返必面，出不易方，入不逾期。

十一、读书必专一：必正心肃容，计遍数。遍数已足而未成诵，必须成诵。遍数未足虽已成诵，必满遍数。一书已熟，方读一书，毋务泛观，毋务强记。非圣贤之书勿读，无益之文勿观。

十二、写字必楷敬：勿草，勿倾敬。

十三、几案必整齐：位置有伦，简恢不乱。书筒衣筐，必谨肩钥。

十四、堂室必洁净：逐日值日再击板如前，以水洒堂室，良久，以帚扫去尘埃，以巾擦拭几案，其余悉令斋仆扫拭之。别有秽污，悉令扫除，不拘早晚。

十五、相呼必以齿：年长倍者以丈，十年长以兄，年相若者以字，勿以尔汝，书间称谓亦如之。

十六、接见必有定：凡客请见，师坐定，值日击板，诸生如其服，升堂序揖，立侍师长，命之退则退。若客于诸生中有自欲相见者，则见师长毕，就其位见之，非其类者，勿与亲狎。

十七、修业有余功，游艺有适性：弹琴习射投壶，各有仪矩，非时勿弄，博弈鄙事，不宜亲学。

十八、使人庄以恕，而必专所听：择谨愿勤力者，庄以临之，恕以待之，有小过词之，甚则白于师长，惩之不俊，众察师长遣之，不许直行己意。苟日从事于斯而不敢忽，则人德之方，庶乎其近矣。

看后，二人夸赞学规制定得具体详细。从学规上二人断言，鳌峰书院是个能培育出人才的好书院。

李启远听说书院中分布有四处学生斋舍，分别为：致用斋，有房二十一间；崇德斋，有房十九间；敦复斋，有房二十八间；笃行斋，有房二十间。斋名取"去不善以至于善,砥砺观摩,渐几明体达用之学,不徒文采风流焜耀乡曲,以期仰副台为国储材"之意。他们想,不知他俩被录取后,会被安排到哪处斋舍居住。

鳌峰书院共有房舍一百二十间,崇正讲堂位于书院整体建筑群的中心位置,是书院的主要教学场所。与其相对是一数亩见方的水池,池中建有一亭,远远看去,"鉴亭"二字隐约可见。池旁筑有假山一座,池边广植松、杉、梅、柳等树,景致优美。

二人游览一圈后,李启远不禁说道:"山水环绕,绿树婆娑,建筑有序,层层叠叠,好一个闹中取静的读书之处。"

两人分别交过一百二十文的报名费,通过由张伯行亲自命题、监考的甄别考试,顺利成为鳌峰书院的学生。

考上书院的还有张元隆派来的胡有强。张伯行平定粮价,让张元隆少赚一大笔银子,再加上他安排何枕送的礼又被退还,与张伯行"交朋友"的想法彻底破灭。他派胡有强来就是要看看,张伯行是怎样的三头六臂。胡有强来此还有一目的,就是必要时候给鳌峰书院加点"调味料"。

(四)张伯行亲力亲为,给鳌峰书院学子开学首讲

鳌峰书院开讲第一天,张伯行要为众学子讲入学第一课。杨笃生也来听讲。

这天,张伯行着一身读书人打扮,青衣长衫,瓜皮小帽,罗汉口布鞋,一早就来到鳌峰书院。杨笃生和山长蔡壁带着监院、书办、丁役等人,早在书院大门外恭迎。

张伯行站在书院门前停留片刻。环视四周,他想起辛弃疾任福州知州兼福建安抚使时,重阳登九仙山所做的一首词《西江月》:"贪数明朝重九,不知过了中秋,人生能得几多愁,只有黄花依旧。万象亭中殢酒,九江阁上扶头。城鸦唤我醉归休,细雨斜风时候。"是啊,古人已去,景色依旧,教书育人不正是一件功在当代、利在千秋的大事吗!

被书院录取的士子早已在正讲堂中等候。

讲什么?坐在崇正讲堂中的李启远、林荣文很是期待,张伯行早已胸有

成竹。请见书院、清源书院、济阳书院,每新建、复建一处书院,他都要为士子开讲学第一课。

"今天是鳌峰书院开学之日,望诸生能像陈状元一样独占鳌头,能像辛幼安一般名誉文坛。"听过此话,李启远与大家心情澎湃,会心一笑。

"与大家讲什么?今天不讲人生大道理,不讲学而优则仕,更不讲书中自有黄金屋。而是讲义理,理学的义理。"

张伯行环视一周,接着说:"本抚办书院,历来本着宏器实,端品行,务笃实,尚力行,广博采,求实用,育人生。一日不读书与读书而无法程,其为失则均也。慵废荒经,不学墙面,玩愒既久,岁月坐消。纵桑榆思奋,而羲御已驰,到老大必徒伤悲。只要各位无怠无荒,濬经史之精英,为太平之黼黻,发程子之秘钥,定能成一代之硕儒。"听得士子连连点头。

"具体到日常功课,大家只要从经书发明、谈史论断、古今文、杂著等四个方面出发,持之以恒,必有斩获。"

接着他又讲道:"每日早晨先看四书五经各一二章,务必逐字逐句于身心上体验。久之默会心解,豁然贯通,举足动步,自然把捉得定。从此深造,有得以驯致于圣贤之域。其有词义深奥未能理会者,即行札记,以便质问,此为学第一切要功夫。本抚所编几十部先儒语录、文集,尽发之书院,供诸生纵观,久之,自然道心充长。如今英才聚集,正可互相咨访,毋执己见,毋徇俗说,当于一、六日齐集明伦堂会讲。讲毕,即退归各人坐卧处,细心研究,毋得彼此往还,浪费时日。凡用世之道学者,所宜深究,诸生即当留心世务,淹贯博通,务在有裨实用,可以坐言起行,则今日草茅所论定,即异日之嘉谟硕划也。时艺代圣贤口气,发明道理,期于达意而止。讲义既不顺圣贤口气,尤易发明书理。诸生宜各抒心得,大畅欲言,专在为羽翼经传,不诡于道,则经学明而人心正矣,每三、八日作时艺一篇、讲义一篇,将采其尤者,刊印流布以树风声。诸生倘心有所触即以笔记,心思日用则日出,不行札记,必致遗忘;录就呈阅,余将验尔诸生之实学焉。宴游交际不但有妨正业,亦且渐长浮夸,因吾辈中人当惜分阴,除月朔归家省亲外,不必出院。如有万不得已之事,必欲亲自料理者,诸生可亲自登记于所置簿中,某日某人以何事他出,事毕即进。人世之念浅而人道之功深。人品之望由乎素养,以薰莸不同器,恐与匪类相遇,不便拒绝,声名从此顿丧,后悔无及。诸生毋友不如己者,取益而弃其损。

最后,本抚提一个要求:德第一,智第二。"

听过张伯行洋洋洒洒的一席话,众士子茅塞顿开,在下边听讲的杨笃生、蔡壁也频频点头。杨笃生心想,多年不见,张孝先的学问做的更深。蔡壁真没想到张伯行不但官做得好,学识也广,真乃楷模!李启远、林荣文听着,不由对张伯行心生崇拜,他们打定主意,以后只要张伯行来授课,不但堂堂不落,还要牢牢记下。

有人支持,就有人反对。张元隆派胡有强的目的,就是让他给鳌峰书院捣捣乱,好出出憋在他心里的这口气。胡有强不负厚望,报到第一天便开始行动。

胡有强,大田县人,三年前中的秀才,那年他才二十一岁。年纪轻轻就成就功名,本来前途一片光明,却因一场无情的大火把殷实的家烧成灰烬。胡有强的母亲、妻子和他三岁儿子被当场烧死,父亲经受不住打击一病不起,两个多月后死在借宿的破庙中。家里还有年幼的弟妹需要他照顾,父亲看病欠的钱也得还,胡有强无奈只得放弃学业外出谋生。去年年初,经同乡介绍,胡有强来到宝成粮栈当伙计。何枕看他识文断字,就安排在柜上记账。

何枕安排胡有强这个差事时有言在先,考上鳌峰书院,每月给他三两银子;在书院表现"突出"达到张元隆的满意,每闹出一次动静赏银五两。银子对于一贫如洗的胡有强十分重要,这么好的待遇他能不卖力吗?

来报到时,胡有强不但带来行李,还带来不少虱子、跳蚤、臭虫。他趁到各宿舍串门之际,不声不响地将这些咬人的虫子四处投放。新生们被虫子闹得怨声载道,他却偷偷高兴。没两天,他便受到五两赏银。送银子的人传来何枕的话,动静越大赏银越高。因此,胡有强的积极性更高。整日盘算怎么将动静闹得更大,这样就能得到更多的银子。对,挑拨福建学子之间的关系,好让他们干架。经过他的努力,学子之间打好几架,有多名学生因打架还被惩罚。胡有强再次心满意足。

别人听张伯行授课,都怀揣膜拜,他却是为挑刺而来。他的目的很阴险,要在张伯行的讲课中收集能将张伯行治罪的言论。不但在张伯行的课上找,其他先生的课上他也找。因为他知道,只要有一位授课者言论反动,对大清不满,鳌峰书院就完蛋,张伯行也会完蛋。

毕竟是秀才出身,胡有强听过两次张伯行的课。首先,他被张伯行的学识深深折服。接着,他又被张伯行的崇高品格深深打动。让他没想到的是,书院授课之人皆是名师大儒。上过他们的课,胡有强有如沐春风之感,一股热流直击他的胸口,使颓废多时的他萌生发奋读书、重振家业的念头。

(五)鳌峰书院以其经世致用、学风浓郁,成为有清一代福建一抹亮丽色彩

胡有强万万没想到,堂堂一省之抚,会和书院的学生在饭堂一同吃饭,平易近人到学生围坐在他身旁,能无拘无束地同他边吃边聊。晚上,张伯行有时来书院查铺。胡有强亲眼看到,张伯行为秉灯夜读的学生添灯油,还会为已睡下的学生掖被角。胡有强看着眼前这位慈祥的老人,仿佛看到他的父亲。

深深打动胡有强的是张伯行对打架学子的态度。因胡有强的挑唆,同一宿舍漳州府籍与邵武府籍的学生发生口角,争吵升级,二人动起手来。接而引发两府十多位学生参与打斗,公私物品多有损毁,多人受伤。

开学不久就出现这样的事,鳌峰书院山长蔡壁大怒。为严肃校纪,杀一儆百,挽回书院声誉,蔡壁决定对参与斗殴的十二名学生尽数开除。此事也惊动福建学政杨笃生,为严肃福建士林风气,他准备革去带头斗殴的四名学生之功名。鳌峰书院的气氛紧张得让学子们喘不过气,大家都害怕自己不小心犯错也会受到重罚。

张伯行对这件事的态度却出乎人们的意料。没有调查就没有发言权,他让蔡壁查清楚事情的来龙去脉后,建议:让带头斗殴的四名学生逐一在书院全体师生面前做检讨,将参与打架的书面检讨贴在书院里的告示栏内;打人者承担伤者的医疗费,损毁的公私物品由参与打架的十二人共同承担;扣发十二名参与打架者三个月月银。

张伯行对蔡壁说,子不教,父之过;教不严,师之惰。学生犯错是老师没有教育到位。他们还年轻,如果处罚过严,好端端一根苗就毁在我们手中。对待学子,就像爱我们自己的孩子一样。允许学生犯错,也要给学生改正的机会。

最终,蔡壁采纳张伯行的建议,给学生一个改正的机会。

调查也使胡有强浮出水面。他主动承认所犯的错误,十分懊悔,心甘情

愿接受惩处。

蔡壁的态度是将胡有强交由闽县知县处置。张伯行了解到胡有强的情况,十分同情。他也很欣赏胡有强的才华,觉得他是一个可造之才。有道是,浪子肯回头,拿座金山也不换。既然胡有强已幡然悔悟,甘愿受到惩处,证明他良心没有泯灭。办书院就要抱着海纳百川、有容乃大的胸怀,不如给他一个向善的机会,留在书院继续深造。或许,从此世间就少了一个恶人,多了一个知书达理之人。

在鳌峰书院学习期间,张伯行、蔡壁等对胡有强一视同仁。胡有强不负张伯行期望,通过刻苦学习,几年后他考中举人。同时,他还潜心研究理学,最终成为福建颇有影响的理学名儒。

鳌峰书院开课后,依然是福建百姓茶余饭后常讨论的话题。

早春时节,惠安县城南八里溪村,不少村民正端着碗,在村中空地上边吃饭边聊天。

何老四问蹲在他旁边的李老胖:"你家老二启远在省城书院现在怎么样?"

李老胖自豪道:"前些日子,他托人捎信来,说在那里住得好,吃得好,喝得好,学得好,还时常能见到抚台老爷呢!"

"李老胖呀,李老胖,我知道你胖,你还真喘起来了。一个书生能见抚台老爷,还时常?呵呵,牛皮都让你吹破。"对李老胖的话,何老四一万个不相信。

"抚台老爷一有空就要去书院转,启远兄弟当然能见到。何止转转,抚台老爷还经常为鳌峰书院的士子们授课呢!"见何老四不相信,站在对面的阿豪说道。

"抚台大老爷能屈尊给他们授课?"何老四还是不信。

阿荣道:"我亲姑舅表弟林荣文也在鳌峰书院读书,他信上写的白纸黑字还有假?抚台老爷的课他次次不落。"

"这可了不得啦,封疆大吏亲自授课,真乃咱福建读书人的造化。"房百旺道。

李老胖说道:"那可不是,福建的文风要兴盛长久。"

是金子总会发光。在鳌峰书院不单李启远、林荣文、胡有强他们刻苦学习,蔡世远也如此。不但张伯行上课他堂堂不缺席,只要时间不冲突,所有能上的课他都堂堂不落。山长蔡璧看在眼里,喜在心中。儿子蔡世远年方二十六岁,早已高中举人。这次来鳌峰书院是张伯行亲自点名让来的,还授与他《读书录》《居业录》两本书,让他参与刊刻先儒文集,发给大家,供士子们学习。他仿佛看到儿子以后的路,进士,翰林,位列九卿。

有书院必有课程。为方便学生学习,张伯行根据程朱理学有关修身、治学的规则,以《朱子白鹿洞教条》开首、《朱子学校贡举私议》作结。包括《程董二先生学则》《西山真先生教子斋规》《提学副使高贲亨十戒》《诸儒读书法》《诸儒总论为学之方》《增损吕氏乡约》等著名论学、格言等,编著二十七卷《学规类编》,供大家学习。

正如人们谈论的一样,张伯行每月都会来鳌峰书院,亲自为士子讲经论道。他带头向书院捐款,为解后顾之忧,在书院旁建起粮仓以备不时之需。在张伯行的关心下,鳌峰书院很快成为东南诸省学子最向往的学府。自此,福建文风大盛。

鳌峰书院的如火如荼,惊动康熙帝。康熙五十六年,在蔡世远任鳌峰书院山长时,康熙帝为鳌峰书院御书"三山养秀"匾,又赐一批宫中编纂的书籍以视褒奖,大涨福建士子的士气。

雍正十一年,雍正帝御赐帑金一千两。

乾隆三年,乾隆帝御赐帑金一千两,赠御书"澜清学海"匾;十一年,乾隆帝又御赐《律书渊源》一部。

至光绪三十一年,科举废止,书院改为"校士馆"。

在鳌峰书院存续一百九十八年间期间,培养了林则徐、梁章钜、杨庆琛、廖鸿荃等进士一百六十三人,举人七百多人,秀才不计其数。鳌峰书院人才辈出、精英云集,以其经世致用、学风浓郁,成为有清一代福建一抹亮丽色彩。

六
民众饥荒

且说长汀府永定县乡下，乡民陈首魁家里出现事端。

长汀府永定县知县曾九寿报称，永定乡民陈首魁聚众闹事，占山为王。

> 史载：曾九寿，湖北荆州府监利县人，举人，康熙四十六年丁亥至五十年任长汀府永定县知县。

这陈首魁年三十余岁，家有父母妻子，一子一女，二十亩水田，一头水牛。当年收谷二十余石，去年秋，长汀府永定县城内宝成号粮栈下乡来收谷，每石一两银子。掌柜的连连说，这是最高的价格，现在卖一石米，来春可买两袋粮。陈首魁盘算一下，年后到春节接到新谷，半年有余，七口之家，有五石谷足矣。于是就粜谷十五石，所得款项修缮将漏之屋。陈首魁没有料到，连月大旱，春谷几乎颗粒无收。他家存粮更少。

眼看就要断炊，陈首魁就到宝成号，用仅有的五百文籴谷。哪里想到，这谷竟然涨到二两银子一石。一石谷一个月就吃完，后面已经没有银两。眼看父母妻儿老小将要饿死，他情急之下，便将老屋以一百两银子抵押，又到宝成号来籴谷。掌柜从眼镜片上看看他，摇摇头，表示粮栈已无谷可卖。陈首魁十分悲愤，看到大街上饥民啼饥号寒，粮栈外挤满跟他一样急于购粮的山民，一时气急，劈手抓住掌柜衣襟，举起小钵般大小的拳头。

拳头尚未落到掌柜身上，就被人拉开。有人劝他说："少安毋躁！你这一拳下去，明天不是更没有谷子籴吗？"

掌柜惊魂未定,感觉众怒难犯,只好对大家说,明天早上有少量谷子进店,各位明早排队购买,先到先得。

没有问价格多少,当晚就有数人没有回家。

陈首魁念及家中老小待充饥肠,亦未归等待,一夜未眠,就倚靠在商铺门外。

见身边一人饿得昏昏沉沉,陈首魁摸索半天,把一个栗子递给他。没有想到,他竟然放在鼻子前嗅嗅,又放进破衣口袋。那人对陈首魁歉意说道,他儿子饿几天了,他得给儿子拿回去。他又说,他三十多岁才得子,这儿子聪明着呢!明明饿得不行,还对他说,自己不饿。口袋里这点钱,还是媳妇唯一一件首饰卖的钱。

陈首魁一阵辛酸。

夜半,他突然发现,有人起身要到门前排队,就一个鲤鱼打挺,跃身而起。已经两天没有吃饭的他,不知哪里来的气力。

陈首魁排在第一位,散在各处的人呼啦一下,都站在他的身后。

漫漫长夜,又冷又饿。后面的人中有实在支持不住者,亦不肯离去,就蹲在地上,甚至蜷缩在地上睡去。

陈首魁仗着年轻体壮,站立不动。

时间是那么缓慢。他实在是忍受不住,就蹲下身子,也抱着头昏睡过去。

突然,陈首魁被一阵吵嚷声惊醒。原来是粮栈掌柜打开门,看到这么多人堵着门,大声嚷嚷起来。

排队的人都无精打采地起身后移。

陈首魁往后看,却见一个人一动不动,旁边之人拉他也无反应。一位老者上前试探,摇摇头说,不行了。

陈首魁这才发现,倒下的正是昨晚跟他说话的那个人。陈首魁上前抱起,发现那人已经僵硬。想起在家等待他的妻儿,陈首魁泪如雨下。

没有想到,粮栈掌柜心肠如蝎子一样毒,竟然指使人把他抬到远远一处垃圾堆旁边。

陈首魁强忍悲愤,撑开口袋,把钱递给掌柜。没有想到,掌柜只往口袋里倒半斗谷子,就催促他离开,高喊:"下一个。"

陈首魁脸涨成猪肝色。

掌柜漫不经心地指指牌价。原来,这谷价比昨天更贵。昨天还能买三斗谷的钱,今天却只能买半斗粮,可是昨天有价无谷。

陈首魁回头看一眼远处那位死去的老乡,可怜家里人现在还不知道。这恶狼一般的奸商还在不顾百姓死活,把谷子成番上涨,一时怒从心头起、恶从胆边生。他一把推开粮栈掌柜,上前就扛起一袋谷子,背在身上,说:"年前,我卖给你们二十石谷,给我二十两银子。今天,我要把我的谷子再买回来。"

陈首魁背起谷子就走。哪里走得脱?立即就有几个保镖包围上来。

所有人都没有想到,这个饿得头眼昏花的男人,拳脚竟是如此了得。只见他腾挪闪跳,保镖竟然难以近身,不多时,就被打倒几个。余者,再不敢往前。

陈首魁最后慨叹一声,把米袋扔掉,提起他那半斗米,回家而去。

到家未几,妻子含着泪水正在厨房蒸米,两位老人饿得在床上不能动,两个孩子巴巴地等着。却听村外人马杂沓,大队兵丁急奔而来,把他们家团团围住。两个孩子吓得哇哇哭泣,抱着娘的腿不放。

困乏至极,正歪在床上闭目养神的陈首魁一跃而起。这时兵丁已经破门而入,把他围困。

老人吓得爬出来求饶。妻子和孩子跪在地上哀求。

为首的领队扫视一圈,说:"陈首魁,我们是奉命而来。你一家老小都在,就别反抗,跟我们走吧。有什么冤枉,你见过大人再说。"

陈首魁怒火中烧,却也无可奈何。他愤慨地说:"我只是拿了我自己买的半斗米,一粒米也没有拿他们的。凭什么抓我?"

领队说:"你跟我说不着话,听我的,还是安心跟我们走。知县大人也不会冤枉你。"

这时,数名兵丁一拥而上,把他绳捆索绑,押解出去。

两位老人都晕过去,孩子们撕心裂肺地哭。妻子上前抱着他的腿不让走。陈首魁说:"你在家照顾好老小,我会很快回来。"

陈首魁不曾想到,他被押出门不远,那领队竟然命令兵丁把那半斗白米也给抢走。

（二）"要让百姓卖房卖地，心里对咱们还感激涕零"

那一天，张令涛兴致很高。他听过禀报，开心得哈哈大笑，竟然说："哈，老天有眼，合该叫我发财。这米要是国内价格比国外贵，我何必劳心费力地给他们运过去？别急别急，再等等再等等，到开始饿死人的时候，这大米就卖上价喽！哈哈！"

一人凑上前来，道："老爷，您真是吉人自有天相。不过，也有些刁民，饿急后还想抢粮栈呢！"

张令涛一惊："真有此事？在哪里？"

那人慌忙摆手："老爷，没事，没事！这是福建长汀府永定县的事，已经交官府处置。不出一个月，让他死在牢里。"

张令涛正色道："不可得意忘形。我交代多遍，要让百姓知道咱是真的没粮，咱跟百姓是一条心，让他们饿死，让他们卖房卖地，把钱送给咱们，心里还感激涕零。咋会出现这种事？是哪个店里掌柜干的？是不是一时得意，对百姓傲慢？给我查实报上来。"

张令涛一时气愤，把那人吓得跪地磕头道："老爷，小人实在是得意忘形，有负您的教诲。"

"不过，"张令涛从鼻孔里哼一声，"这个家伙也不能活着，神不知鬼不觉弄死他。"

那人慌忙从地上爬起，说道："老爷放心，安置好啦，活不过这个月。"

陈首魁那天被抓进牢房，急火攻心，吐一大口血，就昏过去。家里父母妻儿等他籴谷回家，哪料想会被抓进牢房？两天里饿得头晕目眩，家里人该是啥个情状？他一醒来，就大喊大叫，被狱卒狠揍一顿。

就这样，陈首魁住大半个月牢，竟然没有问案，也不处置。他想念家人，急得眼冒金星，却不见一个家人来跟他见面。陈首魁对狱卒好赖话都说尽，狱卒只是不管不问。

还在牢房里一直拘押的大盗朱章，终日不语，那日夜，朱章竟然主动与陈首魁搭话，并把他拉到自己靠里铺位旁。陈首魁不便拒绝，就与他靠在一起，不知不觉就沉睡过去。

长汀府永定县知县曾九寿为陈首魁的事很难决断。

这宝成号掌柜那日报官,他本不想去捕捉陈首魁。可是,这掌柜声称无法对大当家何枕交代,不抓不行。陈首魁家在偏远山区,劳师动众,很觉不值。可是,掌柜拉出何枕,他就不得不办。曾九寿问,陈首魁可曾打伤人?他说没有,只是抢他两袋稻谷。待捉回陈首魁,才提回来半斗白米。他只管把陈首魁押在那里,等一段时日再把他放出。

忽一日,那长汀府永定县宝成号掌柜又来到他的后衙。进入房间,关上门,拿出一张银票,一千两。

曾九寿大惊失色,坚拒不收。

掌柜低声说:"这事惊动张元隆张老爷,银票收与不收,都在你。可陈首魁事,须处置到位。你试想,堂堂宝成号粮栈竟然有狂徒光天化日之下打砸,若不惩处,以后有何脸面?若事事都按大清律例,那置张老爷颜面于何地?若嫌银票少,下次再给你带一千两。"

曾九寿立即推开银票说:"这个我不收。张老爷的事,你放心,我定会办得妥妥的。只是,以后用得着的地方,还请张老爷在督抚面前多多美言就是。"

宝成号掌柜得意地满脸堆笑。

那一日,大牢门开,几个兵丁上前就提陈首魁。

陈首魁终于长吁一口气,也不知道家里老小如何。他只盼到得大堂之上,把事端一一详述,求县太爷高抬贵手。就是打上几棍,只要能当堂释放,快快回家,看望妻儿老小。

永定县县衙在旧布政司内。东,上抵民居,下抵漳南道;西,上抵儒学,下抵龙门;南抵前大街;北抵后大街。大门谯楼,岿然大观。内构斋居,崇以宏敞,翼以回廊。"申明""旌善",一如旧制。正堂在仪门内,匾曰"琴堂",曰"忠爱",曰"敬畏"。

每月朔、望清晨,耆老摇铎以徇于道路,大声呼《圣论六条》:孝顺父母,尊敬长上,和睦邻里,教训子孙,各安生理,毋作非为。随赴县衙,永定县知县曾九寿升堂,由中门入诵《圣谕》:尔俸尔禄,民膏民脂。下民易虐,上天难欺。之后开始断案审理。

高大魁梧的陈首魁不敢抬头,跪在大堂之上,报过姓名,连称有罪。

曾九寿看着眼前这个乡民,心生厌恶。曾九寿觉得,今俗之最善者曰"急公",俗之最坏者曰"好讼"。人能以"好讼"之心移于"急公",则官府无鞭赎,而闾阎敦仁让,太平百年矣!夫子曰:"君子之德风,推其源,核在上之好善始,诚知风之自也!"

于是,曾九寿惊堂木一拍,喊道:"大胆刁民陈首魁,你且说来,你所犯何事?"

陈首魁磕头道:"老爷,小人陈首魁,因新谷下场之时,把大部谷米粜给宝成号,后无米可食,前去宝成号籴米。可是宝成号米价上涨十数倍,小人拿去的银两,只购得半斗米。小人心中不满,一言不合,与宝成号保镖动起手,并不曾打伤他们。小人一时糊涂,欲带一包谷走。但仔细想想,把谷放下,只带自己的半斗米而去。小人以上所述句句是实,望老爷明察。"

曾九寿又一拍惊堂木,喝道:"大胆陈首魁,大堂之上,还满口谎言,把证人带上来。"

这时,竟然有一个双腿齐断之人被带上堂来,跪倒在地,以手指陈首魁,哭诉道:"小人李建光,在宝成号当伙计。那日,陈首魁图谋抢劫,被我制止,竟然打断我的双腿,打伤掌柜,抢走两包稻谷和半斗白米,还有两百两纹银。请求大老爷为小人作主。"

陈首魁如晴天霹雳,用手指着李建光,说不出话来。

宝成号掌柜一瘸一拐地也走上大堂。他的头被包裹着,也作证说,陈首魁把他打伤,抢走稻谷和银两。

陈首魁气得脸色铁青。

掌柜跪在他身边,冷笑着看他。

陈首魁半天才说出来一句话:"大老爷,他们,他们血口喷人,请问,赃物何在?"

曾九寿高喊:"把证物抬上大堂。"

那天,前去缉捕陈首魁的领队,随即和人一起,当堂抬上两包稻谷和他家的半斗白米,还把二百两银子扔在堂上。

陈首魁呆坐在那里。

曾九寿惊堂木一拍,喝道:"大胆刁民,不动大刑,量你是不招。"

陈首魁悲愤地说:"大人,我一个人如何能把两包稻谷带回家中?二百两纹银我从未见面,从何而来? 这半斗白米是我花费银两所买,如何也成赃物? 若要对我用刑,天理何在?"

曾九寿道:"陈首魁,你如何带回家中,唯你自己才知。你巧言狡辩,看来,不动大刑你是不说,来人! 上刑!"

陈首魁被当堂用刑。可这一铮铮铁汉,如何用刑,就是一言不出,几次昏死,亦不屈服。

曾九寿无奈,只好又把他扔入牢中。

审理过陈首魁案件,曾九寿又率属下官民到衙门西城隍庙外,悬《圣谕》于上,设座两旁。有司列左,乡绅列右。选声音洪亮者,朗诵《六条》,用民间浅近俗语解释之。每条毕,童子数辈歌诗一章结之,士民环立恭听。乃赏里人之善而罚其恶者。

此时,张元隆已暗中掌控福建商号。他一边服从张伯行令,各地宝成号粮栈都新上大米,一边对陈首魁恨之入骨。他认为,不除陈首魁,以后效陈者将接踵而至,贻害无穷。

曾九寿只想对陈首魁用大刑,尽快结案,不料陈首魁竟然宁死不招。当掌柜又一次登门时,曾九寿对他说:"陈首魁纵然是招,也罪不至死。如果他在牢中意外死亡,可否不予追究?"

掌柜断然拒绝:"曾大人,陈首魁公然抢劫宝成号,必得公开惩处,依律处置,以儆效尤。至于以后,那他当然是活不得的。"

曾九寿不语。

掌柜又说:"张元隆老爷惦记着此事,也惦记着您呢。"

曾九寿忙说:"掌柜但请放心,我一定处置到位,让张老爷满意。"

(三)宝成号大量收购稻米运往海外,借机哄抬物价牟取暴利

张伯行闻听长汀府永定县出现匪乱,立即命官兵前去镇压。其有所不知,不久前,他曾见得这陈首魁。

各地粮栈开始售粮之时,张伯行亦不敢怠慢。他深知,这些粮栈只是一时出于官府所迫,绝非真心平价粜米。因此在此期间,他到各地巡视。

那一天,刚好来到长汀府永定县。此时,宝成号正在有序售米,百姓排队

争购,一时秩序井然。张伯行颇感欣慰。

张伯行一如既往,布衣草鞋,并要知府也微服相从。

知府冯协一悄然说:"长汀府永定县这家宝成号,已经将所存米粮全部报告。你看这情形,若能保证每家得米二斗,即可度过饥荒,挨到新米出来。"

张伯行说:"对于无钱籴米者,也不能眼看着饿死,可以赊欠。"

正说话间,突见数十官兵奔至,来到这宝成号前警戒。百姓被惊动,正欲逃离,老掌柜竟然登上高处,大声喊着,不让大伙离去。他说:"各位父老乡亲,大家不必惊慌。上次抢劫本号之歹徒陈首魁,今日要押来本号,指认现场,认罪服罪。各位尽管购米,少安毋躁。"

话音未完,只见陈首魁被五花大绑押了过来。

陈首魁来到宝成号前,挺身不跪,朗声说道:"我陈首魁,不该在宝成号寻衅滋事,向宝成号掌柜谢罪!"

冯协一告知张伯行,这陈首魁打伤店员,抢劫稻米,已经认罪。只是,宝成号极力要他当面请罪,以儆效尤。

张伯行说:"此等人犯,宜应依法重惩。你看他,口服心不服,若不加以惩处,必不知天高地厚,以至沦为怙恶不悛的强盗。"

这时,他们看到,兵丁头领喝令他跪下,向店家和百姓认罪。

很多百姓跑上前来围观。

张伯行说:"如此下场,自然可以警示他人。宝成号这个掌柜,心计不少。"

他们怕被人认出,和几人很快离去。

十天后,当张伯行接到陈首魁聚众为匪、打劫商行的奏报时,立即想起那个高大汉子迟迟不愿跪下的情景。他怒气冲冲,责令长汀府永定县知县曾九寿立即带兵剿灭。

仅七八日,这各地米店便渐渐货源短缺,饥民围困粮栈,苦等数日,尚买到不到一升米。不到旬日,各地米行再也无米可售。

张伯行告谕各地粮商,若有囤积不售者,定当严惩不贷。

与此同时,张伯行行文到江苏、浙江、湖南等,鼓励外地客商大量运米到福建,官府提供方便。

之后,又上奏皇上,请求动用官银到外地购粮米。

那天,他召来知府冯协一和林水晗,商谈此事。

冯协一说:"大人,据下官查问,这福建一省,按平常年景,所产稻米也就仅够本省人口所用。可宝成号等粮商,每年新谷下来,必大量收购。若仅是互通有无,正常流通,也还罢了。可据报,他们把大量所收购稻米运往海外,导致本省粮食不足,他们借机哄抬物价,牟取暴利。"

张伯行说:"如今已经明令严禁粮食出海。若他们还有存粮不售,一旦查实,必将严惩。"

林水晗道:"大人,不妨令全省各粮行自报粮米所存数量。"

冯协一说:"不用报,他们必称再无存粮。"

林水晗回道:"然后由官府突查。若是查实,不但要惩处,所查粮米全部没官。"

冯协一道:"大人,下官看此议可行。"

张伯行道:"那就照此办理。当务之急,是尽快从外省调运粮米入境,绝不能出现饿死人情况。"

林水晗说:"大人,如果外省粮米运来,米价必落,存米不售者必将抛售,正是暴露良机。"

冯协一说:"正如大人所言。整顿秩序,不仅是度过此难,还着眼于长治久安。"

张伯行对林水晗说:"你速做安排,我要先见宝成号大掌柜何枕。"

张伯行却不知道,此时何枕正在苏州游乐。

张令涛接报,自然不敢出面见张伯行。可是这个何枕却远在苏州,不愿回来。

思来想去,张令涛感觉若另行派人,必引起张伯行不满,恐生事端。于是,他命人快马奔赴苏州,接何枕归来。与此同时,他令人回禀张伯行,何枕已赴苏州处理家事,不日即可回还。

且说何枕在苏州,自喻大难不死、死里逃生。他终日游玩,前往碧水宫玩乐时,与头牌苏芙蓉小姐朝夕相处,如痴如醉。

他没有想到,他的二舅会快马催他到福建。

开始,何枕如何也不愿意再到福建,甚至拉出母亲来拒绝。张令涛料他会如此,已带一书给张元隆,陈明利害,让其兄促其赴福建。

何枕万般无奈,才回到福建。刚到福建,就被派去拜见张伯行。

张伯行在后衙接见他,何枕跪在地上半天不敢起身。张伯行已经说两遍让他起来回话,他仍不肯。还骨碌碌地转着眼睛,看周围衙役里有没有他认识之人。

张伯行说:"何枕,让你来不是让你跪着不起。这宝成号粮食问题,要你来问问清楚。"

何枕又砰砰地磕几个头才爬起,一边爬一边说:"大人,小人冒犯大人尊威,实在是死有余辜。承蒙大人宽宏大度,饶小人不死,感恩戴德,无以言表。"

张伯行"哼"一声说:"先给你看座。你且把宝成号一年来收米多少,售米多少,还有多少存粮,一一如实道来。如有不实,二罪合一,决不轻饶。"

何枕慌得又跪下磕头。

何枕把账本拿出来,一一给张伯行算账。他说商号一年共收稻谷九千九百八十石,平价出售五千六百五十五石,高价出售三千三百二十一石,最后剩余一千零四石,至今全部出售。

算完就又跪在地上磕头。

张伯行又好气又好笑。

林水晗已经给他算过这笔账。按他所算,福建一地,一年出米也就这么多。如若有所私藏,起码不在本年度内。

张伯行喝问道:"何枕,你所言是否属实? 有无往年积存粮食?"

何枕转头道:"大人,小人所言句句是实,不敢有半点欺瞒。往年也不知今年灾荒,并无存粮。"

何枕回到府上,得意洋洋地参拜他的二舅。

张令涛笑道:"枕儿,真想不到你这样熊包的人,见到张伯行,还能沉得住气,应对自如。"

何枕得意地笑道:"舅舅,您太小看甥儿。只要他张伯行不杀我,我就不怕他。咱那些稻米,我如何会告诉他?"

何枕的话让张令涛哈哈大笑起来。

张令涛自负地说:"枕儿,有噶礼噶大人在,张伯行这个乡村野夫就奈何我们不得。你不要怕,他如何能杀得你?"

何枕摇头晃脑地说:"舅舅,甥儿明白,我要在福建跟张伯行斗到底。只是,只是,我得再回去一次。回来,就处置海上那批货物。"

张令涛哈哈大笑:"你回去几天,是不是就有女人挂住你的心?"

何枕只是干笑,不置可否。

(四)陈首魁满身是血连夜逃回家中,却见三间草屋已经倒塌

张伯行对宝成号已然放心,把心计都用到外省购米和吸引客商到福建。他没有料到,无论做何努力,外地客商竟无一人进入福建。

林水晗也感觉莫名其妙。不过,他很快就对张伯行说:"大人,在下认为,这客商不来福建,应该别无他意。试想,这场灾害绝非福建独有,江苏、浙江、广东等地同样也发生旱灾,只是程度大小不同而已。此等地方客商,有米有粮自然在本地就可销售,何必舍近求远,长途而来福建呢?"

张伯行却摇头道:"事情绝非你所言那么简单。大部客商不来福建,此属正常。但无一人而至,此事绝非正常。那何枕所言,本官已经不再相信。你把布政使金培生唤来,我自有话要交代。"

林水晗听后,满脸羞惭,心中深服张伯行深谋远虑,心中有数。金培生很快赶来,两人晤谈良久,金培生领命而去。

外地客商不入福建,果然是宝成号所为。

宝成号在周边省份,亦是统领大半个江山。一些客商,若要从中取利,须得与宝成号和睦共处。官府号令把稻米输往福建,那自然是跟宝成号过不去。所以,自始至终,没有一人进入福建。

张伯行对此异常愤恨。他又得到禀报,赴外地买粮的人都受到嘲笑,基本上是空手而回。纵然各地都有灾害,亦不该如同坚壁清野。

饥民现在越来越多,灾情严重。如若不尽早解决,后果不堪设想。

皇上终于批准可以动用官银收购粮食,以解燃眉之急。张伯行即行安排。这一次,他把目光投到湖南、湖北等地。

长汀府永定县知府曾九寿报称,陈首魁聚众抢劫,人数越来越多。现在占据山林,不但抢劫粮栈、客店,而且杀人越货,清剿难度越来越大。

张伯行一边把此事上报朝廷,一边派大黑前往长汀府永定县了解实情。

张伯行着令福建全境对粮食买卖进行查处。

很快他就得到回报。长汀府永定县城内跟往日一样,笼罩着令人沉闷的气息。宝成号粮栈门前,已经聚集数十饥民。

大门一开,那掌柜就连连对大家打躬作揖,声泪俱下道:"本粮栈并非不卖米给大家,实在是货已空。"

且说陈首魁那日从宝成粮栈认罪回来,却被恶狠狠地投进单独一间牢房。

他急忙抓住狱卒不放,问道:"不是说,只要我到宝成粮栈当场悔过自新,就放我出去吗?"

狱卒甩开他说:"哼! 要是哪个犯人认罪都释放的话,这牢房就不用开了。"

陈首魁急忙向前阻拦,被狱卒一脚踢倒。

这时狱头出现,他冷笑着看陈首魁。陈首魁难以控制自己,上前又扑到狱头面前,哀求道:"大人,您不是说要放我回家吗? 求求您,给老爷禀报,小人家有老小,无粮一粒,不知如何度过。求大人恩准小人回家,再造之恩没齿不忘。"

狱头假模假样地笑道:"你看你,哪能这么快就放你回家? 你放心,再熬过这两天,一定放你回去。你说,不得遮遮耳目不是? 今晚,有一个要务,你要完成,就没事,可以回家去。"

陈首魁不再求告,点头答应。

夜半时分,陈首魁悄然被唤出。他走出牢房,一团漆黑,不见星月。

狱头悄悄吩咐他:"陈首魁,这最后就看你的行动。本人有点私货,你帮忙给我搬到一个地方,回来即行释放。"

陈首魁点头答应。

狱头又指另外两人说:"他们跟你一样,也是轻罪。你们三人一块帮忙,一同释放。"又指一个狱卒:"他来看护你们。"

陈首魁看那两名犯人,那两名犯人虽身材魁梧,却唯唯诺诺,点头如捣蒜。

那狱卒带他们到一个房间,各背一大袋货物,非常沉重。陈首魁悄悄摸一下,疑似大米。

他们三人悄无声息地走出大牢,很快就走上一条小路。那路边即是壕沟,小路也坎坷。

陈首魁连日来进食很少,身弱体虚,但他勉强支持。

正行进间,突然,一根绳索套上他的脖子。他一下丢掉背上的袋子,伸手去抓绳子,却一下被拉倒在地。

原来是那狱卒在后面对他暗算。前面两个犯人也回过头,慢慢把东西放下,看着那狱卒骑跨在他身上勒他脖子。

陈首魁拼命挣扎,期待前面两个犯人能伸出援手。没有想到,那两名犯人只是观看,动也不动。

陈首魁一个鲤鱼打挺就把那狱卒甩落一边。那两个犯人此时却一拥而上,把他摁倒。那狱卒又冲上来,使劲拉他脖子上的绳索。

陈首魁一人难敌六手,眼看就要被勒死。情急之下,他瞅个空档,腾出一只手,向勒他脖子的犯人裤裆袭去。那犯人禁不住疼痛,大声嚎叫,滚落下去。陈首魁此时使尽全身力气,翻身而起,一脚踢在狱卒后脖子上。那狱卒栽倒在地,无声无息。

两个犯人竟然各亮出一把刀子,一起上前。陈首魁对付两人不在话下,使出白手夺刀,只几下功夫,就将刀子抢在手中。他反手刺中一人咽喉,结果一人性命。另一人想逃,被陈首魁扑倒,把刀插入他的后心。

陈首魁转来看那狱卒,竟还没有醒来。他的身上,挂着一把同那两人一样的刀子。陈首魁拔出他的刀来,一下割断他半个脖颈。待看他背的米袋,打开竟全是小石子。另外两个人的袋子里亦是如此。陈首魁始知,这是牢头给他设下的陷阱。

陈首魁满身是血,连夜跑回家中。家中一片狼藉,三间草屋已经倒塌,家人已无踪迹。

(五)何枕掏出一把亮闪闪的尖刀说,我在你脸上刻朵梅花吧

陈首魁发疯般地冲出去,拉着邻居就急切发问。邻居告诉他,他被官兵抓走后,妻子携子去找他,到得衙门,却遍问不着。无奈只得回到家中,家里无米可炊,好容易借得半升米,可公婆为省下那口粮,竟然一同悬梁自尽了。

家里最后没有米,妻子只得把儿女卖出逃个活命。然后,自己也一根绳索追随公婆而去。

陈首魁拉着邻居,满脸泪痕,晃着他的膀子,追问一双儿女到底卖到了哪里。

邻居看着他满身血污,不住摇头,告诉他,他的妻子就是为了让儿女逃个活命,才至死不告诉任何人一双儿女卖到哪里。

邻居要他赶快远走他乡,留得青山在,不愁没柴烧。

陈首魁要去父母和妻子的坟墓前看看,邻居拉着他,要他一刻也不要停留,赶快离开这是非之地。

陈首魁向邻居鞠躬,然后转身向西跑去。

陈首魁前脚刚走,大队官兵就奔赴而来。只是陈首魁早已远离。

没停几天,那何枕不听张令涛劝告,又跑回苏州。然而,等他兴冲冲来到碧水宫,却遍寻不着苏芙蓉。

何枕怒急,让人把老鸨叫过来,追问苏芙蓉去哪里。老鸨连忙赔上笑脸,却避开他的问话,连声喊着,把家里最好的姑娘都叫过来,让何少爷挑选。

何枕气得发抖,指着她说:"你个贼婆子,到底说不说?天底下还有比我家有钱的?难道是进皇家入宫不成,值得你这般掩饰?我早已给你说过,你就是要个金山,我也给你搬来,你却偷偷将她卖掉。要是不说出她的去处,你今天就别想活到天亮。"

老鸨吓得跪在地上,瑟瑟发抖,可还是不发一言。

何枕怒急,猛地从怀里掏出一把亮闪闪的尖刀,在她脸上晃着说:"贼婆子,我在你脸上刻朵梅花吧?我数到三,看你说不说。"

何枕刚数到一,老鸨就瘫在地上,连声告饶。

老鸨说,何枕走后,又来一位很阔的公子。一到这里,就喜欢上吹拉弹唱、能诗会画的苏芙蓉,赎金不限。更让她难办的是,这苏芙蓉竟一眼就认定这个唐公子。二人主意已决,就是天塌下来,也决不分离。

因何枕离开时有所交代,老鸨坚决不允。那苏芙蓉竟然以死相逼。

老鸨非常气恼。这苏芙蓉在这里长到一十六岁,平时虽捧者众多,却无如此痴心男人。偏偏这一来就是两个,而且同时要争抢。老鸨看那唐公子也不是好惹的,只恨自己贪图小利,没有在何枕走后把苏芙蓉藏起来。

思前想后,老鸨还是不从苏芙蓉的意,宁愿她死,也要践诺,把她留给何枕。遂命人把苏芙蓉关起来,把唐公子赶走。

没有想到,隔日,这边苏芙蓉不吃不喝不说,那唐公子竟然派来数十人寻衅滋事。那架势,不交出苏芙蓉,这碧水宫就别想开门。

老鸨实在惧怕何枕势力,又不愿屈服唐公子,于是就报官。哪里想到,不知这唐公子背后是何等靠山。那知县刚接报时,非常恼怒,气冲冲派人来缉拿人犯。可到这里,只三言两语,那知县竟然如同奴才,对这伙人卑躬屈膝,反而勒令她把苏芙蓉交出。

那老鸨实不甘心,大着胆子问唐公子是何来头。知县这才告诉他,别说他一个知县,就是知府过来,也是这样办理。

老鸨不敢再问,苏芙蓉遂被带走。

何枕怒气冲冲,回到府中,就传令要知县来见他。知县没有来,张元隆却来到。

张元隆一见他就哈哈大笑:"甥儿,看你这副模样,就知道是受委屈了。知县早已知道你回来会找他,特意给我言过。"

何枕怒道:"那又怎样?我绝不会跟他善罢甘休。"

何枕一边说,一边把牙齿咬得咯吱响。

张元隆劝道:"甥儿,你若是非想知道内情,那我就告诉你吧。这唐公子名叫唐不语,他可是当朝一品大员、户部尚书张中堂张鹏翮大人的养子。这唐不语如今已经前往江西省呈瑞县赴知县任。"

何枕气恼道:"张中堂又该如何?他不是标榜清正廉洁吗?他不是当朝清官楷模吗?难不成他会纵容养子强抢民女?况这事总有先来后到吧?哼!不过一个七品知县而已。"

张元隆劝慰道:"女人如衣履。你想要啥样女子,舅舅给你送来一百名妙龄女子,随你挑选。"

何枕道:"我是咽不下这口气。"

张元隆遂道:"甥儿,这唐某虽是七品,却是张中堂的养子。咱这生意,以后请张中堂关照的地方多着呢!奈何这张中堂任你百般招数,却油盐不进,难以撼动。可如今,老天给咱这么好的机会。一旦把他的养子抓住,不就捏住他张中堂的七寸吗?哈哈!"

何枕这才缓过脸色,给舅舅致歉。可他心里,已然重重记下这个唐不语。

七
平定叛乱

（一）永定县数条大街上，大米撒成一条细细的长线

何枕跑回福建，大骂张伯行。

张令涛诧异道："枕儿，你骂张伯行却是为何？"

何枕道："骂他是他自然该骂。他不是张鹏翮的弟子吗？张鹏翮的弟子儿孙都没有一个好东西。"

张令涛道："你要如何？"

何枕道："我要统统取他们的性命。"

且说张伯行派往湖南购米者满载而归。这一行人晓行夜宿，终于进得福建境内。眼看赤地千里，饥民随处可见，不由担心出现事变，于是知会各人小心为上。

有道是怕神有鬼。

车马刚刚转过山梁，眼见得山清水秀，沉谧宁静。却只听一声呐喊，狼烟四起，数十人挟枪带棒蜂拥而出，将车队团团围困。

这伙劫匪头领即是陈首魁。

车队人单势孤，毫无抵抗之力，数车粮食都被抢劫一空。

在长汀府永定县街头，出现一桩奇事。清晨醒来，老百姓惊奇地发现，白花花的大米撒遍数条大街。这些大米不是一堆堆的，而是细细地撒成一条长线，宛如一条蜿蜒的长龙。

天刚亮，这街头就出现奇观。无数饥肠辘辘的百姓趴在地上，拼命抓着、捡着那些米粒。这些百姓没有拥挤，没有践踏，也没能一下子捡起好多米料。有钱有米的人不会去捡，饥饿的百姓一粒也不愿意剩下。

直到最后,就是剩下一粒米,也被捡走。

知县曾九寿看着这些,心里面明白怎么回事,却也是默默无言。

事件报给张伯行,张伯行大惑不解。

林水晗小心地提出:"大人,这个人背后是不是有冤情?"

张伯行一摆手说:"即便有冤,亦可到各级衙门申诉。岂可离经叛道,杀人越货?"

林水晗又说:"那他为何又把抢来的米撒在大街之上?而且,撒遍全城?自古未见如此为匪者,劫富济贫亦与此不相类似。"

张伯行严厉地说:"唯有将他尽快缉拿归案,方才查明真相。"又说:"趁此初成之时,未成气候,宜速战速决,不可使其坐大。否则,后患无穷。"

林水晗禀道:"大人,当下救灾正紧,不妨稍延些时日,几日后集中力量全力缉拿也不迟。"

张伯行不予认同,他说:"除恶务早,除恶务尽,救灾剿匪,齐头并进。"

张伯行开始缉捕陈首魁。

这边何枕得知狱中欺负他的头目朱章还没处置,更加坐卧不宁,气愤难平。他把老黄唤了过来。

老黄看他模样,知道他又要生事,就道:"何少爷,那朱章虽然暂时还没有处置,但已在在下布控之中。"

何枕没等他说完就骂道:"还等个屁呀,弄死他还不跟弄死个蚂蚁一样,有何难哉?这么长时间,你还没有办成,是何居心?嗯?"

老黄忙说:"何少爷,弄死他真跟弄死个蚂蚁差不多。不过,为遮人耳目,咱也不能太过急躁。您放心,我会保您满意的。"

何枕这时换副腔调,拿出一个翠镯说:"老黄呀,我相信你,我怎么会不相信你呢?你看这个东西,是上好的缅甸老坑,一点小意思,给尊夫人带回去吧!"

老黄回到牢里,就把几个心腹唤到面前,每人打发几两银子,指示他们,今晚就要结果朱章。

好久没有动静,牢里的犯人已经放松警惕,唯朱章心里有数。愈是无声无息,愈是暗流汹涌。

当日午后,过来几个狱卒打开牢门,老黄从后面跟进来,拿出一纸公文,先给朱章道贺，然后读公文：

"朱章一案经查，盗窃数额量少，未有伤害人身之为，且已监禁一年。着令训诫后，立时释放。"

朱章似信非信，牢里的弟兄已然欢呼起来。

老黄似有不满，恶声恶气地道："朱章，这一年里，我对你不薄，可你屡次对我冲撞。今日放你回家，望你真能改过自新。否则，下次再进来，别怪我对不住你。"

朱章此时仰望大墙外阳光明媚，方才相信。他慨然道："老朱我深谢皇恩。有仇报仇，有恩报恩，黄大人对我所为，自当铭记在心。"

朱章与弟兄们一一握别。

大门口的年老狱卒老尚跟他颇有交情。老尚看到他马上出门，依依难舍，拉着他的手久久不放。朱章就在要走出门外时，老尚像想起什么似的，拿起两碗水，递给朱章一碗，"砰"地碰撞一下，碗里的水溅在一起，说："兄弟，以水当酒，后会有期。"

在老尚畅饮的时候，朱章也把水倒进肚里。

朱章出门，心情舒畅，迎着阳光，向前奔去。

这是一条深深的胡同，平时人流很少，除了犯人和狱卒及其家属，基本无人通行。朱章没有想到，他刚走出胡同口，突然肚子里一阵绞痛，一头栽倒在地。

那胡同口有一棵大榕树，从树后立即就跳出三个人来，正是老黄的心腹狱卒。

三人一见朱章倒下，上前就蒙面的蒙面，捆绑的捆绑，还把一个大袋子拉开。

突然，朱章飞起一脚，正踢中一人裆部，然后飞身而起，急奔而去。等三个狱卒明白过来，朱章早已没有踪影。

原来，那门口老尚在水碗里放了毒药，让朱章喝的正是那碗有毒的。这朱章久跑江湖，再信任的人，他也留下一手，那碗水有大半倒进脖颈里。

等到毒性发作，他立即明白。只是他喝的较少，于是趁势倒在地上，等几个狱卒上前时，他踢倒狱卒，借机逃脱。

朱章跑出好远，进到小树林里，躲在草丛中。实在支持不住，昏迷过去。

不知过去多久，他终于醒来。睁开眼睛，眼前一团漆黑，正是夜半时分，他饥肠辘辘。

朱章这个名闻福建的盗贼，没过多久就溜进一家商号，在厨房找点东西，狼吞虎咽起来。

吃过东西，他精神抖擞很多，又找出一坛酒，猛喝两碗。这时，睡意涌来，就躲进橱柜里，不知不觉沉沉睡去。

突然，朱章被一阵呐喊声惊醒。

这时，商号内已是一片混乱。

商号外，火光通明。原来，是一伙匪徒明火执仗前来打劫。

这是一家米行，米行不大，店和家合二为一。

朱章躲在橱柜里，听得一清二楚。米行老板安抚住家人，坚决制止伙计们的抵抗，乖乖地和家人站在一边，任凭这伙盗匪把粮食财物全部搬空。

最后，这伙人一声呼啸，全部离开。

令他们没有想到的是，在他们的队伍中竟然夹杂一个人。这个人就是朱章。

这伙盗匪头目正是陈首魁。

等他们赶回深山密林中的大本营时，天已大亮。几个人突然发现一个陌生面孔，大惊之余，一起刀枪相对，把朱章捆绑起来。

一个副头领走出来，看看朱章，问也没问就说："别闹大动静，拉出去砍头吧。"

几个人二话不说，拉着朱章就往外走。没几步，朱章突然回头，冲着那人唾口吐沫。

那人很生气，立即叫喊："回来回来！你是不是不服？杀你这个官家探子还错吗？"

朱章"哼"了一声说："我笑你有山不识泰山，连我鼎鼎大名的朱章都不知道。不知道便也罢，竟然把我当官家探子。死我不怕，气的是死得这么窝囊。"

那人有点奇怪："鼎鼎大名？朱章？且慢，我还真不知道。你说说看，你到底是谁？说不清楚我亲手宰了你。"

这时一个随从说："朱章就是大盗老猪头。"

那人忙问："是真是假？你真是老猪头？从实道来。"

朱章冷笑道："还会有人假扮俺老朱？"

不一会儿，陈首魁来到。他还未走近，就一把拉住朱章的手道："朱大哥，哈哈，大水冲了龙王庙，一家人不认识一家人啊。哈哈！"

朱章说："大当家的，你见过我？"

陈首魁道："朱大哥，前年你在福州游街示众，有不少百姓拿东西扔你，其实扔的都是水果，是不是？"

朱章这才相信，从此就归顺陈首魁。

（二）快刀一闪，手起刀落，一颗头颅滚落在地

朱章逃跑，老黄没有办法，只好如实报告给何枕。

何枕暴跳如雷。他没有骂老黄，而是大骂朱章，发誓要把朱章抓回来，千刀万剐。

老黄听了半天指桑骂槐，最后，灰心丧气地回家而去。

张令涛那日把何枕叫到跟前，笑道："枕儿，我得回苏州去。你在这里，我放心。"

何枕得意地说："舅舅你走吧，我能应付得来。只要他张伯行不杀我，我就不怕他。"

他的话让张令涛哈哈大笑。

陈首魁团伙夜里驻扎高北土楼的"圆楼之王"——承启楼里，枕戈待旦，摩拳擦掌，等待与官兵决一死战。

大队官兵前往清剿。

老黄闻听，向张伯行请求道："大盗朱章，此番打伤三名狱卒，越狱逃跑，投奔陈首魁。下官愿意随军出征，将朱章抓获归案。"

张伯行道："朱章打死狱卒出逃，是你失职，必当追究。但你职守所在仍是监狱，如何可以随军出征？为熟悉朱章计，你可派人随军，以助清剿。你当安于职守，再有差错，定不轻饶。"

老黄禀道："大人，副狱头张三和张四武艺高强，又对朱章长期管制，深明朱匪性情。若随军去，必可助一臂之力。"

张伯行点头同意。

老黄回到牢房，把张三、张四叫进密室，告之实情。两人都大惊失色。

老黄道："此行事关重大，不可不行。必在征战中杀死朱章，否则，张伯行必提审朱章。到时，朱章供述实情，你我必将性命不保。"

张三、张四只好硬着头皮随军出征。

大队人马在福建总兵杨辅鼎的率领下，将承启楼团团包围。

史载：杨辅鼎，字咸平，号涡阴，开封府通许县人，武举。曾任汀州右营游击，汀州千总。后任福建总兵。

承启楼是高头江姓第十五世祖江集成，经过八十余年时间建成的。建楼夯墙时，天公作美，都是理想的好天气。为感谢老天帮忙，当地人又把它叫作"天助楼"。

谁知承启楼刚刚建好，江氏族人还没有搬进去，就被陈首魁抢先占有，以守为攻。

杨辅鼎抬头看着承启楼大门，见门上高悬永定知县曾九寿书赠的"邦家之光"金字匾额，不无嘲讽地对曾九寿说道："曾大人，你这匾额文如其人啊！"

曾九寿尴尬地说道："大人取笑。我偕同教谕李世茂、训导吴霏参观承启楼，敬佩江集成的气魄和业绩，应江家所邀，遂题写匾额一幅。不承想让贼人占先，真是让老夫羞愧难当。"

杨辅鼎说道："曾大人啊，你等既已去过，定知楼内机关。请曾大人把承启楼内结构说与众人，我们再商议如何攻取。"

正当曾九寿无言以对之时，师爷连忙解围，边说边在纸上画。这承启楼坐北向南，由四个环环相套的同心圆楼组成。楼中心是大厅、回廊和半圆形的天井组成的单层圆屋。第二环一层，有三条过道。第三环两层，底层有两口水井和七条过道。外环主楼四层，设四架楼梯、一个大门、两个侧门。外环底层墙厚五尺有余，二层以上依次递减，顶端仍有三尺之厚；圆形屋顶出檐巨大，保护土墙免遭雨淋。外环四架楼梯分布在东南、东北和西南、西北四方，连通各层走廊。门、梯和后端的子墙，将外环分为八卦，每卦八间。全楼平面布局与《易经》中的八经卦，两两重复排列，与六十四卦图的太极、两仪、三元、四象、八卦、六十四卦相呼应。

杨辅鼎观察一番地形,轻蔑地说:"些许毛贼,敢与官兵作对,岂非以卵击石?"

曾九寿接过话头,对杨辅鼎说道:"杨总兵切勿大意。承启楼是圈数最多的圆楼,四环楼屋外高内低,环环相套。大门与厅、厅与左右侧厅有通道,圈与圈之间有巷道,楼中廊道回转,重门掩映。进入楼内,就如进入一个迷宫,令人莫辨东南西北。"

承启楼内早已察觉,并严阵以待。

"只是不能杀敌一千,自损八百。自古用兵上策,乃是不战而屈人之兵。"杨辅鼎环顾众人,"谁愿上得楼去,劝退降匪众,吾必上奏朝廷,为之请功。"

张三上前一步禀道:"大人,在下愿往。"

杨辅鼎点头:"好!你可将抚台大人心意告知匪首。不过,虽说军内不杀来使,可这伙人聚众为匪,皆是亡命之徒,可能会危及生命,你要小心为上。"

张三谢过。

这时,张四又上前一步说:"大人,在下愿跟随张三前往,以助一臂之力。"

张三对张四使一眼色道:"大人,在下一人即可,人多反而不便。"

杨辅鼎同意,嘱咐他说:"你前去楼内,只要他答应归顺官府,既往不咎。他的手下,尽可释放,且由官府发放粮食,以度生活,陈首魁可做衙门护卫。如若不降,将全力剿灭,断无从轻之处。"

为以防万一,杨辅鼎命一士兵作为张三随从。他们除去所有武装,徒手向前走去,张三一边走一边喊:"本人奉命前来,请开寨门。"

陈首魁接报说,官兵中有人来做说客,赤手空拳。陈首魁同意打开寨门,放其进来。

陈首魁高高在上地坐着。张三上前,先施一礼,道:"大王,在下张三,前来拜见大王。"

陈首魁说:"你来何意?"

张三道:"大王,在下来这里,是说与大王杨辅鼎总兵意见。杨大人明示,大王若能归降官府,即可免去刀兵之祸。并可向朝廷奏禀,免大王一死,余者全部不予追究。"

陈首魁不动声色问道:"本大王生死不足道。只是,众兄弟本是没有生路,方才揭竿而起。就算是官府免罪,回去岂不饿死?"

张三道:"望大王不要得陇望蜀,免死罪就是圣上大恩。"

陈首魁怒道:"众兄弟战也是死,和也是死,归顺你有何鸟用?回去告诉你家大人,老子誓死不降,让他放马来吧。"

张三暗喜。正要告别,这时闪出一个人来,正是朱章。

朱章盯着张三道:"还认得我否?"

张三道:"你我相处日久,当然认得。不过,我今番领命而来,只跟大王说话。"

朱章气愤道:"官家走狗,尽是虎狼之人、蛇蝎之心。我万万没有想到,你们竟然想暗中加害于我。"

张三竟说:"对你等鸡鸣狗盗之辈,就是大王归降,也容你不得。"

陈首魁骂道:"呸!你才是猪狗不如之人。"

张三施礼道:"大王息怒!这是杨大人之意,不是本人。"

朱章骂道:"那天你们三人害我,也是杨大人之意?"

张三并不悔过,依然道:"当然是奉命行事。"

然后又说:"大王,在下告退,回禀杨大人。"

陈首魁和朱章对视一下,陈首魁咬牙冷笑道:"你今日既来,还准备回去吗?"

张三大惊失色:"大王,两军交战,不斩来使,我只是传信而已。"

陈首魁道:"老子今天破破这个例,先杀你祭旗。谁叫你恶贯满盈,要害我的好兄弟,今天还敢来当说客。至于回禀,有你这个随从即可。"

张三慌忙跪倒:"大王,朱章兄弟,千万不要杀我,我保证官府不杀一人。大王跟朱兄弟可赏银百两,做衙门护卫。"

陈首魁厉声道:"出尔反尔,言而无信,死有余辜。来人,把头砍下,挂到旗杆上去。"

手下人不由分说,把张三拉出大堂。

那随从也被拉出,目睹张三被杀。

只见张三被按跪在地上,快刀一闪,手起刀落,一颗头颅就滚落在地。

随从吓得魂飞魄散,屁滚尿流,逃下山去。

总兵杨辅鼎听过汇报,气得咬牙切齿。这时,楼上竟然战鼓擂响,一片呐喊。杨大人更是怒不可遏,传令立即进攻山寨,全部剿杀。

大队人马向承启楼攻去。临近楼门,突然落石滚滚,一片狼烟。待落石滚过,却无声无息。

官兵唯恐埋伏,小心翼翼地试探前进。然而,走进承启楼,发现楼内悄无一人,却不见任何踪迹。

原来,他们从地下通道全部逃走。

杨辅鼎登上承启楼,查看各种设施,见整齐有序,皱眉说道:"这伙盗贼,决不可等闲视之。"

(三)张伯行微服私访,始知陈首魁苦大冤深

杨辅鼎向张伯行汇报战况,说:"抚台大人,此伙盗贼,竟然敢杀害官兵使臣,实乃胆大妄为。下官将全力追剿,决不放过一个。"

张伯行也没有料到,此盗贼竟如此狡诈。大队官兵前去围剿,竟全部逃脱,还把一个派去的使臣杀掉。

张伯行觉得,当前最重要之事,就是把这伙盗贼铲除,这样才能安民。他把钟逵、林水晗、大黑等人叫来议事,商讨办法。

钟逵说:"大人,常言道,知彼知己,方能取胜。对于陈首魁,当详细查问。"

大黑说:"大人,在下愿意装扮成民,前去调查。"

林水晗说:"我是本地人,这事我去合适。你且在家听大人调遣吧!"

张伯行深思一番,断然说:"大家莫争。不入虎穴,焉得虎子。钟逵、大仪在家留候,林水晗、大黑我们三个一同前往。"

几人急忙劝阻:"大人,你万不可冒此风险,有我们几人即可。"

张伯行却坚持要去,几人拗不过,只好随他。

一天,在陈家村来个算命的。此人正是林水晗。

走进村内,街上却空无一人。

林水晗抬头仰望,见村头一棵千年榕树宛如虬龙昂首向上,树冠郁郁葱葱枝繁叶茂。树下,碾米的石碾落满尘土,鸟粪遍布其间。不用问就知道,很长时间没有碾过米面。大榕树落地生根,独木成林,宛如村庄的血脉,让人不

管走多远,回头一望,就能看见童年和母亲,就能看见故土与乡愁。

林水晗在大榕树下稍作休息。

少顷,一位面黄肌瘦、步履艰难的老婆婆缓步走出。

林水晗忙上前施礼道:"老婆婆,今儿我来到这村,却不见一人,却是为何?腹中饥肠辘辘,求婆婆能赏一口饭吃。"

老婆婆叹口气说:"你也不看看,这是啥时候?这村里好多人都饿死了,还有不少人被抓走。"

林水晗大惊道:"这是为何?"

老婆婆道:"难道你不知道?村里出个大盗匪陈首魁,官兵几次来抓,村里人都快被抓完了。再说,这大灾年头,有几家有米吃?莫说没钱买米,就是有钱,也买不来啊。儿子带上一家老小逃荒要饭去了,我也饿得走不动,你还是快些走吧!"

林水晗吸几下鼻子,说:"难怪这里戾气如此之重,这个村子将有血光之灾。"

老婆婆听罢,害怕地说:"先生,再遭祸,村里都没有人了。先生行行好,给村里破破吧!"

林水晗道:"这里阴气太盛,怕是破不了。"

老婆婆竟然给他跪下,恳求说:"先生,求求您行行好,救救村子里的人吧!"

林水晗把老婆婆搀扶起来。这时,好几个人都出来,围着他。这些人都是老弱妇孺,个个饿得面黄肌瘦、少气无力。

林水晗说:"皇恩浩荡!要想让这个村时来运转,听我的话,向着京都方向叩拜,圣上就会听到。不出三天,赈济的米就会到。过后,一定得把跟贼寇跑的子弟叫回,安居乐业。"

大家一听,都立即跪拜。

这时,张伯行和大黑装扮成商人骑马来到。见这么多人,二人下马。

张伯行上前,问众人道:"请问哪家是陈首魁家?"

大家面面相觑,都不发一言。

林水晗上前一礼道:"敢问客官,从哪里来?找陈首魁何事?"

张伯行慨然道:"在下十六年前,因一官司流落街头,差点饿死。就是陈首魁用一碗米搭救与我,今天我特来报恩。"

林水晗叹声说道:"客官,这陈首魁已负皇恩,成为盗贼,给全村招来弥天大祸。你已报答无门,还是赶快走吧!"

张伯行故作吃惊说:"陈首魁本性善良,怎会成为盗贼,实难相信。请各位能告知一二。"他下马对大家作揖。

这时,有人忍不住哭诉于他:"客官有所不知。这陈首魁本是安分守己之人,一家老小倒也安乐。可是,今年天灾突降,家家都没有米可以糊口。这首魁拿钱去籴米,黑心掌柜不愿卖米,趁机哄抬米价。首魁因与之理论,竟被抓进大牢。如今,父母妻儿都死的死、卖的卖。可狠心的官府还要杀他,他这才领一班快饿死的人上山做匪。他也是走投无路了!"

张伯行听过,也拭泪不止。他详细了解陈首魁的情况,果然跟他所判断的一样。张伯行随同众人前去查看陈家倒塌的草屋,顿时了然于胸。

从陈家村回来,张伯行立即严令调查陈首魁入狱情况。

林水晗不食前言,三天后,果然把一车白米送到陈家村。老婆婆和众人高兴异常。

那天夜里,有数人摸进村里。老婆婆等人把陌生人进村之事一一相告。

陈首魁和朱章已经明白,这是官方在暗访。

杨辅鼎一再请求,要再次出兵,寻找陈首魁,与之决一死战,张伯行却并不决断。

相反,张伯行派人严查陈首魁之事的前因后果。他甚至把知县曾九寿也唤到大堂之上,可最终一无所获,曾九寿等人说的毫无破绽。

与此同时,张伯行感觉到,朱章落草为寇,疑点颇多。可查到老黄那里,老黄也是对答如流。又传数人,皆能应对。

张伯行问过之后,暂无头绪,便把此事放下。在巡抚衙门的总体部署下,各地客商大量运货进入福建。

那边,何枕也密切关注着此事。他恶狠狠地对老黄说:"这等小事,还拿不下吗?你要控制好局面,让张伯行有眼看不见、有手捞不着。"

布政使金培生向张伯行汇报各地售米情况,缺口依然很大。他建议,根据了解到的情况,现在市场上因抑制米价,虽无高价,却无米可售。尤其是富裕之户,将米密藏,有余粮者占全部人数一成以上。若能采取平粜之法,对于缓解粮食危机极有助益。

张伯行反复思虑,决定采纳此议。

于是,各级官府派官兵到各有余粮户中,查其余粮,谨慎核算,留够其家人一年之口粮,余则以官价购之。

杨辅鼎严密监控陈首魁团伙。可是在他眼皮底下,还有多户富裕之家被抢。

杨辅鼎把其情报于张伯行,张伯行仍要其密切关注,没有把握,不要擅自行动,以免伤及无辜。

果然据报,陈首魁团伙中开小差溜窜者日见增多,杨辅鼎这才深会张伯行之谋略。

张伯行指令,在陈首魁所盘踞的铜鼓山周边数百里,加紧对所有富裕之户粮食平粜。

杨辅鼎向张伯行跪拜。他深深折服地说:"大人深谋远虑,胸有成竹,这伙盗贼,再无可抢之户。而且,所随之众,家有官家所配送之粮,如何还会为陈首魁卖命?"

张伯行却提示他说:"虽如此,但须防陈首魁狗急跳墙。陈、朱之事复杂多变,我之意,待救灾之情略有缓解,再全力解决此事。"

杨辅鼎表示,他一定会配合好救灾大事。

何枕却沉不住气。他立即招集数人,密议此事。原来,何枕正待福建境内饥荒进一步加剧时,从海外大量进口大米。届时,米价便由他说了算。他已推算出,靠从周边买米,即便是动用官银,也只能缓解,却无法根本解决问题。这个缺口实在是太大。

然而他却没有想到,张伯行在加大力量运送大米的同时,会对余粮户施行平粜之法。如此一来,他的计划就泡汤。平粜之法将大量余米释放出来、累积起来,数量巨大,能有效地解决粮食问题。煮熟的鸭子飞走,此事让何枕极其恼怒。

(四)至今福州文庙名宦祠中,名录历历在目,令人肃然起敬

日上三竿,巡抚衙门外,福州府知府石曰琮垂手恭立,等候张伯行接见。

史载：石曰琮，字宗玉，号璞公，山东长山县人。康熙二十九年（1690年）庚午科举人，康熙三十年（1691年）辛未科进士。康熙三十七年（1698年）任河南新郑县知县，兴修水利，振兴文教，多有善政。历升开封府祥府知州，陕西省羌州知州、诰授奉直大夫，陕西汉中府知府、平凉府知府，福建省福州府知府，例赠中宪大夫。有《受芝堂》《四书诗经稿》等传世。

"宗玉曾任开封府祥符县知县，算来还是我的父母官。祥符，宋京邑。地大人众，讼狱之繁，甲于中州；吏抱案牍，雁鹜行进。吾闻宗玉五官并用，判决如流水，尘牍一清，让人叹服。"张伯行出门相迎，说道，"我曾闻你审禹州马相尧一案，深得民心。马相尧为奸佃讦其欺隐，郡谳没田于官。君廉其诬，力反之，抵奸佃罪如律，田得不没。汴人快之，称神明。朱仙镇，水陆都会，商旅辐辏。勋戚某，将垄断罔利，乞君给帖，毅然绝之。其不畏强御如此。"

"抚台大人过奖，卑职惭愧至极。一切乃先祖所赐，祖上积德，庇荫后人。"石曰琮边拱手施礼，边说道。

"我听说你家祖坟乃刘伯温所择，坟上瑞草茂盛，祥云缭绕。"

石曰琮答道："先茔之内草生尺许，其茎大如指，状似龙凤鸠雀鸟兽之形，其毛羽头目足翅鲜不备肖，甚至结成瓜果环饰种种不一。一日，牧童见之取以售市，得钱若干，于是宣传，远近莫不以为石氏茔中产灵钟瑞，观者日以万计，即缙绅大夫当道。且曰：此文明之象也，其石氏之兴乎。"

张伯行说："余以为国家之有兴废，必有为之兆者。然要在乎有德以承之，斯郅隆昌盛，自与气化相合，不然相符之芝万本亦何裨乎？"

"但恐子孙福薄无以相承，敢不益加修德励行，以求不负祖宗诞育之祥。"石曰琮诚惶诚恐地说，"言归正传。抚台，平粜之事在下力不从心，陈首魁之事实怕重演。"

张伯行对石曰琮所说之事虽早有预料，却不想会有如此严重。

福州城内，十六家大户对抗"平粜"。这十六家大户，九户家中有在外为官者，其中在朝中任侍郎以上官职的五家。十六家共拥有土地一万九千多顷，家丁万余人。他们相约一起行动，不仅把余粮全部藏匿，而且还组织护从,手执武器,武力对抗官兵。

张伯行异常恼怒道:"此事宜在起始时,凡有对抗者,严惩不贷。初时不宜优柔寡断、患得患失,坐视事态变大。虽如此,亦不可屈从于此恶行。本抚这就为你加派兵马,凡有抗命不从者,一概抓捕;凡暴力对抗者,格杀勿论。"

石曰琼见他如此说,不禁愕然。

张伯行继续道:"当下乃万民生死存亡之际,不杀一儆百,难以遏阻此为富不仁之徒。"

福州府知府石曰琼与林水晗对视一眼,向张伯行深施一礼:"大人所言极是,下官确有疏漏之处。但下官有一言,不知当否? 这十六户代表那些有余粮的大户之所想。他们担忧,今年把年内所需余粮全部征收,若到明年,再有天灾,他们家人亦逃不脱饿死之命运。下官浅见,攻心为上,报请大人委派省内大员,召见一两家最显著之为首者,晓以大义,以理服人。其余大户,必听命于他们。如若顽固不化,再行抓捕不迟。"

张伯行听罢不语,良久方道:"你言之有理。不必委派他人,张某本人即可召见他们。"

石曰琼急忙劝阻:"大人不可! 万万不可! 此等人正值焦躁之时,怕万一危及大人,回头再难。"

张伯行摇头道:"为民而死,死得其所,不必多言。你和钟逵、大黑先去安排,就说张伯行有请诸位,以商国是。"

林水晗再强阻之,张伯行只是不听。石曰琼和林水晗只好全力以赴,深思熟虑,精心安排,以防后患。

福州府衙内,五位大户尽数到场,专候巡抚大人。

一见巡抚到来,大家尽数跪下,头不敢抬。

张伯行并不让他们起身,端坐后问:"各人具报家有多少存粮,有多少人丁,对抗官府平粜是何原因。"

为首的孙家大户回禀道:"老爷,我家现有存粮九百石,现有家口二百六十五口人,只够吃一年半。若是明年再遭灾荒,家人俱都饿死。上有年迈高堂,下有年幼子孙,若是把余粮平粜,小人实难接受。"

其余人等所述皆与此相同,有余粮仅够一年的,有两年的,还有余粮不足一年、反要求官府救济保命的。

张伯行不动声色,听完"啪"地拍下桌子道:"常闻为富不仁者,不曾亲见,今日方是领教。你们算计每日家人吃粮,一日按三斤来算。可曾知道,那些百姓三天一斤米就能保命。眼见路有饿殍,饥民命悬一线,却关门闭户,坐视不管,与己无关,真乃铁石心肠。目睹诸多惨状,尚不能勾起尔等丝毫恻隐之心吗?"

堂下所跪之人,竟无一人应答。

张伯行又道:"你们都是读圣贤书之人,岂不闻'老吾老以及人之老,幼吾幼以及人之幼'?"

孙家大户磕头道:"大人教训的极是,小人知过。自今日始,小人当令家人节衣缩食,余粮愿意捐出,以助乡邻渡过难关。只是……"

张伯行道:"有话但说无妨。"

孙家大户道:"恳请大人体恤小人老幼,小人深恐发生不测。"

张伯行:"本抚已经深虑此事。青壮年食量当减三分之一,老幼不减,以一年半口粮留存,余则全部平粜。存粮多少,由官府统一查证。今日大堂之上,你们可来可去,以实配合官府。若有欺瞒,或其他不法行径,非常时刻,当用重典,决不轻饶。"

众人面面相觑,然后俱磕头应承。

五户代表离去,石曰琼长吁一口气,向张伯行拜道:"如此棘手之事,大人轻松化解,下官佩服之至。福州万民向大人致谢。"

张伯行冷笑道:"切莫把此事看得过于简单。他们当面答应,背后难免做出欺瞒之事。你们务要精心办理,不使出现纰漏。时值非常时期,众百姓朝不保夕,命悬一线。不论对何人,都要宽严相济,闯过难关即是目的。非恶劣难训者,不予治罪。"

石曰琼拱手:"下官领命。"

张伯行回到府上,林水晗即来禀报,老家仪封县的人马来到。

原来,张伯行在初来之时,看灾害严重,即派人前往河南老家仪封县,将自家经年所存粮食悉数运来。仪封与福建相距数千里地,一路上经历千辛万苦。夫人王凤仪对张伯行所为,一力支持,不仅把存粮拿出,还购粮数万斤。

此行,车载船运,千里迢迢,长达数月。家人张安率队风餐露宿,千难万险,终于抵达。车队进入福建之时,即有地方官员护送。车队一路视灾情,逐步把粮食散尽。及至福州,车马尽空。

张伯行迎于抚衙外。亲人相见,百感交集。虽正值灾荒,还是尽力让他们吃饱。休息仅三天,张伯行便硬下心来,给夫人修书一封,让张安诸人尽数返程。

修身节行,言必由绳墨。时至今日,在福建省福州市鼓楼区圣庙路,存有福州文庙一座。文庙棂星门左侧名宦祠中,"知府石曰琼""巡抚张伯行"的名录历历在目,令人肃然起敬。

进士、云南学政赵之随曾撰文赞曰:

> 饭蔬饮水,箪瓢陋巷。乐在孔颜,而何纷华美丽之足尚。流俗滔滔,廉耻道丧。彼贱丈夫,遑恤官榜。重君洁廉,爱君强项。是用特书,铭君幽圹。

(五)起兵反叛已属大逆不道,依大清律例当诛九族

自福州始,各地稳步推进粮食平粜,对隐匿粮食者,只要交出,多不治罪。有福清县吴某,不仅隐藏不交,而且暴力对抗,竟打伤公差数人。

张伯行对归案的吴某反复思量,最终决定,杀一儆百。经上报批准,吴某被公开斩首。

各地平粜卓有成效,灾情一时大减,生产明显好转。

张伯行让杨辅鼎对陈首魁围而不攻,杨辅鼎终察觉张伯行之谋略。随着景况好转,陈首魁人马逐渐减少。那些农人非到无路可走,不会铤而走险。他们不顾约律,纷纷出走,回家与亲人团聚。地方上按张伯行之令,视而不见,不予追究。

陈首魁手下就所剩无几。

此时,张伯行指令,把握时机,攻心为上,再派人前往匪处劝说归降。

大黑被张伯行传至室内。

张伯行指示道:"陈首魁绝非亡命之徒,亦非心狠手辣之惯匪,他是被逼而反。你看,他对逃亡之人竟放任不问,绝无军内杀伐立威之举。虽如此,但他们害民误国,罪不可赦。他们唯一的出路就是归降于官府,方得从轻发落。

此任唯你不可,当小心为上,务必不负我望。"

大黑拜道:"老爷,大黑不辞万死,决不负老爷所望。"

"杨大人乃开封府通许县人,与仪封同乡为邻,咫尺之遥。今又同来八闽之地,同朝为官,真乃缘分!"张伯行又对总兵杨辅鼎道,"大黑与我同宗同族,同地同乡,忠诚可靠,武艺超群。虽出我处,但自今日起,为你所用。一应命令,他俱服从。"

杨辅鼎极为感动,说道:"在下久闻抚台大名,倾慕不已,乡邻四舍皆以抚台为荣。我年幼在通许求学之际,曾至请见书院游学半载,对抚台造福桑梓感念不已,算起来还是抚台门生。今又有缘在抚台麾下效命,荣幸至极。卑职定当肝脑涂地,愿效犬马之劳。"

随即,杨辅鼎带大队人马进入铜鼓山。

这铜鼓山在永定县西北太平里,高千余仞,广袤数里。有岩窦、井泉、石壁,上有倒书"千年"二字,径尺。旧传,有铜鼓从空而坠,至山腰,击石裂泉,溢为巨井,其深莫测,时有双鱼出游,网不可得。

杨辅鼎向前一指道:"陈首魁就在前面铜鼓山后一石洞中隐藏。他们久居山中,地理熟悉。我们人马不及跟前,他们即行逃避,所以围剿甚难。还拜望大人能一举成功,将是黎民之福。"

大黑回礼,道:"大人,下官一定不遗余力,务求全功。"

杨辅鼎命两名兵丁随行。

大黑立即谢道:"多谢二位,我一人便可。"

杨辅鼎立即说:"二位前去,只是随行,当然是你相机行事。他们二人对你是个帮手,如何?"

大黑无法拒绝,只好同意,遂带两名随从打马而去。

且说早有探作报与陈首魁。陈首魁和朱章盯着山下的大黑等人,看着他们一步步走上来。大黑他们正攀石而上,几人突然持刀而出,围住他们。

大黑等人被蒙眼押解而上。陈首魁道:"这些家伙显然是不怕死的人,上次来做说客的,已经被杀。他们还敢上来,想必不是等闲之辈。"

朱章道:"且等他们上来再说。若还是老黄手下那歹恶之徒,一样照杀不误。"

大黑等人被推进来,众人一起吆喝:"跪下!"

大黑冷笑："我堂堂黑班头,也算朝廷命官,怎么会跪你们大王?"

一匪对着他的腿就是一脚,大黑却纹丝不动,众人一时惊愕。

大黑冷笑道:"我这两条腿纵然就是被砸断,也不会弯曲。"

陈首魁摆手,众人退下。他问:"你是何人? 有何贵干?"

大黑慨然道:"我奉抚台之命,特来说与你们。如此下去,必将玉石俱焚;而若能归顺官府,则有一线生路。何去何从,不言自明。"

陈首魁冷笑道:"从来官府都是言而无信,归顺官府只是一时之策,必将秋后算账。我们自打揭竿,就没有想过生路。"

朱章哈哈大笑道:"只是,你这英雄好汉,今日可曾想过生路?"

大黑大义凛然道:"我上报皇恩,下顾万民,此心共日月,虽死无憾。"

陈首魁怒道:"你道我等是只为自身? 你们官府草菅人命,官商勾结,不顾百姓死活,事事处处袒护奸商。若不是奸商低进高出、囤积居奇,哪里有饿殍遍野? 真是应验读书人那一句话,'朱门酒肉臭,路有冻死骨'。"

朱章骂道:"你们官府才是满口仁义道德、一肚子男盗女娼的坏种。老子闯荡江湖二十年,见过坏的,没有见过比你们狗官更坏的。今日里你死到临头,就不要装强卖横。我们已经杀过官使,再杀一个你又有何难?"

大黑道:"我死不足惜,只是,我虽不能完成使命,亦不能让你们信口雌黄。我只说我们大人张巡抚,千里迢迢,从老家河南仪封运送七千石粮食来救济灾民;他还禁哄抬物价,令全省富裕之家一律粮食平粜;上奏皇上,请求利用官银从外地紧急购进米粮,鼓励外地客商运粮进入福建。现在福建灾情大为缓解,张大人以民为重,严惩贪官污吏,绝非你所说的狗官。"

朱章无言以对,只是说:"我也说不过你,你说的也有些实情。奈何我们杀过官使,已然没有退路,也不会投降。既然得罪官府,就得罪到底。你也别想回去,今天就用用你的人头。"

大黑白了一眼,不再作声。

朱章奇怪地问:"你如何不再言语?"

大黑道:"死则死矣,与你无话可说。"

朱章怒喊:"来人! 先把他勒死,再把脑袋割下来,交这两个兵士带回去。"

大黑干脆就闭上眼睛。

几人上来就把大黑按倒在地。

大黑还是不言不语。

而陈首魁却视若无睹。

朱章挥手让几个人离开,道:"你真想死我还先不叫你死。我再问你,就算我相信你,你如何保证督抚和皇上不秋后算账? 能善待我们弟兄?"

大黑道:"我家抚台张伯行大人,一向爱民如子。打击权贵,清正廉洁,信义卓绝,天下谁人不知? 如何会欺瞒于你们,自损形象?"

陈首魁这才上前一步道:"壮士放心,我们也不会滥杀无辜。上次所杀官吏,实则是歹毒之徒。在朱章兄弟入狱之时,几欲置其于死地。前番来做说客,实则居心不良,言语中挑动我们与官府作对,故此才杀他。今番你来,我们早已了解到张伯行大人真心为民,其情其状,有目共睹。你文辞诚恳,用心良苦,如何会不信你? 又如何会杀你? 你且回去,告诉抚台大人,多日围而不攻,已知抚台诚意。怎奈事出多因,我们本就是官逼民反,打富济贫。如若在抚台治下,政通人和,我们又不为改朝换代,如何还会再起波澜? 只是,容等慢慢散尽弟兄,还得看官府如何对待我们弟兄。"

朱章哈哈大笑道:"壮士受惊。"

大黑摇头笑道:"我本就置生死于度外,如何会怕? 只是二位大王三思,此机不可失。"

朱章命解去绳索,置备酒菜,延请入席,竟待之以上宾。

数个时辰之后,正待杨辅鼎焦急万分之时,大黑和两名兵丁步下山来。

杨辅鼎和大黑即把此情禀报于张伯行。

大黑道:"陈首魁绝非邪恶之人,他所担心之事并非毫无道理。在下建议,还是给他们留些时日,不可轻举妄动,以免双方兵戎相见,俱各受损。"

张伯行听罢,并不作声,而是要听杨辅鼎的意见,杨辅鼎愤然道:"起兵反叛,大逆不道,依大清律,当诛九族,却还如此瞻前顾后,不知官府恩德。下官意见,若有全胜时机,当可迅速出兵,一举剿灭之,绝不留后患。"

张伯行道:"你们二人所说,皆有道理。本抚意见,当下围而不攻,但不可久拖不决。你们回去之后,即可晓谕他们,七天为限,不可久等,七天后即刻剿除。若七天内,有危害民生社稷者,当机立断,全力围剿。"

且说铜鼓山上,陈首魁和朱章紧锣密鼓地做着散场准备。他们议定,半月之内遣散手下弟兄,而后,前往南洋,决不会向官府投诚。朱章已经多次潜出山去,安排二人出走事宜。正在这时,山下一小兵丁上山传令,只给七天时间。

朱章恨道:"可恶!分明就是言而无信,对我们必欲除之而后快。不必再听信他们,杀出去,和弟兄们一起去奔向南洋,如何?"

陈首魁摇头道:"朱兄有所不知,若是无信,大可不必如此限令。由此,我看当是官府诚意。我们把时间再紧一紧,力争三五天内成行。如何?"

朱章虽然愤恨,却也无话可说,只好同他一道加紧办理。

八
恩威并重

（一）不是走投无路，谁会聚啸山林、打家劫舍

眼见粮米渐渐运入福建，在官府多种限令之下，老百姓均有所得。粮价再也升不上去，何枕这才手忙脚乱。

那日早晨，张伯行刚刚用过早餐，就接到奏报，何枕求见。

张伯行延请入室，何枕倒头便拜："大人在上，且受小人一礼。禀报大人，小人为民所忧、忧国所想，已从南洋调运首批十六船大米回国，以解饥民所急。"

张伯行问："何日可到？"

何枕道："明日即可到达。"

张伯行问："何价出售？"

何枕道："官价出售。虽折损银子，亦无怨无悔。"

张伯行心存疑惑，道："不仅要听你言，还要观你行，你且去吧！若能为民解困，官府当重加表彰。"

何枕磕头："大人，请相信小人，是为感谢大人宽宥之恩。小人上次所受教益，终生难忘。"

何枕离去，张伯行疑虑难消。林水晗认为，这应该是何枕响应官府所为，不会再有其他不良之图。

且说铜鼓山上，官府所限日期已经过五天。而在陈首魁和朱章安排之下，人员和物资均已妥处，只待第六天，陈首魁和朱章遣散众人后下南洋。

按计划，这日陈首魁潜下山去，带数名弟兄，最后察看出山秘道情况。而众兄弟都留在山上，由朱章带领，严加戒备。

约两个时辰后,陈首魁带下去的一个弟兄急奔上山,身上衣衫破碎,血迹斑斑。

朱章大惊,急问是何缘由。那弟兄一头扑在地上,艰难地禀道:"我们和大王正在下山,突遇官兵设伏。大王和弟兄们全部战死,只有我自己拼死出来,禀报二王。"

他话未说完,即昏死过去。

朱章一时大怒,又心存疑虑。他即命弟兄们立马备战,又派另一弟兄前往打探。

那弟兄很快回来,手里举着一件东西,原来是陈首魁的披风。他悲愤地说,他刚下山,就见到几位老乡,他们在路边正欲上山,手里就拿着这件披风。他们说,陈首魁中了官府埋伏,被当场擒杀,他们正要上山报告。

朱章十分悲愤,他一时气急,要率军冲下山去,与官兵决一死战,为大王报仇。又冷静下来,想起陈首魁的话,不是走投无路,没有半点活路,弟兄们不会聚啸山林、打家劫舍。大王临死,一定不会愿意让他带着弟兄们去拼死。

他强忍悲痛,召集弟兄们商议。最后,他制止住一些急于报仇的弟兄,急速带领队伍,趁着夜色,在官兵未觉察之际,无声无息地逃出包围圈。他们要重新招兵买马,与不仁不义的官府战斗到底。

他们转出山坳,回头望去,青山绿水,一片宁静,却不知,里面隐藏着刀山兵海。

这时,那个上山来报信的弟兄已经苏醒。他挣扎着下了担架,来到朱章面前,说前面要走的路不能走,恐有埋伏,大王就是走这样的路才中埋伏的。

朱章听其言,转向另一条路。

不久,却见前面出现一队官兵,押运数十车粮食而来。朱章率人埋伏道路两边,想起陈首魁被杀,又想起如今队伍转移他处,没有带出一粒粮食,决定要把这批粮食抢了。

待车队走近,朱章一声令下,满怀悲愤的弟兄们奋勇冲出,一阵打杀,竟把押粮官兵和民工全部杀死,尽劫粮食而去。

且说陈首魁带弟兄们返回途中,见到一位失散弟兄,这才得知朱章带人下山,就急忙追赶。可等他赶到时,大队官兵已经将朱章和弟兄们团团包围,双方正在厮打。

朱章大吃一惊，这才知道他上当受骗。

听闻劫粮，杨辅鼎和大黑十分震惊，立即率兵追赶。已经暴露的这伙盗贼很快被官兵的马队追赶上，立即截击。

而这伙盗贼竟然拼命冲杀，似乎对官兵恨之入骨。大黑无可奈何，杨辅鼎恼怒至极，传令：凡抵抗者格杀勿论。

陈首魁出现在队伍中，弟兄们在欣喜之余，不但不退却，反而更奋不顾身。而官兵亦凶猛进攻。一时战场上血肉横飞，杀声震天。

陈首魁万般无奈，最后只好决定，由他断后，让朱章带弟兄们撤退。朱章哪里肯依，这都是他轻信内奸造成的，如何能让大王送命？

陈首魁对他说："我们带领弟兄们，就是因为弟兄们面临饿死，要帮他们逃个活命。今天兄弟们为我战死沙场，我生在世上有何意义？再者，拼杀到底，官兵如此强大，也只能全军覆没，如何能救得了我？你且带弟兄们走。我若被捉，必当向抚台陈述详情，到那时，真相大白，张抚台必不杀我。"

朱章道："你纵然说的再好，事情因我而起，我也要断后，救你出去。"

陈首魁道："我率队，官兵必然大力追赶，不见我绝不罢休，最终我们还是难逃一人。而官兵捉到我，就不会再行追赶你们。"

朱章如何也不愿意独自偷生。

陈首魁眼见官兵越杀越近，陈首魁怒道："军令如山！我命你带队突围，不服从立即正法。"

朱章只好含泪率弟兄们突围。

陈首魁率部分弟兄断后，拼命抵抗，唯恐他们走出不远。

最后，大部弟兄战死，陈首魁和十多位弟兄因寡不敌众，全被捉拿。

大黑盯着满脸血迹的陈首魁，又怨恨又疑惑。

（二）小人感激抚台大人悲悯之心，虽赴黄泉，亦不能忘

知县曾九寿带着三班衙役气冲冲地来到陈首魁面前。他挥手就命人上前殴打陈首魁。

几个大汉刚想上前，大黑摆手阻止。知县曾九寿余气未消，命把陈首魁捆得结实点。

陈首魁先后上过几次大堂,他都把起事之责尽揽于身。要他说出朱章下落,他只字不提。问他为何已经答应归顺官府,却阳奉阴违,暗地转移资财,并最后疯狂,劫掠粮食,杀害官兵。他要么全部把责任归于自己,要么不发一言。最后曾九寿把他定为斩刑,奏报张伯行。

张伯行最后提审陈首魁。

看到血痕累累、血迹斑斑的陈首魁跪在大堂之上,张伯行掩饰不住鄙夷的神色。

陈首魁双目炯炯,正热切地盯着张伯行。

张伯行慢条斯理地说道:"陈首魁,本抚曾亲往你乡,看满目疮痍、问苦难家世,虽然你犯下滔天大罪,却难掩对你的怜悯之情。故而在你们被围之时,命官兵围而不攻,以给你们最后一次机会。哪曾想,尔等不思报恩,反而围攻官兵,加害民工,其凶残可见一斑。今日大堂之上,也是最后一审。前番所控罪状,你俱认可,今日还有何话说?"

陈首魁直直地磕下头去,道:"大人,小人甘愿伏法,不争一言。只是,小人感激抚台大人悲悯之心,虽赴黄泉,亦不能忘。"

他稍顿一下,又说道:"但小人有一事,非见大人,决不言之。余言不提,在跟大黑大人达成协议之时,小人心意已定,决计要遣散弟兄,各自安于生计。至于小人,生死不足念之。不曾料想,我们内部竟然混入官府之人,趁我暂离弟兄之时,散布谣言,离间队伍,妄称我为官兵所害,鼓动弟兄们出逃,并将队伍引向运粮队,使之与官兵和役工兵戎相见。我今见大人,坚信大人不会做出此事,望大人明察。"

张伯行一惊,继而道:"本抚就信你之所言,定要详查。但你做亡命之状,拼死抵抗,杀害诸多兵丁,该有何话?"

陈首魁慨然道:"大人,陈某甘愿就死,死而无怨。只愿大人能除掉祸患,多为百姓造福。"

张伯行道:"这个你不必操心,我自有安排。"

陈首魁被押在巡抚大牢里,大黑亲自看守。第二天,陈首魁又被押出牢房受审。夜半,陈首魁方被抬进牢房。

老黄是在牢里接到张伯行命令的。来人告诉他,张大人在书房等他,即时便去,不得有误,且不能告诉他人。

老黄心生恐惧，还是不敢怠慢，紧赶慢赶来见张伯行。他没有想到，只有张伯行一人在室内等他。

礼毕，老黄请问何事。张伯行低声道："陈首魁今日受刑过重，本抚恐他死于杖下。他言称，其内混进我们的人。此事如何会有？你且回去，把所有弟兄们都集中起来，明早让他一一过目。"

老黄心头咚咚直跳。他看张伯行神色淡定，料定他未暴露，遂安下心来，回道："大人，我明早就召集大家，然后让陈首魁辨认。一旦发现，立即查处。"

张伯行又道："今日唤你一人前来，就是要你保密，不可走漏风声。"

老黄答应而去。

夜半，看守陈首魁的两个兵丁昏昏欲睡。这时，一个黑影悄悄移近于他们。这黑影掏出一根管子，轻轻向着两个兵丁吹去，少时，一股白烟飘浮而出，两个兵丁竟然都倒伏于地。

那黑影现身，走进室内，纵身向前，一把掐住陈首魁的脖子。而躺在地上的陈首魁，却一跃而起，飞脚踢向黑衣人的胸口，将黑衣人踢倒在地。

那黑衣人来不及起身，陈首魁已经跃身将他紧压地上，将他制服。

火把通红，几个人突然出现。那哪是什么陈首魁，而是威风凛凛的大黑。而张伯行竟在众人的簇拥下，对他怒目而视。

这个人，却谁也不认识。

竟然不是大牢内的人。

张伯行一声令下，官兵冲进大牢，把老黄和多人控制。

夜已经很深，所有狱卒都集中起来，包括老黄在内，全都不许说话，身上标着数字，从一个小窗口前走过。身戴刑具的陈首魁，盯着这一个个过去之人，却不声不响。站在他身后的大黑也很紧张地看着他。

张伯行端坐在椅子上，不动声色。

人已走完，陈首魁竟然没有点一下头。

提审老黄，他却大喊冤枉。只认他失职，把刺客放进来，其余概不承认。

再审那刺客，却说是为了报仇才行刺。他说，他的父兄都是被陈首魁杀害，他誓言要报仇雪恨。只是，陈首魁没有被抓时，他单枪匹马，没有办法杀他。现在，被抓官府，所以才会潜入大牢，要亲自报仇。

再问他何方人氏，他父兄何时被杀，他却闭口不言。

张伯行并不强行审讯,命把刺客押下去,自己回到后衙。林水晗和大黑立即过去,共同商议。

张伯行说:"此为一大阴谋,在本抚眼皮底下胡作非为。你们说说看,背后真相是什么?"

林水晗道:"陈首魁死到临头,其言不虑。大人信其言,判定有人内心不安,必会杀人灭口。故而设下计谋,果然不出所料,就有刺客上门,这是没有问题。怪就怪在,随后就出现让人意想不到的地方,似乎拐弯,其实不然。还如大人所判断,只是内情更为复杂。"

大黑:"下官赞同林先生的话。但这刺客本性恶劣,老黄奸诈老练,看来刺客不动大刑难以供认。"

张伯行:"我们的判断没有失误。只是,这个老黄太狡猾,他一定是在其中又动手脚,以防万一。动用大刑,对此等亡命之徒来说,并非有效,此事当如何是好?"

三人都陷入沉思。

林水晗抬头看到墙上画像,突然想到一个主意,他说:"大人,你看这样如何? 让陈首魁凭记忆说出奸细长相,请画师摹画出来,张贴于大街小巷,必能查出。"

张伯行和大黑拍手叫好。

一张张画像张贴出去,悬赏通告。没有多久,就有人举报,原来,此人竟是老黄的弟弟小黄。

迅速抓获归案。

老黄兄弟面对如山铁证,再也无法辩驳,只好招认。但他们兄弟二人却拒不承认有人指使,只是说为立功。

张伯行痛恨至极,对二人施以重刑。可这弟兄俩不管受何刑,始终不改口。

大黑道:"老爷,留下活口吧。此二人知道,若招的话,必死得更快。"

那天,张伯行提审陈首魁。他说:"为弘扬正气,打击邪恶,维护法典之尊严,必须要对你明刑正典。你还有什么话说?"

陈首魁心里十分高兴。他觉着揪出老黄,就能为他的弟兄们报仇。可是,张伯行告诉他,这两个人只是招认他们立功心切,故混入贼伙,以作内应。

所说小黄离间一事,全然没有。按如此口供,他们罪不至死。而那个刺客,分明就是外地人。按律,他刺杀犯人,且未遂,亦罪不至死。

张伯行缓缓述说,目光却如利剑般直刺陈首魁。

陈首魁悖然变色,道:"大人,此事绝非如此,背后必有内幕。陈某将死,知无不言,言无不尽。以陈某之见,这大黄必被何枕收买。大黄小黄死不招认,必是惧怕何枕报复其家人。"

张伯行微微闭上眼睛说:"你说此话无甚用处。"

陈首魁只得闭嘴。

稍一顿,他又道:"大人,陈某还有一事禀报。陈某手下有一渔家子弟,他曾直入我房间,要我带人到海岛上。他说,海岛上有很多粮食、布匹。陈某不信其言,还怀疑他是内奸。如今来看,内有隐情。请大人明鉴。"

张伯行睁开眼问道:"此人哪里人氏? 现在何处? 姓甚名谁?"

陈首魁:"只知叫小水,其他一概不知。"

张伯行道:"此事我记下。只是,你身为大清子民,世代享沐皇恩,却因琐事起兵反叛,使兵民数人死于非命。你罪孽深重,死有余辜。虽有立功之处,不足以赎罪之万一。"

陈首魁冷笑道:"大人,陈某早将生死置之度外,此话就不必再说。大人以为,天下命官都如大人吗? 十不抽一。哼!"

张伯行竟无言相对。

(三)陈首魁一腔热血喷涌而出,脑袋瞬间滚出好远

何枕十六船大米进港,立即运到各州县分销。米车进入永定县,永定粮行的孙老板就跑到宝成粮栈前。他看了一会儿,就转身离开了。

何枕这十六船大米却高于官价出售。他给张伯行修书一封,言称这批米是从海外运来,核算成本,以官价出售,亏损太多,只能以略高于官价的价格出售。因为有官府批文,这批米出售不受官府所定的官价所限。

张伯行把书信投入纸篓,吩咐大黑,到米店去查看。

大黑带人,以例行公事为名,对各个粮栈都查看一番,都没有发现有异。当他到达永定粮行时,孙老板却指着米袋子说:"官爷,小家这粮行的米,确是

本地所产,绝不加价。你看,这袋子就是南塘湾所产,市面上谁人不知?"

大黑摸着那粗粗的布面,突然说:"小的们,走,再去宝成号看看。"带人就走。

孙老板脸色突变,欲言又止。

在宝成粮栈,大黑看着那一袋袋用南塘湾袋子装的大米,喝令掌柜出来,要他解释,这海外洋米何以会是南塘湾的袋子。

这个年轻掌柜无言以对。

大黑再到其他宝成号查看,一概如此。

大黑奔回州府,禀报张伯行,这十六船大米,皆是何枕从本地收购的大米,又拉回来,假作是海外进口。大黑急于去抓何枕。

张伯行默默无语,大黑急得怒火中烧,少顷,张伯行说道:"这是他们带去海外的袋子。"

大黑惊道:"老爷,你怎么知道?"

话音未落,就有人报,何枕给张大人奉上一封信。

张伯行看也没看便道:"这封信里就是这样说的。"

大黑打开书信,恨恨地把信拍在案子上。

张伯行劝慰道:"暂且忍下,本府势必要查个水落石出。"

相隔一日,大黑再到永定粮行,却发现这家正在出殡。原来,是那个老板死去。打听周围之人,说是急病而死。

大黑目不旁视,急步进入院内,这家老小都大惊失色。大黑厉声问道:"此人因何而死?"

那数十人都面面相觑,无敢应者。大黑便道:"此人死因有异,要经仵作检验。"

这时,一老者才强忍悲伤,迈步上前,低声道:"大人,小人之弟确是因跟家人生隙,一时想不开,自缢而亡。"

他手一指道,"你看,这是他唯一的儿子。他虽离去,我们当把他的儿子扶养成人,否则,如何对得起他?"

说着,泪如雨下。

大黑还是征得老人的同意,查看一番,确认实情后,即回府禀报。

大黑愤怒地对张伯行说:"何枕实在是胆大包天,猖狂不可一世,他居然因此而加害于人,真不把老爷您放在眼里。我大黑誓言,今生不与他干休。"

大黑当晚回到房间,一夜未眠。一大早,他即到府上看望张伯行,没有想到,正碰到张伯行派来找他的兵丁,要他立马到狱中去。他心头一紧,急奔而去。

果然如他所料,老黄、小黄被人杀死在狱中。

张伯行半日才说:"这是跟我干上了!"

大黑道:"老爷自己也要小心为上。自今日起,我日夜不再离你而去。"

张伯行又说:"老黄、小黄既死,陈首魁就再无生的必要。"

官府贴出告示,大盗陈首魁拟于十月初七公开处决。

那一日,福州街头,人山人海。虽然是灾荒年间,可人们对这种砍头的事,还是表现出极大的热情。且经过多方筹措,粮荒已过,饿死人的事已经没有。

陈首魁已经不忍卒睹,让观众有点失望。但他视死如归,大声对围观的人说:"各位乡亲,我是逼上梁山,劫富济贫。自古帝王将相、土豪财主,有几人把穷人当人? 今我虽死,死而无憾。只是,因我而起,让很多弟兄命赴黄泉,向父老致歉!"

底下立即就有叫好声。

大黑协助杨辅鼎严密监视周边动静,发现诸多可疑之人。他按张伯行的交代,即便发现可疑者,若对方无有动静,就视而不见。

刽子手手起刀落,陈首魁一腔热血喷涌而出,脑袋瞬间滚出好远。

大黑想到陈首魁本是安分农民,却连遭祸患、家破人亡之事,不由心生感慨。

当晚,长汀府永定县宝成粮栈掌柜被杀。

张伯行知道这是陈首魁的人为泄怨愤而为。他派大黑去查,但查无头绪,也就作罢。

(四)无数利箭齐射而来,又有一批兵士倒地

张伯行几天来在书房走来走去,坐卧不宁。他突然像想起什么似的,急召总兵杨辅鼎。

张伯行问："陆上盗贼陈首魁我们已剿灭,这海上盗贼,也要肃清。此事就仰仗总兵。"

"大人有所不知,大海连接海外,海盗实难肃清。不过下官定竭尽全力,也要保证海防安全。"总兵杨辅鼎向张伯行深施一礼,说道,"抚台大人,这海上就如同这海浪,很不平静,有多股海盗出没。这些海盗,既有他国海盗,又有我大清子民,靠的就是打劫,皆是亡命之徒。"

张伯行问："他们打劫商船,也多是欺小,张元隆船队倒是未闻有打劫之事。"

杨辅鼎道："大人所言极是。"

张伯行道："岂止是不予打劫,其实就是蛇鼠一窝。"

杨辅鼎又施礼："大人,您真是眼光独到。我相信,有您做抚台,这海上一定会风平浪静。"

杨辅鼎告诉他,据有关探报,这张元隆极有可能与海盗郑可心沆瀣一气,商匪勾结。若如此,郑可心不但不会劫掠,还会给予保护。而对其他商船,就不会客气。这就是为何这些年来,涉外商船越来越少,而张元隆一支独大。

陈首魁临刑之前,把自己的疑虑告诉张伯行,张伯行就决心要把朱章、小水等人捉拿归案。一来趁他们狼狈不堪、无立足之地之时,把他们及时抓捕;二来可把海盗藏货的情况搞清楚。

张伯行把此情况告知总兵杨辅鼎,杨辅鼎即派人利用数天时间,把各个岛屿搜查个底朝天,没有发现任何情况。他告诉张伯行,海中岛屿甚多,量这些不法之徒不敢在福建所属岛屿公然藏匿走私物品,此岛必在外围或目前尚未发现之小岛礁。

张伯行推断,此小岛礁必然不会离海岸过远。因为何枕那十六船大米竟然在几天之内就到港口,而且他们不惧海盗袭击。

张伯行指示大黑,务必趁朱章立足未稳之际,查出他们的去处,一网打尽。抓获小水,方可查清张元隆隐匿走私之事。

大黑经过多日访查,终于查到,朱章、小水等溃散之人皆群居于生凌岛。此岛虽离海岸线较近,但属于荒岛,无有人烟。朱章等人爬上岛屿后才发现,此岛表面全部为砂砾、石块,寸草不生。而且,没有深水港,不适于捕鱼。

朱章及其随从一时无处立足,官府处处通告,严密盘查,要捉拿他们,他们只好暂时栖身。

然而,岛上无淡水,无食物。朱章只好派小水带数人以小船伪装成渔船,购买淡水、食物运上岛屿。

小水极其机敏,兼是渔家出身,深谙其理。故自登岛之日起,来往海岸与小岛不知多少次,竟无一差错。

然而,常在河边走,哪有不湿鞋?天长日久,必漏马脚,这就有向官府告密之事。

当日晚上,总兵杨辅鼎亲自带兵乘夜色乘小船出海,大黑紧紧跟随于他。

海上明月,皎洁如水。海面上波浪不惊,小船随波逐浪,悄然行进。数十条小船载数百兵士,手持各样兵器,乘船慢慢接近小岛。渐渐,小岛接近,岛上窝棚竹房尽可看到,且有竹舍里面灯影幢幢。

众将官立功心切,近岸,一声号令,齐扑而去。

总兵杨辅鼎感觉有异,但为时已晚。这时,前面兵士已经"扑扑通通"掉进陷阱。陷阱里传来阵阵惨叫声,那是被里面的竹签刺穿胸腹的痛号。

后面兵士急忙后退。此时,无数利箭齐射而来,又有一批兵士倒地。

杨辅鼎喝令后撤,又引爆无数炮火,一时惊天动地,一片狼烟。身上着火的兵士号叫着奔逃,又掉进陷阱里。

眨眼间,数十兵士死伤,却没有见到一个盗贼。

杨辅鼎气得火冒三丈,却无可奈何,只得收拢残兵败将回营。

原来,那小水发现有人怀疑于他,虽照常运送食品,却早已另有安排。他与朱章一同设计,假扮渔民在海面捕鱼,实则严密监视官兵动向。发现官兵行动,立即设下陷阱,而全部人员悄然撤离到另一小岛上。

总兵杨辅鼎禀报于张伯行,自请处分。

张伯行劝慰于他,要吸取教训,重整旗鼓,务必不给贼寇以喘息机会,尽速拿下。

杨辅鼎与大黑商议,料定这伙贼寇已是强弩之末,不足为惧。于是动用军船,大张旗鼓,在海上搜寻。

而此时,朱章召集弟兄们,要他们南下南洋,以逃生路。

数日来,虽然朱章一再劝说弟兄们遵从陈首魁的嘱咐,速下南洋,此处绝非久留之地,却无一人离朱章而去。他们誓言要与朱章共存亡,或与朱章一同南下。

正在为难之时,探哨带着两人来见朱章。原来,这是郑可心派来的人,想收拢这帮人马。

朱章听完来意,沉思良久,召集弟兄们,告诉他们此时面前只有两条路可走:一是下南洋,自谋生路;二是跟郑可心搭伙。他意已决,要跟郑可心搭伙。弟兄们有愿意留者,尽可留下;不愿意留的,即速下南洋。

没有人作声。朱章哽咽道:"诸位弟兄,大家好意我心领。我决计不去南洋,但我还是劝导各位,不必学我,去南洋方可立身。如若弟兄们不去南洋,我如何向大王交代? 大王是以命换来弟兄下南洋啊! 弟兄们好好活着,就是对得起大王,只要不忘记逢年过节给他上一炷香就行。"说完,泪如雨下。

众弟兄哭作一团。

最终,小水等九人坚决跟从于他;余者都挥泪洒别,南下南洋。

等总兵杨辅鼎又搜寻到时,已是人去岛空。

(五)若是由朱章杀掉张伯行,朝野绝不会疑心他们

海风阵阵,椰林飒飒。

郑可心和朱章并肩走在海岸上。望着大海,郑可心爽快地说:"朱老弟,你以后跟着大哥我,慢慢你就会知道,我把兄弟看得比我自己都重要,决不会亏待你。"

朱章抱拳道:"大哥,小弟我久仰大名,不相信我就不会跟着你。"

郑可心说:"老弟,来到大海上,不比在陆地,你尽可放心,我们就是蛟龙。明天,大哥我设宴,给弟兄们接风洗尘。"

朱章忙说:"大哥不必,心意我领,感谢大哥。"

第二天,在这个小岛上,郑可心设下丰盛宴席,为朱章及弟兄们接风。

场面热烈,郑可心的手下个个谈笑风生,对朱章及弟兄们热情周到。

可是,宴席摆好,美酒斟上,郑可心却不令开席。

他得意并神秘地附在朱章耳边,说道:"哈! 我们再等一位客宾,到时让你大开眼界。他可是专一来为你祝贺的哦!"

朱章道:"此宾客是何人?"

郑可心卖关子道："一来便知。"

他的手下也附和着大笑。

笑声未落，门外大喊："老爷驾到！"

郑可心及其弟兄竟如皇帝驾到一般，迅速跳起身，垂手恭立，站在两旁。朱章等人不知所措。

何枕在几名大汉的护卫之下，大步走了进来。

郑可心及其弟兄们一齐鞠躬，齐声喊："老爷好！"

年轻的何枕一走进来就哈哈大笑。他一边对大家挥手招呼，一边四下寻找什么。看到朱章，何枕竟然上前一把握着他的手，高兴地说："久违了，朱章朱兄弟。"

朱章感觉似曾相识，却又想不起来在哪儿见过，见弟兄们如此敬畏，不觉向他躬身道："在下姓朱名章。"

何枕一把就把他拉入座席，坐在他的身边，用手一指郑可心道："你该介绍介绍，别让朱老弟闷在葫芦里。哈哈！"

众人一一小心入座。郑可心坐着半个屁股，伸一下腰说："朱老弟，这位就是宝成号掌柜，我们的大老板，何老爷。"

朱章大吃一惊。这位就是大名鼎鼎的何枕啊！想起陈首魁，想起啼饥号寒的灾民，想起宝成号粮栈遍布城乡、囤积居奇，都是出于这何老爷之手。他更没有想到，这个何枕竟是郑可心的后台。

何枕斜眼看着他，说："朱先生，你忘了我可没忘，咱们是不打不相识啊！"

朱章突然想起在巡抚大牢里被殴打之人，顿时醒悟过来，赶紧起身，向他施礼道："何老爷，朱章真是有眼不识泰山。让老爷受皮肉之苦，还如此高看，真是不胜感激！"

何枕哈哈笑道："朱老弟，现在咱们是一家人了，你跟着郑把头，就是跟着我。以后，我的钱就是你的钱，你的事就是我的事。咱弟兄俩要肝胆相照，共图大业。"

那天，郑可心的手下都眼红不已。这个朱章初来乍到，竟得何枕如此垂青。何枕竟然为了朱章，亲自来海上相见，这让郑可心也始料不及。

那天，何枕临走，给朱章留下安家银子五百两。

何枕走后，郑可心来跟朱章谈心。他直截了当地说："朱老弟，何老板临走有话交代,他让我给你传个话。现如今,那个张伯行步步紧逼,他岂止跟你过不去,主要是跟我们过不去。你留下来做什么?为何不跟弟兄们一起去南洋?何老板和兄弟我心知肚明。何老板意思,这事虽说是你自愿所为,可毕竟为我们也除一害。他要我明确告诉你,只要你能除掉张伯行,所用之人之物,尽皆供应。事成之后,将委任以重任。如何?"

朱章此时方知何枕缘何热情,他正色道:"明人不说暗话,我等既来投奔,当听命于兄长。只是除去张伯行,绝非为兄长事,那是在下存活于世之目的。一旦此事完成,此身托于兄长,赴汤蹈火,万死不辞。"

郑可心抱拳道:"郑某佩服!"

张令涛对张伯行极欲除之而后快。

陈首魁被处决,朱章投奔郑可心,便给他们一个良机。若是朱章灭除张伯行,朝野绝不会疑心他们。这样,既除心头之恨,又不惹祸上身。

可张令涛深知,凭朱章一己之勇、一人之力,想除去张伯行,几无可能。于是,这就有了何枕岛上之行。

此话挑明,朱章行动,便可大力支持。而事后,亦不能留下后患。这是后话。

张伯行数日难以安眠。朱章及其徒众竟不损一兵一卒,尽皆逃遁,却对官兵造成重大伤亡,此事真给朝廷蒙羞。大敌当前,正是用人之际,当总兵杨辅鼎又来谢罪时,张伯行劝慰道:"贼之狡诈,非同一般,追剿之事,任重道远。此言不必再讲,务要竭尽全力,除恶务尽。"

张伯行却全然不知朱章之事。

九
移风易俗

六月乃福建一年中最热的日子，常言道，东南季夏天，身热汗如泉。倘若此时北方人到东南沿海，会感觉像进入捂得严严实实、蓄有两大池热水的浴室中，闷热、潮湿，如同身上裹着棉袄，怎么甩也甩不掉。大仪觉得他每一个汗毛眼，仿佛都被黏稠的面浆糊得实实在在的，一刻都透不过气。

处理完永定县的抢米案已是六月。大仪想着，他去年下半年就跟着老爷办书院，今年前几个月，汀州府的永定县又是匪又是盗，又是抢米又是杀人。你说你名字叫永定吧，咋就不安定呢？自己不安定也就算咧，还搞得邻县人心惶惶。他每天跟着老爷着急上火不说，还提心吊胆。这些盗贼，今天抢东乡大户的粮，明天又流窜县南抢货栈的货，后天又跑县北绑票富家的人。一封接一封的呈报天天从永定报来，大仪心中时常生出一种不祥之感，说不定哪天盗贼藏在呈报中，来报复整天围剿他们的老爷，这如何是好。因此，大仪被搞得心力交瘁，寝食不安。现在好了，老爷可算将永定的事情平息。而今，又值酷夏，刀枪入库，马放南山，总该让人好好歇歇吧！

前天，台风擦着福州的边过去，刮的那叫一个大，大仪从小到大就没见过这么大的风。他眼睁睁看着一棵一人抱不过来的大树，在风中使劲摇晃树冠，仿佛这树冠不是它的。它摇啊，摇啊，一边使劲拍手，一边使劲摇晃。猛然大仪看见这棵大树向他倒来，像是惩罚他这个旁观者。他庆幸自己离大树甚远，他分明听到巨大的响声。接着就是无休无止的大雨，这雨大的瓢泼一样，一天一夜都不停。巡抚府中的积水都快漫到回廊，房门口已堵上沙袋。

大风大雨过后，难得遇上凉快天。大仪边喝着从老家带来的王大昌茶庄买的茉莉花茶,边跷着二郎腿,哼着祥符调,坐在后宅的廊下纳凉。穿堂小风时不时吹过,好不自在。

一差役从前院来到他跟前,笑着道:"仪爷,抚台大人找您。"他忙起身去到上房。

大仪来到上房,见大黑也在。张伯行见他进来便说:"今天闲暇,天又凉快,你俩回房换身随意些的衣服,随我到外面转转。一是查看台风带来的灾情,再则散散心。"

大仪笑道:"老爷这是要微服私访哩!"

张伯行也笑道:"正是。大黑,你拿来身粗布衣服,我也换上,你记着带上几个铜钱,中午咱们不回来吃饭。"

"好嘞!"二人听后,乐呵呵地回去准备。

三人在城内转了转,见到除几棵被刮倒的树横七竖八地躺在街上,以及一些堆在路边的残枝败叶、烂瓦碎砖尚未清理干净外,市面人来人往,店铺兴隆,丝毫看不出台风的影响。

他们出东城门向前而去。

临近正午,走到岔路口,三人寻见一家小饭店,店外挂有一布幌,随风摆动。

"九里香酒家。"大黑随口读道。

"咱们老家卖小磨油的都爱挂十里香的幌子,这家店倒谦虚,只香九里。"大黑笑道。

大仪不屑道:"大黑哥呀,你从小读书就马虎。都说福建高人多,此话不假,起店名的人高着哩!九是最大的单数,人家的意思是香飘到远的不能再远,这叫低调不失霸气。"

"咦!还低调不失霸气,就你能!你刚才没看见路边的界碑吗,这里叫九里坡,人家的饭馆当然叫九里香。"大黑同样报以不屑的表情。

大仪不服气地向大黑做鬼脸。

三人看饭店还算干净卫生,便在房前凉棚下找张桌子坐下。饭店不大,屋外屋内也就七八张桌子,卖的不过是些时令菜蔬,米粉馄饨,河中的小鱼小虾,农家常喝的散酒。正值中午,店中吃饭的人不算少。大黑点了拉糟鱼块、淡糟河虾、椒油炝拌莴笋、焖豆腐等四样时令菜肴,一斤高粱酒。三人边饮边聊边歇脚。

大仪道:"俺发现,这场台风在城中造成的危害不算大,乡间却严重得多。不说刮倒树,光没顶的房子都见不少。"

"唉! 就是,茅草做的房顶咋能顶得住这么大的风哩。"大黑怜惜地说。

"这里乡间的庙宇可真不少,不知供的都是哪些神灵。"大仪又道。

大黑接道:"不但多,座座庙宇香火还盛,连庙门前都插有不少香。"

邻座一人搭腔道:"一听三位口音就知道是外乡人,想必是从中原来的吧?"

大仪回头望去,见一位精瘦老者,有七十岁开外,目光炯炯。身穿淡灰色长衫,一缕白山羊胡飘忽不定,一副读书人的模样。

虽说老者地方口音重,但他讲的是官话,三人还算能大致听个明白。

张伯行笑着回道:"老丈好见识,俺们三人正是河南人。"

"哦! 河南? 老朽也是河南人。"老者自豪地说。

大黑听后暗笑,心想:你是河南人? 说话俺咋听不大懂哩?

"我家祖上是开封府陈州人氏,宋时避中原战乱,一路向南,迁居于此。"

"哈哈! 老乡见老乡,两眼泪汪汪。赶巧俺们三人也是开封府人氏。"张伯行乐呵呵地说道,"离家千里能遇老乡,不易,来来来,快请老丈坐过来,咱们四人好好喝上几杯。"

老者也不客气,端着正吃的米粉,挪将过来。张伯行让出首席,老者见他器宇轩昂,执意不坐,大黑忙让出次席。大黑又叫店家上两样菜豉油炒肉、素烩,添三两酒。四人边饮边聊,好不投机。一说方知,老者是位秀才,姓李,本村人氏,家离此处不到三里。虽说七十有四,如今还开馆启蒙,教邻近几个小孩识文断句。

张伯行问道:"老丈,不知庙宇中供奉的都是何方神圣,香火如此旺盛。"

老者抿一口酒,说道:"我们这里庙宇虽多,但就两个特点,城外都为五神庙,城内俱为尼姑庵。"

"敢问城外所供的是哪五位神仙?"

"庙中供奉的是五瘟使者,春瘟张元伯,夏瘟刘元达,秋瘟赵公明,冬瘟钟士贵,中瘟史文业。"

大仪一听,心想,原来是瘟神庙。

"福建夏季多雨,容易形成灾害,而且每年夏秋之际还常有台风来袭,并伴有大雨。前几日大风大雨的厉害,想必三位已领教了。"

张伯行点点头。

老者看着张伯行接着说:"风刮得铺天盖地,雨下得一片汪洋。每遇台风,房倒屋塌,山体滑坡,江河泛滥,人畜伤亡。更甚者,台风过后一片狼藉,常有瘟疫发生。疫情重时,一村人亡者过半。唉!百姓苦不堪言。"

张伯行听到此处也是黯然神伤。

老者顿了顿,喝口茶接着说:"每遇此种情景,百姓只得求告瘟神庇护。亏有五瘟使者保佑,大家才得以渡过难关。所以,村村建有大庙,小庙更是星罗棋布。每个瘟神庙都有庙祝看管,大家初一、十五必来烧香上供,布施祷告。若谁家遇上生死祸福的大事,必来庙中上香、烧纸,供奉牲畜、敬献好酒。遇上台风、内涝,求瘟神保佑者,更络绎不绝。三位若是昨日来,便能遇见家家户户到庙中烧香上供的景象。"老者言毕,又喝一口酒。

瘟神庙各地都有,却没有福建这么多。大仪看过《三教源流搜神大全》,知道五位瘟神的来历。相传,隋文帝开皇十一年六月,有五力士现身空中,身披五色袍,各执一物。一人执勺子并罐子,一人执皮裘并剑,一人执扇,一人执锤,一人执火壶。隋文帝问太史张居仁:"这是何方神灵?主管什么灾福?"张居仁奏曰:"此乃五方力士,在天为五鬼,在地为五瘟。春瘟张元伯,夏瘟刘元达,秋瘟赵公明,冬瘟钟士贵,总管中瘟史文业。主管降瘟下灾,没法医治。"于是隋文帝下诏修建祠堂奉祀他们,并封五方力士为将军。青袍力士为显圣将军,红袍力士为显应将军,白袍力士为感应将军,黑袍力士为感成将军,黄袍力士为感威将军。并规定五月初五为祭祀五瘟的节日,到唐朝时奉祀为五瘟神。

大黑听后大声说道:"胡闹!有瘟疫就应请大夫医治,求神拜佛有何用?"

老者正全神贯注夹一只虾往嘴里送,猛然听见大黑说的这句,惊得夹中的虾掉在地上。虾落在地上后仿佛复活一般,先跃起近一尺高再次落下,继而再次弹起,再次落下。之后,便静静地横躺在桌腿边,一只小黑眼睛向上直勾勾地盯着老者,不再动弹。

此刻,一双筷子一头握在老者手中,另外的部分近乎平行状伸在半空,还保持着虾掉下之前的模样。老者头向前微伸,半张着嘴,眼却随虾向下移动。

他目睹虾离开筷子后的全过程,仿佛看到有一种力量在操作虾离开筷子后所发生的一切。这种力量难道是想彰显它的存在?它的愤怒?哦!一定是它的愤怒!估计是因为那人刚才所说的话,引起它的愤怒。那人说了什么?对,他刚说:"胡闹!有瘟疫就应请大夫医治,求神拜佛有何用?"啊!一定是瘟神!一定是瘟神显灵!一定是瘟神发怒!老者吓得魂飞魄散。

张伯行见大黑一时失态惊吓老者,忙说:"老丈莫怪。我这位兄弟只是感到愤怒而已。来,我敬你一杯,压压惊。先干为敬,替我这位兄弟赔礼了。"说完,举杯一饮而尽。

老者哪还有心思喝酒?他被吓得浑身发抖,脸色苍白,后背发凉,额头滚汗,一时说不出话。

过上好半天,老者才缓过神。他胆战心惊地说道:"客官,可了不得,你刚才口无遮拦,已把瘟神得罪。看见地上的虾没有,那是瘟神怪罪于你。我活七十多年,不要说是熟虾,就是离开水的活虾,我也没见过能蹦一尺多高的。唉!你是外乡人,不知本地瘟神的厉害,快去五神庙祭拜祭拜吧!多买些供品,多烧些香,多布施些钱财,或许还有用。不然,你要大祸临头。"

说完,他想起身离开这是非之地,可腿似灌了铅,怎么也挪不动,晃了晃只得又歪坐在凳子上。

张伯行本就想拦下他,看他被吓得一时走不成路,正合心意。他亲自为老者添满酒,笑着安慰道:"恐是老丈眼花,看不真切。我刚才也看到那只虾落地后微微弹起,没那般邪乎。来,满饮此杯,压一压惊马上就好。"

老者哆里哆嗦地端起酒杯,仰脖一饮而尽。大黑忙为其添满酒,老者拿起又一仰脖。大黑还要为他添酒,被张伯行摆手制止。

张伯行恐猛然连饮两杯酒下肚冲着老者,便关切地说:"老丈,夹口菜,压压酒。"

老者木偶似的,按张伯行所说,拿起筷子,颤巍巍地在离自己最近的盘中夹一筷子菜,填入口中,两眼发直,呆坐一旁,胡乱嚼着。正可谓酒壮怂人胆,一会儿工夫,老者果真缓过劲儿来。

"程正公曰:'君子之遇艰阻,必反求诸己,而益自修。'求人不如求己,何况是缥缈的神灵呢?一些别有用心的人,想利用神灵迷惑麻痹百姓,达到他们敛财的目的。老丈,你读过圣贤书,怎会不知此理?以后你老要告诉大家,有病要求医,烧香磕头没有用。"张伯行诚恳地对老者讲道。

"看着客官是知书达礼之人,怎会讲出如此不通事理之话? 瘟神灵验着呢! 福州府从前有位迟知府,因修官道下令拆除一座五神庙的山门,没半年就暴病而亡。不说远的,就说去年我们村,三贵在五神庙后边积农家肥,结果,第三天,栽一跟头,把胳膊摔折。客官,听老朽一句劝,好好到庙中赔罪吧,兴许还来得及,不要再执迷不悟。"老者说完,叹一口气,起身拱拱手,算是告别,转身离去。

张伯行看老者有些精神恍惚,恐路上有闪失,吩咐大黑暗中护送他回到家中。

(二)福建全部取缔五神庙,小庙拆除,大庙改建为义学

张伯行深感五神庙对百姓的毒害之深,已经到无以复加的地步。第二天便召来藩台金培生。

张伯行对金培生道:"近闻福建乡间五神庙颇多,一个百十户的村庄,大庙小庙竟有好几座。庙祝以瘟神威力广大之由,哄骗民众,百姓深信不疑。有疾不求医,却去拜神,大事小情都要到庙中烧香磕头,上供布施,搞得乌烟瘴气,成何体统?"

金培生只是竖着耳朵、瞪着眼睛、面无表情地听,既不表态,也不说话。

"我意欲将全省的五神庙取缔,不知金大人意下如何?"

金培生以为是自己的耳朵听错了。什么? 张孝先要取缔五神庙? 他是不是疯了? 五神庙多灵验啊! 别人不说,自己来福建任职后就常去进香,保佑自己升官发财。这不,没几年,我金某人就从按察使升任到布政使嘛! 因此,还愿时我还给五位瘟神爷爷包个大红包。疯了,疯了,他张孝先真是疯了!

他疯,我可不能跟着他疯,得罪瘟神可没好下场。想到此,金培生道:"卑职以为,民间供奉瘟神自古有之,百姓信仰,又没造成危害,官府还是不要干预吧! 再说,八闽之地自古多台风,且夏天自然灾害频繁,百姓有一精神寄托,有何不好? 请抚院三思!"

张伯行听后,斩钉截铁地说:"现今,庙祝以瘟神迷惑百姓,敛财聚物。倘

若日后不规之人利用瘟神对抗朝廷,如何是好?"

一番话说得金培生哑口无言。他心想,算你张孝先厉害,拿朝廷堵我的嘴。

见他不说话,张伯行又说:"明日就开始实施。福建五神庙全部取缔,驱散庙祝,小庙拆除,大庙改建为义学。"

金培生一听还要拆庙,便说:"瘟神在福建百姓心中根深蒂固,恐不好拆除吧?"

"有何不好拆?百姓对着他们烧香磕头,不过是祈求他们庇护。我们若能对百姓的健康做出保障,谁还愿花钱、费时去拜瘟神?平日倡导百姓饮用洁净水,对病死牲畜及时掩埋;台风、大雨、地震之后,官府及时组织防疫,免费为百姓提供防疫的汤药。没有疫情,还要五神庙干什么?百姓心中有杆秤,孰轻孰重,他们最知道。"

"平日教化百姓还好办,只是福建幅员辽阔,百姓众多,官府人手有限,大灾过后,恐防疫工作不好做。出现大疫情,倘若朝廷怪罪下来,如何是好?"

"防疫人手不够,可让在家候补、丁忧、退职的官员,保长、甲长、举人、秀才等官绅,组织人手辅助。众人同心,其利断金嘛!"

"那……"

"别这个那个的,明日就下令取缔五神庙。对了,明日在全省开始掩埋被遗弃的牲畜尸体,对百姓饮水进行消毒。"

见张伯行端起茶盏,门口差役忙喊:"送客。"

回去的路上,金培生心想,拆吧,你就拆吧,得罪瘟神爷有你的好看。要拆你拆,反正,说破天我也不参与。五神爷,你们可都听到了啊,这都是张孝先的主意。我不但不参与,还反对。冤有头,债有主,有什么事你们去找他,可与我没半文钱的关系哈!

果真,张伯行下令开始拆除五神庙,金培生就以连日劳累病倒为由,请假半年。

在拆除过程中,的确遇到抵触情绪。听说要让他们拆五神庙,不少差役告假、辞差;庙祝在背后煽风点火,怂恿不明真相的百姓阻挠拆庙。张伯行下定决心,三令五申,再加上百姓看到防瘟疫的成效,五神庙终于消失得无影无踪。

（三）大黑决定通过林水晗摸清福州城内尼姑庵的前世今生

不知不觉已临近中秋佳节，福州的天气对于大黑来说，虽然还热，却不再似蒸笼般。经过两个月的治理，五神庙拆除工作已接近尾声。该拆的庙已拆，该改作义学的已改。通过官府的开导和防疫，百姓也认识到，抵御瘟疫靠烧香磕头没有用。

下午，张伯行难得清闲，忙完公事在屋中喝茶。突然，他想起唐代王建的一首诗《十五夜望月寄杜郎中》，不由吟诵出来：

> 中庭地白树栖鸦，冷露无声湿桂花。
> 今夜月明人尽望，不知秋思落谁家？

是啊！自从前年在山东济宁道转任江苏按察使之际，途经家乡停留数日，到如今已是两年有余。两年不见，老夫人的身体不知如何？每次老夫人都让来人捎话，说她身体硬朗，无需吾儿挂念，好好为官，造福一方。常言道，忠孝不能两全。夫人的年纪也不小了，老老少少一大家子人，够她操劳的。杕儿、载儿一定又长高了，不知二人学业进展得如何？家中再来人，一定要嘱咐他们下次将杕儿、载儿的功课带来看看。今年中秋节是不能与家人团聚了，每逢佳节倍思亲，世间不知还有多少与我一样的断肠人啊！

想到此，他不由得心头记起一事。六月间，在福州东乡听李老丈言，本地庙宇有两个特点，乡间的五神庙多，城中的尼姑庵多。女孩都去当尼姑，谁还生儿育女？看着是件小事，可意义非同寻常。本来当时就想对此事了解一番，谁知一忙五神庙，把这事放到了一旁。于是，他差人将大黑叫到屋中。

"你还记得，上次在东乡一起喝酒的李老丈吗？"

"咋不记得，老爷不是还让俺暗中护送他回家的嘛！"

"正是。那天他说城中的尼姑庵多，此事有些蹊跷。这几日，你去打听个来龙去脉报于我知。尼姑多，不是好事。"

大黑回房时心想，管天管地，还管尼姑多少的事，老爷真不愧是父母官！

第二天，他便在城中四处逡巡。平时不注意，留意才发现，这福州城中的寺院还真不少。尤其是尼姑庵比寺院还多,这更不正常。今日不是初一、十五,寺院中进香的人不多,找谁问呢?尼姑庵中进香的多为女眷,大老爷们也不方便搭讪。咦!他想起一人,林水晗!听林水晗说他夫人在福州城开家绸缎裁缝店,一些女红活儿是庵中尼姑所做。对,就找他。

拿定主意,大黑便直奔城南鳌峰书院而去。陈首魁案结案不久,林水晗便辞去巡抚衙门的差事,来鳌峰书院读书,想好好用功几年,考中进士,也不枉费二十多年的寒窗苦读。

林水晗的夫人娘家姓柳,小名阿美,比林水晗小三岁,也是台湾府人氏。林、柳两家世代通好,两人青梅竹马。林水晗到巡抚衙门做幕僚不久,她便带着儿女也来到福州。因做着一手好女红,婆家又是开绸缎店的,便在福州南大街东边的通贤里开家绸缎店,带做女式衣裙。

在书院崇德斋找到林水晗时,他正在屋中读书。老朋友多日不见,分外亲热。

"黑爷,哪阵香风把您给吹来啦?"见到大黑,林水晗激动得快要蹦起来。

"想你了呗!"大黑边呵呵笑,边看着林水晗说。

林水晗忙拉着大黑坐下,要去给他倒水。大黑见同屋的学子也在,就对林水晗说:"林兄弟,走,大黑哥请你喝点去。"

"哪能让您请,今天我做东。"

于是林水晗登记外出。二人在书院附近找家小酒馆,大黑让伙计上一盘酱鸭、一盘皮蛋拌黄瓜、半斤烧酒。此时未到吃饭的钟点,店中没有其他客人,正合大黑心意,二人边喝边聊。

大黑问道:"弟妹的店开得还兴隆吧?"

"托黑爷的福,她那家店不过是做些女眷的生意。因所售物品物美价廉,再加上做工还行,生意开了两年,也积累些人气,还算马马虎虎。"

一提起他夫人的店,林水晗就头疼。他认为,女子无才便是德,女人就应当在家相夫教子。可阿美就是不听他的劝,非要来省城。来就来吧,还要开店。

林水晗拗不过她,只得默许。谁知阿美经营有道,外加心灵手巧,店开得风生水起,让他刮目相看。

"我记的曾听你说过,弟妹的店常与尼姑有业务往来?"

"正是。店中绣花、盘扣、纳鞋底等一些费时费工的活儿,因忙不过,多包给尼姑做。尼姑庵中的尼姑也分三六九等,地位低的尼姑一年也分不到几吊钱,日子过得很清苦,有时会接些女红补贴一下生活。而个别寺庵,也会组织庵中尼姑搞点创收。"

林水晗喝口酒,接着说:"尼姑有时也会介绍女施主来买布料、做衣服,内人过意不去,会布施些钱财,请她们诵诵经,所以常有往来。"

"不瞒兄弟,老爷听闻福州城中尼姑多,觉得蹊跷,便安排我打听打听,我便想到林兄弟你。兄弟可愿帮我这个忙,找弟妹问问?"

"哪里的话,咱们谁跟谁呀!明日上午小弟带黑爷找内人去,看她了解多少。"

"行!有劳林兄弟。来,满饮此杯。"说着,大黑高兴地举起酒杯,与林水晗一饮而尽。

第二天,大黑按约定时间来到。通贤里离巡抚衙门并不算远,虽为小街巷,因通贤里紧邻热闹的南大街,却分布着鞋帽店、药铺、客栈、酒馆、干果店、茶馆等很多店铺,卖小吃、水果、杂货,以及看相、剃头的各类小摊也不少。

路北,一家店门上悬挂的黑底金字招牌映入大黑眼睑,上书三个颜体楷书"隆盛泰",这就是阿美的绸缎裁缝店。房屋为青砖灰瓦,三间店面,门外挂有布幌"绸缎裁缝店"。左右门柱上挂有一幅仿曹全碑笔意的隶书对联:"细葛含风轻适体,香罗叠翠快生凉。"

大黑推门而入,但见店中半人高的黑漆柜台一尘不染,柜台后一匹匹花花绿绿的绫罗绸缎整整齐齐地码放在货架上。见他进来,伙计正要上前搭话,在店中恭候已久的林水晗便笑着迎过来。

"黑爷,您来了。"林水晗忙向大黑施礼。

"行呀林兄弟,店弄得挺好呀!"大黑环视一周笑道。

"黑爷过奖,过奖。阿美,快来迎接,黑爷到了。"

"诶!来啦!"

应声从里间出来一人。大黑眼前一亮,只见此人身材高挑,步履轻盈,鹅蛋脸,皮肤白皙,头发乌黑,发髻高高耸立,犹如盛开的牡丹,头上簪花,插有珠翠。上身穿一件嫩绿色的大褂衫,下配深蓝色百褶裙,皆为绸缎质地,绣着精美图案。人未到前,先有淡淡的香气扑来。

不用猜,此人就是阿美。她来到大黑面前,大大方方、面含微笑地道个万福。夫妻二人将大黑迎到里间说话。

从外看店面只是三间门面,可从店铺后门进入里边却别有乾坤。

步入其内,大黑首先看到的是一个四方院子,北有上房,东西有厢房,店面应算作院子的倒坐。倒坐的东边还开有一个院门,与通贤里相通。

林水晗为大黑介绍,别看咱的小店不大,也为前店后坊,前边为店铺,后院为作坊。东厢房两间为缝纫作坊,西厢房两间为库房,上房一间为佛堂,一间为会客的堂屋,一间为阿美做女红和休息所用。他边说边往上房让。

进入上房,但见屋内由两扇黑色隔断隔成三间,中间为堂屋,摆着黄花梨的桌、椅、条案、茶台,条案陈设着一对粉彩花瓶,瓶中插有鲜花,因此屋内散发着淡淡香气。一对青花帽桶放在花瓶旁边,屋内挂有一幅行书书法、一幅工笔画仕女图,一看就知主人很有品位。大黑被林水晗让到茶台前落座。

（四）福州全府居然有寺院几百座,僧尼万余人

阿美坐在茶台一边烹茶,大黑和林水晗二人坐在阿美对面。

阿美拨弄着茶台边红泥小炭炉中的火。大黑见此炉子有一尺二寸来高,炉上茶锅为细白泥所制,锅高二寸,底有碗口般大,单把长近三寸。茶台上的冲罐如西红柿般大,像潮州泥制陶壶。茶台上,早已摆好如核桃般大的茶杯,乃瓷制,胎体极薄,所绘青花婴戏图极其精细。茶池形状如鼓,瓷制,由一个作为鼓面的盘子和一个类似鼓身的圆罐组成。盘子上有小眼四个,为漏水所用。圆罐应该是容纳盘子漏下的废水。大黑来福建一年有余,对工夫茶有些了解。

阿美熟练地将茶叶放入冲罐中。此刻,茶锅中的水刚开,她将开水倒入冲罐中,接着,以初沏之茶浇冲杯子。洗过茶后,再重新注入开水。此时,茶叶也已舒缓绽放,可以斟茶。

阿美将三个茶杯围一起,以冲罐巡回穿梭于三杯之间,直到每杯均七分满。剩余的茶汤,被她以冲罐一点一抬头地依次点入三杯之中。大黑晓得这叫"关公巡城",也叫"韩信点兵"。这样可使三个杯中茶的量、色均匀相同。接着阿美将斟好的茶先双手奉于大黑面前,然后是林水晗,最后才是自己。

此刻,大黑闻到淡淡茶香扑鼻。不用喝,一看杯中茶汤的颜色就知是好茶。他看阿美端起杯先在鼻前嗅了嗅,再用唇轻轻呷一丁点儿,然后才慢慢饮小半杯,接着将杯子又放回茶台上。大黑也学她的样子如法炮制。

等大黑将茶杯放下,阿美笑盈盈地说道:"早就听夫君讲张老爷人可好,在巡抚衙门时对他很是照顾。奴家早想好好谢谢张老爷,可一时没有机缘。今日得见老爷真不容易,中午断不能放您走。正巧快中秋佳节,待会儿奴家下厨,为老爷做几道小菜,再烫上一壶酒,略表奴家对老爷的感激之情。"

三人唠会儿家常,大黑便言归正传。

"前天,我在城中四处转转,才发现这福州城中的寺庙真不少,尼姑庵更多。"

"老爷有所不知,福州自古佛教香火兴盛。听庵中的师太讲,宋代时,福州全府有寺院一千好几百座,有僧尼万余人呢!虽前明加以控制,寺院废多增少,到本朝才又得以恢复,如今已有好几百座。"

哦!大黑暗暗大吃一惊,竟有如此之多。

阿美见大黑在专心致志地听,顿时来了兴致,喝口茶,接着讲:"听说福州全府最早的寺院是侯官药山寺。西郊的西禅寺建于唐代,北峰山区里有个林阳寺也建于唐,屏山的华林寺建于宋。开元寺里有个相传为宋代铸造的坐在莲花座上的大铁佛,连座带佛身有一丈六尺高呢!鼓山涌泉寺摩崖上,有个一丈二尺高的大红'寿'字,相传为朱夫子所书。"

林水晗心想,平时看不出来,这才来省城几年,阿美咋啥都知道呀!知道就知道呗,还爱卖弄。黑爷问你尼姑庵的事,你却说半天不照题的话。于是,他瞪阿美一眼,意思是黑爷问你了吗,不说也没人当你是哑巴。

阿美在兴头上,见林水晗没是没非地瞪她。心想:我哪里说错了,我哪里也没错呀。有外人在她不好说什么,又是坐在大黑的对面,她脸上也不好有所表示,于是全当没看见,把眼移向别处,接着滔滔不绝。

林水晗见阿美不听他的,也不再看他,还在不停嘴地说,便举起茶杯对大黑说:"这是阿美的体己茶,她一般不让旁人喝。"示意大黑喝茶,自己先将杯中的茶一饮而尽。

大黑拿起茶杯抿一口,林水晗便示意阿美倒茶,这下阿美的兴致被他彻底搅乱。她心想:姓林的,这会儿我不搭理你,咱们一会儿再算账,却在她脸上看不出一丝波澜。

顷刻,阿美把茶杯倒满,大黑喝口茶,向她问道:"福州城的尼姑庵多吗?"

阿美答道:"不少。"

都说女人情绪化,一点儿也不假。此时阿美的心情还未因刚才的事情恢复过来,懒得说话,也懒得开动脑子,只是以最简洁的语句回一句。

"那尼姑也一定不少吧?"

"是呀。"阿美随口应答。

林水晗一看势头不对,心想,阿美一定是因刚才的事与自己怄气,这可如何是好?突然他想起,上次放假回家,阿美说她看中一玉手镯,非要他买来当生日礼物送她。私房钱他是存些,可镯子太贵,买过就所剩无几,以后将很长时间都不能请学友喝酒。他让阿美用家中的钱买,反正家里的账都是她管着,阿美想买什么他也管不住。可阿美不同意,偏要他出钱买,二人最后闹得不欢而散。

于是,林水晗计上心头。他注视着阿美,并主动做动作引起她的注意。当他发现阿美看自己时,忙用右手摸摸左手的手脖,又微微点点头,一副讨好的样子看着阿美。意思是,别生气,手镯我买,好好表现。阿美心领神会,心情立刻好起来。这一切发生的自自然然,不显山,不露水,坐在夫妻二人一旁的大黑浑然不知。

"福州哪座庵中的尼姑最多啊?"大黑接着问。

此刻,阿美心中美滋滋的。其实,她并不在乎买玉镯的钱,她只在乎林水晗的心。她主要是想趁着过生日,向夫君要一个价格不菲的玉镯,来试试他对她的心。她心里清楚,如今林水晗不比平常。以前,他不过是在巡抚衙门当差的候补知县,候补就是没影儿的意思,知县能不能当上还说不定呢。鳌峰书院是什么地方,那是现任巡抚大人亲自办的,请的都是名师。听闻,巡抚大人是当今圣上看得起的人,林水晗又是举人出身,在这里学习不愁进士及第。不看看他是否真对她好,自己能安心吗?只要他今天舍得用体己钱给她买玉镯,明天她就会把买镯子的钱给他,而且只会多不会少。听到大黑问,她又兴致勃勃地问一答十说了起来。

"北郊象峰山的崇福寺、东门外金鸡山的地藏寺、鼓山的涌泉寺、南门兜乌山的慈善堂,都是建寺历史悠久、规模大、尼姑也多的寺庵。但奴家与这些大寺院并无交往，只去进过香。这些有名的大寺，进香、布施的香客很多。那些达官贵人财大气粗，平日就舍得布施香油钱，若是赶上还愿，他们都抢着给佛像重塑金身。咱一开小裁缝铺的外乡人，能和他们比吗？再说这些寺庵中的大大小小师太都不缺钱，她们即便有需要用钱之处，也看不上咱这一星半点，是吧？"

见大黑杯中的茶不多，阿美边倒茶边接着说："老爷刚才也看见，咱的店面小，货品也不全，做衣服的也不多。即便有一些外包的活儿，量也很小。离这里不远有座观音堂，是一个两进的院落。前明时，为一位官员太夫人的私家佛堂，后变为尼姑庵，庵中比丘尼和沙弥尼一共也就十来人。此庵邻街的三间房子出租为店铺，南门外的五亩多地租给佃户，除此之外再无固定收入。庵小，香火也不盛，日子过得清苦，师太们只得在诵经礼佛之外，干些针线活贴补生活。"

"像这种情况的尼姑庵在福州多吗？"大黑问道。

"这样的小庵数量多，但尼姑总量不大。"

"哦！照此说来，本地的尼姑还挺多。"

"不说别处，单福州全府，听说都有上千尼姑。"

"乖乖嘞！有这么多吗？"大黑惊讶地不由自主道。

"怎么没有呢，大庵中的尼姑多着呢。唉！虽说在小庵中日子过得清苦，总比在家挨饿好吧。这里好歹是省城，吃孬吃好每日总能混顿饱饭。老爷您也来福建这长时间，应当知道，咱们这儿人多，山多，耕地少。春天常旱，夏天又多雨、多台风。遇上自然灾害，一年的收成就全泡汤，百姓日子不好过呀。贫困家庭养不活孩子，只得卖儿卖女到寺院中为僧为尼，为给孩子找条活路，这也是没办法的办法。几年前，奴家村里就有一户，女的常年患病吃药，孩子又多，本就落下不少饥荒。屋漏偏逢连阴雨，那年过台风把他们家的房子刮塌，没办法，只好托人把十岁的大女儿卖给尼姑庵。女孩被带走的当天，哭着闹着不愿走，她的两个弟弟拉着不让走，那女的也跟着哭。最后，还是那男的一狠心，让来人把女孩带走。那情景真叫悲切，想起来都让人伤心。"

说到此处，阿美用手抹抹眼角。大黑听得心里酸酸的，眼里湿湿的。看此情此景，林水晗忙让大黑喝茶，缓解缓解气氛。

（五）张伯行下令各家可原价赎回卖与庵中女子，令其还俗嫁人，以安民心

阿美觉得时候不早，便对林水晗说道："官人，你先陪着老爷说话，我去炒几样拿手菜。"

大黑起身便要告辞，被夫妻二人拦下。

林水晗急着说："黑爷，哪能走呀？"

阿美也说道："奴家这里有用高丽老山参泡的药酒，老爷一定要尝尝。"

大黑看夫妻二人执意挽留，只得客随主便，便对阿美说道："随便弄两个菜就行，不要太麻烦。"

"老爷先坐哈，一会儿咱们边吃边继续聊尼姑庵的事。"说完，阿美便出去准备。

一会儿工夫，八仙桌上摆满盘盘碟碟，屋中散发出菜肴的香味。林水晗看菜上的差不多了，便将大黑让到宴席主位，他陪坐一旁。

大黑看到桌上摆着四凉四热。凉的是菜脯蛋、青椒拌干丝、黄瓜拌虾片、凉拌鹅，热的有三杯鸡、荷叶香鱼、姜母鸭、青椒爆炒五花肉，八个菜满满一桌，鸡鸭鱼肉样样俱全，好不丰盛，让大黑心中很过意不去。

二人刚一落座，阿美就抱一酒坛进屋，笑呵呵道："老爷，先尝尝咱自家泡的人参酒。"

说着，阿美陪坐到另一边，为大黑与林水晗将酒倒上，自己却不喝。

林水晗道："黑爷不是外人，夫人也陪黑爷喝些吧！"

阿美道："官人陪老爷喝吧，奴家喝茶便行。"

大黑看到人参酒在白瓷杯中呈黄色，一杯下肚酒劲加上参劲儿，烧得肚中火辣辣的，不由自主说了句："这酒有劲儿！"

"那当然呀，这可是上等的高丽野山参。因我家官人办事有功，上任巡抚大人赏的。"阿美不无自豪地道。

"参酒虽好，但药劲儿大，不能多饮。"大黑道。

"是呀！一听就知道老爷是见过世面的人。先让我家官人陪着老爷喝几杯，我们再换酒。"

"老爷多尝尝我的手艺,这些都是我们台湾的家乡风味。"说着,用公筷为大黑夹块三杯鸡。

二人连喝三杯参酒,阿美便换上好的烧酒。在林水晗的再三要求下,她又拿个杯子,为二人倒满的同时,也给自己倒上一杯。

阿美起身,双手端起酒杯,面向大黑,恭恭敬敬地说道:"奴家本不善饮酒,今日得见仰慕已久的老爷,满心欢喜。值中秋佳节,老爷离家千里,不能与亲人团聚,望此杯薄酒能暂解老爷思乡之情。"

大黑见阿美端着酒杯起身,也忙端着杯站起。阿美说完,他便道:"今天冒昧讨教,弟妹又准备如此丰盛佳肴,大黑心中非常过意不去。改日,我回请林兄弟和弟妹。"说完,大黑一饮而尽,阿美也浅浅饮些。

随后,三人边吃边聊,又谈起尼姑庵之事。

阿美道:"不要看有的庵小,若遇上有达官贵人常年布施,也挺富足。她们在灾年也会买几个穷苦人家的女孩,说是当尼姑,买来不过是干杂活儿,当粗使丫鬟罢了。唉!遇上灾年,十二三岁的女孩仅值区区一两千文,十几岁的男孩白送人都没人要。南大街西边小巷中有座小尼姑庵,因有几家官宦女眷常去布施,此庵富足。去年粮荒,她们便买个女孩剃度,充当杂役,一天到晚干不完的活儿。干活儿不说,还不让人家吃饱,挨打挨骂更是常事。唉,挺可怜呀!更有该挨千刀的黑心之徒,以买女为尼之名,拐骗幼女,或卖与大户人家为婢,或卖到青楼为妓,或卖往海外异邦。"

阿美叹口气,接着说:"这家尼姑庵有个小尼姑,年方十五,俗名叫阿花,泉州人氏,模样长得俊秀。此庵一施主常在小店做衣服,奴家听她讲,阿花在家时与邻居阿辉一起长大。阿辉比她大两岁,郎有情,妾有意,真个是青梅竹马、两小无猜。前年,阿辉托一远亲来省城一家大酒楼当伙计,本想攒上两三年钱,就让父母托媒婆去提亲,哪承想去年阿花被卖到尼姑庵。自打听说后,他几乎天天来找阿花。开始到庵中找,被当家老师太找人狠揍过两顿后,庵他是不敢再进,一有空便在庵外等。为不使阿花太过劳累,他隔三差五便从城外打好柴,整整齐齐地放在庵门前。唉!难为这个一往情深的小情郎了。"

林水晗插嘴道:"阿辉为何不筹钱将阿花赎出?"

"赎出?谈何容易,阿辉托人问了,你们猜猜怎样,当时两千三百文买的,一听要赎,当家老师太张口开价八千文,而且少一文都不行。十七八岁的小伙计,上哪去弄这么多钱呀!"说到此处,阿美一脸怒气。

大黑听闻,狠狠骂一声道:"吃人不吐骨头的家伙。"

第二天上午,大黑又到几座大庵转转,可谓"内行看门道,外行看热闹"。经阿美一讲,他果然发现庵中有不少身穿破旧僧衣的十三四五岁小尼姑在忙来忙去,有的面带愁容,有的木呆呆的,全都一副忧愁的样子。

最后,大黑专门拐到阿花所在的尼姑庵。小巷中,他看见一担水的小尼姑吃力地前边走。走着走着,不知为何,身子一歪,竟滑倒在地,破旧的海青也湿一大片。大黑忙上前几步将她扶起,又帮她打一担水,送入庵中。小尼姑千恩万谢,感激不已。从她年纪和相貌上,大黑猜测此人兴许便是阿花。

下午,大黑将这几日所见所闻禀告给张伯行,张伯行听后勃然大怒。朝廷早就颁布僧道不许买人为徒,违者治罪。如今竟还有趁百姓遭灾,贱买幼女为尼,并高价卖出,简直天理难容!区区一个福州府竟有女尼千人,人伦何在?张伯行随即差人唤藩台金培生及福州府僧纲司都纲来见。

福州府僧纲司都纲一进屋门,张伯行便气愤道:"大师,本抚近闻,福州一府竟有女尼一千有余。这么多女尼只学佛法,不事农桑。不知可有此事?"

这位都纲乃有道高僧,面颊清瘦,眉毛、胡子皆白,三缕长须飘于胸前,一副超脱物外之相。见抚台动怒,他并无慌张,泰然处之道:"福建虽偏居东南,然自古佛教兴盛。虽在前明稍显颓势,幸遇本朝政通人和,佛法又得以弘扬。福州府乃八闽首邑,自古寺院众多,建了又废,废了又建,香火不绝,全靠僧尼虔诚、信众供养。多便是少,少便是多,无多亦无少,无少亦无多。"

张伯行见他说起禅来,也不与其计较,便说道:"皇上以孝治天下。朝廷早有明文,僧道不许买人为徒。本官听闻福州庵寺灾年买贫者幼女为尼,低价买来,高价赎出。又有极恶之徒,以买女为尼之名,拐卖幼女出海,民怨颇深,天理难容。明日便是中秋佳节,可一纸卖身契却使骨肉不可团聚。本抚欲下令各家可原价赎回卖与庵中女子,令其还俗嫁人,以安民心。以后福建各地再发现有佛寺道观买人为徒者,一律问罪。赎女还俗之事还劳金大人主理。"

坐在一旁的金培生一听,什么?你张伯行刚拆过五神庙,如今又搞赎女还俗,看来是真疯了。又听见张伯行安排他着手处置此事,一肚怨言。心想,以张伯行的脾气,不办不行,不如给他出个难题,看他怎么办。便回道:"赎女还俗虽好,然赤贫之家女子及已无至亲之尼,又如何赎回?"

张伯行稍加思索道:"查实的确赤贫及无家者,皆由官府负责出钱赎回,为其择选忠厚诚实之人,嫁人为妻。"

金培生看看张伯行,又看看都纲,无话可说,只得领命下去。

转眼又一年中秋临近。离家经年,看着越来越圆的月亮,大黑不由萌生思乡之情。唉!福州的月再好,还是没自家的月儿圆!

这日,大黑出府办事,还没走出院子,便听到门外嘈杂声。他见门外一男一女,女子怀中还抱着个婴儿,正与守卫理论,便上前一问究竟。

守门衙役一见是他,便禀道:"回禀黑爷,这二人已来过几次,偏要见抚台,我们怎么说都不行。"

女子看到大黑先愣一下,转而眼中一亮,仿佛遇上救星,欢欢喜喜地与大黑搭起话来:"恩人,是您呀!奴家这厢有礼了。"说完,抱着襁褓给大黑道个万福。

大黑一愣,仿佛在哪儿见过,只是一时想不起。

女子笑盈盈道:"恩人忘了,去年也是这个时候,在南大街旁的小巷中。"

见大黑还没想起,便不好意思地说:"我就是被恩人扶起的尼姑。"

"啊哈,是你呀!真还认不出来,我还帮你担水到尼姑庵哩!"大黑恍然大悟地笑道。他又仔细打量女子一番,比去年见时不但精神,还更漂亮。

"正是奴家。"女子害羞道。

"你们有何冤情要见张大人?"大黑问她。

"奴家叫阿花,他叫阿辉,是我家相公。"她指指旁边的男子,接着说:"我夫妻二人并无冤情,只是想送巡抚大人几枚红鸡蛋。"

阿辉向大黑晃晃手中的小布包。

"红鸡蛋?"大黑纳闷道。

"是的。因前年家中受灾,父母没有办法,只得将奴家卖到尼姑庵当尼姑。去年是巡抚大人下的令,奴家才得以在阿辉哥的帮助下,被父亲赎出还俗。我二人成亲后,便在福州城安顿下来。这不,添了个大胖小子,才满月。"

阿花指指怀中的襁褓,高兴得合不拢嘴,说道:"因感念巡抚大人之德,我夫妇二人合计一下，给儿子起名叫念张，以后若有老二叫念孝，老三叫念先。我们别无他事，只想送几枚念张的满月红鸡蛋给巡抚大人。不知恩人可否让我俩见见大人，当面致谢。"

大黑听后，顿时大悦："好一对有情有义小夫妻，吃水不忘挖井人，连孩子的名字都按老爷的表字而起。你们二人算是找对人了，走，我领你们见老爷去！"

十
福建乡试

（一）福建出台措施，劝化葬俗、限期下葬，禁止铺张浪费、劳民伤财

　　春日的福州气候宜人，各种花朵争先绽放，百合花粉灼灼，杜鹃花红艳艳，各色茶花妩媚，春天因此更加迷人。繁花似锦的日子正是去郊外踏青的好时节。

　　望着抚衙外盛开的茶花，大黑早已按捺不住。近些时日，张伯行公务繁忙，大黑在抚衙忙前忙后也没闲着。张伯行白天忙公务，晚上写书，大黑看在眼里、疼在心里。公事总算告一段落，趁大好春光，他建议张伯行到城外散散心。可张伯行想趁闲暇，赶赶《道统录》的进度。

　　大黑听张伯行说过《道统录》，此书两卷，加附录一卷。上卷载伏羲、孔子等先秦人物，下卷载周、程、张、朱等理学大家，附录中录皋陶、杨时等各代先贤。虽然书中大多数人大黑没听说过，但他知道，老爷写的这些人都是了不起的人物。既然老爷有正事要忙，大黑便找大仪。

　　大仪听说要出城游玩，十分高兴，他也早想出去转转。

　　大黑说："也叫上林兄弟吧。他整日在书院里闷头读书，人别再憋傻了。"

　　于是，又约上林水晗。第二天一大早，三人出西门，向闽江而去。

　　三人行至西湖。站在湖边，大仪望着春和景明的景色，不由吟出欧阳修的词《采桑子》：

　　　　清明上巳西湖好，满目繁华。争道谁家，绿柳朱轮走钿车。　游人日暮相将去，醒醉喧哗。路转堤斜，直到城头总是花。

大仪读完,林水晗也和一首李清照的《如梦令》:

> 常记溪亭日暮,沉醉不知归路。兴尽晚回舟,误入藕花深处。争渡,争渡,惊起一滩鸥鹭。

大黑笑道:"二位今天是怎么啦,又没喝酒,就醒啊醉啊的。"

"大黑哥,你是不是想请我们吃碗酒?"大仪打趣道。

"好,我请就我请,咱们先说好,今天的酒钱我付,你们谁也别跟我争。"大黑今天高兴,爽快地回道。

林水晗忙道:"不能每次都由二位爷付账。今天小可做东,请二位爷好好喝两杯。"

大仪笑道:"咱们仁就数你年纪小,你请什么? 就让他掏,谁让他是咱们老大哥呢!"

三人边说,边笑,边欣赏风景,边往前行。游玩一个多时辰,三人不觉有些疲惫,见路边有间供行人歇脚的凉亭,正求之不得,就停下来。大黑内急,径直朝路边寻隐处出恭。凉亭内已坐着两位行人,大仪与林水晗微笑着向他们点头示意后,也在凳子上坐下。二人各自取出随身带的葫芦,边喝水,边休息。大仪、林水晗二人正兴致勃勃地谈论一路景致,大黑一脸怒气走回来。

大黑人还没走到亭边,老远便气急败坏地说道:"真晦气! 真晦气!"

大仪诧异地问:"晦气啥?"

"唉! 别提啦,我出恭完随手拽几片叶子,没想到一扯身旁藤蔓,露出一副棺材,木板已糟透,白骨看得一清二楚,冷不丁吓我一跳。你说晦气不晦气!"大黑一屁股坐下说道。

大仪惊奇不已,又问:"灵柩厝着没有入土吗?"

老家仪封也有这种习俗。灵柩不入土,暂时用砖封在野外,或等伴侣去世后一同下葬,或因客死外乡等着运回去安葬。

大黑生气地说道:"棺材根本就没用砖封,直接在野地里撂着。人不知死过多少年,棺木烂得都不成样,白骨有的散在棺外。"

"这家子孙也太不孝顺了。"大仪听后也很生气。

林水晗微微一叹,慢慢说道:"唉! 这是我们福建数百年来的风俗。为觅风水吉穴,停枢长期不葬。亲属将死者装殓后,灵枢或停放家中,或寄存庙宇,或置于野外,少则几年、十几年,多则数十年也常见,甚者死后百年尚未入土。置于野外的棺材只用蓬草、稻秆遮蔽,年深日久,人事变迁,弃而不顾,灵枢常年日晒雨淋,怎不腐坏?白骨散露于外,也只能任由野兽、家畜践踏。"

"死过上百年还停枢不葬,这也太离谱了吧!朗朗乾坤,竟有这等不孝之事,官府也不管吗?"大仪气愤地问道。

林水晗道:"官府不知严禁多少次,百姓全当耳旁风。不瞒仪爷,如今,我祖父母灵枢也停在凤山家中,多年来父亲一直为吉穴之事发愁。"

在凉亭内歇脚的老汉接腔道:"听老弟口音,就知不是本地人,你不知我们此地情况。我们福建三面环山,一面临海,山地多,平地少,不乏俊美之峰、清秀之水。我福建为何自古人才辈出,正因风水宝地多的缘故。因此,上至官绅、下至百姓,都想为故去先人择一吉穴,保后代子孙富贵昌盛。此乃人之常情也!"

林水晗也感慨道:"放眼八闽大地,虽不缺秀美之景,然吉穴却一地难求。"

老汉点头表示赞同。接着他问道:"若老朽没猜错,这两位老弟应是读书人吧?"

大仪和林水晗点点头。

老汉叹口气道:"不怕三位笑话,老朽姓邱,也是儒生,还是秀才。只因先人坟茔风水不好,一直没能再进一步,只得靠开馆课徒为业。犬子书读得好,之前是邑庠生,去年十分幸运考上抚台老爷创建的鳌峰书院。今年是秋比之年,老朽倾全家之资,终于寻得一处吉穴,将厝放多年的父母灵枢下葬。老朽年迈不中用,以后就指望犬子光宗耀祖了。"

林水晗又道:"为择得吉壤好穴,人们不惜花费重金,甚至不择手段,不计后果,导致乡邻相争、宗亲失和。发生械斗、闹出人命也不稀奇。"

大黑也想起他在寺院、在五里堡村等处见到的棺材。他一直以为这些是寿材,没想到是久放不葬的灵枢,便气愤地说道:"俺家乡有句老话,故者盼土如盼金。好山好水是能孕育出优秀的人,但不能耽误先人入土为安。"

对于大黑的话,另一位农夫模样的中年人不爱听,他反驳道:"下葬固然重要,若非葬在吉穴宝地,影响子孙运程可是天大的事。哼!此等大事哪能草率马虎?我父母故去十多年,现在灵枢还停在我家堂屋,吃饭时一家人围坐,权当餐桌。父母养儿不容易,吃苦受累一辈子,死后绝不能让二老再受委屈。等我再多攒些钱,请风水先生择一吉穴,再风光入土也不迟。"

大仪听过撇撇嘴,心想,早听说福建人好巫尚鬼,异常迷信,没想到如此严重。想到此处,他不觉喟然长叹。

大黑、大仪回到抚衙,便将此事禀告张伯行。

张伯行听后,沉思良久,若有所思地说:"停枢不葬是十足的陋习。入土为安,入土为安,逝者不入土怎会安宁?往生者还要为生者服务,荒唐至极。当今皇上以孝治天下,岂容民间有这等荒唐之事?本抚若不顷刻纠正,将上有负皇上、下有负黎民。"

第二天,张伯行便召来藩台金培生,令其出布告,限期安葬,若有不从者交官府治罪。禁止丧事铺张浪费,劳民伤财。

经过张伯行多方教化,福建世风大为好转。百姓安居乐业,学子用功读书,坊间竞赞张抚台治闽有方,遇此好官乃福建百姓福分也!

(二)张伯行上奏朝廷,请求增加福建科举录取名额并成定例

太学三年闻琢玉,东堂一举早成名。

借问还家何处好?玉人含笑下机迎。

康熙四十七年戊子,乃三年一次的秋比之年。自张伯行到任福建以来,劝学重教,创办鳌峰书院,八闽大地文风甚盛。今年又逢秋闱,学子们更是摩拳擦掌,憋着一股劲儿要考出好成绩。张伯行到鳌峰书院巡视,见学子们学习劲头饱满,看在眼里,喜在心里。

五月的福州,天空蔚蓝,太阳似火炉悬着,早把云彩烧化。大仪热得心发慌,恨不得一整天泡在井水里。此刻,他坐在廊下猛烈扇着芭蕉扇。大黑端盘荔枝要给张伯行送,看见大仪便递给他几颗。大仪接过在井中镇过的荔枝,只觉一股凉气向体内扩散。他赶忙剥一颗放到嘴里,凉甜多汁的荔枝帮他赶走不少暑气。几颗荔枝还没吃完,守门的衙役来报学政杨笃生求见。这边,大仪还在纳闷,学台顶着大日头过来,想必有要紧的事。那边,杨笃生已

到上房门前。

杨笃生见到张伯行说道:"今天一早接到朝廷邸报,皇上钦定福建戊子科正主考为河南道御史戴梦麟,副主考为内阁中书蒋书升。"

张伯行道:"戴侍御本抚听说过。上一科顺天乡试时,他是监试,脑子灵,科考之事他有经验。顺天乡试前,他建议多备试卷以补不足,这个办法好,今科最好也照此办理。蒋中翰这个人本抚不太熟悉。"

> 史载:戴梦麟,字占弼,山东籍,世居江都。康熙十六年举人。官大理寺评事,擢御史。康熙四十三年,监试北闱。康熙四十七年,典试福建。累官至奉天府尹。

杨笃生不太确定地回道:"下官以前隐约听闻,蒋中翰为癸未科进士,似乎是直隶什么地方之人。"

> 史载:蒋书升,直隶河间府人,康熙四十二年进士。授户部云南清吏司主事,内阁中书。康熙四十七年,福建乡试副主考。

张伯行点点头道:"如今已是五月,再过三个月就要秋闱。年兄,今年福建中式的名额朝廷定为多少?"

杨笃生道:"今科额数同常例中式七十一名,乙酉科钦奉恩诏所增的十名,因非定例未再计入,而乙酉科最后实中八十四名。"

张伯行遗憾地说道:"福建乃大省,况且文风颇盛,一科却只能中式七十一名,人才埋没啊!"

杨笃生无奈地说道:"福建自古就有尊师重教之风,如今又在抚台的倡导下,向善求学之风渐浓。尤其是鳌峰书院创立后,文风大盛。而中式额数与上科相比减少一成多,对于福建士林来说,这个损失可不小。"

张伯行眼睛一亮,问道:"依年兄看,今年可否还有增添的可能?"

杨笃生没想到自己与张伯行不谋而合,忙说道:"下官正是为此事而来。今日邸报上说,云南今年增加五名中式额数,听说是因云南此科考生特别多,抚台和学政一再努力争取。大宗伯考虑到云南既是边蛮之地,又是叛将吴三桂的老窝，一直不太稳定。于是，大宗伯上奏朝廷，皇上破例批准云南增加五名额数。皇上嘉奖大宗伯对朝廷的忠心，亲笔题写'咸中有庆树滋堂'，并制成御匾赐给他。"

"哦！我们也不妨有枣没枣打一杆。若是争取来，那可是福建读书人百年不遇的福分。"张伯行听说有戏，便来了精神。他考虑一会儿说道："这件事本抚来办。本抚这就上报礼部，争取将上科恩增的十名额数成为定例。"

礼部尚书李振裕看到张伯行的公文已是六月初。张伯行行文恳切，词语动情，殷殷之间，可见其拳拳之心，让人感动。李振裕乃博学之士，也很爱才，再加上他之前就知道福建自古乃文兴之地，出过不少大儒。他对张伯行为福建士子向朝廷争取名额的行为很是赞许。但是，戊子科乡试临近眼前，现在再奏请皇上增加更多的中举额数已来不及。

史载：李振裕，康熙九年进士，时年二十八岁。任庶吉士，修编《明史》，后任江南督学，内阁学士。先后任礼部、吏部侍郎，工部、刑部、户部、礼部尚书。积劳成疾，死于任所，享年六十八岁。

乡试前，张伯行终于接到礼部批文。考虑到福建实际情况，戊子科额外中五经三名。从下一科乡试起，福建乡试中式额数照乙酉科八十四名录取，从此成为定例。

看到回文，张伯行自然高兴。能为百姓实实在在做点事，他很欣慰。这一消息不胫而走，让福建学子士气大振。额数增加，带来的效应却远远不止这些。很多读书人看到希望，觉得有奔头，无不感念张伯行的好。

（三）乡试在即，福建学子个个摩拳擦掌，期望能考出好成绩

那天，听闻增加中举名额之后，喝得酩酊大醉的人中就有邱天赐。他正是大黑他们三人踏春时，途中所遇邱老汉的儿子。邱老汉只此一子，乃三十九岁所得，夫妻二人视如掌上明珠。他们给孩子起的小名叫"虾九"。一为孩子好养活，二也显得家里人丁兴旺，大名"天赐"是接生婆给起的。孩子白白胖胖，长得好看，一出生就朝人笑。

接生婆看着喜欢,对邱老汉说:"这孩子长得真好看,跟年画上的人儿似的,而且生下来就笑,我看不一般。你夫妇二人爱做善事,又是中年得子,这么好的孩子,我看是上天赐予你们的,就叫天赐吧!等孩子长大有了出息,不枉你二人积德行善一场。"

于是,虾九大名就叫天赐。

邱天赐从小聪明伶俐,也淘气。十五岁入县学,十九岁时第一次参加乡试没考上,二十一岁入府学,二十二岁时又考一次,还是没中。今年,已是第三次参加乡试。

每科都有很多士子参加福建乡试,而能考中者不足百人,连一成都不到。虽然增加中举额数,但一次参加乡试就中者毕竟凤毛麟角。因此,对于读书人来讲,多一个中举额数就多一分希望。

离乡试开考已不足一个月,炎热的天气丝毫不妨碍士子们备考的劲头。上午,邱天赐正在鳌峰书院宿舍中紧张地温习,门一开,柯虹全就走进来。柯虹全与他是侯官县学的同窗好友,二人在县学期间同宿舍好几年。虽然柯虹全不常来读书,也不常在此居住,但并不妨碍二人关系好。邱天赐见柯虹全突然造访,高兴得从凳子上跳了起来。二人多日不见,当然有说不完的话。

还不到饭点,邱天赐就被柯虹全拉到鳌峰书院附近最大的酒楼"聚桂斋"。这家酒楼富丽堂皇,是福州城著名的八大酒楼之一。不要说邱天赐,就连邱老汉也从没来过。面对如此高档的饭店,邱天赐站在门外不愿进。

柯虹全看出邱天赐的心思,笑道:"走吧贤弟,你我兄弟二人多日不见,到里边喝两杯浊酒,叙叙旧。愚兄做东。"

在柯虹全连推带拉下,邱天赐这才极不情愿地跟他来到二楼雅间。二人落座,店小二先是热情上茶,再是殷勤地给二人递上毛巾。接着,四样凉菜、四样热菜、两样汤、两样主食很快被端上桌,当然也少不了酒。小二为二人将酒添满,柯虹全摆摆手示意他出去。

看着满桌的山珍海味、当地最有名的好酒,再没有社会经验的人也知道,柯虹全今日来不单只是吃饭这么简单。

柯虹全比邱天赐年长八岁,今年三十三岁,个头不高,清瘦,生的白净羸弱,家在省城西北二十五里的柯家庄。柯家乃侯官县的望族,有水旱良田三千多亩、山林一千多亩,省内省外有店铺数十家,还开有染坊、纸坊、织坊、磨坊,可谓富甲一方。柯虹全的二叔、四叔、大哥等家族中多人在外为官,爷爷乃是致仕的道台,真乃既富又贵之家。柯虹全还是何枕的二姐夫。不要说这样的酒席,就是福州城里最贵的酒席,他也请得起。

邱天赐见此情景,没动筷子。他问柯虹全道:"柯大哥如此盛情,小弟实在担当不起。大哥有事就明说,不然小弟真不敢动筷。"

柯虹全见邱天赐执意不吃,笑道:"呵呵!贤弟太见外。愚兄今天过来也没什么事,就是多日不见,十分想念贤弟。另外,想和贤弟聊聊乡试的事。乡试就在眼前,如今贤弟在鳌峰书院就读,可不比寻常。愚兄想找贤弟打听些体己的消息,还望贤弟看在你我同窗数载的份上,不要保留。"

说完,柯虹全向邱天赐真诚的拱过手,又拿起酒杯做敬酒状。

听完此言,邱天赐心里长出一口气,也端起酒杯,二人碰过后一饮而尽。

邱天赐不无遗憾道:"张抚台虽常来鳌峰书院,想必兄长也知道,张抚台向来丁是丁、卯是卯,在原则问题上哪会徇私?不要说体己消息,关于乡试的事,张抚台从未在书院提过半个字。"

"贤弟你看,愚兄这里有一些请高人猜的题。你我是好兄弟,愚兄不忍独享,今日带与贤弟,希望对贤弟高中有所帮助。"柯虹全从怀中掏出一信封,递与天赐。

邱天赐听说是请人猜的题,非常高兴,忙双手接过,迫不及待地打开观看。

邱天赐看的同时,柯虹全说道:"愚兄正在照上面的题目试做,也望贤弟回去做上一遍。十天后,还在这里,你我二人将所做文章拿来,和先前一样,互阅互学一番,指出对方的不足,以便共同进步。不知可否?"

邱天赐也没多想,边看边应允。他哪知道,柯虹全今日来就是为让他将猜的题做一遍。

柯虹全虽然生在书香门第,但同样也是富贵人家的公子哥。读书不刻苦,逃学缺课是常事,读书全赖单纯善良的邱天赐帮衬才蒙混过关。为了这次乡试能中,他特意花大价钱托人猜题。题有了,还得有人做才行。于是,他想到邱天赐。他有自知之明,自己肚里这点墨水的确不行,他打算将邱天赐写的文章稍加改动后乡试时用。

二人酒足饭饱。临分手时,柯虹全特意叮嘱邱天赐,这套题,你知,我知,千万不可让第三个人知道。邱天赐满口答应,他打算回家去写,连他父亲都不让看。

（四）福州知府石曰琮亲自主持"入帘上马宴"招待主考官

饭后，大仪陪着张伯行到抚衙后花园散步。走进花园，一股浓郁的香气扑面而来。大仪循着香气望去，原来是院内的桂花盛开。

大仪感到新奇道："老爷，福州与咱们仪封就是不一样。才进八月，这里的桂花就开得这么香。"

张伯行笑道："因气候的关系，南方时节比中原早，花当然也比咱那里开得早。"

大仪点头道："是呀，这里比咱那里多种一季农作物。多出一季粮食，就多养活多少人。"

二人走到桂花树前，张伯行看着初放的桂花，对大仪道："后天乡试的考官就要入闱，大仪跟着愚兄在外，不能回乡参加乡试，愚兄实在于心不忍！"

大仪宽慰张伯行道："科举如同千人万人争过独木桥，我哪有考中的本事？我早想好了，老爷去哪儿，我就跟到哪儿。世道险恶，老爷又心思淳朴，我不跟着不放心哩！"

"那也不能耽误兄弟的前程。不管怎么说，下科大仪一定要回去博取一番，也不枉读书一场。"张伯行心怀歉意道。

八月初六，一个"秋老虎"张狂的日子。这天，乡试的考官们入帘。主考官戴梦麟、副主考蒋书升，以及同考官、监临、提调、监试等各执事官，均要参加由福州府举办的"入帘上马宴"。

大仪早听说福州府要为入闱的考官举行宴席，而且还准予百姓在门外观看。宴席上不但有戏听，更奇特的是，宴会散后百姓还可以去吃。

大仪邀大黑一起去看热闹，大黑不屑道："别人的'下山虎'有什么好吃的？要去你去，我才不去呢！"

大仪喳喳嘴道："说你没见识，你还真没见识，这可不是一般的宴会。主考、副主考等人，都是参加过万岁爷亲自主持殿试的进士。那可不是去抢他们剩下的食物，而是抢吉利去呢！"

大黑听说后撇撇嘴，那意思是，你有你的千条计，我有我的老主意，你就是说破天我也不去。

大仪觉得和大黑说这些，简直就是对牛弹琴。看热闹要趁早，他早早便去占个位置。

宴会按惯例由福州知府亲自主持。关于福州知府石曰琼，大仪知道，之前当过开封府附郭县祥符县的知县。石曰琼比其他考官早一步来到宴会现场。这"入帘上马宴"，美其名曰"宴席"，食物其实并不丰盛，不过是一种开考前的仪式而已。即便如此，对秀才们来说，能抢到考官吃的食物意义非凡。

开席之前，作为东道主的石曰琼首先致辞。大仪离的远，听得不清楚。无非就是些官场上迎来送往的客套话，听不听也无妨。但有几句大仪听得还算真切："如今，鄙省抚台不比寻常，乃是皇上亲自举荐的张抚台。想必列位考官也听说过，张抚台被皇上赞为'天下第一清官'，是天下一等一的廉洁之士。本府希望诸位大人能以鄙省张抚台为榜样，上为朝廷取有真才实学之士，下不枉费学子寒窗苦读之力。"想必石曰琼认为这几句话重要，特意提高嗓音。

大仪听后连连点头。久闻石曰琼乃干练之官，今日一见果不其然。他将老爷的英名抬出来，短短几句话，就震慑住这帮考官。呵呵！也是，我家老爷在，你们趁早打消贪腐舞弊之心。

在举行宴席的同时，每隔半个钟头献一道茶，唱一段折子戏。第一段折子戏是《商辂三元及第》，第二段为《梁灏八十岁二点状元》，第三段说的是郑冠的事。大仪不知道内容，身旁的人说这段戏叫《文武双状元》，还说郑冠是唐代人，是从古至今唯一一位既中文状元又中武状元的人。大仪不由感慨，自古文武双全的人很多，而在科举上考出极致的，只此一人。大仪知道，唱这些戏无非是为图一个好彩头。

献过三道茶，唱过三段戏后，宴席的程序按部就班走完一遍。各位考官心知肚明，自己是时候离席而去了。都是过来人，他们能不知道吗，门外还有很多读书人正翘首以盼呢！其实，整个宴席考官只是象征性动动筷。他们都当过秀才，知道里面的酸甜苦辣。

主考官戴梦麟起身举起杯，对福州府的盛情款待表示感谢。福州知府石曰琼也忙站起，二人又客套一番，然后将杯中酒一饮而尽。三年一次的"入帘上马宴"就此结束，考官们前往贡院，开始准备考试。

福州府官员陪着众考官走到门外。见官员们要出来,在门外候着的衙役早让门外闲杂人等回避。等参加宴席的官员上轿刚离去,回避的闲杂人等再次蜂拥而至,他们的目的地不是他处,而是宴席。

这些人手中拿着海碗、汤盆,有的甚至将家里刷碗的大瓷盆也抱来。大仪两手空空,什么家什也没拿。不为抢食物,他一是想看个究竟,二是想拿块点心什么的沾沾喜气。

人群中以读书人的身影最多,大都是参加此次乡试的考生。他们一个个争先恐后,喜盈盈地冲向举办宴席的房间,大仪也裹挟其中。大家顾不得斯文,见食物就拿。

最受欢迎的是正、副主考坐的主桌。大仪好不容易也挤过来,这里人太多,里三层,外三层,被围得严严实实。不要说人,连根针也别想再往里扎。大仪挤不过年轻人,只得作罢。

大仪又转向其他桌。大家都忙着往各自所带的容器里装食物,有的还边吃边拿。大家有说有笑,个个脸上乐开花。大仪好不容易拿到一块礼饼。他又看到芒果,正想伸手给爱吃芒果的大黑捎回去,没想到晚了一会儿,被眼疾手快的另一书生乐呵呵地拿去。

不一会儿,宴席上剩下的菜肴、水果、酒和点心,被考生及其家人、朋友一抢而空,只剩空空如也的杯盘,还有被挤倒的椅子、挤歪的桌子。

(五)考生要通过县试、府试,才能正式参加科举考试

赴过"入帘上马宴",内帘官进入贡院的后堂内帘之处,监试官封门。从此到乡试录取完毕,内、外帘官不得往来。内帘官除批阅试卷外,不闻他事,更不准也不能与外界有任何联系。

乡试共分三场,每场考三天。三场都需要提前一天进入考场,即初八、十一、十四进场,考试后一日出场。

八月初八日寅时,考官在贡院门前开始点名,考生依号入闱。进入贡院大门,邱天赐接受了严格检查。他挎着装有三天食物的篮子,提着装有笔、墨、纸、砚、水注、蜡烛等考试必备品的文件箱,背着铺盖,随着人群鱼贯而入。人群中有不足二十岁的小伙子,也不乏鹤发的老者。要知道,想参加乡试并

不是易事。

首先,要参加由知县主持的县试。县试一般在二月举行,要进行四五场考试。前三场每场考完都会发榜。因将考生在榜上的报考号数排列成圆形,表示取中的人不分先后次序,而称作圆案。最后一场考完发榜时,榜上姓名横排,有先后次序,叫作长案。第一名称为案首,最后一名之下用朱笔画一勾,以示截尾。所以,最末一名被笑称"坐红椅子"。通过者,才能参加由知府主持的府试。府试及格的称作"童生",这才有资格参加正式的科举考试。从入父亲的私塾开蒙到考取童生,邱天赐用了七八年,而有的考生却从满头青丝考成一头白发。

之后,才能参加院试,也是科举考试的最初一级。在府城或直属省的州治举行,时间为四月。考试由本省学政主持,学政要到各府、州去主持考试,叫作"案临"。院试分为岁试、科试两种。岁试是从童生中选出秀才,对原有的秀才进行甄别考试,按照成绩优劣分别给予奖惩。考中秀才者可以入府学或县学,成绩优异者才能参加科试。科试通过,才准许参加更高一级的乡试,叫作"录科"。

邱天赐就是这样一步步考上来的。贡院内建有一排排的号房,他按《千字文》中"天地玄黄,宇宙洪荒……"的顺序找到自己的号房。因为不是第一次参加乡试,邱天赐对此轻车熟路。

考生入闱后,每巷栅门都上锁,同时贡院大门也封闭,并鸣炮三响。邱天赐这次在"咸"字号,巷宽仅四尺,巷口有栅门,楣墙上大书"咸"字号,并置号灯及水缸。巷内有号房五十六间,号房约六尺高,人举手便可触及房檐;号房深四尺,宽三尺。

侧墙两旁有上下坎,搭着两张木板。靠外的一张高,为考试、吃饭所用的桌子;靠里的一张矮,白天为凳,夜间将上板抽出与之相拼,可当作床。

号房空间狭窄,人躺下连腿都伸不直。邱天赐要在这里待上漫长的九天。除了考试,连吃、喝、拉、撒、睡,都要在这里进行。

八月的福州,虽已至仲秋,但依然很热。尤其是这几日,又遇到八月少见的闷热天,烈日早将薄薄一层瓦片晒透。再加上号房三面不透风,巷道又窄,更加令人闷热难忍,即使晚上也凉快不到哪儿去。

入号房的第一晚,邱天赐早早就蜷着腿半躺下。他准备养足精神,第二天全力以赴参加考试。邱天赐在憧憬中不知不觉睡着,他梦见自己高中解元,又中贡试的会员,接着中了状元。在春风习习的京城,他骑着高头大马,前面有人鸣锣开道,他胸前戴着和锅盖一样的大红花。人们不约而同投来羡慕、嫉妒的目光,看着他志气满满的夸街,那劲头要多神气,就有多神气。突然,有一小孩猛地从大街上横着跑过。他胯下的马一惊,抬起前蹄,昂头嘶鸣,差点跌落下马。他被惊醒,一身大汗。定定神,原来是一场梦。吵醒他的不是马鸣,而是从隔壁号房传来的呼噜声。

第二天天刚亮,邱天赐就被呛人的烟气熏醒。原来是号军为考生开始生火做早饭。号军由士卒充任,一名号军要负责二十名考生取水生火等杂务。为了不影响考生考试,他们一大早就要将考生做饭用的炉火点着。

秋季的天说变就变。邱天赐早饭还没吃到嘴里,大风就刮了起来。风是雨头,倾盆大雨随后而至。又是风,又是雨,温度也随之骤降。小小号房怎能抵挡,风轻而易举地将雨吹入号房。邱天赐忙翻出油布挂在门上遮挡风雨,即便这样,片刻之间,他的衣物还是被淋湿了,他冷得直发抖。他全力护着自己的考卷,唯恐它有半点闪失。

看着房外的雨,想想这么多年为科考受的罪、吃的苦,邱天赐长叹一声:"唉!真是'三场辛苦磨成鬼,两字功名误煞人'啊!"

第一场考试,是以《论语》《中庸》或《大学》《孟子》各一文,五言八韵诗一首,经义四首。初场的三道"四书"题,每道都要写两百字以上,四道经义题则需要写三百字以上。这是邱天赐的强项,对他来说相对容易些,但作答时他也不敢有一点马虎。

自从到鳌峰书院后,邱天赐的学业长进不小,通过答卷他自己也能感觉出来。八月初九晚上,邱天赐就将第一场所考内容全部答完。他没像一些自负的考生一样,写完就交考卷,而是极其认真地一遍遍检查。

柯虹全便在早交卷考生之列。他比邱天赐早半天交的卷,他是所在巷道最先交卷者。因是第一次取得参加乡试的资格,柯虹全对一些情况并不了解。考卷交早也没用,因为达不到开栅门的人数,柯虹全顶着烈日在栅门里等大半个时辰,才走出巷道。出了巷道又在贡院门内等,直到午后才放出来。

乡试不但考场难进,想出去也不容易。原来,出场之日,同一巷道的考生要凑足若干之人才开放栅门一次。出栅门不算完,还有贡院的门。若想让贡院大门开启一次,那得聚集上千的交卷考生。一般是午前放第一牌,午后放第二牌,至傍晚放第三牌,然后就不再闭大门。柯虹全之所以午后才出来,正是因为午前放第一牌时交卷考生不够人数。再着急也没有办法,他只能耐心等待。乡试交卷的最后期限是戌时,时辰一到,号军会挨个清理每个号房。

十二日为第二场,试以"五经"一道,并试诏、判、表、诰一道,要求三百字以上。两场下来邱天赐还算顺利。有了第一场的经验,柯虹全不敢早早交卷,也少晒不少太阳。

十五日是第三场,这一场试以五道时务策,即结合经学理论,对当下时事政务发表议论或者见解。考卷发下后,邱天赐习惯性地先浏览一遍。不看不知道,一看心中一惊,五道时务策有三道他之前写过。前两场也遇见类似情况,都是那天柯虹全所拿来的内容。邱天赐暗暗感慨,钱花哪哪好,柯虹全之前拿给他的定是花高价买的高手猜的题。他以前听说过在考试之前,时常有科场老手售卖所猜之题,以寻求暴利。如今得见高手,果然厉害。

邱天赐哪里知道,柯虹全为了人生中的第一次乡试,没少下本。

不要看柯虹全比邱天赐还大上几岁,却因水平有限,每次府试总不及格。朝廷明文规定,府试不及格者不能参加乡试,因此,之前乡试他一次也没参加过。三十几的人还没考取个像样的功名,不但他急,家里人也急。为了考中举人后混个一官半职,这次柯虹全下了大本,反正柯家家大业大。

还有一个重要的原因,就是柯虹全夫人何氏的三舅父张令涛捎话说,凑机会好好提携提携柯虹全。张令涛是两江总督噶礼府上的大管家,柯家相信他有呼风唤雨的本事。

柯虹全县学也不再上了,家里花重金聘请名师一对一辅导。为让名师能竭尽全力,柯家银子花得跟流水般,吃、喝、用、住全包,把名师招待得格外周到。名师也没辜负柯家重望,绞尽脑汁终于让柯虹全以府试榜单倒数第三名的成绩,获得参加乡试的资格。

名师没再立新功的打算,他谢绝了柯家接着再为乡试助力的邀请。通过这些日子的辅导,他知道柯虹全的能力,自己根本没办法使其上乡试的榜单。临告辞时,名师为柯虹全指条路,让他重金买高手猜的题,请人写出后牢记于心,考试时默写出即可。为不露马脚,柯虹全请多人试作,其中就有邱天赐。